权威·前沿·原创

皮书系列为
"十二五""十三五"国家重点图书出版规划项目

石油蓝皮书

BLUE BOOK OF PETROLEUM

中国石油产业发展报告
（2019）

ANNUAL REPORT ON CHINA'S PETROLEUM INDUSTRY
DEVELOPMENT (2019)

主　编／　中国国际石油化工联合有限责任公司
中国社会科学院数量经济与技术经济研究所

社会科学文献出版社
SOCIAL SCIENCES ACADEMIC PRESS（CHINA）

图书在版编目（CIP）数据

中国石油产业发展报告. 2019 / 中国国际石油化工
联合有限责任公司，中国社会科学院数量经济与技术经济
研究所主编. -- 北京：社会科学文献出版社，2019.2
（石油蓝皮书）
ISBN 978 - 7 - 5201 - 4322 - 6

Ⅰ.①中…　Ⅱ.①中…②中…　Ⅲ.①石油工业 - 经
济发展 - 研究报告 - 中国 - 2019　Ⅳ.①F426.22

中国版本图书馆 CIP 数据核字（2019）第 028292 号

石油蓝皮书
中国石油产业发展报告（2019）

主　　编／中国国际石油化工联合有限责任公司
　　　　　中国社会科学院数量经济与技术经济研究所

出 版 人／谢寿光
项目统筹／周　丽　王楠楠
责任编辑／王楠楠

出　　版／社会科学文献出版社·经济与管理分社（010）59367226
　　　　　地址：北京市北三环中路甲29号院华龙大厦　邮编：100029
　　　　　网址：www. ssap. com. cn
发　　行／市场营销中心（010）59367081　59367083
印　　装／天津千鹤文化传播有限公司

规　　格／开　本：787mm×1092mm　1/16
　　　　　印　张：22　字　数：327千字
版　　次／2019年2月第1版　2019年2月第1次印刷
书　　号／ISBN 978 - 7 - 5201 - 4322 - 6
定　　价／148.00元

本书如有印装质量问题，请与读者服务中心（010 - 59367028）联系

"石油蓝皮书" 编委会

主编单位简介

中国国际石油化工联合有限责任公司

中国国际石油化工联合有限责任公司成立于1993年2月，注册资本金30亿元。公司主营业务包括原油贸易、成品油贸易、LNG贸易及仓储物流等。截至目前，公司与全球100多个国家（地区）的近1500家交易对手建立了长期合作关系。目前，公司已成为全球最大的原油贸易公司和VLCC租家，是具有较强竞争力的石油贸易公司。

公司设有11个职能部门、5个直属机构、6个境外机构、3个口岸分公司、1个国内全资子公司及1个国内合资公司。6个境外分支机构分别为亚洲有限公司（香港）、新加坡有限公司（新加坡）、英国有限公司（伦敦）、美洲有限公司（休斯敦）、中石化冠德公司（香港）、印度办事处（孟买）。3个口岸分公司分别位于浙江宁波、山东青岛及内蒙古二连浩特。

2018年，公司实现经营总量3.89亿吨，贸易额1.28万亿元，其中原油进口量1.95亿吨，占我国原油进口的42%，为保障国家能源安全做出了积极贡献。

中国社会科学院数量经济与技术经济研究所

中国社会科学院数量经济与技术经济研究所（简称数技经所）是中国社会科学院经济学部8个经济类研究所之一，也是国内唯一一家集数量经济与技术经济理论方法和应用研究于一体的综合性国家级研究机构。研究所在经济模型、资源与能源、环境与旅游规划、技术进步与生产率、信息化等方面有多年的研究积累，是社科院作为国家思想库、智囊团的重要组成部分，承担了大量来自中央和地方政府、企业、国际组织的研究任务，在国内外有重要的学术影响。

数技经所在能源经济学理论与政策、低碳与循环经济、环境影响评价、区域经济、产业发展等方面有深厚的研究基础，与联合国、世界银行、国际能源署、国际能源宪章等国际组织和国外智库保持多方面的学术合作与交流，参与过国家多项有关政策、规划的起草工作，并承担了多项地方政府与企业发展规划的制定。

自2012年起，中国社会科学院数量经济与技术经济研究所联合美国全球安全研究所、美国能源安全理事会共同发起"全球能源安全智库论坛"，每年举办一次，至今已成功举办七届。论坛宗旨为推动全球智库在能源安全方面的研究与学术交流、传播可持续发展理念、促进全球能源安全合作与政策协调。数技经所负责论坛的组织工作。

自2017年起，数技经所每年举办"'一带一路'倡议与能源互联国际研修班"，为来自相关国家的学员提供政策与项目培训，推动"一带一路"框架下的投资与经贸交流。

摘　要

2018 年是中国改革开放 40 周年。40 年来，中国创造了前所未有的经济奇迹，制度红利、人口红利、梯度发展模式、融入世界产业链和市场经济体系以及大规模基础设施建设所带来的市场扩大与成本下降，是中国经济发展的强大动力。从能源产业发展来看，我国经济进入新常态，伴随经济发展方式和经济结构的转变，国内能源消费增速逐渐趋缓，但以油气替代煤炭、以非化石能源替代化石能源的双重更替进程将不断加快。石油产业方面，随着我国两大民营炼化企业大连恒力、浙江石化陆续投产，我国将进一步形成多元化的炼油业格局，同时国内市场竞争也将更加激烈。值得高度重视的是，2018 年 3 月 26 日，上海原油期货正式挂牌交易，成交量和持仓量迅速攀升，已成为仅次于 WTI 原油期货与布伦特原油期货的全球第三大基准油合约。

2018 年也是石油市场极为复杂和动荡的一年，中美贸易摩擦、伊核制裁、OPEC 减产、新兴市场货币危机、地缘政治动荡等多重因素交织在一起，使得国际油价呈现大起大落、宽幅震荡走势，均价显著高于前一年，全年布伦特原油期货均价为 71.69 美元/桶，WTI 原油期货均价为 64.90 美元/桶，同比涨幅均接近 30%。

石油需求方面，伴随着世界经济增长放缓，2018 年全球石油需求增速有所放缓，但总体保持稳定增长，需求仍持平于过去二十多年来的平均水平，主要亮点来自美国、中国、印度等国。值得注意的是，国际海事组织（IMO）船舶燃油新规临近，或支撑全球柴油需求维持较好水平，2019 年全球石油需求有望继续呈现"柴强汽弱"态势。

石油供应方面，2018 年全球范围内的地缘政治动荡局势加剧，受 OPEC

和非 OPEC 产油国调整产量政策影响，全年供应呈现前低后高态势。2019年，石油市场供应将继续保持增长，美国、俄罗斯、沙特阿拉伯三大巨头将主导明年的石油市场供应，巴西、中国、安哥拉等国产量有望小幅增长，委内瑞拉、墨西哥、加拿大等国产量或呈下降趋势，伊朗、尼日利亚、利比亚等国产量则存在较大不确定性。从中长期来看，以美国页岩油气为代表的非常规资源将继续呈现快速增长态势，使得石油市场供应总体可满足需求，也使得石油供应日益呈现轻质化特征。

炼油方面，2018 年全球炼油业总体仍处于景气周期内，炼油毛利维持在健康水平。2019 年全球炼油业将迎来新一轮产能集中投产期，新增炼油能力创 2000 年以来的最高水平，全部来自亚太和中东地区。考虑到多个新炼厂推迟投产，以及 IMO 船燃新规实施临近，低硫燃料油和中质馏分油价差有望得到较强支撑，从而对炼油毛利构成一定支持。

石油贸易方面，近年来原油贸易呈现总量攀升、重心东移等特征，但仍受到地缘政治动荡、全球贸易保护主义升温和部分地区运输能力不足的扰动，原油贸易不确定性增加。2019 年，伴随着中国、马来西亚、沙特阿拉伯等新建炼厂投产和产能扩张，全球原油贸易重心将继续东移，与此同时，美国原油出口量随着出口设施的进一步完善，有望实现大规模增长，全球可供贸易的轻质低硫油继续增加。重质高硫油资源则进一步抽紧，轻重质资源供应不匹配的结构性矛盾更加突出。成品油贸易方面，IMO 2020 船燃新规实施临近，全球油品贸易格局将面临深刻调整，低硫燃料油活跃度将明显提升。

综上，2019 年石油市场供需大体平衡，但宏观环境总体偏弱，石油需求增长放缓，地缘政治和石油供应也面临一定的不确定性。初步预计，2019年布伦特油价多数时间在 55~75 美元/桶区间波动，WTI 价格多数时间在45~65 美元/桶区间波动，均价应低于 2018 年。

关键词：国际油价　石油勘探开发　世界炼能　石油贸易　IMO 2020

Abstract

2018 marks the 40th anniversary of China's reform and opening up. In the past 40 years, China creats an unprecedented economic miracle. Advantageous institutions, demographic dividend, gradient development strategy, integration into the global supply chain, a market economy system and large-scale infrastructure construction have led to market expansion and cost reduction and constitute the powerful driving forces of China's economy. In terms of the development of the energy industry, as China's economy enters a new normal featuring a shifting economic development mode and structure, domestic energy consumption growth has gradually slowed down, but the process of replacing coal with oil and gas and replacing fossil energy with non-fossil energy will continue to accelerate. As for the oil industry, with the two private refining companies Hengli Group and Zhejiang Petrochemical putting facilities into operation, China will have a more diversified and competitive refining industry landscape. It is worth noting that on March 26, 2018, Shanghai crude oil futures were officially listed for trading, and its volume and position of trading rose rapidly, becoming the world's third largest benchmark oil contract next to WTI and Brent crude oil futures.

2018 is also a very complicated and turbulent year for the oil market. The combination of China-US trade war, sanctions on Iran over nuclear issues, OPEC production cuts, emerging market currency crisis, geopolitical turmoil and other factors has led to a dramatic rise and fall in international oil prices, with an average price significantly higher than that of the previous year. The average price of Brent crude oil futures was 71.69 US dollars per barrel and WTI crude oil futures was 64.90 US dollars per barrel, up more than 30% year on year.

In terms of oil demand, with the slowdown of world economic growth, the growth rate of global oil demand slowed down in 2018, but the overall growth remained stable. Looking ahead to 2019, world economic growth will face many challenges and uncertainties. The growth rate of global oil demand is likely to slow down further, with the main growth driver coming from the United States, China and India. It is worth noting that the demand for diesel is expected to be stronger than that for petrol in 2019 due to the adoption of the new IMO regulation on sulfur bunker fuel oil.

In terms of oil supply, with the intensified geopolitical turmoil around the world in 2018 and OPEC and non-OPEC oil-producing countries' adjustment of production policies, the global oil supply was low in the beginning and ended up high. In 2019, the oil supply will continue to grow. The US, Russia and Saudi Arabia will be the dominate players the oil supply next year. Output in Brazil, China and Angola is expected to increase slightly. Output in Venezuela, Mexico, Canada may trend down in the coming year, while output in Iran, Nigeria and Libya will be full of uncertainties. In the medium and long term, unconventional resources represented by shale oil and gas in the United States will continue to grow rapidly in output, making the global oil supply meet the demand as a whole and increasing the supply upgraded oil products.

In terms of refining, the global oil refining industry is still in the boom cycle in 2018, with gross profit maintained at a healthy level. In 2019, the global oil refining industry will see a new round of concentrated commissioning of production capacities. All coming from the Asia-Pacific and Middle East regions, the newly added oil refining capacities will reach the highest level since 2000. Considering the delay in the commissioning of several new refineries and the expected adoption of the new IMO regulation on sulfur bunker fuel oil, the price difference between low-sulfur fuel oil and middle distillates is expected to be strong, thus supporting the profit margin of oil refining.

In terms of oil trade, in recent years, the crude oil trade has been characterized by an increase in the total amount and a shift to the east, but it is still disturbed by geopolitical turmoil, the rise of global trade protectionism and the lack of transport capacity in some regions, and the uncertainty of crude oil trade has increased. In 2019, with the commissioning and capacity expansion of new refineries in countries such as China, Malaysia and Saudi Arabia, the global crude oil trade will continue to shift eastward. Meanwhile, with the further improvement of export facilities, the US crude oil exports are expected to have tremendous growth, and the global light and low sulfur oil available for trade will continue to increase. In terms of product oil trade, with the implementation of IMO 2020 regulation, the global oil trade pattern will undergo profound change and demand for low-sulfur fuel oil will obviously increase.

To sum up, the supply and demand of the oil market in 2019 will be generally balanced, but due to the weak macroeconomic situation, the growth of oil demand will slow down. There will be uncertainties geopolitics and oil supply. It's estimated that the Brent oil price will fluctuate in the range of 55 – 75 USD/ barrel for most of 2019; the WTI price will fluctuate in the range of 45 – 65 USD/ barrel for most of the time; and the average price should be lower than that in 2018.

Keywords: Oil Price; Oil Exploration and Development; Global Refinery Capacity; Global Oil Trade; IMO 2020

目 录

Ⅰ 总报告

Ⅱ 经济与能源篇

Ⅲ 市场篇

Ⅳ 贸易篇

Ⅴ 勘探生产篇

Ⅵ 炼化篇

Ⅶ 专题篇

皮书数据库阅读使用指南

CONTENTS

I General Report

II Reports on the Economy and Energy Sector

III　Market Reports

IV　Oil Trade Reports

V　Exploration and Production Reports

VI Refining and Petrochemical Reports

VII Special Topics

总 报 告

General Report

B.1

2018年中国石油产业形势分析与展望

本书编写组*

摘 要： 本报告对我国改革开放40年的经济发展成就与能源发展概况
进行了回顾，总结了世界石油市场、中国石油市场及炼油化工
领域的变化趋势。通过对国内外石油勘探、石油供应、石油需
求、石油贸易与石油价格的研究，给出了2019年国内外石油市
场不确定性增加、市场竞争愈发激烈的判断。本报告特别指
出，国际海事组织（IMO）2020船燃新规实施在即，将给全球
石油产业和物流运输业带来深远影响。此外，"一带一路"倡
议实施五年来，取得了巨大成就，本报告回顾了五年来中国与
沿线国家在石油产业上中下游的合作，提出了相关建议。

---

* 执笔人：王佩、张婧。

关键词： 能源 石油贸易 勘探开发 "一带一路"

一 经济与能源发展

（一）宏观经济

改革开放 40 年来，中国经济发展创造了前所未有的奇迹。据国家统计局公布的数据初步核算，2018 年，我国国内生产总值折合约 13 万亿美元，同比增长 6.5%（见图 1），按不变价计算比 1978 年增长约 35 倍，年均增长 9.5%，平均每 8 年翻一番，远高于同期世界经济 2.9% 左右的年均增速。与此同时，随着人均国内生产总值不断提高，城乡居民收入大幅提升，居民财富不断增长，我国成功由低收入国家跨入中等偏上收入国家行列。总结过去 40 年，制度红利、人口红利、梯度发展模式、融入世界产业链和市场经济体系以及大规模基础设施建设所带来的市场扩大与成本下降，是中国经济发展的强大动力，推动我国日益成为世界经济增长的动力之源、稳定之锚。

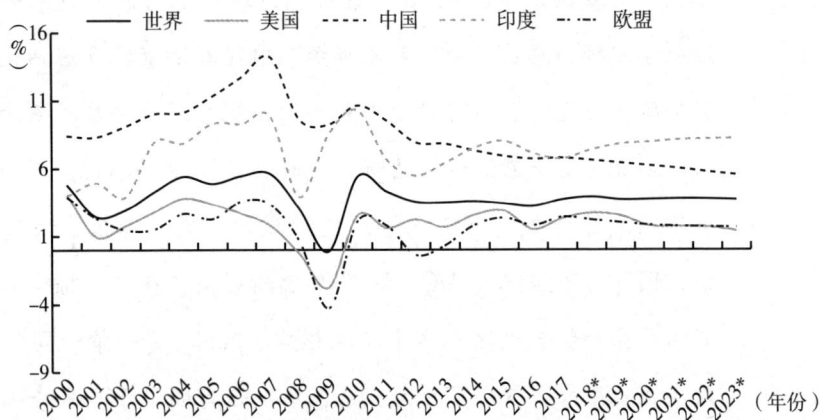

图 1　全球主要经济体 GDP 增长率

* 为预测值。

数据来源：IMF，Unipec Research & Strategy（URS）。

展望未来，中国发展仍面临较大挑战：少子化与过早的老龄化，劳动人口出现减少；不同阶层之间持续的、难以突破的发展不平衡，成为进一步改革的障碍；内生技术进步的机制尚未建立；投资拉动型经济增长模式仍然没有根本改变，投资边际效益下降导致银行资产下降，进而影响金融稳定与汇率稳定；资源消耗与生态环境的破坏，影响了长期的可持续发展潜力。因此，我国仍然要依靠改革开放来应对当前和长期的艰巨挑战，实现发展动能的转换，在全球化和"一带一路"框架下实现世界的共同发展，实现"三步走"的战略目标。

（二）中国能源

近年来，我国经济进入新常态，而伴随经济发展方式和经济结构的转变，国内能源消费增长速度逐渐趋缓，2016~2018年，受国内经济形势回暖因素影响，能源消费增速呈现反弹趋势，预计2018年能源消费总量在46亿吨标准煤左右。从能源消费结构来看，随着能源革命的深入推进，我国以油气替代煤炭、以非化石能源替代化石能源的双重更替进程不断加快，国内煤炭消费增长在不断下降，原油消费表现为稳定增长，天然气和电力消费增长较快（见图2）。2018年，我国能源高质量发展取得一系列成果，能源效率进一步提高，清洁能源供应稳步提升，电力等高品质能源的比例持续增加。

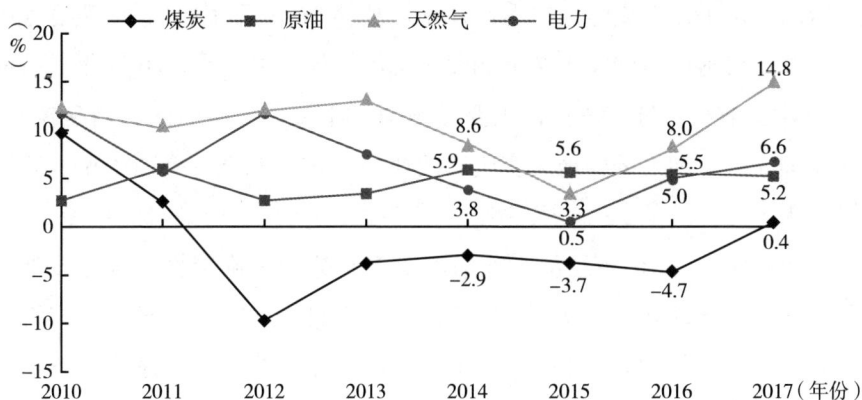

图2　2010~2017年主要能源消费量增长率

数据来源：2011~2018年国家统计局发布的《中华人民共和国国民经济和社会发展统计公报》。

考虑到房地产和基础设施建设难以维持持续增长，以及国民经济发展面临的诸多不确定性，预计2019年全国能源消费增长将放缓。不过，在风电、光伏、"煤改气"等相关政策的鼓励下，天然气和可再生能源发展仍将较快，在能源消费中所占比例仍然可以延续近年来的快速提升。中长期来看，我国能源行业将继续推进能源生产、消费、科技和体制革命，加强国际能源合作，将高质量发展推向新的高度。

二 国际石油市场

（一）需求

2018年3月以来，美国在全球范围内掀起贸易战，冲击全球资本市场和实体经济，受此影响，全球石油需求增长有所放缓，但保持了133万桶/日的较好水平。分地区来看，美国方面，受减税政策刺激和投资基建拉动，经济维持强劲增长，石油需求同比增加56万桶/日，成为拉动全球石油需求增长的重要引擎；欧洲方面，受英国脱欧以及意大利债务风险带来的不确定性影响，石油需求同比减少4万桶/日，远远低于2017年的石油需求增量水平；亚太地区，石油需求同比增加62万桶/日，增速显著放缓。全球主要地区石油需求增量如图3所示。分品种来看，2018年成品油需求呈现"柴强汽弱"态势，主要受中国、印度、美国等国家基建拉动，支撑柴油需求，加之部分地区实施新的燃料油排放标准，推高了调和船用柴油需求。

预计2019年，世界经济增长面临诸多挑战和不确定性，全球石油需求增长进一步放缓至118万桶/日，其中，美国石油需求转弱，我国石油需求增速放缓。值得注意的是，由于IMO新规临近，或支撑全球柴油需求维持较好水平。从中长期来看，受燃料油效率提高、替代能源稳步增加以及共享经济发展等影响，预计全球石油需求或在2030年左右逐步达到峰值。

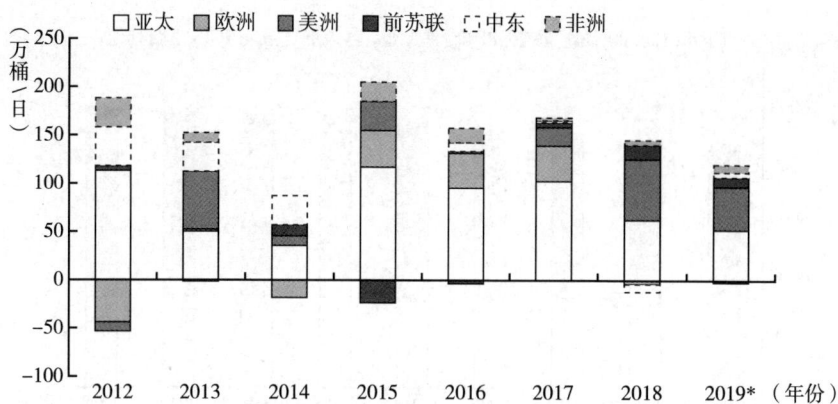

图3 全球主要地区石油需求增量

＊为预测值。

数据来源：IEA，Unipec Research & Strategy（URS）。

（二）供应

2018年供应总体主导油价走势。2018年以来，全球范围内的地缘政治动荡局势加剧，石油市场供应不确定性增加，受OPEC和非OPEC产油国调整产量政策影响，全年供应呈现前低后高的态势。2018年全球石油供应同比增加212万桶/日（见图4），其中原油产量同比增加151万桶/日，天然气液（NGLs）同比增加56万桶/日，凝析油等其他产量同比增加3万桶/日。从供应来源看，OPEC原油产量同比减少25万桶/日，非OPEC原油产量同比增加176万桶/日，增幅为3.8%。

预计2019年，石油市场供应将保持增长，美国、俄罗斯、沙特阿拉伯（以下简称沙特）三大巨头将主导石油市场供应，巴西、中国、英国、安哥拉等国产量有望增长，委内瑞拉、墨西哥、加拿大或呈下降趋势，伊朗、尼日利亚、利比亚等国产量则存在较大不确定性。从中长期来看，常规资源投资缺乏将导致常规资源产量进一步下降，但以美国页岩油气为代表的非常规资源呈快速增长态势，使得石油市场供应总体可满足需求，也使得石油供应日益呈现轻质化特征。

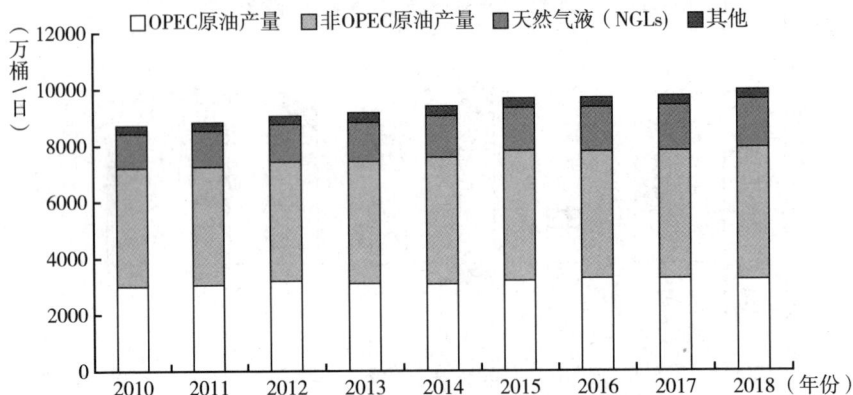

图4　2018年全球石油产量

数据来源：Energy Aspects，Unipec Research & Strategy（URS）。

（三）国际油价

2018年，在全球贸易摩擦不断升级、美国加大对伊朗制裁、OPEC产量先降后升、美国原油产量再创新高等因素的共同作用下，国际油价总体呈现大起大落、宽幅震荡走势（见图5），全年呈现不对称的M形运行态势，2018年国际基准油价均价较2017年大幅上涨超过30%。2018年Brent均价为71.69美元/桶，同比上涨30.90%；WTI均价为64.90美元/桶，同比上涨27.60%；普氏Dubai均价为69.65美元/桶，同比上涨31.10%。从运行区间来看，Brent价格多数时间为55~80美元/桶，全年最高点为10月3日的86.29美元/桶，全年最低点为12月24日的50.47美元/桶。

展望2019年，石油市场供需大体平衡，但宏观环境总体偏弱，全球经济面临的下行压力日益严峻，贸易紧张局势加剧及由此带来的不确定性上升继续打压投资者情绪，引发金融市场动荡，地缘政治也面临较大的不确定性，初步预计，2019年Brent油价多数时间在55~75美元/桶区间波动，WTI价格多数时间在45~65美元/桶区间波动，均价应低于2018年。

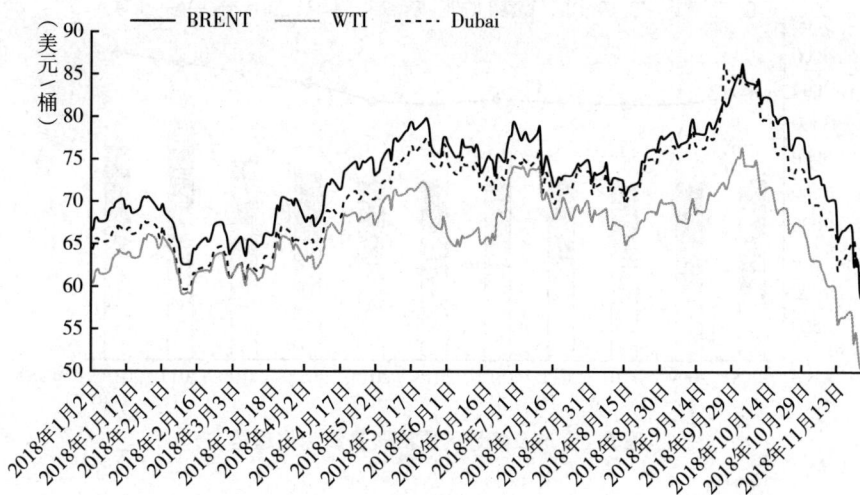

图5　2018年主要基准油价走势

数据来源：路透社，Unipec Research & Strategy（URS）。

从中长期来看，未来2～3年，石油的三重属性——政治属性、金融属性和商品属性很大程度上仍将左右国际油价走势。结合三重属性分析，我们倾向于认为，未来几年国际油价维持一定的中高位波动区间是合适的，既能够保障全球多数油田的生产运营，也不至于对终端消费者的需求构成打压，如Brent价格为60～80美元/桶，WTI价格为50～70美元/桶。

（四）国际石油贸易

从全球原油贸易来看，21世纪以来，原油贸易呈现总量攀升、重心东移等特征，与此同时原油贸易面临的挑战与不确定性也在加大。2018年，在美国页岩油革命和亚太炼油业迅猛发展的共同推动下，全球原油贸易总量攀升至4540万桶/日（见图6），同比增长约150万桶/日。随着亚太地区逐渐成为全球炼油业的中心，原油贸易继续"向东看"，但仍受到地缘政治动荡、全球贸易保护主义升温和部分地区运输能力不足的扰动，原油贸易不确定性增加。

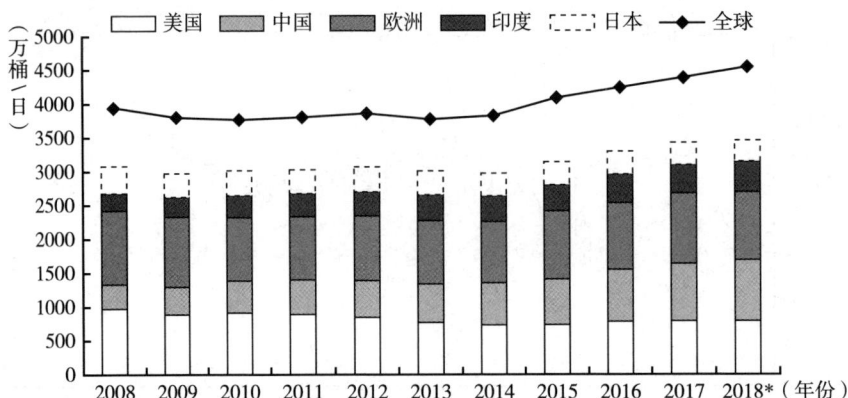

图6　全球及各地区原油贸易量变化趋势

＊为预测值。

数据来源：BP，Unipec Research & Strategy（URS）。

预计 2019 年，伴随着中国、马来西亚、沙特等新建炼厂投产和产能扩张，全球原油贸易重心将继续东移，与此同时，美国原油出口量随着出口设施的进一步完善，有望实现大规模增长，全球可供贸易的轻质低硫油继续增加。此外，IMO 2020 船燃新规的实施也将对原油贸易造成影响，高低硫原油价差或将进一步拉宽。从中长期来看，原油贸易继续呈现全球化的特点，美洲地区继续成为新增原油出口的主要来源地，中东等主要出口地区更加注重目标多元化，加速抢占亚太市场。此外，天然气、清洁能源和信息技术的广泛应用正孕育一场新能源革命，也加快全球原油贸易变革。

从全球成品油贸易来看，在全球炼能快速扩张的背景下，全球供需区域不平衡的矛盾进一步加剧，支撑全球油品贸易维持每年 5% 以上的快速增长，远远超过同期原油贸易 1.1% 的增速。2018 年，全球油品贸易量增至 2515 万桶/日，同比增长 140 万桶/日，亚太、中东和美国成品油出口量均持续上升，国际成品油市场竞争继续加剧。

2019 年，IMO 2020 船燃新规实施临近，全球油品贸易格局将面临大幅度调整，低硫燃料油活跃度将明显提升，不同油品之间的价差分化严重，预计中质馏分油和燃料油的裂解价差持续走强，但汽油及石脑油裂解价差仍在低位徘徊。展望未来，能源革命以及新兴能源对传统化石能源的替代影响将进一步凸显。

三 中国石油市场

（一）中国成品油市场

近年来，我国经济增速由前些年的高速增长向中速增长区间回归，且伴随着油品质量升级、安全环保等政策实施，国内成品油消费总体呈现增速回落的特点。按照国家统计局口径，2018年国内成品油表观消费量3.22亿吨，同比增长0.6%，较上年回落1.1个百分点，较"十二五"（2011～2015年）和"十一五"（2006～2010年）年均增速分别回落4.4个百分点和7.2个百分点。

分品种来看，2018年我国成品油消费市场呈现"汽柴油趋冷、煤油稳增"的特点。其中，受汽车化社会继续普及的拉动，汽油消费总体保持增长但增速回落，2018年汽油消费增速4.3%；因过剩产能淘汰、环保战略实施，柴油消费已连续多年持续低增长甚至负增长，2018年柴油消费全年增速-3.9%；而随着国民收入提高和物流快递业发展拉动航空客货运快速增长，航煤消费保持较快增速，2018年航煤消费同比增长11.3%，较上年提高2.1个百分点（见图7）。

展望未来2～3年，我国成品油市场将继续深刻变革，大连恒力、浙江石化一期炼油产能将陆续投产，国内新增炼油能力4000万吨，预计2020年将新增1300万～1500万吨的成品油资源，进一步加剧国内成品油资源过剩局面，同时也将推动国内炼油格局和成品油市场进入新一轮的再平衡。分品种来看，汽柴油需求增速放缓趋势明显，特别是在电动革命迅速发展、出行方式更加多元、燃料乙醇加速推广的背景下，汽油消费替代效益日渐明显，汽油消费增速继续趋缓。而柴油方面，除了产业结构升级、过剩产能调控外，在民生战略和环保政策的主导下，柴油消费将进一步进入快速下行通道，值得特别注意的

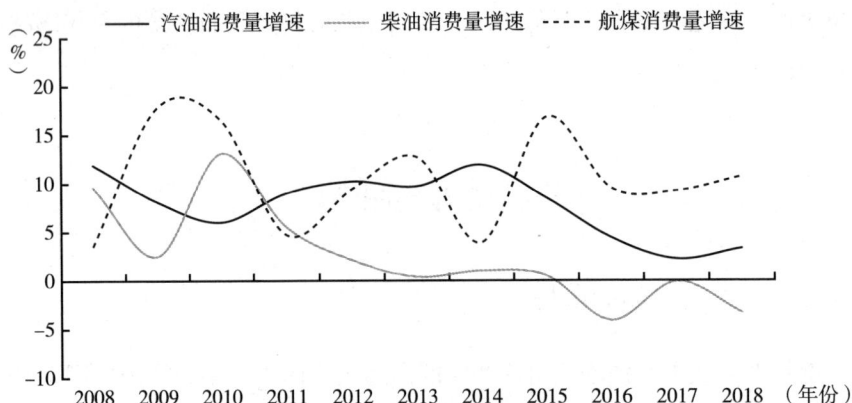

图 7　中国成品油消费量增速

数据来源：国家统计局，Unipec Research & Strategy（URS）。

是，IMO 2020 年强制实施船舶燃油含硫量不超 0.5% 的限制规定日益临近，将为国内炼油产能发挥和产品结构调整带来新的契机，若国内炼厂能够提供低硫资源，在我国沿海全部港口供应合规稳定、绿色经济的低硫重质船用燃料油，将促进船舶在中国港口补给油品，不仅能够缓解我国炼油产能过剩、柴油供过于求的矛盾，而且有利于提升我国在全球燃料油市场上的份额。此外，在经济发展和消费升级拉动下，我国航空出行渗透率提升空间较大，航空客货运仍处于成长通道，预计航煤消费将保持较快增长。

中长期来看，在国内成品油需求增长趋缓、产能过剩的大背景下，我国成品油定价机制和进出口管制逐步放开，行业盈利空间趋于收缩，流通环节盈利下降，行业规模扩张放缓，国际国内市场将加速融合。此外，以信息网络技术加速创新与渗透融合为特征的新一轮工业革命孕育兴起，体验式、社交型、个性化、智能化消费新特征推动成品油营销模式转型，数字经济正成为我国成品油市场改革的重要驱动力。

（二）中国原油贸易与油品贸易

2018 年，结合中国海关统计数据，我国进口原油总量攀升至 4.6 亿吨，再创历史新高，继续稳居全球最大原油进口国地位，原油对外依存度进一步增至 70.8%，创历史新高（见图 8）。一方面，2018 年我国经济总体运行平稳，石油需求保持稳定增长；另一方面，云南石化和惠炼二期开工率有所提高，华北石化等主营炼厂改扩建，部分地炼炼能装置规模继续扩张，全国实际加工量为 6 亿吨，同比增长 6.3%。与此同时，中国原油产量不断下降，已连续 3 年低于 2 亿吨水平，商业原油库存也一度降至 2011 年以来最低水平，客观上也推动了原油进口继续增长。从进口来源看，中东继续保持我国最大进口来源地区地位，我国从美洲和前苏联等地区进口原油则呈现快速增长态势，俄罗斯连续三年成为我国最大原油进口来源国。在民营炼厂投产和国内原油产量增幅有限的情况下，预计 2019 年我国原油进口量将进一步增长至 4.9 亿吨（合 984 万桶/日），仍维持较高水平，其中进口美国原油数量有望恢复，沙特将和俄罗斯争夺我国最大原油进口来源国地位。

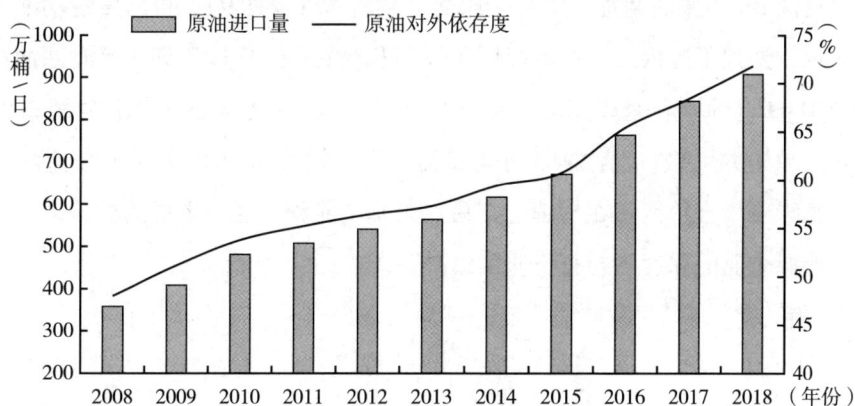

图 8　中国原油进口量和对外依存情况

数据来源：国家统计局，Unipec Research & Strategy（URS）。

2018 年，我国成品油出口规模继续扩大，成品油总出口量达到 4608 万吨，同比增长 12.4%，再创历史新高。值得注意的是，受国家消费税改革的影响，混合芳烃进口大幅减少，轻循环油进口则继续攀升。展望 2019 年，尽管国内成品油需求会维持低速增长，但在恒力石化、浙江石化等大型炼化项目陆续投产的推动下，预计中国原油进口量仍将显著上升，有望达到 4.9 亿吨，同比增长 6.5%。成品油出口方面则更多受到国家政策的调整影响，预计 2019 年我国成品油出口量有望突破 5300 万吨，再创历史新高。

（三）上海原油期货上市

党的十八大以来，中国期货市场发展进入快车道，证监会加快了推进国际化原油期货市场建设的步伐，2018 年 3 月 26 日，作为中国第一个对外开放的期货品种，上海原油期货（SC）正式于上海国际能源交易中心挂牌交易。上市以来，上海原油期货市场整体运行平稳，与 Brent、WTI、DME Oman 等国际主要原油期货形成了良好的互动关系，价格走势上保持了高度联动性，各方交易主体交投活跃，总持仓量增长至 6 万~8 万手，超越 DME Oman，成为亚洲交易量最大的原油期货合约，仅次于美国纽约 WTI 原油期货与英国 Brent 原油期货，跻身全球交易量前三（见图9），价格发现功能初步显现，受到了国内外市场的高度关注与积极评价。9 月 7 日，上海原油期货 SC1809 合约顺利完成交割，交割量共计 60.1 万桶原油，交割金额 2.93 亿元（单边），首次交割的顺利完成标志着上海原油期货实现了全流程闭环，意味着该合约能够在挂牌、交易、交割全流程中通过市场的检验，为境内外能源企业的深度参与打下坚实基础。

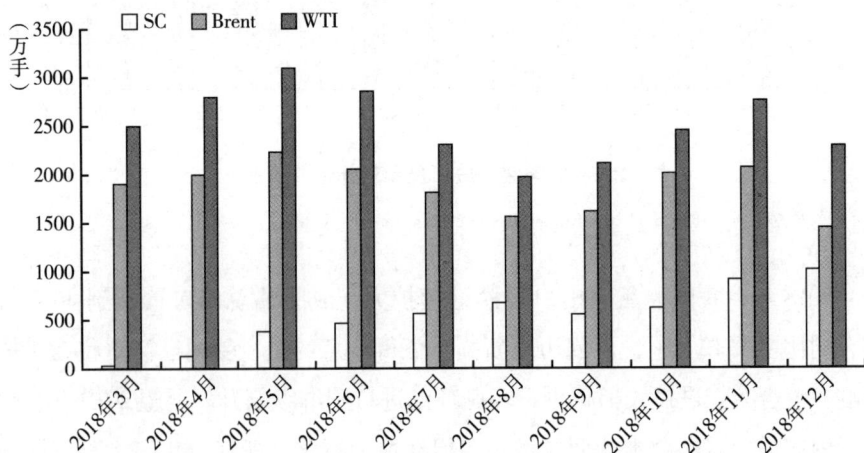

图 9　SC 与国际主要原油期货月度成交总量

数据来源：路透社。

原油期货市场建设是一个循序渐进的培育过程，上海原油期货仍需着力提高流动性和持仓量，加强引入境外投资者，展望后市，我们有望看到上海原油期货的流通性进一步改善，产业客户参与度进一步提升，市场影响力进一步扩大。

四 上游勘探开发

（一）我国石油资源勘探开发

近年来，随着国际油价温和回升，我国油气勘探开发投资逐步增加。统计显示，2017年全国油气勘探开发投资2213.5亿元，同比增长18.9%，2018年投资继续增加，预计达2400亿元左右，但明显低于"十二五"年均投资规模，总体仍处于相对低投资水平。与此同时，统计显示，2008～2017年，全国新增石油探明地质储量114.9亿吨，年均约11.5亿吨，总体延续了21世纪以来的高位增长，预计2018年全国新增石油探明地质储量规模有望达10.0亿吨左右（见图10）。

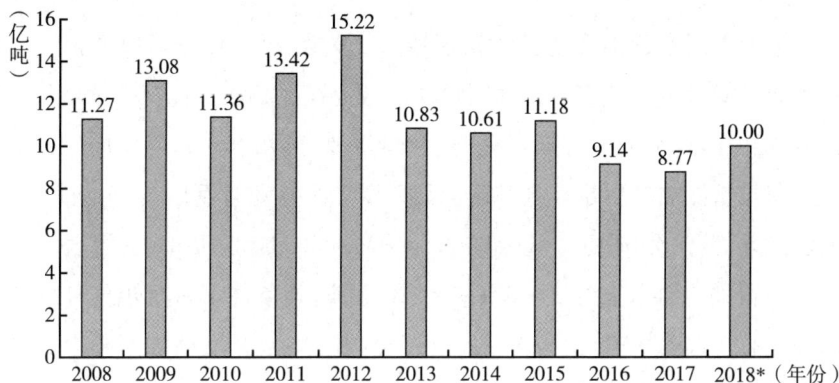

图10　2008～2018年全国新增石油探明地质储量统计直方图

* 为预测值。

数据来源：《全国石油天然气资源勘查开采通报》《全国油气矿产储量通报》。

总体来看，我国石油资源潜力大，增储上产有资源基础，然而尽管石油资源丰富，但由于地质条件复杂，资源禀赋较差、品位较低，而且随着勘探开发程度提高，资源劣质化加剧。近十年，全国每年新增探明石油地质储量品位总体呈下降态势。此外，我国油气上游领域仍面临油气体制改革滞后、竞争乏力、勘探开发投入不足及油气资源开发政策体系不协调不健全，不利于资源开发和生态环境保护等问题。

展望未来 2~3 年，不断增长的油气需求为国内油气生产供应提出了新要求，为勘探开发带来了新机遇，为加大投资、加强油气勘探开发、提高产量增加供应，提供了强劲的市场驱动力。在国家有关战略决策部署的推动下，各石油企业将不断加大投入，增加工作量，石油探明储量有望保持高位增长，石油稳产增产有前景。预计至 2020 年，我国年均新增储量 10 亿~11 亿吨，年均探明率 1.2%~1.3%，全国石油产量将增产至 1.95 亿吨左右，比 2018 年增加 500 万~700 万吨。而我国也将继续深化油气体制改革，构建充分竞争、多元化油气勘探开发市场体系，推进资源规模效益开发，健全完善油气资源开发政策，统筹推进油气开发与生态环境保护协调发展。

（二）美国非常规致密油勘探开发

近年来美国致密油产量持续快速增长，2018 年，在全球原油价格回暖和致密油自我成本革命之后，美国致密油行业在上游投资保持持续增长，预计 2018 年美国致密油上游投资有望达到 800 亿美元以上，与此同时，致密油行业在此轮低油价后也首次实现盈利，以二叠盆地为例，在 65 美元/桶的原油价格条件下，Shell、ConocoPhillips、Occidental 和 Anadarko 等公司致密油开发项目的内部收益率为 20%~30%，而同等条件下常规油气开发项目的内部收益率仅为 15%~20%，此外，美国中小型开发商加速整合，进一步扩大了市场竞争力。据估算，2018 年美国致密油产量将达到 3.1 亿吨，再创历史新高，已占其国内原油总产量的 50% 以上。致密油产量猛增一方面大幅降低了美国原油进口规模，另一方面，美国原油出口逐步增加，也深刻改变了全球原油供给格局。

展望2019年，随着致密油勘探开发技术不断优化和生产运营条件不断改善，美国致密油的开发将推动美国成为全球最大产油国，其中Permian区块2019年产量将达到390万桶/日，但短期内管输能力不足一定程度上限制了产量增速，2019年第三季度将有所缓解，Bakken区块2019年产量将增长至140万桶/日，Eagle Ford区块2019年产量将增至150万桶/日，Eagle Ford和Bakken两个致密油田产量将在2020年达到高峰，2021~2030年呈现缓慢递减趋势，然而Permian盆地致密油产量将长期保持增长态势（见图11）。

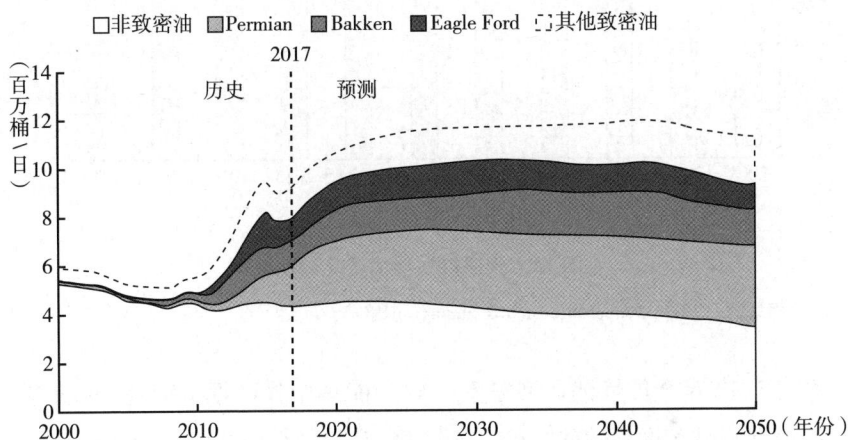

图11 2000~2050年美国原油产量情况及预测

数据来源：美国能源信息署（EIA）。

五 炼油与石化

（一）世界炼油业

2018年，全球炼油业仍处于景气周期内，全球炼油能力维持扩张态势，同比增长97万桶/日至1.03亿桶/日（见图12），增幅虽高于2017年的75万桶/日，但略低于过去10年102万桶/日的年均增长水平，增幅为1.0%。亚太和中东地区新建及扩建项目贡献了世界全部的新增炼油能力。尽管三大主要炼油中心加工收益同比有所下降，但由于新增炼能多为第四季度投产，对全年影响不大，加之2018年炼厂检修规模高于过去三年平均水平，且部分国家和地区炼厂开工率低下，仍支撑炼厂加工收益保持在健康水平。

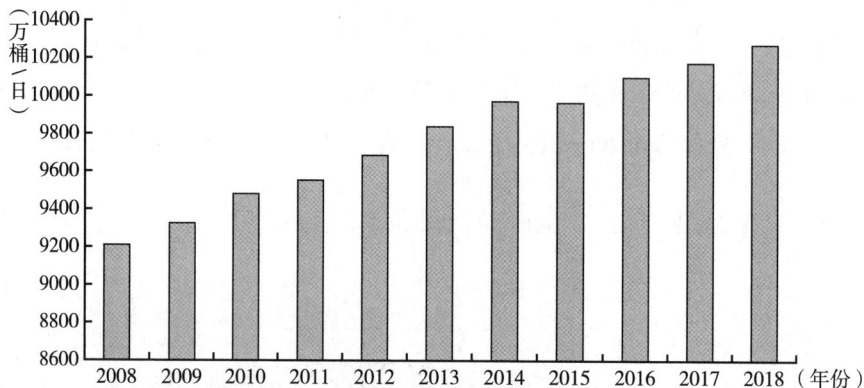

图 12　全球炼油能力变化趋势

数据来源：PIRA，Unipec Research & Strategy（URS）。

预计2019年全球炼油业迎来新一轮产能集中投产期，结合Pira数据测算，2019年全球新增炼油能力为214万桶/日，增量较2018年大幅扩张，是2000年以来的最大年度增幅。与2018年相似的是，新增炼能全部来自亚太和中东地区。随着IMO 2020船用燃料油新规临近实施，中质馏分油和低硫燃料油裂解价差将得到支撑。从中长期来看，2035年前后或是全球炼油业产能建设最后一个大周期，2035年之前，全球炼能仍将继续扩张；2035年之后，炼能扩张基本停滞，主要是一些小型或者低端落后项目改扩建以及精细化工项目等。

（二）中国炼油业

改革开放40年来，在经济快速增长的推动下，中国炼油业产能大幅扩张，2018年，我国炼油能力攀升至8.3亿吨/年（见图13），同比增加2160万吨/年，原油加工量增至6亿吨，增量主要来自云南石化、惠州炼厂（二期）和地方炼厂。从行业参与者角度来看，目前，我国炼油行业多元化竞争格局趋势明显，地方炼厂和民营炼厂在我国炼油业发展中扮演越来越重要的角色。

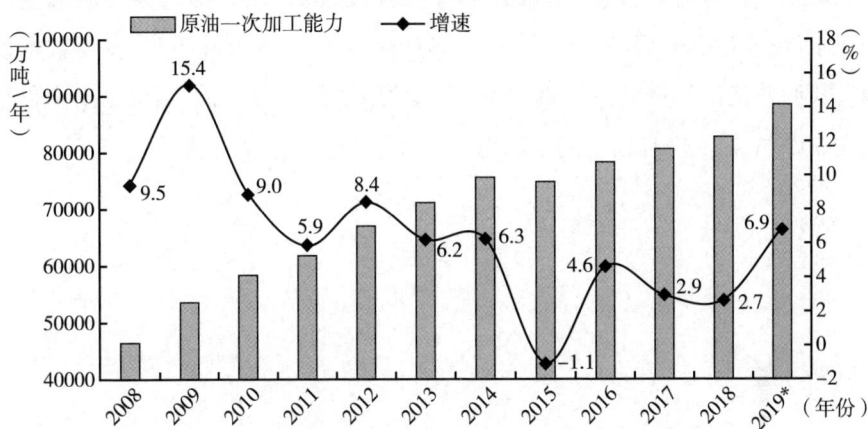

图13　我国炼油能力（一次加工能力）变化情况

＊为预测值。

数据来源：国家统计局，UNIPEC Research & Strategy（URS）。

2019年，中国炼油能力将再上一个新台阶，预计总炼能将达到8.8亿吨/年，特别是恒力石化和浙江石化两个千万吨级民营炼化一体化大项目陆续建成，有助于提升我国炼油业的规模化、一体化水平，同时也使得我国石油市场竞争更加激烈。另外，随着2020年IMO船舶燃油新规实施进入倒计时，2019年我国炼油业有望迎来重大机遇期。我国是为数不多具备柴汽比调节能力的炼油中心，为应对IMO 2020新规的要求，炼厂可适当提高柴油收率，或生产低硫燃料油满足低硫船燃需求，增强国际竞争力。此外，2019年，我国将全面实施国Ⅵ汽柴油标准，更加严格控制污染物的排放，产能低于200万吨/年的小炼厂工艺简单、生产技术落后，多数无法生产合格的标准油品，将被市场加速淘汰。

（三）中国石化工业

2018年我国化工行业延续了良好的增长趋势，1~8月，全国石油和化工行业实现利润总额超过6300亿元，同比上升46.23%（见图14）。其中，化学工业利润总额近 3600 亿元，同比上升 23%，考虑到 10 月份以来国际油价大幅下挫，预计全年石油化工利润增长或有所收窄。值得注意的是，我国乙烯工业仍保持着快速发展的势头，截至 2018 年底，国内共有乙烯生产企业 44 家，生产装置 56 套，合计乙烯产能达到 2546 万吨/年，供需数据表明，我国乙烯下游产品总体供应不足，多数仍需大量进口，当量自给率仍维持在 50% 左右，仍有较大的市场增长空间。

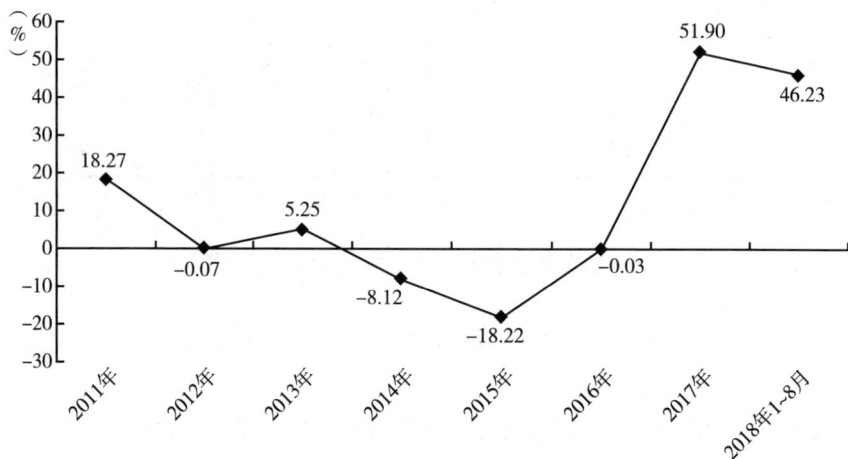

图 14 2011～2018 年石油和化工行业利润同比增长率

数据来源：2018 年 8 月中国石油和化工经济分析月度报告。

鄂尔多斯久泰 MTO 项目、吉林康奈尔 MTO 项目两套在建，预计 2019 年初投产。与此同时，受公共舆论影响，国内石化路线的 PX 产能增速较为缓慢，近年来国内只有中金石化 160 万吨 PX 装置投产，2018 年 PX 产能维持在 1360 万吨/年的水平，PX 供应不足仍是芳烃产业链最大的短板。2019 年中化泉州 80 万吨/年 PX 装置、中海油惠州 150 万吨/年 PX 装置、连云港盛虹石化 280 万吨/年 PX 装置等有望投产，自给率将逐步提高。

整体来看，我国石化行业呈现良性发展态势，炼油产业结构不断优化并进入规模化发展阶段，乙烯行业向原料多元化和产品结构高端化迈进，民营企业进入芳烃行业并全力打造炼油—芳烃—化纤全产业链发展模式，新材料和精细化学品成为今后化工产业增长热点，内外资积极投资大型石化项目和园区，总体上我国石油化工产业将向着规模化、一体化、高端化、基地化、绿色化方向高质量发展。

六 对外合作与"一带一路"

2013年，习近平总书记提出共建"丝绸之路经济带"和"21世纪海上丝绸之路"倡议（简称"一带一路"）。"一带一路"横贯欧亚非大陆，重点区域涵盖亚洲、欧洲、中东、非洲等沿线65个国家，覆盖全球主要能源生产国、能源消费国和能源通道国。2018年，在"一带一路"倡议下，中国石油企业与沿线国家的合作广度和深度都在不断扩大、深化。上游领域，不断加大和油气生产国在勘探开发上的合作，获取权益油气资源不断增加，据不完全统计，2018年在我国的200多个海外油气项目中，属于"一带一路"的项目占了116个；在我国1.5亿吨海外份额油里，"一带一路"地区占了9000万吨；中游领域，不断加大贸易与仓储物流合作，提升资源优化配置能力，2018年我国自"一带一路"沿线原油进口量占我国原油进口总量的63%（见表1），我国向"一带一路"沿线成品油出口量占我国成品油出口总量的56%；下游领域，积极参与投资多个大型炼化项目。

表1 我国自"一带一路"沿线原油进口量

单位：万吨，%

地区	2013年	2014年	2015年	2016年	2017年	2018年
中东+西亚	14779	16153	17158	18365	18428	20406
独联体	2464	3333	4272	5343	6108	7214
亚太	267	217	416	1077	1184	1123
中亚+蒙古	1259	672	610	432	353	311
中东欧	0	0	0	4	0	0
小计	18769	20375	22455	25221	26073	29054
我国原油进口总量	28214	30836	33549	38104	41997	46201
占我国原油进口总量比重	66.5	66.1	66.9	66.2	62.1	62.8

数据来源：中国海关，Unipec Research & Strategy（URS）。

从目前来看，我国在与这些国家和地区进行能源合作的过程中还存在诸多的困难和问题，如地缘政治风险加大、经济环境更为复杂及国际石油市场格局发生重大调整、石油供求基本面波动加大，但我国政府不断加强对"一带一路"政策的沟通与协调，促进投融资条件便利化，加快基础设施互联互通步伐，不断深化能源贸易合作，必将不断加大石油产业合作，实现互利共赢。

七 IMO 2020船燃新规影响分析

2016年10月28日，国际海事组织（IMO）海洋环境委员会第70次会议通过决议，规定自2020年1月1日起，全球范围内的船用燃料硫含量规格将从目前的3.5%降至0.5%。随着时间临近，市场对这一新规的认识和重视程度在不断加深。从根本上讲，2020年船用燃料规格调整将对全球炼油业和船运业发展产生深远影响。

从未来发展前景看，世界经济和贸易有望继续维持较好的增长态势，预计到2020年，船用燃料需求总量将增至650万桶/日左右（见图15），2025年之前全球船用燃料总体维持2.5%以上的中高增速。

根据IMO 2020新规，对于运输市场而言，船东有三种选择方案：安装船用脱硫装置，使用高硫燃料油；使用LNG作为燃料；使用低硫燃料油或低硫船用柴油。具体来看，目前船东加装脱硫装置（Scrubber）数量较之前显著增加，尤其是船东新造船基本确定安装Scrubber。根据最新统计，到2020年全球VLCC安装Scrubber的数量有望达到15%，预计将有超过100条VLCC在2020年前安装Scrubber，消耗80万桶/日左右的高硫燃料油，从而对高硫燃料油价格形成一定支撑。从长期来看，随着Scrubber大规模安装，预计到2030年，全球高硫燃料油需求将回升至200万桶/日，占需求总量的30%左右。

此外，未安装Scrubber的船东将大规模使用低硫燃料油、船用柴油或调混后的中间馏分油来满足需求。预计低硫船用燃料需求将从2017年的20万

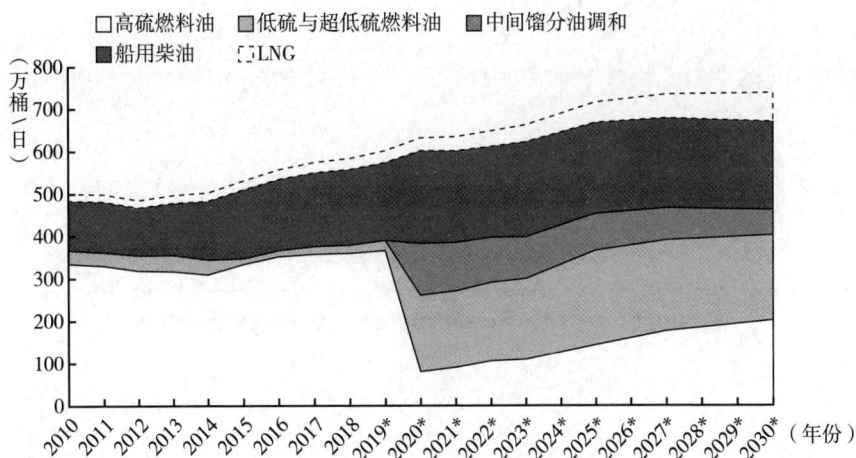

图例：□高硫燃料油　■低硫与超低硫燃料油　■中间馏分油调和　■船用柴油　⊡LNG

图15　全球船用燃料的需求结构变化

＊为预测值。

数据来源：Platts，Unipec Research & Strategy（URS）。

桶/日提高至 2020 年的 150 万桶/日，船用柴油需求从 2017 年的 180 万桶/日增至 2020 年的 250 万桶/日，调混后的中间馏分油需求从零增至 120 万桶/日。为了满足这些需求，全球炼厂需要做出提高加工量、新增二次装置、调整产品收率、调整原油结构等多重举措，届时全球低硫燃料油和中质馏分油裂解价差有望得到明显支撑，从而对炼油毛利形成支持。对于中国石油行业而言，船用燃料规格调整对于我们的炼油、运输和贸易等业务有着深远影响。

经济与能源篇

Reports on the Economy and Energy Sector

B.2

中国经济发展40年：以改革开放
促动能转换

李 平 刘 强*

摘 要： 中国经济的发展成就是多种内生因素共同作用的结果。制度红利、人口红利、梯度发展模式、融入世界产业链和市场经济体系以及大规模基础设施建设所带来的市场扩大与成本下降，是中国模式比较突出的经验。中国经济已经自发地进入了生产型经济向消费型经济的转型。

中国未来发展面临的挑战包括：少子化与过早的老龄化，劳动人口出现减少；不同阶层之间持续的、难以突破的发展不平

---

* 李平，博士生导师，现任中国社会科学院数量经济与技术经济研究所所长，兼任中国技术经济学会理事长、中国数量经济学会理事长，主要研究领域为产业经济、技术经济、经济预测与评价、战略规划、项目评估等；刘强，中国社会科学院数量经济与技术经济研究所研究员，资源技术经济研究室主任，全球能源安全智库论坛秘书长，研究方向为能源、资源等。

衡，成为进一步改革的障碍；内生技术进步的机制尚未建立；投资拉动型经济增长模式仍然没有根本改变，投资边际效益下降导致银行资产下降，进而影响金融稳定与汇率稳定；资源消耗与生态环境的破坏，影响了长期的可持续发展潜力。

过去40年来，改革开放是中国经济发展的强大动力。展望未来，仍然要依靠改革开放来应对当前和长期的艰巨挑战，实现发展动能的转换。我们需要通过公共服务体系改革来深化城镇化，实现从小康社会向发达国家的迈进；我们要通过更大幅度的开放来提升中国经济的竞争力，在全球化和"一带一路"框架下实现世界的共同发展；我们还要通过收入分配体制改革，实现从生产型经济向消费型经济的转变，同时增强企业的研发能力，提升经济发展质量。总之，通过深化改革、继续开放实现从粗放型增长向质量型增长的转变，实现"三步走"的战略目标。

关键词： 中国经济 动能转换 梯度发展 智能制造 产业升级

改革开放40年来，中国创造了大国经济增长的奇迹，取得了举世瞩目的伟大成就；同时，也产生了一些发展中的问题，并为未来发展留下了不可回避的挑战。总结中国发展模式的成功经验及其经济学机制，无论对于中国还是其他国家的未来发展都是非常有意义的。随着世界经济形势的变化，今后中国的经济发展趋势，以及未来的社会与经济转型，也都值得研究与关注。

一 中国的经济发展成就

中国的经济发展不仅在经济增长方面取得了巨大的成就，更在民生与社会进步方面取得了全面的发展，其重点表现在以下几个方面。

（一）实现了经济稳定较快增长

1. GDP 与人均 GDP 实现了持续增长。

改革开放之后，中国经济增长创造了前所未有的奇迹。

2017 年，我国国内生产总值按不变价计算比 1978 年增长 33.5 倍，年均增长 9.5%，平均每 8 年翻一番，远高于同期世界经济 2.9% 左右的年均增速，在全球主要经济体中名列前茅。2017 年我国 GDP 首次站上 80 万亿元的历史新台阶，达到 827122 亿元，折合 12.3 万亿美元，占世界经济总量的 15% 左右，比 1978 年提高 13 个百分点左右；当年经济增量折合 1.2 万亿美元。近年来，我国对世界经济增长的贡献率超过 30%，日益成为世界经济增长的动力之源、稳定之锚[1]。

人均国内生产总值不断提高，成功由低收入国家跨入中等偏上收入国家行列。2017 年，我国人均国内生产总值为 59660 元，扣除价格因素，比 1978 年增长 22.8 倍，年均实际增长 8.5%。我国人均国民总收入（GNI）由 1978 年的 200 美元提高到 2016 年的 8250 美元，超过中等偏上收入国家平均水平，在世界银行公布的 217 个国家（地区）中排名上升到第 95 位[2]。

2. 人均收入和生活水平大幅提高

城乡居民收入大幅提升，居民财富不断增长。改革开放以来，随着经济快速增长，居民收入连续跨越式提升。1978 年，全国居民人均可支配收入仅 171 元，2014 年突破 2 万元大关，达到 20167 元，目前正向 3 万元迈进。2017 年，全国居民人均可支配收入达到 25974 元，扣除价格因素，比 1978 年实际增长 22.8 倍，年均增长 8.5%[3]。

---

[1] 国家统计局：《波澜壮阔四十载 民族复兴展新篇——改革开放 40 年经济社会发展成就系列报告之一》，http：//www.stats.gov.cn/ztjc/ztfx/ggkf40n/201808/t20180827_1619235.html。

[2] 国家统计局：《波澜壮阔四十载 民族复兴展新篇——改革开放 40 年经济社会发展成就系列报告之一》，http：//www.stats.gov.cn/ztjc/ztfx/ggkf40n/201808/t20180827_1619235.html。

[3] 国家统计局：《波澜壮阔四十载 民族复兴展新篇——改革开放 40 年经济社会发展成就系列报告之一》，http：//www.stats.gov.cn/ztjc/ztfx/ggkf40n/201808/t20180827_1619235.html。

居民生活条件不断改善，消费结构升级趋势明显。2017 年，全国居民人均消费支出 18322 元，扣除价格因素，比 1978 年实际增长 18.0 倍，年均增长 7.8%。消费层次由温饱型向全面小康型转变。2017 年，全国恩格尔系数为 29.3%，比 1978 年下降 34.6 个百分点。居住条件显著改善，2017 年，城镇居民、农村居民人均住房建筑面积分别比 1978 年增加 30.2、38.6 平方米。汽车进入千家万户，2017 年，城镇居民、农村居民平均每百户拥有的家用汽车数量分别上升为 37.5、19.3 辆①。

社会保障事业持续推进，织就了世界上最大的社会保障网。40 年来，我国社会保障事业水平不断提高，目前已形成了世界上最大的社会保障安全网。2017 年末，全国参加城镇职工基本养老保险人数 40293 万人，比 1989 年末增加 34583 万人；参加失业保险人数 18784 万人，比 1992 年末增加 11341 万人；参加工伤保险人数 22724 万人，比 1993 年末增加 21621 万人；基本养老保险覆盖超过 9 亿人，医疗保险覆盖超过 13 亿人，基本实现全民医保②。

3. 国际贸易快速增长，成为世界重要的贸易大国，由最大 FDI 流入国转变为重要对外投资国

贸易规模稳步扩张，贸易大国地位日益巩固。1978 年货物进出口总额仅为 206 亿美元，居世界第 29 位。2017 年，货物进出口总额达到 4.1 万亿美元，比 1978 年增长 197.9 倍，年均增长 14.5%，居世界第一位。服务贸易快速发展。2017 年，服务进出口总额达到 6957 亿美元，比 1982 年增长 147 倍，连续 4 年保持世界第二位③。

外商投资规模和领域不断扩大。2017 年，我国实际使用外商直接投资 1310 亿美元，比 1984 年增长 91.3 倍，年均增长 14.7%。1979～2017 年，

---

① 国家统计局：《波澜壮阔四十载　民族复兴展新篇——改革开放 40 年经济社会发展成就系列报告之一》，http：//www.stats.gov.cn/ztjc/ztfx/ggkf40n/201808/t20180827_1619235.html。

② 国家统计局：《波澜壮阔四十载　民族复兴展新篇——改革开放 40 年经济社会发展成就系列报告之一》，http：//www.stats.gov.cn/ztjc/ztfx/ggkf40n/201808/t20180827_1619235.html。

③ 国家统计局：《波澜壮阔四十载　民族复兴展新篇——改革开放 40 年经济社会发展成就系列报告之一》，http：//www.stats.gov.cn/ztjc/ztfx/ggkf40n/201808/t20180827_1619235.html。

我国累计吸引外商直接投资 18966 亿美元，是吸引外商直接投资最多的发展中国家。近年来，服务业逐渐成为外商投资的新热点，2017 年服务业吸收外资占比提高至 72.8%[①]。

对外投资合作快速发展，共建"一带一路"成效显著。2017 年，我国对外直接投资额（不含银行、证券、保险）为 1201 亿美元，比 2003 年增长41.1 倍，年均增长 30.6%。党的十八大以来，"一带一路"建设成效显著。目前，100 多个国家和国际组织以不同形式参与"一带一路"建设，80 多个国家及国际组织同我国签署了合作协议。2017 年，我国对"一带一路"沿线的 59 个国家直接投资额（不含银行、证券、保险）为 144 亿美元，占同期总额的 12%[②]。

（二）工业化与城市化基本完成，经济结构日趋合理

1. 城市化基本完成

党的十一届三中全会以来，特别是进入 20 世纪 90 年代以后，小城镇发展战略的实施、经济开发区的普遍建立以及乡镇企业的兴起，带动了城市化水平的快速提高。1979 年到 1991 年的 12 年间，全国共新增加城市 286 个，相当于前 30 年增加数的 4.7 倍。到 1991 年末，城镇人口增加到 31203 万人，比 1978 年增长 80.9%，平均每年增长 5.8%。城镇化率达到 26.94%，比 1978 年提高 9 个百分点[③]。

2002 年 11 月，党的十六大明确提出"要逐步提高城市化水平，坚持大中小城市和小城镇协调发展，走中国特色的城市化道路"，从此，城市化与城市发展空前活跃。到 2016 年底，全国城镇化率提高到 56.8%，比 1991 年提高 19.86 个百分点（见图 1）。

[①] 国家统计局：《波澜壮阔四十载　民族复兴展新篇——改革开放 40 年经济社会发展成就系列报告之一》，http://www.stats.gov.cn/ztjc/ztfx/ggkf40n/201808/t20180827_1619235.html。

[②] 国家统计局：《波澜壮阔四十载　民族复兴展新篇——改革开放 40 年经济社会发展成就系列报告之一》，http://www.stats.gov.cn/ztjc/ztfx/ggkf40n/201808/t20180827_1619235.html。

[③] 国家统计局综合司：《系列报告之十：城市社会经济发展日新月异》，http://www.stats.gov.cn/ztjc/ztfx/qzxzgcl60zn/200909/t20090917_68642.html。

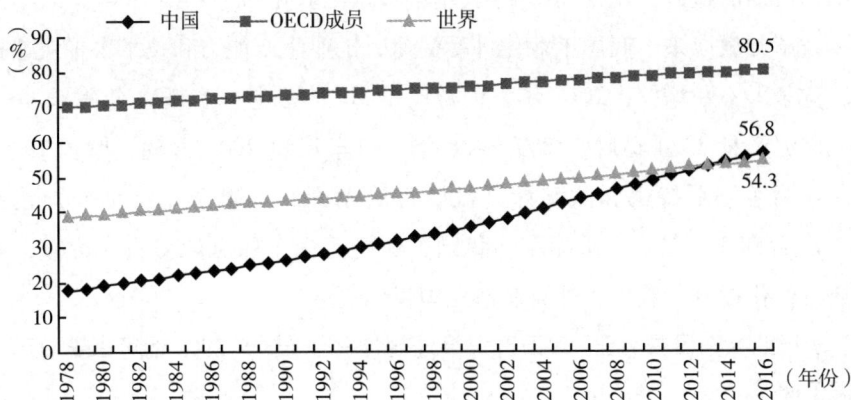

图1 中国、OECD成员与世界的人口城镇化率

数据来源：World Bank database。

从房地产存量看，我国城镇住房已经完全能够满足城镇人口住房需求。而且随着人口老龄化的急速到来，未来房地产需求更为减少，近年来全国城市开发的重点已经从住房建设转向了商业性、办公性楼宇的建设，并已形成这两类建筑的过度建设情况。目前的房地产市场是靠少数人多占房、改善住房条件以及年轻人进入城市的购房需求来支撑的，从总量上看，总供给已经超过了总需求。国家统计数据显示，从2006年到2015年，十年间中国相当于为每一个城市人口建成了约50平方米的建筑。从总量来说，中国的住房供应充足。

2. 工业化进程进入后期，工业化任务基本完成

中国工业化进程是一个典型的梯度型发展过程。沿海地区和部分内地工业化率先发展，通过供应链体系逐步带动相邻地区发展，最终实现从沿海向内地的转移。这一过程中，基础设施建设带来的规模经济和扩散效应起到了重要的作用。

中国社科院工业经济研究所2016年"工业化蓝皮书"《"一带一路"沿线国家工业化进程报告》显示，中国已步入工业化后期阶段。报告指出，2014年中国工业化水平综合指数为83.69，"十二五"期间完成从工业化中

后期到后期的过渡，预计 2020 年能基本实现工业化①。

改革开放以来，我国工业化进程提速，工业生产能力和技术水平快速提高，竞争力不断增强。2017 年，钢材产量 10.5 亿吨，比 1978 年增长 46.5 倍；水泥产量 23.4 亿吨，增长 34.8 倍；汽车产量 2902 万辆，增长 193.8 倍。移动通信手持机和微型计算机设备从无到有，2017 年产量分别达到 18.9 亿台和 3.1 亿台。近年来，我国工业经济多个领域取得重大突破，发展质量优化提升，我国正朝着制造强国目标迈进②。

3. 产业结构日益合理，二三产业增速明显高于第一产业，近年来第三产业发展迅速

产业结构不断优化，工业结构不断向中高端水平迈进。2017 年，高技术制造业和装备制造业增加值占规模以上工业增加值的比重分别为 12.7% 和 32.7%，分别比 2005 年提高 0.9 个和 4 个百分点。服务业快速发展成为经济增长的新引擎。2012 年，第三产业增加值占国内生产总值的比重首次超过第二产业，成为国民经济第一大产业。2017 年，服务业比重提升至 51.6%，比 1978 年上升 27 个百分点，对经济增长的贡献率为 58.8%，提高 30.4 个百分点③。

4. 产业升级有序进行，信息化、工业化融合发展

传统产业转型升级正稳步向前推进。信息化和工业化深度融合，以信息化促进传统产业升级，实现互联网与工业融合创新，是中国产业转型与升级的主要形式。

物联网对推动我国产业结构调整和转型升级具有重要意义。在传统产业转型升级的过程中，利用物联网提高物流的信息化和智能化水平，降低物流成本，提高物流效率，已为许多传统企业所采用。越来越多的传统行业正在

---

① 工业化水平综合指数主要以人均 GDP、三次产业产值比、制造业增加值占总商品生产部门增加值比重、人口城镇化率及第一产业就业占总就业比重 5 项单项指标，以权重打分评测。
② 国家统计局：《波澜壮阔四十载　民族复兴展新篇——改革开放 40 年经济社会发展成就系列报告之一》，http://www.stats.gov.cn/ztjc/ztfx/ggkf40n/201808/t20180827_1619235.html。
③ 国家统计局：《波澜壮阔四十载　民族复兴展新篇——改革开放 40 年经济社会发展成就系列报告之一》，http://www.stats.gov.cn/ztjc/ztfx/ggkf40n/201808/t20180827_1619235.html。

被新兴的信息技术所改变。互联网、物联网、大数据、云计算等日新月异，成为传统产业转型升级的重要手段。

（三）基础设施网络覆盖大部分国土与人口，经济现代化基本完成

改革开放以来，我国各种交通运输方式快速发展，综合交通运输体系不断完善，较好完成规划目标任务，总体适应经济社会发展要求。到"十二五"结束（2015年），我国高速铁路营业里程、高速公路通车里程、城市轨道交通运营里程、沿海港口万吨级及以上泊位数量均位居世界第一，天然气管网加快建设，交通运输基础设施网络初步形成。铁路、民航客运量年均增长率超过10%，铁路客运动车组列车运量比重达到46%，全球集装箱吞吐量排名前十位的港口我国占7席，快递业务量年均增长50%以上，城际、城市和农村交通服务能力不断增强，现代化综合交通枢纽场站一体化衔接水平不断提升。高速铁路装备制造科技创新取得重大突破，电动汽车、特种船舶、国产大型客机、中低速磁悬浮轨道交通等领域技术研发和应用取得进展，技术装备水平大幅提高，交通重大工程施工技术世界领先，"走出去"步伐不断加快。高速公路电子不停车收费系统（ETC）实现全国联网，新能源运输装备加快推广，交通运输安全应急保障能力进一步提高。铁路管理体制改革顺利实施，大部门管理体制初步建立，交通行政审批改革不断深化，运价改革、投融资改革扎实推进①。

（四）科技进步对经济增长的作用日益提高

在经济增长的驱动因素中，科技进步对经济增长的促进作用日益提高。2017年，我国研究与试验发展（R&D）经费支出17606亿元，比1991年增长122倍，年均增长20.3%。我国研发经费总量在2013年超过日本，我国成为仅次于美国的世界第二大研发经费投入国家。2017年，我国研究与试验发展经费支出与国内生产总值之比为2.13%，比1991年提高1.53个百分点。目

---

① 《"十三五"现代综合交通运输体系发展规划》。

前，我国研发经费投入强度达到中等发达国家水平，居发展中国家前列。在政策引导和改革推动下，全社会科技创新活力得到有效激发。2017 年我国发明专利申请量为 138.2 万件，连续 7 年居世界首位；科技进步贡献率提高到 57.5%①。

关键领域取得重大突破。改革开放以来，我国在高温超导、纳米材料、古生物考古、生命科学、超级杂交水稻、高性能计算机等一些关键领域取得重要突破；近年来又在载人航天、探月工程、量子科学、深海探测、超级计算、卫星导航等战略高技术领域取得重大原创性成果，C919 大型客机飞上蓝天，首艘国产航母下水，高铁、核电、特高压输变电等高端装备大步走向世界。

新旧动能加快接续转换。2006～2017 年，装备制造业和高技术制造业增加值分别年均增长 16.2% 和 16.6%，快于规模以上工业 3.2 个和 3.6 个百分点。网络购物异军突起，电子商务、移动支付、共享经济等引领世界潮流，"互联网＋"广泛融入各行各业。2015～2017 年，实物商品网上零售额年均增长近 30%，明显快于社会消费品零售总额年均增长率②。

二　40 年经济成就的动能分析

分析过去 40 年快速发展的动能来源，以及这些动能是否还能持续，是今后发展的基础。概括起来，中国的经济发展源于以下主要因素。

（一）制度红利，市场导向改革为经济要素提供更好的流动性和更高的利用效率

改革开放从本质上看就是制度红利的释放。制度经济学认为，经济活动

---

① 国家统计局：《波澜壮阔四十载　民族复兴展新篇——改革开放 40 年经济社会发展成就系列报告之一》，http：//www. stats. gov. cn/ztjc/ztfx/ggkf40n/201808/t20180827_ 1619235. html。
② 国家统计局：《波澜壮阔四十载　民族复兴展新篇——改革开放 40 年经济社会发展成就系列报告之一》，http：//www. stats. gov. cn/ztjc/ztfx/ggkf40n/201808/t20180827_ 1619235. html。

需要五大要素的供给，即劳动力、土地和土地代表的自然资源、资本、科技创新、管理与制度。这五大要素中，管理与制度决定了其他要素的积累、供给和效率。计划经济时期，制度把四大要素的供给和使用控制在政府手中，没有政府的指令就不能进行自发的活动。改革开放后，相当于在越来越宽的范围内允许三大要素——劳动、资本和科技创新——的自发与自我决策，而政府仍然保留了对土地利用的控制权。

在改革开放的大环境下，劳动要素的市场化配置，使得大量农村剩余劳动力形成的低廉劳动成本得以支持中国发展成为世界工厂；资本要素的市场化配置促进了中国各种所有制企业的快速发展，并使得中国资本市场快速发展。由于科技创新体制尚未完善，技术创新的供给主要来自国外。得益于中国快速发展的国内市场和工业需求，国外供给的科技创新在中国获得了丰厚的回报，如从大众汽车的商标和技术专用权，到 IT 行业众多的专利技术，都在中国市场赢得了可观的知识产权收益。

因此，我们有理由说，改革开放 40 年来的经济快速发展，直接和间接地，都是来自制度红利的结果。

（二）人口红利带来的超量劳动力供给，为发展提供充裕的人力资源

人口红利是改革开放之后中国经济长期快速增长的一个重要基础。1978 年之后，20 世纪 60 年代以后人口生育高峰出生的人口进入劳动者大军（见图 2）。

由人口增长和年轻化所带来的劳动供给增加，也为中国经济的发展提供了重要的要素供给保证。大量农民在改革开放之后脱离土地，或者进入乡镇企业，或者流入其他地区和城市，变成了产业工人和建筑工人、服务业从业者，这就是在中国特有的城乡二元体制下形成的农民工。这些农民工以低于城市正式工人的薪资成本，使得中国经济在国有经济不景气的情况下保持了快速增长，并且为后来解决国有企业改革问题提供了社会财富和政府财政的保障。

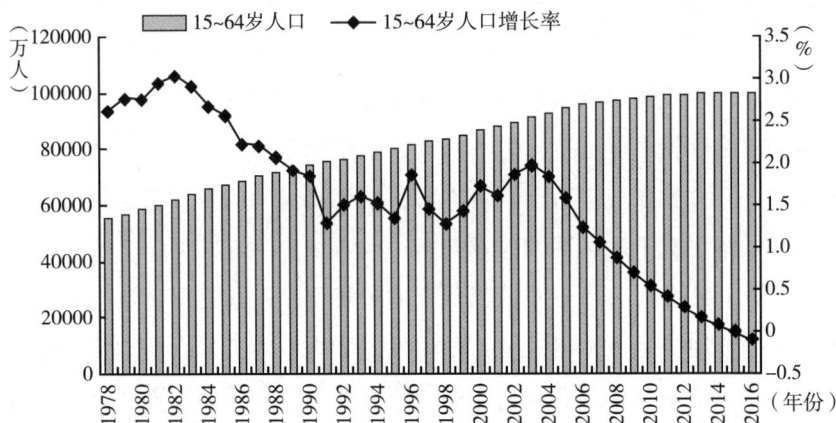

图2 中国适龄劳动人口情况

数据来源：World Bank database。

由劳动人口增长带来的劳动力超额供给，使得劳动这一要素供给成为中国经济在世界市场上的一大竞争优势。这种超额供给，即超过工业和服务业所需人口的超额供给，使得中国经济在长达30年左右的时间里，能够一直维持人力成本优势。

同时，由人口增长带来的商品与服务需求，为经济增长提供了总需求的基础。

（三）技术来源：融入世界产业链，促进产业技术升级

中国加入世界市场体系之后，在成本优势推动下，迅速成为世界上重要的商品出口国。除了少数几个特殊年份（如1989～1990年、1998年、2009年等），多数时间中国的出口和进口增速都明显快于GDP的增速。净出口在多数时间内，都是中国经济增长的拉动力量。

中国经济的出口导向，其贡献不局限于经济增长；它最大的贡献在于为中国经济提供了产业升级和技术升级的机会与动力。在改革开放之前，中国的制造业在产品标准、环境标准和劳工标准上都与世界先进水平存在比较大的差距。这种差距如果单纯依靠自身发展，要实现追赶并

非易事。但是，出口导向的企业，为了实现贸易目标，就有很强的动力去符合出口目的国的先进标准，这一做法最终会提高整个制造业的技术水平。

同样，进口商品对中国经济也有巨大的促进作用。中国的进口商品，尤其是在2000年之前的进口中，多以技术设备和关键元器件为主，这种进口弥补了国内同类产品的差距，为中国产业升级做出了重要贡献。

众所周知，中国在产业技术水平上与世界先进水平一直存在较大的差距。实施科技追赶战略，一直是中国的重要政策之一。甚至在改革开放之前的技术经济时期，实现科技现代化，在技术水平上赶上发达国家，也是重要的国家目标。中国在改革开放之初，就有目的地提出和实施了"市场换技术"的政策。

加入世界产业体系，才最终促使中国建成了自身的与国际市场接轨的现代制造技术体系，并成为国际制造体系的重要组成部分。在此基础之上，中国企业已经开始发展基于自己制造体系的技术标准，并有可能使它成为世界标准体系的一部分。

然而，这一策略也导致了一定的负面效应。成体系地引进国外技术，在客观上降低了国内企业创新的动力和意愿。在某些领域，1978年之前培育起来的科技创新体系，除了军工体系之外，大多变成了配角。

（四）良好的基础设施，促进要素流动与市场扩大

基础设施"直接或间接地有助于提高产出水平和生产效率，其基本要素是交通运输、动力生产、通信和银行业、教育和卫生设施等系统，以及一个秩序井然的政府和政治结构"。基础设施能将各区域的经济活动连成一体，有助于各地区之间优势互补从而提高经济效益。世界银行将基础设施分为经济性基础设施与社会性基础设施。其中，交通运输、邮电通信、能源供给等经济性基础设施作为物质资本，直接参与生产过程，有益于提高社会生产能力进而加快经济增长速度；科教文卫、环境保护等社会性基础设施水平的提高，有利于形成人力资本、社会资本、文化资本等，是调整和优化经济

结构、改善投资环境、推动经济发展的基础。

基础设施水平的提高首先有利于交易成本的降低，即提高交易效率，而后通过扩大经济的空间分工进而促进分工演进和经济增长。交通基础设施服务有助于生产资料及产品的空间转移，从而扩大市场范围，提高市场交易的能力和效率。

基础设施还有"外部效应"，主要体现在以下几个方面。（1）提高要素生产率。基础设施完善了投资环境，如"润滑剂"一样减少要素流动时的摩擦力，进而促进全要素生产率的提高。（2）降低企业成本。基础设施可以视为由政府提供的公共产品（免费或付费），改善了企业的决策环境进而影响其成本函数或利润函数。稳定可靠的基础设施服务可以提高企业资产的使用效率，降低企业运营成本。（3）良好的基础设施服务有助于健康水平的提升和教育投资的改善，从而提升社会的人力资本水平。

中国经济的长期快速发展，验证了基础服务能力提升对发展的重要推动作用。基础服务由能源、交通、电信等基础设施来提供，因此，基础设施建设先行，是中国经济增长的重要经验。在改革开放之前的 30 年，中国就开始大规模的基础设施建设，打造了覆盖大部分国土的干线铁路骨架，建设了若干能源生产基地，架设了覆盖大部分国土的电力供应网络。

利用政府的强大执行力，在短时间内快速建成互联互通的基础设施网络体系，提高要素流动性，推动国内市场的快速融合，形成了超越区域性的全国性统一大市场，这是中国经济成就的另一个重要经验。

三　原有增长动能面临挑战

（一）人口老龄化与少子化带来劳动人口比例的下降，人力资源供给潜力不足

由于严格执行了 30 多年的计划生育政策，中国过早地出现人口老龄

化与少子化。在图 3 中，0～14 岁人口比例从 1978 年的接近 40% 下降到不足 20%（17.7%），这使得未来老龄化的速度加快。老年人口比例从 1978 年的不足 5% 上升到 2016 年的 10.1%，上升了 1 倍还多，而且未来还会更高。

目前，中国的人口增长和劳动力供给已经到达拐点。这一拐点形成了对中国经济长期持续发展的挑战。尽管随着"全面二孩"政策的实施，人口老龄化有所趋缓，但仍是长期经济增长的一个负面因素。生活成本的上升，使得很多家庭失去生育第二个孩子的意愿，或者推迟生育时间。因此，"全面二孩"政策改变人口结构的效果并不会在短期内呈现。

人口老龄化带给中国的挑战，既有劳动要素投入减少导致的生产投入不足，也有因积累率下降导致的长期资本供给不足。这些都会对长期经济增长产生负面影响。微观上看，老龄化会导致社会抚养负担加重，政府公共支出的压力也会增大。劳动适龄人口比例（15～64 岁人口比例）在 2010 年达到顶峰的 73.8%，之后出现了难以逆转的下降，2016 年已经下降至 72.2%。未来中国的劳动人口比例将会下降更快。随着老龄化和少子化趋势的发展，未来人口总量将出现负增长。这种挑战将是长期的，而且是难以逆转的。

（二）发展不平衡成为进一步发展的障碍

发展不平衡可以说是中国经济的一大缺点。其中一个表现就是收入差距的存在与扩大。这体现在中国的基尼系数上。

按照国际标准或者世行标准，基尼系数 0.4 以上就表明这个经济体的收入分配还存在很大的改进余地。根据国家统计局公布的数字，中国的基尼系数普遍高于 0.46，属于收入差距较大的范围。2008 年之后，基尼系数开始有所下降。不过这一数据受到了一些质疑，有人认为其与实际感受存在差距（见图 4）。

在较高的基尼系数背后，是广泛存在的城镇人口与农村人口之间的收入差距，以及能够享受到的社会福利的差距。大量农业转移人口难以融入城市

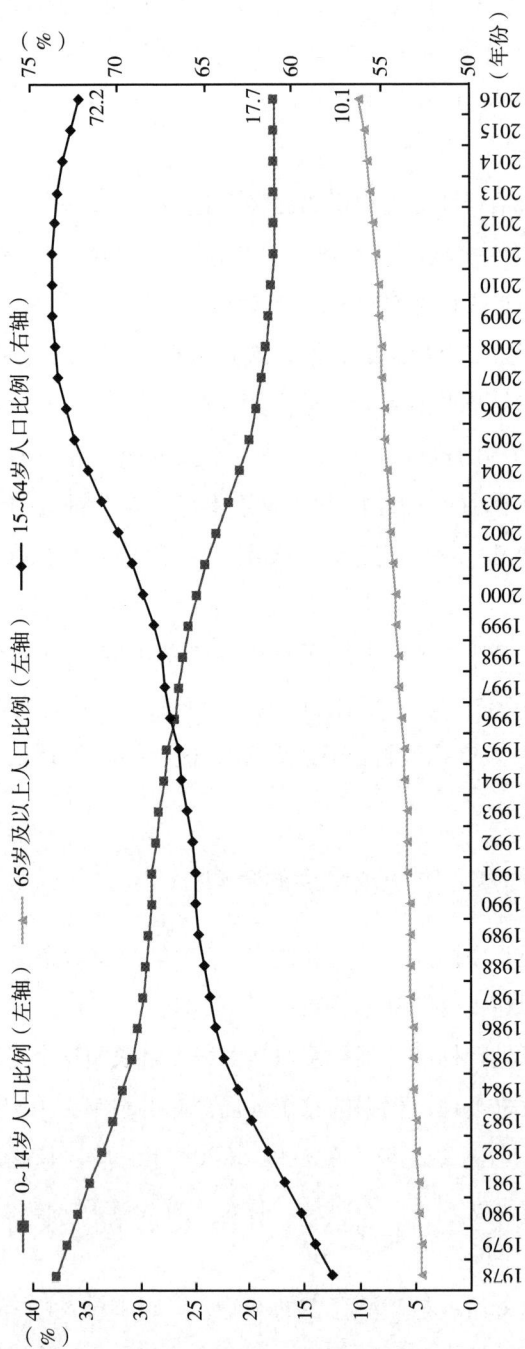

图 3　中国各年龄段人口比例情况

数据来源：World Bank database。

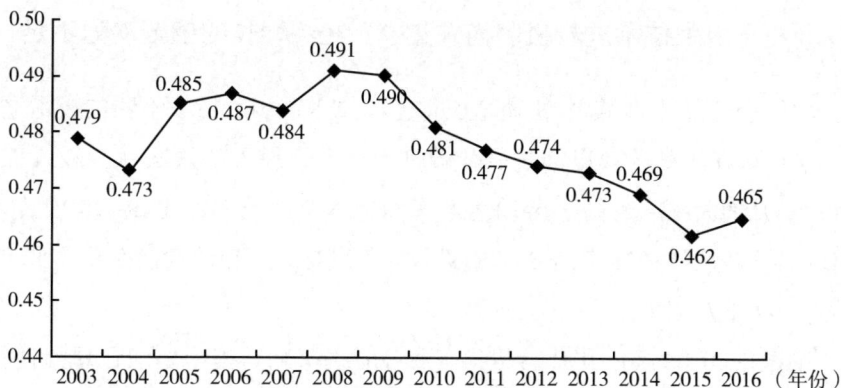

图 4　中国的基尼系数

数据来源：国家统计局。

社会，市民化进程滞后。受城乡分割的户籍制度影响，被统计为城镇人口的
2.34 亿农民工及其随迁家属，未能在教育、就业、医疗、养老、保障性住
房等方面享受城镇居民的基本公共服务。城镇内部出现新的二元矛盾，农村
留守儿童、妇女和老人问题日益凸显，给经济社会发展带来各种不安定因
素①。

实际上，中国经济的发展不平衡并非仅仅因为各地经济禀赋不同，更
多的是由于制度所产生的身份差异。比如城乡收入差距和社会服务差距，
就是城乡二元管理制度造成的。同样的问题也出现在不同所有制之间，国
有企业与民营企业在收入和社会保障方面的差距也是由制度设计不同所
致。

这种身份识别与利益获得之间的挂钩，导致了不同主体之间的利益冲
突，并促进了不同利益集团的形成与固化。其结果是，深度的改革需要在不
同集团之间做出存量的调整，因此造成了不同集团在政策收益上的对立，这
种冲突为进一步改革制造了内生的障碍。

---

① 《国家新型城镇化规划（2014—2020 年）》，http：//www.gov.cn/zhengce/2014 - 03/16/
content_ 2640075. htm。

（三）内生技术进步机制尚未建立，经济增长的创新动力不足

中国经济过去40年的快速增长得益于技术进步。持续不断的技术进步改变了中国在改革开放以前过度依赖大规模人力投入的做法（会战式工程建设），从而大幅度提高了劳动生产率和资本产出效率。比如，20世纪80年代从美国引进地球物探车在新疆进行油气勘探，一年的勘探面积几乎相当于过去30年人工物探的国土面积。

中国在20世纪90年代就提出了科技强国战略，提出要加强原始创新、集成创新和引进消化吸收再创新三种创新战略。然而在实践之中，技术进步的来源基本上仍然是技术引进，或者在引进消化的基础上再创新，重大原始创新基本上仍然是空白。即使是高铁和C919大飞机这些项目，也仍然停留在集成创新和追赶模仿阶段。这种技术进步仍然是一种外生的技术进步，不是内生技术进步。

形成这种局面有多方面的原因。从企业决策机制角度看，直接购买美国等发达国家进行的技术创新比自行创新更有效益，风险也更低。从市场环境角度看，国内对知识产权的保护不足，使企业从原始创新中获利的可能性下降。从宏观角度看，中国在科技资源配置上重科研院所、轻企业尤其是轻民营企业的做法使得技术创新的主要承担者无法获得足够的支持。在这三方面因素的作用下，中国的技术创新投入占GDP比重始终难以提高到发达国家的水平。

中国与OECD国家和美国在技术创新投入方面的差距，主要是企业投入不足造成的。这是因为，即使在发达国家，技术创新的主体也是企业，而非财政支持的科研院所。引导全社会加大对研发的投入，是落实创新驱动发展战略的重要基础，也是2020年我国进入创新型国家行列的关键因素。今后政策的方向，应该是鼓励企业尤其是民营企业进行研发与技术创新投入。

近年来，中国研发投入快速增加，每年申报的专利数量甚至超过了美国，成为世界第一专利大国。但是无可置疑，中国工业技术产出明显不足，

能够带来新产业增长点的技术产出凤毛麟角。这反映出科技研发投入的效率低下，实质上是没有解决科技转化的机制问题。

（四）资源、能源与环境问题突出

中国经济的快速增长，伴随着能源需求与消费的快速增长。到 2008 年，中国在经济总量只有美国经济总量 50% 左右的时候，超过美国成为世界第一大能源消费国、第一大能源生产国和温室气体排放国，同时也是第一大煤炭生产和消费国、第一大电力生产和消费国（见图 5）。伴随着能源消费的增加，由此产生的温室气体和二氧化硫等污染性其他排放大幅增加，雾霾现象成为中国的一大突出问题。

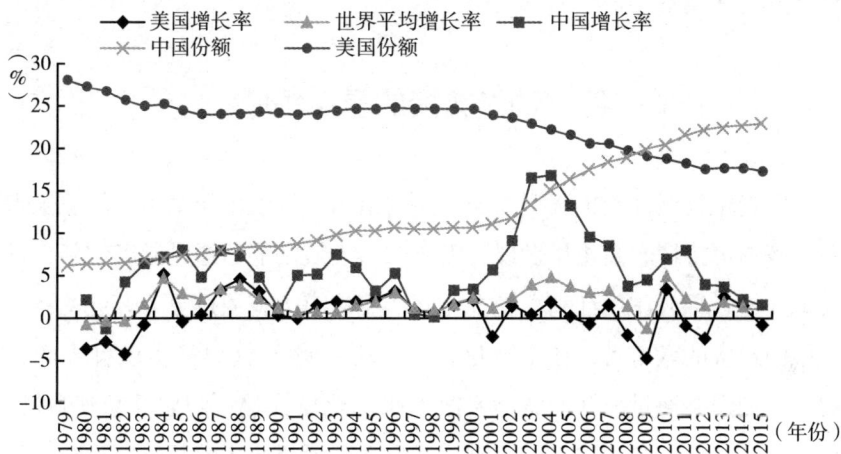

图 5　中国能源消费与美国和世界的比较

数据来源：World Bank database。

在经济快速发展的过程中，中国的各种资源遭到了过度开采。根据 BP 公司的统计数据，中国煤炭储采比已经不足 40 年，成为主要大国中储采比最低的国家。其他金属矿资源、森林资源也都出现了过度开采。

同时，随着中国工业化、城镇化进程的加快，各种自然生态环境系统被严重破坏。据 20 世纪 50 年代初期的统计数据，我国水蚀面积为 150 万平方公里，风蚀面积为 130 万平方公里，合计占国土面积的 29.1%。到 1990 年，全国水土流失总面积达 367 万平方公里，占国土总面积的 38.2%，其中水蚀面积 179 万平方公里，风蚀面积 188 万平方公里。从流失的程度来看，中度以上流失面积占 50%。目前全国农耕地水土流失面积约 4867 万公顷，占耕地总面积的 38%，严重影响了农业生产，特别是粮食生产[①]。

中国经济过去 40 年的快速发展，引起了资源的过快消耗和对人居环境的破坏。农牧业土地产出率明显下降，煤矿、黑金属矿、有色金属矿和非金属矿的资源储量和品位都明显下降，给后续的经济发展带来了明显的制约。

习近平总书记在十九大报告中指出，加快生态文明体制改革，建设美丽中国，是中国今后的重要任务。没有生态环境的根本性改善，民族复兴的伟大目标就会不完整。

四　动能转换的重点领域

中国走粗放型外延扩张型增长道路的潜力可以说已经基本用尽，未来要实现经济的可持续、高质量发展，需要转换发展动能，通过制度创新，进一步改革开放，释放制度红利，挖掘更好的发展潜力，通过更大幅度的开放来提升中国经济的竞争力，在全球化和"一带一路"框架下实现世界的共同发展。我们需要通过公共服务体系改革来深化城镇化，解放社会消费潜力，实现从小康社会向发达国家的迈进；我们还要通过收入分配体制改革，实现从生产型经济向消费型经济的转变，同时增强企业的研发能力，提升经济发展质量。总之，通过深化改革、继续开放，实现从粗放型增长向质量型增长的转变，实现"三步走"的战略目标。

（一）中国经济仍有继续快速增长的潜力

中国经济的增长潜力仍然没有释放完全。第一，制度红利的空间仍然存

---

① 《我国水土流失概况》，http：//scitech.people.com.cn/GB/25509/50262/50980/3553777.html。

在。目前政府对于能源、通信、教育、医疗等领域的准入限制，使得这些部门的供给潜力和衍生需求没有得到释放。随着中国经济改革的深入，这些领域在适当时机向民营资本开放，届时由新的制度红利产生的增长空间将是巨大的。

第二，中国城市化进程虽然基本完成，但是城市的服务功能还远未充分实现。道路交通、电信互联网服务、能源保障、环境服务、文化休闲等都有非常巨大的增长空间。

第三，中国的制造业已经形成了完整的工业体系，这在全世界都是独一无二的（美国、日本、欧洲已经把部分产业转移到他国），也具备了全球最大规模的劳动力供给能力，同时中国的劳动力综合成本仍然是世界最低的。

第四，中国的产业升级本身就会形成巨大的投资和发展机会。

第五，中国的高速铁路、高速公路、油气管网、新能源和智能电网等的投资需求仍然巨大。

综合以上因素，未来 20～30 年的时间，中国经济仍然会维持较高的增长速度，并为全球经济增长做出贡献。

（二）通过减税等措施，释放内生需求和社会消费潜力

自计划经济建立以来直至改革开放之初，中国经济基本上都是生产导向。改革之初，经济政策转到满足人民群众日益增长的物质文化需求上来。但是从统计数据来看，消费在经济中的贡献远低于发达经济体。宏观经济上，在拉动 GDP 增长的"三驾马车"中，消费贡献落后于投资拉动，整体上中国经济的投资率偏高。

在此之前，最终消费支出对 GDP 的贡献率一般都在 50% 左右，2014 年最终消费支出对 GDP 增长的贡献率为 50.2%（2012 年 51.8%，2013 年 50%）。2015 年之后，消费的贡献率开始提高，2015 年最终消费支出对 GDP 增长的贡献率为 66.4，2016 年为 64.6%。

中国家庭由于支出预期过高，消费能力没有完全释放。但是近年来，随着国民收入水平的提高，消费潜力已经开始释放。在经济新常态下，要继续

释放消费潜力，应该有效增加居民预期收入。在政策篮子中，减税是一个有效的办法。此外，建设和完善社会保障体系是长期的根本保障，只有解决了医疗、教育、养老的潜在威胁，居民才能放心消费。

如果我们不以 GDP 的量来比较，而是以代表实际购买力的广义货币量即 M2 来比较，中国已经超过美国（2016 年中国的 M2 相当于美国的约 1.4倍，GDP 相当于美国的 60%），成为全球第一大消费者。目前这一消费能力实际上被分散化，一部分用在了中国国内的房地产市场，一部分用在了国内的其他市场，还有一部分用在了国外的市场。未来随着中国经济的升级与发展，目前从国外进口的商品将会更多地在国内生产，加上国内市场管理的完善，将会有越来越多的资金在国内直接消费。

2015 年 12 月，波士顿咨询公司（BCG）和阿里研究院联合发布的中国消费趋势报告预计，未来五年中国消费市场新增 2.3 万亿美元，上层中产阶级及富裕消费者将贡献 81% 的消费增量，到 2020 年，私人网络购物预计将以每年 20% 的速度激增。据 BCG 预测，尽管 GDP 增长放缓，到 2020 年私人消费将达到 6.5 万亿美元的规模；未来五年中国消费市场 2.3 万亿美元的增量相当于德国或英国消费市场当前规模的 1.3 倍。报告指出，中国消费增长之所以将继续大幅超越 GDP 增长的步伐，主要原因在于人口、社会和科技等方面的发展趋势正在从根本上打造一个双速并行的消费经济。"上层中产及富裕阶层的消费者、新生代消费者以及网络购物"三股发展力量正在推动中国消费市场的转型[①]。

（三）完善城市服务功能，健全公共服务体系，将有效提升城市的增长极功能

《国家新型城镇化规划（2014—2020 年）》提出，新型城镇化的指导思想是："全面提高城镇化质量，加快转变城镇化发展方式，以人的城镇化为

---

① 《报告：未来五年中国消费市场新增 2.3 万亿美元》，http://finance. sina. com. cn/china/20151221/160824052323. shtml。

核心，有序推进农业转移人口市民化；以城市群为主体形态，推动大中小城市和小城镇协调发展；以综合承载能力为支撑，提升城市可持续发展水平；以体制机制创新为保障，通过改革释放城镇化发展潜力，走以人为本、四化同步、优化布局、生态文明、文化传承的中国特色新型城镇化道路，促进经济转型升级和社会和谐进步，为全面建成小康社会、加快推进社会主义现代化、实现中华民族伟大复兴的中国梦奠定坚实基础"。

中国未来的城镇化发展，将会突破目前的城乡二元结构，而逐步演化成为城乡一体化的连片城镇化模式。

目前全国约70%的人口已经实际进入城镇及其周边地带，这一周边地带在行政形式上可能仍然属于农村，但是其生产生活形态已经与城镇没有差异。从人口居住地理分布这一角度看，毫无疑问，中国的城镇化进程已经完成。但是，从城镇服务功能看，中国城镇化还有很大的发展空间。

未来随着中国经济实力的进一步提高、社会管理能力的增强，城乡二元结构终将会被一体化的社会管理所取代。政府也有义务对全体社会成员进行均等化的社会服务。在现代信息网络和交通网络的支持下，这种愿景并不难实现。

因此，未来的城镇化进程将是城市服务功能升级与逆城市化同步进行的社会转型。在这一转型完成之后，中国将基本完成改革与发展任务，从社会形态上进入发达国家行列。

（四）产业技术持续升级将为中国经济提供巨大的发展空间

中国已经建立了完备的工业体系，这是进一步发展的基础。在智能制造技术、信息社会技术快速发展的背景下，产业技术升级是一个不可逆转的趋势。一方面，如果中国经济不能实现向智能制造的升级，就会被甩出世界供应链体系和世界经济体系；另一方面，这也为中国经济未来发展提供了广阔的空间。

基于新一代机器人、互联网和物联网技术，智能制造和智慧城市将很快成为现实，也将成为中国经济发展的新方向。巨大的市场容量和投资规模，将确保中国在未来 20 年的时间内仍维持较快的发展速度。

1. 智能制造

智能制造是基于新一代信息通信技术与先进制造技术深度融合，贯穿于设计、生产、管理、服务等制造活动的各个环节，具有自感知、自学习、自决策、自执行、自适应等功能的新型生产方式[1]。在未来制造业中，消费者具有更大的主导权，大数据、云计算、移动、社交化、3D 打印、机器人等技术发展将颠覆旧有的制造模式，跨界融合、制造业服务化的趋势也日益显著。

工业和信息化部、财政部联合制定了《智能制造发展规划（2016—2020 年）》（以下简称《规划》），作为指导未来 5 年智能制造发展的纲领性文件。《规划》明确提出到 2020 年，传统制造业重点领域基本实现数字化制造，到 2025 年，智能制造支撑体系基本建立，重点产业初步实现智能转型。

智能制造实际上是一个全球产业链的重构过程，它将日益突破国别和地区的限制，最终实现以消费地与消费者为中心，通过物联网技术优化要素资源配置，以机器人和数控技术改造生产过程，越来越多的业务需要供应链上的多家企业合作完成。未来全球产业链将分类更细，要求更加专业化的产品组合以及迅速变化的市场和技术，这就要求企业在较短时间内以较低成本整合各种资源，具有更强的开放性与灵活度。

虽然智能制造对人工成本的节省引起了部分制造业向美国回流，但是中国如果能够成为新的世界消费中心，必将促使全球生产厂商围绕中国消费者组织要素配置，最终实现生产与消费的最低成本连接。在这一过程中，既实现了制造业与服务业的高度融合，也将使智慧科技与智能制造成为新的技术制高点。中国在其中能够扮演的角色决定了中国在国际竞争格局中的地位。

在智能制造的推动下，经济全球化遇到的不会是"逆全球化"，而是

---

① 工业和信息化部、财政部：《智能制造发展规划（2016—2020 年）》。

"再全球化"，世界经济和全球产业链将围绕技术资源和市场资源重新配置生产布局和物流网络。这与中国倡导的"一带一路"存在一定的差异："一带一路"意图通过基础设施网络的互联互通推动市场开发，而"再全球化"则是根据市场与技术格局重新配置物流网络。二者在一定条件下可以相互促进：通过"一带一路"的基础设施网络推动欠工业化地区融入世界的"再全球化"进程。

2. 智慧城市将是中国城市化进程的升级版

智慧城市是在城市中实现数字技术、ICT 技术、大数据的全方位应用，其目的是以最优化、最便捷的方式解决和满足城市生活中的所有问题与需求。

智慧城市努力的方向是"创造一个人人能够每天充实生活、愉快工作的场所"，在愉快生活中实现"大众创业、万众创新"。

智慧城市覆盖经济、社会、环境的各个方面。智慧城市更注重智能化对城市自然资源和环境的保护与利用，更注重智能化的技术创新与社会、经济、文化之间的互动，更注重参与式的城市社会管理与服务的创新，实现城市社会治理中的精细化水平。智慧城市给碎片化的城市公共管理和公共服务的整合协同提供了机遇，给各自为政的信息孤岛的统一共享提供了平台。

智慧城市以城市互联网的创新理念，将节能低碳、生态文明、人与自然和谐发展的城市绿色发展新形态落到实处。智慧城市的建设，将有效提升中国的城市化质量，提高经济活力与创新能力，为创新活动营造适宜的生活与人文氛围，推动中国经济从资本、劳动密集型向技术驱动型转变。

（五）生态修复与美丽中国建设

生态文明建设是顺应世界文明转型发展的大趋势、大战略。中国是唯一把生态文明上升为国家战略的国家。2017 年 1 月，习近平主席在联合国日内瓦总部发表以"共同构建人类命运共同体"为题的重要演讲，从全球治理高度提出了改变世界治理体系的新思想，明确提出"构建人类命运共同体，实现共赢共享"的中国方案。构建人类命运共同体的中国方案是中国生态文明建设战略在国际社会的拓展，也是一种全球大气治理的新方案。

大力发展绿色经济、"互联网＋"共享经济，为世界经济复苏带来新动力。"十三五"期间，我国在可再生能源领域的新增投资将达到2.5万亿元人民币，比"十二五"期间增长近39%。中国以绿色发展推动生态文明建设，将会成为拉动世界经济增长的新动力。在国内环境治理上，中国也向世界显示了自我治理决心。

中国在生态修复和环境治理上迫切需要大的投资，需要设定未来目标，对重点项目进行梳理和公开，出台相应政策引导社会资本投入这一事业之中。在这一领域，仍然应该采用市场化机制，让各种资本能够在生态修复和环境治理上获得可观的经济效益。把生态修复与美丽中国建设当作一个经济发展的重大机遇来对待，将为中国带来规模巨大的投资机会，也将为中国未来发展打下良好的生态和人居环境的基础。

五　总结

中国经过40年的改革开放，取得了举世瞩目的伟大成就，实现了数以亿计人口的脱贫，创造了人类发展史上的奇迹。这些成绩的取得，是多种内生因素共同作用的结果，归根到底，是改革开放所释放的政策红利，使得各种要素得以自发积累，并以市场化的政策提高了要素的配置效率，激发了中国人民创造美好生活的活力与动力。

40年来的发展动力来自低起点所带来的后发优势，外延扩张型增长可以说已经发挥到极致。未来只有实现发展动能的转换，通过进一步的改革开放，释放出经济的内生动力，中国经济才能实现"三步走"的战略。中国目前已经具备了这样的基础，也已经迈出了坚实的步伐。

展望未来，中国仍将继续保持较快增长。同时，中国也有望成为世界新的消费中心。中国的城镇化进程将由人口集聚与城市土地扩展的粗放模式转到城市服务功能升级与智慧城市的建设上来。智能制造方面，中国能否应对智能制造带来的制造业向美国回流是一个重要的挑战。同时，智能制造也是中国产业升级的一次重要机遇，凭借巨大的市场和已经形成的市场机制，中国应该有能力成为智能制造领域的领导者。生态修复与美丽中国建设也将是中国经济新的增长点。

参考文献

［1］ Greenwald, A. G., "Ego Task Analysis: A Synthesis of Research on Ego-involvement and Self-awareness", in A. H. Hastorf and A. M. Isen eds. , *Cognitive Social Psychology* (New York: Elsevier/ North-Holland, 1982).

［2］ Paul M. Romer, "Increasing Returns and Long-Run Growth", *The Journal of Political Economy* 5 (1986).

［3］ IBM：《中国制造业走向2025》。

［4］ 埃森哲：《三大增长动力——探索生产率提升新路径，助力中国经济和企业成功转型》。

［5］ 丁伟、Allieu Badara Kabia、邢源源：《创新驱动中国经济发展：回顾与展望》，《辽宁经济管理干部学院学报》2016年第1期。

［6］ 李平、王春晖、于国才：《基础设施与经济发展的文献综述》，《世界经济》2011年第5期。

［7］ 刘强、王恰：《中国的能源革命——供给侧改革与结构优化（2017～2050）》，《国际石油经济》2017年第8期。

［8］ 国家工业和信息化部、财政部：《智能制造发展规划（2016—2020年）》。

［9］ 国家发展和改革委员会：《国家新型城镇化规划（2014—2020年）》。

［10］ 国家制造强国建设战略咨询委员会：《〈中国制造2025〉重点领域技术路线图》，2015年10月。

［11］ 焦红兵：《科技进步对经济增长作用的分析》，《系统工程理论与实践》2001年7月。

［12］ 杨立岩、王新丽：《人力资本、技术进步与内生经济增长》，《经济学》（季刊）2004年7月。

［13］ 黄群慧主编《"一带一路"沿线国家工业化进程报告》，社会科学文献出版社，2015。

B.3

2018年国际能源形势分析与展望

尚博闻　刘　强*

摘　要：　2018年以来，国际经济形势总体上延续低位运行，同时由于贸易冲突等因素，未来不确定性增加。根据国际货币基金组织的分析和预测，2018年和2019年的全球增长率为3.7%，与2017年持平。但经济扩张的均衡程度下降，贸易紧张局势不断加剧，增长的下行风险上升，一些主要经济体的增长率可能已经触顶，增长快于预期的可能性下降。

发达经济体的经济活动在2017年下半年达到峰值后，在2018年上半年势头有所减弱。其中，美国2018年增长率预计为2.9%，2019年增长率预测下调至2.5%；欧元区2018年和2019年的增长率预测分别下调至2%和1.9%；日本2018年增长率预测下调到1.0%；新兴市场和发展中经济体2018年和2019年的增长率预测与IMF于2018年7月所作《世界经济展望》相比出现下调，均为4.7%；中国经济增长率预计从2017年的6.9%下降到2018年的6.6%，2019年的预测值进一步下调至6.2%；印度经济增长率预计从2017年6.7%上升到2018年的7.3%，2019年将进一步升至7.4%；东盟五国增长率预计稳定在5.3%左右。

受国际经济形势影响，国际能源市场自2017年以来出现波动。石油市场自2017年至2018年上半年出现上涨势头，

---

* 尚博闻，中国社会科学院研究生院硕士生；刘强，中国社会科学院数量经济与技术经济研究所研究员。

油价一度上涨到 80 美元以上。但是最近几个月又大幅回降到 50 多美元的水平，未来还有可能继续下探。天然气市场需求在 2017 年冬季出现较大幅度增长，但是 2018 年由于中国减弱了煤改气和环保关停的力度，并没有出现预期的供应紧张局面。煤炭市场在 2018 年受各种因素影响，出现恢复性上涨，核电、可再生能源也有所增长。

关键词： 国际能源市场　石油市场　天然气市场　煤炭市场　可再生能源

一　世界石油市场综述

（一）需求

2012~2017 年，全球石油需求共增长 8.24mb/d① 左右，年均增速为 1.79%，已经逐步摆脱国际金融危机的负面影响。

从地区来看，非 OECD 国家是石油需求增长的主要来源；发展中国家的增幅要高于发达经济体，尤其是 2015 年后这一现象更为显著，这主要归功于许多新兴发展中经济体近年来快速的人口增长、较为乐观的经济增长以及低廉的石油价格。其中，在非 OECD 国家中，中国和印度是非 OECD 亚洲地区需求增长的主要来源，但随着中国经济向服务业和消费为主导的结构迈进，石油需求正在放缓，印度则逐渐成为备受关注的焦点。在 OECD 国家中，北美三国的增量最大，其中美国几乎占据了该地区石油需求增量的绝大部分，而欧洲和亚太地区对石油的需求疲软，尤其是亚太地区的需求近五年来几乎都处于负增长态势，仅在 2016 年有较小幅度的增加。

---

① mb/d 为原油产量单位，即百万桶/日。

2018 年，全球石油需求预计将增长 1.5mb/d 左右。在非 OECD 国家中，亚洲地区国家的增幅较大，其中印度的需求增幅最大，其次是中国。相比之下，其他非 OECD 地区，主要是拉丁美洲和中东，由于其 2018 年经济表现低于预期，石油需求疲软。而 OECD 所属的三个主要地区除亚太外都略有增长，尤其是北美地区（主要是美国）。OPEC 组织预计 2019 年全球石油需求将增长 1.29 mb/d。OECD 国家需求将有 0.25 mb/d 左右的正增长，而非 OECD 国家仍然是增长的主要来源，约增长 1.04 mb/d。预计 2019 年世界石油总需求量首次突破 100 mb/d，达到 100.08 mb/d（见表 1）。

表 1 2017～2019 年世界石油需求

单位：mb/d，%

地区	2017年	2018年第一季度	2018年第二季度	2018年第三季度	2018年第四季度	2018年	2018年比2017年增长	2019年	2019年比2018年增长
美洲地区	25.06	25.20	25.40	25.73	25.64	25.49	1.75	25.76	1.03
其中:美国	20.27	20.57	20.64	20.88	20.78	20.72	2.20	20.96	1.15
欧洲	14.30	13.95	14.19	14.73	14.46	14.33	0.25	14.35	0.13
亚太	8.06	8.54	7.65	7.70	8.26	8.04	-0.30	8.01	-0.34
OECD	47.42	47.69	47.24	48.16	48.36	47.87	0.95	48.12	0.53
亚洲其他(非OECD)	13.24	13.55	13.84	13.38	13.93	13.68	3.25	14.05	2.70
其中:印度	4.53	4.83	4.74	4.40	4.99	4.74	4.59	4.93	4.05
中国	12.32	12.28	12.84	12.65	13.07	12.71	3.18	13.05	2.67
拉美	6.51	6.35	6.48	6.81	6.47	6.53	0.31	6.58	0.81
中东	8.17	8.19	7.96	8.40	7.90	8.11	-0.73	8.17	0.74
非洲	4.20	4.35	4.32	4.27	4.38	4.33	3.01	4.44	2.45
发展中国家	32.13	32.44	32.60	32.86	32.68	32.64	1.61	33.23	1.80
前苏联地区	4.70	4.66	4.65	4.94	5.01	4.82	2.45	4.91	1.87
其他欧洲地区	0.72	0.73	0.69	0.73	0.82	0.74	3.48	0.76	2.69
所有其他地区	17.74	17.68	18.18	18.32	18.90	18.27	2.99	18.72	2.46
世界	97.29	97.8	98.02	99.35	99.94	98.78	1.54	100.08	1.31

注：2018 年数据为估计值，2019 年数据为预测值。

数据来源：OPEC Secretariat。

在总的石油需求增长预计中，2018 年美国增加了 0.45 mb/d，几乎是整个北美地区增量的唯一来源；欧洲增量为 0.04 mb/d；亚洲非 OECD 国家的增量为 0.43 mb/d，同比增长约 3.25%，增幅有小幅回升。中国和印度仍是亚洲地区需求增长的主要来源。OPEC 组织预测，2019 年亚洲非 OECD 经济体的需求增长 0.37 mb/d，增幅为 2.7%；所有其他地区的需求增长 0.45 mb/d，增速达到 2.46%。这反映出今后世界石油需求增长的动力将更多地来自印度、印度尼西亚、马来西亚、泰国和新加坡这些经济发展前景较好的新兴发展中国家。

（二）供给

根据 OPEC 的统计，2012～2017 年，全球原油产量一直保持缓慢稳定增长态势（见图 1），年均增速约为 0.55%，其中得益于页岩油开采技术进步及能源政策调整，美国原油产量自 2012 年开始大幅增长，已成为全球原油供应的最大增量来源；相较之下，近年来由于 OPEC 成员国地缘政治因素的影响，其内部增产减产的意见难以统一，非计划停产频发，以沙特为主的 OPEC 对原油供给和价格的控制力开始减弱，而美国的市场份额和影响力则显著提高。

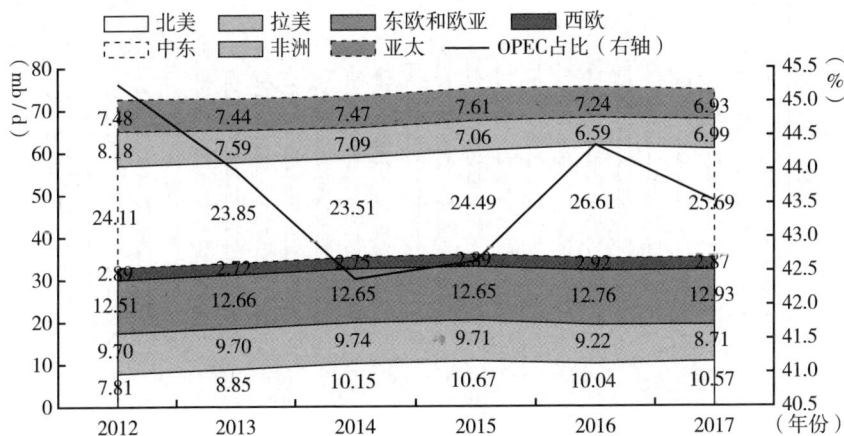

图 1　2012～2017 年世界原油产量分解

数据来源：OPEC。

从结果上看，OPEC 和俄罗斯等主要产油区在 2017 年较好地执行了 2016 年底达成的减产协议，再加上国际石油需求在全球经济复苏的带动下出现了一定幅度的增长，与此同时，受油价在 2014 年下半年到 2016 年的长期低位运行影响，美国页岩油产量增速放缓，国际原油供需平衡得到改善。原油需求的恢复性增长和原油供给的刚性控制，使原油价格在 2017 年至 2018 年前三季度间出现了恢复性上涨，累计涨幅接近 40%。2018 年俄罗斯、沙特等国由于财政收入增长，一致同意将减产协议延长至年底，且不排除再次延长至 2019 年的可能。

尽管减产协议仍在执行，但根据 OPEC 的统计，2018 年前 11 个月世界石油供给一直稳步上升，由年初 1 月份平均每天 97.83 mb 增长到 11 月份平均每天 100.37 mb，增量为 2.54 mb/d。但 OPEC 初步数据显示，与 11 月相比，2018 年 12 月全球石油供应量减少了 0.35 mb/d，达到了日平均 100.02 mb。其中，非 OPEC 国家（包括 OPEC 的 NGLs）的供应量增加了 0.40 mb/d，达到 68.44 mb/d；12 月份 OPEC 的原油日产量减少了 751 tb，为 31.58 mb/d，占全球原油总产量的比例为 31.6%，较上月下降 0.6%。

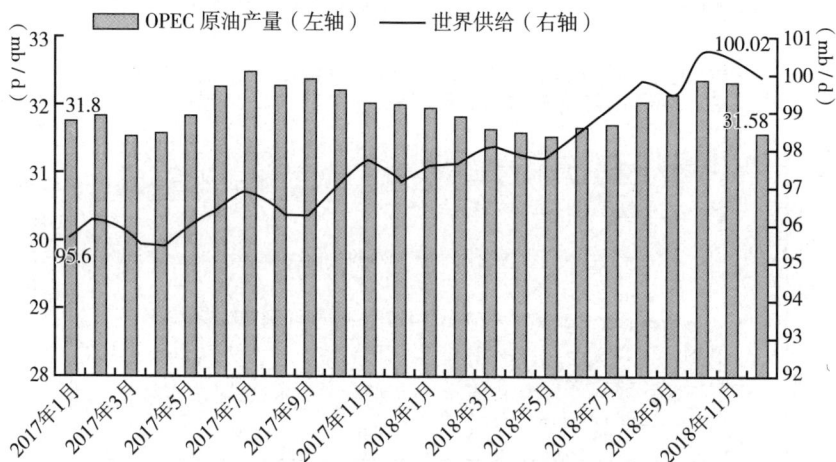

图 2　OPEC 和世界石油供给

数据来源：OPEC Secretanriat。

OPEC 组织预计 2018 年全年非 OPEC 国家石油供给较 2017 年增长 2.61 mb/d，达到 62.06mb/d，该增长主要来自美国、加拿大、哈萨克斯坦、俄罗斯和英国。而 2019 年非 OPEC 国家石油供给预计会增长到 64.16md/d，其中美国增加

11.7mb/d，但这一预测仍面临很多不确定性，尤其是贸易保护主义所导致的贸易争端升级对全球供应链的扰动（见表2）。同时，OPEC还预计自身2018年和2019年的液化天然气（NGLs）产量分别增加0.04mb/d和0.11mb/d，至4.98mb/d和5.09mb/d（以上数据均已将卡塔尔退出，OPEC考虑在内，下同）。

表2 非OPEC石油供给

单位：mb/d，%

地区	2017年	2018年第一季度	2018年第二季度	2018年第三季度	2018年第四季度	2018年	2018年比2017年增长	2019年	2019年比2018年增长
美洲	21.49	22.93	23.35	24.53	24.61	23.86	11.03	25.37	6.34
其中：美国	14.40	15.53	16.22	17.17	17.48	16.61	15.29	18.31	10.26
欧洲	3.83	3.92	3.73	3.63	3.77	3.76	-1.78	3.77	0.28
亚太地区	0.39	0.40	0.38	0.42	0.44	0.41	4.49	0.46	13.28
OECD合计	25.71	27.25	27.46	28.58	28.81	28.03	9.02	29.61	5.62
亚洲其他	3.61	3.60	3.55	3.45	3.47	3.52	-2.61	3.46	-1.53
拉丁美洲	5.15	5.15	5.20	5.10	5.23	5.17	2.29	5.50	6.51
中东	3.13	3.16	3.21	3.22	3.24	3.21	2.29	3.23	0.73
非洲	1.48	1.51	1.52	1.55	1.49	1.52	2.55	1.57	3.17
发展中国家合计	13.38	13.41	13.47	13.32	13.43	13.41	0.24	13.76	2.64
前苏联地区	14.05	14.10	14.14	14.33	14.57	14.29	1.67	14.44	1.09
其中：俄罗斯	11.17	11.14	11.18	11.44	11.61	11.35	1.56	11.49	1.23
欧洲其他地区	0.13	0.12	0.12	0.12	0.12	0.12	-4.58	0.12	-1.08
中国	3.97	3.94	4.00	3.94	3.99	3.97	-0.12	3.95	-0.41
其他地区合计	18.15	18.17	18.25	18.39	18.68	18.37	1.24	18.51	0.75
非OPEC产量合计	57.24	58.83	59.19	60.29	60.93	59.81	4.50	61.88	3.46
加工收益	2.21	2.25	2.25	2.25	2.25	2.25	1.67	2.28	1.25
非OPEC供给	59.45	61.07	61.44	62.53	63.18	62.06	4.39	64.16	3.38

注：2018年数据为估计值，2019年数据为预测值。非OPEC石油供给包含卡塔尔。

数据来源：OPEC。

在非OPEC国家中，美国在全球石油市场上扮演着日益重要的角色。虽然2018年初美国原油生产有所放慢，但受到油价不断上涨的刺激，其目前处于快速增长阶段。2018年12月底，美国多数产油区的油井数量都有所增加。其钻井总量比一年前增加了17%，其中油井增加了18%，代表技术方向的水平井（占总量的87%以上）增加了19%（见表3）。美国能源信息署（EIA）预计，2018年美国页岩油产量将刷新纪录，继续推高全球原油产量。EIA同时还预测，美国2019年原油产量将突破12.1mb/d，届时有望超过俄罗斯成为全球最大石油生产国。美国液体燃料产量分解如表4所示。

表3　截至2018年12月28日美国的钻井数量

单位：口，%

项目		截至2018年12月28日	一月前	一年前	月度增加数量	年度增加数量	年增长率
油/气	油	885	887	747	−2	138	18
	气	198	189	182	9	16	9
	混合	0	0	0	0	0	0
位置	陆地	1059	1053	911	6	148	16
	离岸	24	23	18	1	6	33
钻井方向	方向井	70	68	68	2	2	3
	水平井	945	934	796	11	149	19
	竖井	68	74	65	−6	3	5
钻井总量		1083	1076	929	7	154	17

数据来源：Baker Hughes。

表4　美国液体燃料产量分解

单位：mb/d

液体燃料	2016年	2017年	2017年比2016年变化	2018年	2018年比2017年变化	2019年	2019年比2018年变化
致密油	4.24	4.71	0.47	6.23	1.52	7.40	1.17
墨西哥湾原油	1.60	1.68	0.08	1.73	0.05	1.78	0.05
常规原油	2.99	2.96	−0.03	2.94	−0.02	2.92	−0.02
非常规NGLs	2.58	2.77	0.19	3.27	0.50	3.70	0.43
常规NGLs	0.93	1.01	0.08	1.10	0.09	1.15	0.05
生物燃料+其他液体燃料	1.27	1.27	0	1.33	0.06	1.36	0.03
美国供给合计	13.61	14.40	0.80	16.61	2.20	18.31	1.70

注：2018为估计数据，2019为预测数据。

数据来源：US EIA, Rystad Energy and OPEC Secretariat。

其他非OPEC产油国也为2018年的石油增产做出了贡献，但是生产增幅差异较大。加拿大、英国和哈萨克斯坦的石油供给一直在增长，而墨西哥、中国的液体燃料国内供给能力则表现出负增长。

中国政府正努力降低对进口油气的依赖，并敦促中石油、中海油等国有能源巨头增加国内的石油和天然气产量，以保障国家能源安全。从目前来看，中国的减产正在放缓，OPEC 的数据显示 2018 年第三季度后中国的石油产量出现了上升；但长期来看中国国内的石油供给压力将日益增加。墨西哥的持续减产是因为其石油行业的勘探和生产投资长期不足，导致其油井老化和基础设施欠缺；同时，近年来偷盗和走私造成的损失持续累积，更加剧了资金从墨西哥的逃离。

2018 年 10 月，OPEC 原油供应量升至一年来的高位，达到约 32.36mb/d。这主要得益于利比亚产量的飙升、接近创纪录的伊拉克产量，以及安哥拉、沙特和阿联酋的增产，从而弥补了伊朗的大幅减产和委内瑞拉产量的进一步下降。但为应对 10 月中旬以来的油价大幅下跌，OPEC 在 2018 年最后两个月里开始逐渐削减原油产量，沙特和利比亚均出现较大幅度减产。

预计伊拉克直到 2023 年仍将保持 OPEC 第二大产油国地位。但受到美国重启对伊朗制裁的影响，伊朗大幅减少石油产量，同时由于国内经济崩溃、美欧制裁、政府腐败和管理不善等多重因素叠加，委内瑞拉原油基础设施严重缺乏资金投入，原油产量下滑加速。自前总统查维斯执政以来，20 年间，委内瑞拉石油产量已经下降一半，2018 年 12 月其石油产量更是降至近 30 年来的最低水平，据估计只达到每天 1.15mb。因此，未来 OPEC 石油产能的增长一定程度上依赖于伊拉克、利比亚和安哥拉的稳定。

（三）市场与价格

2018 年 5 月初以来国际油价持续走高，该轮国际油价上升势头始于 2016 年，10 月初油价达到四年来的顶峰，比 2016 年初翻了一倍还多。伦敦 Brent 油价突破每桶 85 美元，达到每桶 86.29 美元；纽约 WTI 油价也涨至每桶 76.41 美元，这两者均升至 2014 年末以来的最高水平。然而，2018 年 10 月中下旬以来，国际油价持续且急剧下跌，截至 11 月 14 日，WTI 油价跌至 55.53 美元/桶，Brent 油价跌至 65.37 美元/桶，暴跌逾 25%，创下两年来最大单月跌幅纪录，而连续 12 个交易日收跌的局面更是自 20 世纪 80 年代以来所未见。进入 12 月，国际油价仍在持续下行且在圣诞节前后达到了 2018 年最低位，Brent 油价跌至 50.77 美元/桶，WTI 油价更是跌破 50 美元/桶大关，达到 42.53 美元/桶。但受 OPEC 减产等因素影响，2019 年 1 月以来国际油价出现了小幅回升（见图 3）。

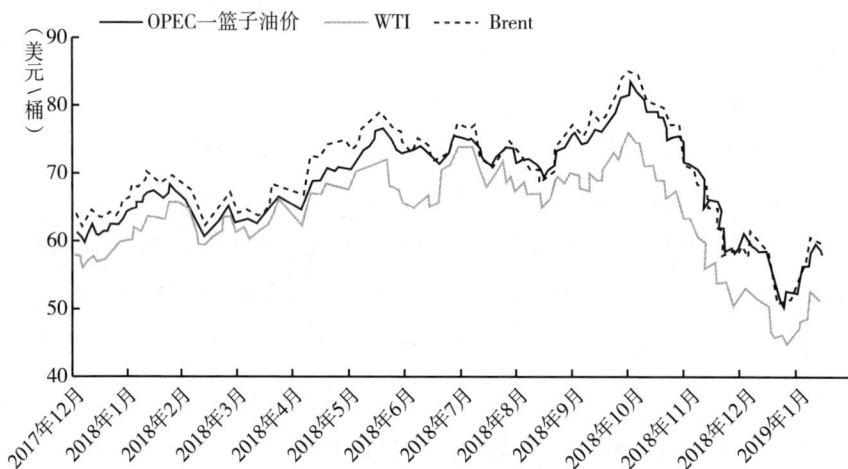

图 3 国际石油价格走势

数据来源：Argus Media，OPEC Secretariat and Platts。

究其原因，供需是本轮油价涨跌的最大推力。首先，2018 年上半年世界经济逐步复苏，能源需求恢复快速增长；而石油市场的供给限制（包括减产执行、非计划性供应减少、油价过低等问题）导致供给增加相对缓慢。根据国际能源署（IEA）的统计，2017 年为三年来首次出现全年供应小于需求的情况。而在 2018 年第一季度，市场供给略小于需求，基本达到了供需相抵的状态，之后第二季度供过于求的局面再次出现。10 月初，原油价格呈现出的上涨趋势是美国对伊朗第二轮制裁日期的临近、伊朗原油出口大幅下降、OPEC 的增产计划还未成形所营造的原油减产氛围和全球经济复苏所创造的原油需求恢复性增长双重叠加的结果。

但随着原油价格的上涨，OPEC 和俄罗斯等主要产油区有充分的理由停止执行减产策略而释放原有的产能。近期国际油价暴跌正值全球油气需求放缓，虽然美国宣布重启对伊朗多领域的制裁，并竭力遏制伊朗石油出口，但是美国对部分地区实行豁免的举措又使得其对伊朗制裁的效果没有预想得严重，而沙特、俄罗斯等产油大国不断增加原油供给，增量超出伊朗石油减产预期，再加上前期较高的油价水平刺激了全球边际油田恢复生产，增加原油供给能力，导致原油供过于求，一些国家（特别是美国）的原油库存不断增加，国际市场情绪从此前恐惧原油短缺，转为担忧产能过剩。同时，对中美贸易紧张局势的担忧加剧以及新兴经济体前景的疲软也抑制了原油需求的增加，加剧了油价的下跌。

2018年10月以来油价的变化再次彰显了美国致密油作为油价上涨的天花板的作用——美国石油增产将抑制油价的快速上涨。尤其是相对于传统油井，美国的页岩油具有较强的生产弹性，加之页岩油的开采技术在近十年发展非常迅速，生产商通过钻井技术的改进、基础设施和设备的完善、开发效率的提升、对油层地质结构理解的深化，不断地降低页岩油开采的成本，因而能对价格做出迅速反应，成为在供应侧调节油价的主要因素。

美国作为能源消费大国，加快发展石油生产、实现能源独立是其当前能源政策的核心内容之一，再加上特朗普政府一直致力于大力优化环境、吸引制造业回流，未必乐见过高的能源价格，势必加快技术革新，增加页岩油的产量，提高油气竞争力，降低对OPEC石油进口的依赖。

受美国石油产能影响，国际石油市场格局正在发生重大变化。尽管目前美国仍是石油净进口国，但依托高弹性的页岩油生产，其通过贸易手段调节库存、影响市场价格的能力在不断增强。自从2015年原油出口禁令解除后，美国原油出口量大幅增加，石油收入成为美国经济的重要部分。根据EIA的统计，2018年上半年美国原油出口量为1.8 mb/d，并于6月创下2.2 mb/d的新月度纪录，其中上半年美国对中国的原油出口量为0.378mb/d，中国已经取代加拿大成为美国第一大石油出口目的地，但随着中美贸易争端的升级，这一局面在下半年或难以维系。

二 天然气市场

（一）全球市场综述

2017 年是天然气需求强劲增长的一年，据 IEA 统计，全球天然气需求量增长 3%，为 2010 年以来的最大增幅，这主要是由中国驱动的。2017 年中国的天然气需求增长了 15.3%，占全球增量的近三分之一，这主要得益于中国持续的经济增长和治理空气污染方面强有力的政策支持。中国在 2017 年实行的要求工业部门和家庭实行煤改气的能源替代政策推动了中国天然气进口在当年急剧增长，使中国超过韩国成为仅次于日本的世界第二大液化天然气（LNG）进口国。据欧盟统计，2018 年第二季度中国 LNG 进口延续第一季度的增长势头（同比增长 12%），印度（增长 16%）和韩国（增长 9%）同样增长，而日本（-10%）和拉丁美洲（-7%）则略有下降，同时全球 LNG 供应量也在持续扩大。

由于价格低廉、供应充足以及在减少空气污染和其他排放方面的作用，未来五年天然气的消费增长速度将超过石油和煤炭。IEA 预测到 2022 年，天然气需求将以每年 1.6% 的速度增长。

图 4 显示了 2015 年以来天然气批发价格的国际比较，分别是美国的 Henry Hub 价格、荷兰的 TTF 现货价格、德国的边界价格、日本 LNG 到岸价格、中国的管道边界价格和天然气进口价格。在过去几年中，这些价格的变化趋势已经出现了趋同。2015 年 1 月至 2016 年 10 月，所有地区的价格都在下滑，但这一趋势在过去的两个冬季（2016～2017 和 2017～2018）期间中断，由于强劲的季节性需求，亚洲的价格急剧上升。即使是在 2018 年夏季期间，亚洲对欧洲的溢价也使得对欧洲的天然气输入减少。况且欧洲和美国的天然气价格在 2018 年第三季度仅略有上升，这导致了区域基准价格之间的差距扩大。

自 2017 年 2 月以来，美国 Henry Hub 价格相当稳定，在 3.0 美元/

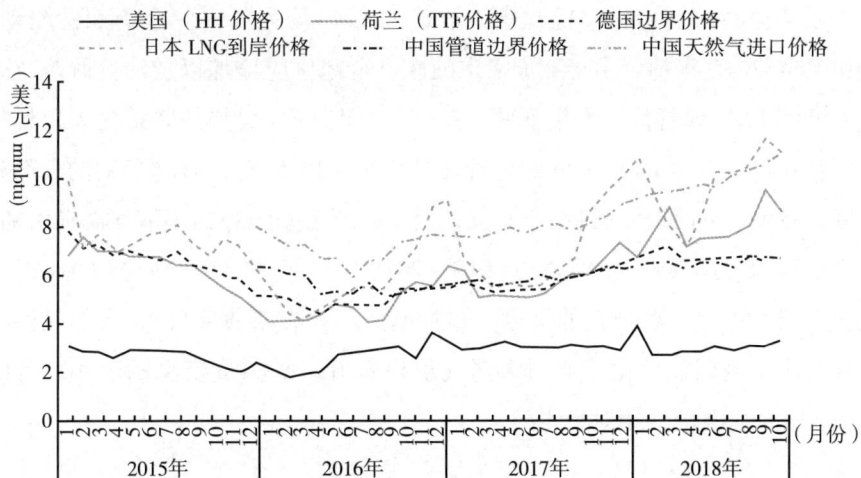

图4 国际天然气批发价格走势比较

数据来源：S&P Global Platts，Thomson-Reuters，BAFA，CEIC。

mmbtu 左右波动，2018 年 1 月出现小峰值，为 3.8 美元/mmbtu，第一季度平均价格为 3 美元/mmbtu，略高于 2017 年同期，而第二季度该价格约为 2.8 美元/mmbtu，同比下降约 8%。另据 EIA 统计，第三季度以来美国 Henry Hub 价格呈现小幅上涨的趋势，截至 11 月 7 日已涨至 3.51 美元/mmbtu，为 2 月份以来的新高。

2018 年第二季度日本 LNG 价格与美国 Henry Hub 价格的比率为 3.7，高于第二季度（3.1），同时也明显高于 2017 年第三季度（2.1）。2018 年第二季度 TTF/Henry Hub 平均比率从 2017 年第二季度的 1.7 增加到 2.6。3 月份，这一比例达到了 3.3，这是自 2012 年以来的最高水平。从绝对值上讲，Henry Hub 和 TTF 之间的价格差距很大，该价格差在 2018 年第二季度为 4.5 美元/mmbtu，较第一季度缩小 0.2 美元/mmbtu（主要由当时欧元兑美元汇率走弱引起），但这一价格差在 2018 年第三季度扩大到 5.5 美元/mmbtu，远高于其 2017 年同期平均值，考虑到第三季度欧元兑美元汇率相当稳定，这样的价格差价变化纯粹是能源市场自身的发展所致。

图 5 则显示了亚洲和欧洲天然气现货价格比较，分别是中国、西班牙、

日本和英国的现货价格。近几年，全球 LNG 市场完成了一个周期性波动。2014 年至 2015 年初，由于亚洲需求疲软、全球供应增加以及油价回落，亚洲和欧洲 LNG 现货价格大幅下跌。其中，亚洲 LNG 价格的降幅更大，其相对于往年超过 5 美元/mmbtu 的溢价几乎消失。2015 年至 2017 年初的大部分时间，亚洲 LNG 价格又都高于欧洲，由于亚洲冬季强劲的季节性需求增加，从 2017 年 8 月开始，特别是在 2017～2018 年的冬季，由于中国 LNG 进口的强劲增长以及一些项目的推迟（包括澳大利亚惠斯通项目），天然气国际价格再次出现明显分化：亚洲天然气价格飙升，欧洲价格涨幅较小，美国 Henry Hub 基准价格相对稳定。

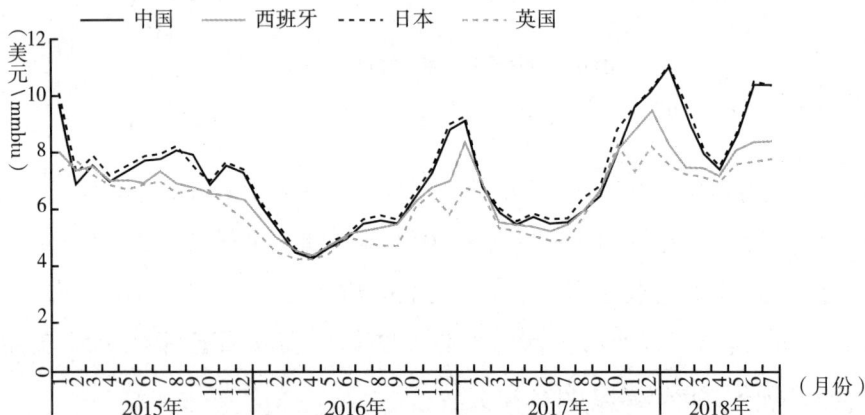

图 5　欧洲和亚洲的 LNG 现货价格走势

注：为 LNG 到岸价。

数据来源：Thomson－Reuters Waterborne。

2018 年 4 月份，受当时亚洲季节性需求下降的影响，亚洲价格随之下降，亚洲和欧洲 LNG 价格之间的巨大差距几乎消失。然而，受油价上涨和该地区持续强劲需求的推动，亚洲价格从 5 月开始再次上涨。第三季度亚洲仍然维持着对欧洲的天然气溢价，英国现货平均价格为 8.3 美元/mmbtu，西班牙为 8.9 美元/mmbtu，日本为 10.7 美元/mmbtu。2018 年冬天，由于中国煤改气力度低于预期，所以亚洲和中国国内 LNG 价格并没有出现预期中的大涨。

（二）发展前景

2018年9月12日，彭博新能源财经（BNEF）发布《2018年全球LNG市场展望》报告，认为2018年全球LNG进口量将创新高，增速将达8.5%；2019年至2020年，增速将持续放缓，直至2021年回升；2021年至2027年，全球LNG进口量将稳步攀升，2027年后再度快速上升；到2030年，全球LNG总需求量每年将达450mmtpa（百万公吨）。

报告预测，2018年全球LNG需求将从2017年的284mmtpa增至308mmtpa。而在新增的24mmtpa需求中，有半数来自中国，其余大多来自日本、韩国和印度。亚洲将成为未来十年全球LNG需求增长的核心区域。预计2017～2030年，亚洲地区LNG需求总增长量将达143mmtpa，占同期全球LNG需求总增长量的86%。

BNEF预计2019年中国及南亚新兴市场国家LNG需求强劲，将进一步推动全球LNG贸易，全球LNG需求增长量或将达到12mmtpa。但这一需求增长将在2020～2021年放缓，因为届时日本将重启核电站，而且俄罗斯也将开始通过管道向中国供应天然气。

不过，2019年后全球LNG供应不会大量过剩。2020～2021年，由于众多新的LNG项目集中投产，LNG供给能力将达到峰值，LNG出口厂商的平均利用率或降至87%。虽然这一利用率可能是近十年以来最低值，但也表明相应的供应过剩程度轻微。2021年之后全球LNG需求将回升。南亚及东南亚地区由于当地天然气产量衰减、基础设施大规模扩建，将成为LNG需求增长的主动力。

相比之下，BNEF把2030年欧洲（包括土耳其在内）的LNG需求量下调至60mmtpa。由于可再生能源不断发展，电池不断更新换代，欧洲发电系统中天然气所占份额将越来越小。这将抑制LNG的进口需求，尽管荷兰和挪威的天然气生产供应下降。与此同时，欧洲还将降低其对俄罗斯进口天然气的依赖。

供应方面，2018～2021年全球LNG供应增长总量将达104mmtpa。全球达成最终投资决定的项目产能预计将于2021年达到峰值392mmtpa，足以满足 2025 年前对天然气的需求。同时还有约 17 个项目可能在未来几年内进入最终投资决定阶段，故 2030 年 LNG 产量或将新增 172mmtpa。

随着亚洲 LNG 需求的增加以及未来美国 LNG 成本的进一步降低，美国 LNG 行业将迎来新商机。预计未来几年可能达成的最终投资决定中，有 90mmtpa 的产能来自北美地区，其中绝大多数来自墨西哥湾。

三 核电

（一）发展综述

根据《世界核电工业状态报告（2018）》（*The World Nuclear Industry Status Report* 2018），截至 2018 年中，有 31 个国家运营核电站，总共运行核电反应堆 413 个（不包括长期停运的反应堆），与 2017 年中期相比，增加了 10 个，增加的部分原因是重新启动了先前处于长期停运状态的 6 个反应堆，但其数目仍比 1988 年少了 2 个，且较 2002 年的峰值 438 个少了 25 个。核电总装机容量在过去一年中增加了 3.4%，达到 363 GW，与 2004 年相当，并接近 2006 年 368 GW 的峰值；2017 年核电发电量达到 2503 TWh，同比增长约 26 TWh，增速为 1%，但仍低于 2006 年的历史峰值（2660 TWh）（见图 6）。这些增长主要归功于中国，中国 2017 年核电发电量增加 38 TWh，增长了 18%，如果不计中国的变化，2017 年全球核电发电量比 2016 年略有减少，这已是不包括中国在内的全球核电发电量连续第三年下降。

《世界核电工业状态报告》（WNISR）的最新数据显示，过去五年（包括 2018 年）世界上在建的核反应堆数量一直在稳步下降，从 2013 年底的 68 个反应堆减少至 2018 年中期的 50 个（16 个在中国）。

全球发电的核电份额在过去五年中保持大致稳定（减少 0.5 个百分点），其长期呈下降趋势，从 1996 年历史峰值约 17.5% 下降到 2017 年的 10.3%。就全球而言，这可以说是一个不增长的行业。核能对商业初级能源的贡献率保持稳定，为 4.4%，且自 2014 年以来一直处于这一 30 年来的最低点。

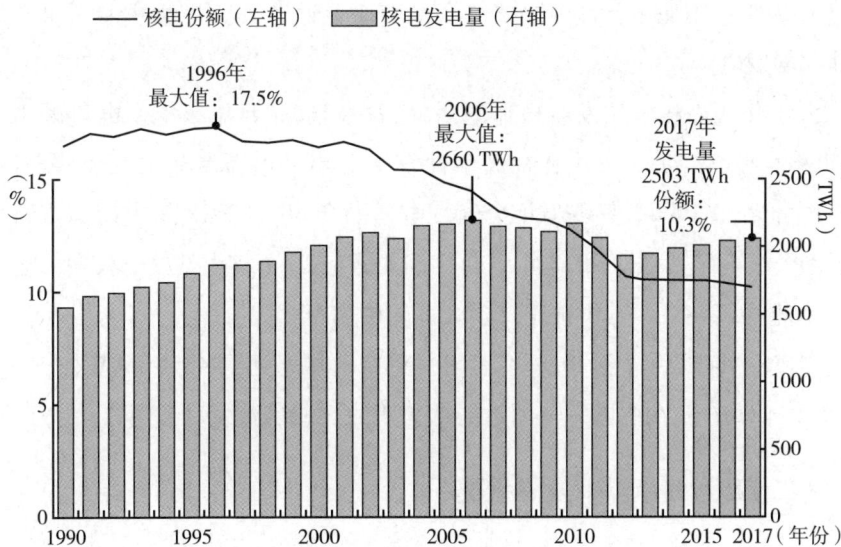

图6　1990～2017年世界核电产量

数据来源：WNISR，BP，IAEA－PRIS。

2017年，按核电发电量排名前五位国家分别是：美国、法国、中国、俄罗斯和韩国。这五国生产了全球70%的核电，其中，美国和法国两个国家占全球核电生产的47.5%。2002年，中国排第15位，2007年排名第10位，然后在2016年达到第3位。

2017年，13个国家出现了核电增长（较2016年的15个减少2个），11个国家出现了核电负增长（较2016年的12个减少1个），7个国家保持稳定。5个国家（中国、匈牙利、伊朗、巴基斯坦、俄罗斯）在2017年达到历史最高值。其中，2017年和2018年上半年，中国与俄罗斯都有新的反应堆并网。中国启用了6个核电机组（2017年3个、2018年上半年3个），俄罗斯2018年上半年启用了2个核电机组。

2016～2017年，阿根廷、中国、日本、巴基斯坦、瑞士发生了一些显著变化。

阿根廷因一个核电站的长期停运和另一个核电站的低负荷运行，核电产量下降超过25%；巴基斯坦的核电产量增长了49%；瑞士核电产量的下降则超过29%；相比之下，中国核电产量增加了近18%，增量主要来自新反应堆并网发电。

2011年福岛核电站发生核泄漏后的一段时间，日本核电发电量减少了264TWh。2017年底，日本在福岛事件发生七年后重新启动了5个核电站，核电产量为29 TWh，只占当年全国发电量的3.6%。2018年中期又重新启动了4个核电站，截至2018年中期，日本仍有26个核电站处于长期停运状态（全球共32个），其中被正式永久关闭的为16个。

在2011年以后直至2018年中期，新启动机组达到48个反应堆——其中29个（60%）在中国——超过同期关闭的反应堆数量（42个）。

（二）2015年以来发展状况

2015年和2016年，受"中国效应"影响，每年都有10个反应堆启动，这一数字比1990年以来的任何一年都要多。其中，2015年中国有8个反应堆启动。

2016年中国有5个反应堆启动，其他国家启动的反应堆中，1个位于印度（Kudankulam-2），1个位于巴基斯坦（Chasnupp-3），1个位于俄罗斯（Novovoronezh-2-1），1个位于韩国（Shin-Kori-3），1个位于美国（Watts Bar-2，已建设了43年）。2016年关闭的2个反应堆中，1个位于俄罗斯（Novovoronezh-3），1个位于美国（Fort Calhoun-1）。但2017年仅启动了4个反应堆，这同样是由于"中国效应"，其中3个在中国，1个在巴基斯坦（Chasnupp-4，中国公司承建）。同时，2017年有3个反应堆关闭，这也是世上最老的3个机组，其中1个是德国的Gundremmingen-B，已经运行了33.5年；1个是位于韩国的Kori-1，已经运行了40年；1个是位于瑞典的Oskarshamn-1，已经运行了46年。

2018年原计划有19个反应堆启动，除去1个已于2017年下半年启动外，2018年上半年仅启动了5个反应堆，且有7个反应堆的启动日期被正式推迟到至少2019年，同时暂无反应堆关闭。其中，中国有3个反应堆并网，包括世界上第一个EPR机组（台山—1）以及第一个AP1000机组（三门—1）；俄罗斯启动2个反应堆，1个是Leningrad 2–1，1个是Rostov–4（在35年前开始建设）。

2011年之后至2018年中，全球启用的全部48个反应堆中，除了3个外，其他均出现在亚洲（中国、印度、巴基斯坦、韩国）和东欧地区（俄罗斯）。其中，中国29个，俄罗斯6个，韩国4个，印度和巴基斯坦各3个，阿根廷、伊朗和美国各启动了1个。

截至2018年7月1日，全球共有413个反应堆在运行，比2017年同期增加了10个，分布在31个国家中。全球现有核电装机容量363.4GW，比上年同期（351GW）增加了12.4GW（3.4%）。

（三）新建机组

截至2018年7月1日，仅有50个反应堆在建，这是十年来最低水平，该数字比一年前WNISR显示的数量少3个，比2013年减少了18个（已关闭5个反应堆）。80%的新建机组位于亚洲和东欧地区（40个），其中16个位于中国。目前共有15个国家正在建设核电站，比2017年WNISR显示的数量多2个（孟加拉国和土耳其）（见表5）。

表5　在建反应堆情况（截至2018年7月1日）

单位：兆瓦，个

国家	机组数	净装机容量	建设开始时间	并网计划时间	延期机组数
中国	16	15450	2009～2017年	2018～2023年	8～9
印度	7	4824	2004～2017年	2018～2023年	5
俄罗斯	5	3378	2007～2018年	2019～2022年	4
韩国	4	5360	2009～2017年	2018～2022年	4
阿联酋	4	5380	2012～2015年	2020～2021年	3～4
白俄罗斯	2	2218	2013～2014年	2019～2020年	1～2
巴基斯坦	2	2028	2015～2016年	2020～2021年	—
斯洛伐克	2	880	1985年	2018～2019年	2
美国	2	2234	2013年	2021～2022年	2
阿根廷	1	25	2014年	2020年	1
孟加拉国	1	1080	2017年	2023年	—

续表

国家	机组数	净装机容量	建设开始时间	并网计划时间	延期机组数
芬兰	1	1600	2005 年	2019 年	1
法国	1	1600	2007 年	2020 年	1
日本	1	1325	2007 年	——	1
土耳其	1	1114	2018 年	2023 年	——
世界	50	48496	1985～2018 年	2018～2023 年	33～36

注：此表不包含已暂停或已放弃的机组。
数据来源：WNISR，2018。

2017 年开始新建的 5 个反应堆，2 个在印度，孟加拉国、中国（1 个非商用快中子增殖堆）和韩国各 1 个。截至 2018 年 7 月 1 日，2018 年新建 2 个反应堆，1 个在俄罗斯，1 个在土耳其（俄罗斯公司承建）。值得注意的是，自 2016 年 12 月以来，中国未新建商业核电站。

四　煤炭

（一）供给

从产量方面来看，自 2014 年起，世界煤炭产量出现了 21 世纪以来的第一次下滑，这一情况持续到了 2015 年，并在 2016 年加剧。2017 年这一趋势发生了改变，在连续 3 年回落之后，世界煤炭产量出现首次增长，达到了 75.49 亿吨，较 2016 年增长 2.25 亿吨，增长率为 3.1%，但与 2013 年的峰值产量相比仍然下降了 4.26 亿吨（见表 6）。

表 6　全球主要煤炭生产国产量

单位：百万吨

地区	2015 年	2016 年	2017 年
中国	3563.2	3268.2	3376.1
印度	683.1	711.7	729.8
美国	813.7	660.8	702.3
澳大利亚	512.4	500.3	501.1

续表

地区	2015 年	2016 年	2017 年
印度尼西亚	454.8	463.5	487.6
俄罗斯	351.7	366.3	387.2
南非	255.4	255.3	257.1
德国	184.7	175.6	175.1
波兰	135.8	131	127
哈萨克斯坦	107.3	103.1	106
其他	668.9	688.4	699.5
世界	7731	7324.2	7548.8

数据来源：IEA。

本次世界产量的增长无疑受到了中国煤炭 2017 年产量上升 3.29% 的影响。2017 年中国煤炭产量为 33.76 亿吨，虽然是近几年来的首次增长，但产量仍然低于过去 6 年（2016 年除外）。煤炭产量在中国去产能政策的影响下保持增长，主要原因在于 2017 年中国为了保持经济增长而减弱了去产能的力度；再加上季节因素使中国"煤改气"在 2017 年底遇冷，带来了煤炭需求的增长。

2018 年国内煤炭需求持续恢复，据中国国家统计局统计，1~12 月份全国原煤产量累计约为 35.46 亿吨，较 2017 年同期（累计约 34.45 亿吨）同比增长 2.93%，在前期固定资产投资下滑以及后期严格的环保措施放松的共同作用下，新增产能陆续释放，煤炭产量较 2017 年略有上升，供应相对宽松。

截止到 2017 年底，印度尼西亚和澳大利亚仍然是世界上出口煤炭最多的两个国家，其出口量在全球中的占比分别为 28.5% 和 27.6%。在澳大利亚成为世界最大的煤炭出口国两年之后，2017 年，印度尼西亚煤炭出口量再次超过澳大利亚，而其出口量的增长主要是由于印尼对中国煤炭出口的增加。考虑到未来印尼国内煤电对煤炭需求的快速增加以及其产能的限制，其未来出口增长的空间有限（见表7）。

表7 全球主要煤炭出口国出口量

单位：百万吨

地区	2015 年	2016 年	2017 年
印度尼西亚	368	372.9	390.6
澳大利亚	392.3	389.3	378.9
俄罗斯	155.2	171.1	189.7
美国	67.1	54.7	88
哥伦比亚	72.8	83.3	86.1
南非	75.8	69.9	71
蒙古	14.7	24.1	33.4
加拿大	30.5	30.3	31.1
哈萨克斯坦	31.2	26	27.1
荷兰	36.6	34.6	24.4
其他	60.8	70.7	50
世界	1305	1326.9	1370.3

从煤炭供应方面来看，全球煤炭产能增长明显不足。由于煤炭价格之前长期处于低位，即使目前世界煤炭市场出现了复苏的态势，但面对各种不确定性和预期的价格波动，外部融资对煤炭行业仍持相当谨慎的态度。除了煤炭生产的投资与满足巨大的国内需求紧密相关的中国与印度，其他国家和地区煤炭生产领域的大额投资缺乏动力。这导致全球煤炭投入不足，使得短期内缺少新增产能投产，资金问题成为产能增加的主要制约因素。澳大利亚、印度尼西亚等煤炭出口大国也都存在类似的问题。

（二）需求和价格

近五年来在能源渐进转型的背景下，世界对煤炭的需求平缓，目前世界区域煤炭市场分化加剧，煤炭消费重心由发达国家转向发展中国家。欧美市场进一步萎缩，东亚市场基本稳定，东南亚、南亚煤炭需求迅速扩张。据IEA 统计，2017 年，全球煤炭消费总量增加 5040 万吨标准煤，同比增长1.0%，是需求连续三年下降后的首次增长。其中，经合组织国家的煤炭消费量减少了 820 万吨标准煤（-0.6%），而非经合组织国家的消费量增加了 5860 万吨标准煤（1.4%）。2017 年经合组织国家煤炭消费量（12.574 亿吨标准煤）是自 1979 年以来的最低水平，较 2007 年经合组织国家煤炭消费量峰值 16.64 亿吨标准煤下降了 24.4%。

随着全球煤炭消费重心逐渐由欧洲、北美东移至亚太地区，亚太地区煤炭消费量占比持续提升。据 BP 统计，2017 年亚太地区煤炭消费量占全球消费量的 74.5%，目前世界前十大煤炭消费国中有一半位于亚洲。

在亚洲，日本、韩国作为传统的煤炭进口国需求相对稳定。2017 年韩国煤炭消费量达到 1.291 亿吨标准煤的新高，同比增长 1310 万吨标准煤。印度尼西亚国内煤炭消费量同比增长 6.9%，达到 6610 万吨标准煤。在过去六年中，该国保持了煤炭消费量持续增长的态势，自 2011 年以来增长了 2770 万吨标准煤（72.0%）。相比之下，越南、马来西亚等东盟国家煤炭消费量增长虽然强劲，但是基数仍然偏小。中国和印度这两大新兴经济体才是亚太地区真正影响全球煤炭市场需求的决定性力量。

2017 年，中国的煤炭消费在连续三年（2014~2016 年）下降后出现小幅反弹，为 18.92 亿吨油当量，同比增长 0.19%，占世界消费总量的 50.7%。2018 年上半年受全社会用电量保持高速增长的影响，国内六大发电集团日均耗煤 67.75 万吨，同比增长 10.85%。据海关总署统计，2018 年 1~12 月，我国共进口煤炭 2.8123 亿吨，累计同比增长约 3.81%。但 8 月份以来，受进口平控政策的影响，我国煤炭月进口量持续下降，12 月我国进口煤炭 1023 万吨，较上月下降 46.6%，同比下降约 55%。预计 2019 年 1 月份煤炭进口量可能会出现恢复性增长。

印度在 2015 年首次超过美国成为世界第二大煤炭消费国，在 2017 年煤炭消费量继续增长。增长主要是由于动力煤消费量的大幅度增长抵消了炼焦煤消费量的下降（这反映出印度对煤电的强劲需求），总的煤炭消费量同比增长近 4.4%（约 2360 万吨标准煤）。

火力发电目前是亚洲对煤炭最大的需求方，其装机容量增速与煤炭有效需求增长息息相关，正是快速发展的煤电拉动了亚太煤炭需求增加。

2020 年前后，世界将迎来新一轮火电装机窗口期，由于"一带一路"

沿线国家燃煤电厂陆续密集投产，中国在沿线 25 个国家参与了 240 个煤电项目，预计总装机容量将达到 251GW。而根据全球煤电厂追踪系统的统计，截至 2017 年底，全球 30MW 以上的燃煤电厂在建装机容量为 209.6GW，其中亚洲地区 187.6GW，占比 89.5%，中国和印度在过去 10 年占据了全球燃煤电厂装机容量的主要份额。2017 年，受到政府对新建煤电项目审批限制的影响，中国和印度投产的燃煤电厂装机容量都呈现下降趋势，这也使得全球其他国家在投产的燃煤电厂中的份额得以提高。即便如此，中国目前扩张的燃煤电项目装机总量仍然超过其他国家的总和（见图 7）。

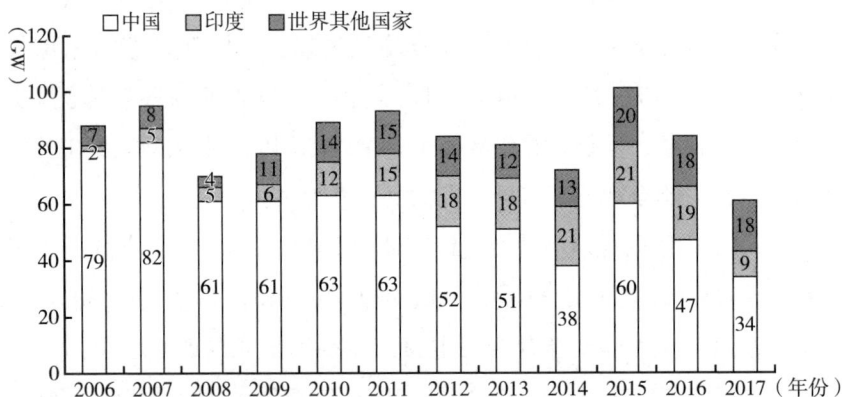

图 7　历年新投产的燃煤电厂装机容量

注：包括 30 MW 及以上的燃煤发电机组。

数据来源：CoalSwarm Global Coal Plant Tracker, January 2018。

印度尼西亚、越南、柬埔寨、老挝、孟加拉国、巴基斯坦等国的燃煤电厂投入使用将拉动该地区的动力煤进口大幅增长。另外，越南、印度等国钢铁工业快速发展，尤其是印度钢铁年产能计划由目前的 1 亿吨增长到 2030 年的 3 亿吨，加之印度本国炼焦煤资源相当缺乏，很有可能通过大量增加炼焦煤进口来满足需要。未来两年国际煤炭市场呈现复苏态势，供需趋紧，有望推动国际煤价继续上行。

2017 年以来国际煤炭现货价格在波动中上扬，中国偏紧的市场以及一些供应事件推高了煤炭价格。2017 年第一季度，电煤价格从 2016 年底的高点降至70美元/吨（ARA价格）（见图8）。此后，中国电力需求激增带来的煤炭需求增加，以及一些主要煤炭出口国的供应问题，共同推动电煤价格攀升至2017年9月的95美元/吨。之后在经历2018年第一季度的周期性下降后，第二季度国际煤价开始走高，这可能与2018年3月份以来国际油价持续上涨带来的煤炭替代性需求上升有关。但下半年以来，受到国内电厂煤炭高库存、低日耗对价格压制的影响，国际煤价一直处于下行态势。考虑到冬季采暖季即将到来，电厂耗煤水平将得到一定恢复。12月份国际电煤价格在需求好转及煤企挺价的影响下止跌反弹，截至12月27日，ARA、RB、NEWC动力煤现货价分别为86.88美元/吨、96.88美元/吨和102.68美元/吨，较上月分别上涨5.80%、7.79%和2.73%，然而从产能释放、中下游高库存以及下游需求暂未显著提升来看，煤价的长期上涨空间或仍将受到抑制。

图8　2016年1月至2018年11月国际动力煤现货价格走势

数据来源：Wind。

考虑到中国在全球煤炭贸易中的巨大规模和主导地位，无论是其政策还是经济环境的变化，都会加剧全球煤炭市场的波动，煤炭价格将继续在很大程度上取决于中国，故中国煤炭产业的供给侧结构性改革是煤炭价格演变的关键。同时从整体上看，由于亚太地区其他国家的煤炭需求增量贡献度高于中国，有望逐步成为今后几年推动国际煤价上升的主要力量。在此背景下，中国对国际煤价的影响力将有所减弱，国际煤炭价格也有望在中国以外的亚太国家的拉动下，走出更为稳健的趋势。进口煤炭对中国国内煤炭的价格优势或有所降低，甚至不排除未来高于国内价格从而拉动中国煤价上行的可能性。

五　可再生能源

从投资方面看，21世纪可再生能源政策网络（REN21）发布的《全球可再生能源现状报告（2018）》表明，2017年，全球可再生能源电力和燃料投资（不包括50MW以上的水电项目）为2798亿美元，同比增长2%，但由于2016年的投资比2015年下降23%，该投资额在近几年中并不算高。2017年大型水电项目的投资预计为450亿美元，但投资水平远远低于国际气候变化目标（《巴黎协定》目标）。根据IEA《世界能源展望（2018）》的测算，从现在到2040年，要实现全球气温升高低于2℃的目标，可再生能源电力领域就需要12万亿美元投资，相当于每年5000亿美元的投资水平。

总体上，发达国家的可再生能源投资在2017年下降了18.3%。发达国家中，传统领先国家的投资下降，如美国下降6%（26亿美元）、日本下降28%（52亿美元），以及作为欧洲领先国家的德国下降35%（56亿美元），英国下降65%（141亿美元）。这主要是因为与发展中国家和新兴国家不同，许多发达国家的电力需求增长缓慢或下降，现有发电装机容量已相当可观，故可在某些情况下有意放缓可再生能源的开发，将更多精力集中在可再生能源与电网的整合上。

从可再生能源发电方面看，可再生能源电力行业呈现蓬勃发展态势：成本下降、投资上升、创纪录的新增装机以及创新的商业模式。REN21的统计还显示，2017年可再生能源新增装机容量再创新纪录，共计178GW，使全球总装机较2016年增长约8.82%。太阳能光伏在2017年依旧表现抢眼，新增装机容量99 GW，在新增总装机中占比约55.62%，较上年同期（46.58%）增加9.04个百分点；随后是风电，新增装机容量52GW，在新增总装机中占比约29.21%；第三位是水电，占比10.67%。

得益于多年积极的政策支持，并受到技术进步、产业高速发展以及光伏、风电成本大幅下降的驱动，全球许多地区可再生能源电力的价格已经低于新建化石能源电厂和核电厂的电价。2017年德国竞标成功的光伏项目的平均价格低于50欧元/MWh（60美元/MWh），较前两年下降近50%。得克萨斯州150 MW的项目报出了美国最低的光伏购电协议价格，电价有望低至21美元/MWh。在加拿大、印度、墨西哥、摩洛哥等多元化市场，陆上风电竞标的价格低至约30美元/MWh。2017年末，墨西哥陆上风电招标出现了低于20美元/MWh的投标价，较2016年的招标降低了40%~50%，并创下全球新低。德国国内的纪录也低至38欧元/MWh（约45美元/MWh）。甚至德国和荷兰的海上风电竞标结果出现了零补贴中标（开发商只能获得市场电价，但政府仍会提供并网和其他支持），这些项目分别将于2022年和2024年开始运行。所有这些在短短几年之前是不可想象的。

可再生能源供热方面，REN21现有数据表明，可再生能源供热和制冷方面的投资过低，进展缓慢。IEA的一项分析发现，全球对太阳能供热技术的投资在2013年前一直稳步增长，但在其后至2016年，每年的投资水平都在下降。2017年，现代可再生能源约占全球供热能源消耗的10.3%。与同等的化石燃料系统相比，利用可再生能源技术供热和制冷需要更高的前期投资。尽管迫切需要政策支持来改变这一领域的现状，但相比可再生能源发电，可再生能源供热和制冷政策发展的优先级似乎要低得多。

可再生能源交通方面，世界范围内交通能源需求的92%仍然是由石油来满足，只有少量来自生物燃料（2.8%）和电力（1.3%，其中约1/4是可再生能源电力），乙醇和生物柴油等成熟生物燃料对交通的贡献一直在缓慢增长。目前，已设定电动汽车和可再生能源电力目标的国家正在鼓励可再生能源交通的发展，2017 年可再生能源在全球交通领域能源消费中的占比为 3.1%。

此外，交通领域电气化是提升可再生能源份额的另一种方式，同时也为波动性可再生能源整合到电网提供了机会。这种电气化一般仅限于火车和轻轨，但整个行业的电气化潜力越来越大。电动乘用车、小型摩托车和自行车在挪威和中国等市场上越来越普遍，铁路的电气化程度较高。

由此可见，全球的能源转型中，只有电力行业在全面推进，其他行业的转型进展仍相当缓慢。但仅凭电力行业尚无法达到《巴黎协定》的减排要求，或实现人人都能获得负担得起的、可靠的现代能源的联合国可持续发展目标。

目前技术进步正在促进和推动可再生能源的发展。发电设备的技术进步提高了发电效率、降低了成本，并改善了性能。通过创新，具有更大扫风面积的大型风电机组可以从相同的风力资源中获得更多能量；新的光伏电池设计可以提供更高的效率；漂浮式风电机组是海上风电的重大创新，将扩大海上风电的部署区域，提高海上风电的经济吸引力；太阳能光热在区域供热系统中的应用有所增加，也应用于低温至中温范围的工业生产用热，促使 2017 年工业生产中太阳能热利用的新增装机创下纪录。

而信息通信技术（ICT）、储存系统、电动汽车和热泵这些技术同样促进和推动着可再生能源的发展。尤其是储能技术，尽管还只是小规模地被应用于数量有限的市场，但由于其为可再生能源发电并网和应用提供了更多可能性，正备受关注。2016 年，全球电池制造产能超过 100 GWh，而且这一数字在 2017 年继续扩大。现在储能系统越来越多地被运用于大型电力项目，如储存太阳能屋顶发电系统、电动汽车产业驱动等。

可再生能源的发展情况如表 8 所示。总体来看，中国在风电装机、光伏装机两个领域仍然领先世界。但是，由于中国在风电和光伏的并网发电上还比较落后，中国在可再生能源应用领域还有较大差距。比如，在满足电力需求份额这一指标上还排不到世界前列（见图9）。这反映出中国在建设能够接入高比例的波动性可再生能源的智能电网方面仍较为滞后。

表8   2017 年可再生能源指标

	单位	2016 年	2017 年	增量	增长（%）
投资					
可再生能源电力与燃料新投资(年度)	十亿美元	274	279.8	5.8	2.12
电力					
可再生能源电力装机容量(包括水电)	GW	2017	2195	178	8.82
可再生能源电力装机容量(不含水电)	GW	922	1081	159	17.25
水电装机容量	GW	1095	1114	19	1.74
生物质发电装机容量	GW	114	122	8	7.02
生物质发电量(年度)	TWh	501	555	54	10.78
地热发电装机容量	GW	12.1	12.8	0.7	5.79
光伏装机容量	GW	303	402	99	32.67
聚光太阳能热发电(CSP)装机容量	GW	4.8	4.9	0.1	2.08
风电装机容量	GW	487	539	52	10.68
海洋能装机容量	GW	0.5	0.5	0	0.00
供热					
太阳能热水器容量	GWth	456	472	16	3.51
交通					
生物乙醇产量(年度)	十亿升	103	106	3	2.91
FAME 生物柴油产量(年度)	十亿升	31	31	0	0.00
氢化植物油(HVO)产量(年度)	十亿升	5.9	6.5	0.6	10.17

数据来源：REN21：《2018 全球可再生能源现状报告》。

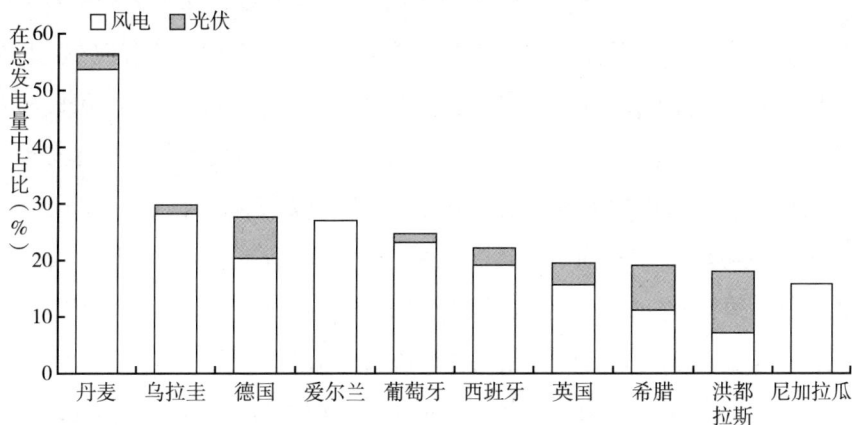

图9   2017 年波动性可再生能源发电量占比前 10 名的国家

数据来源：REN21：《2018 全球可再生能源现状报告》。

六　政策分析与建议

（一）中长期内国际油气供给充足，但考虑到贸易争端，应拓宽供给渠道，改善能源安全

目前世界能源供需格局发生重要变化。世界能源需求进入低速增长时期，主要发达国家能源消费总量趋于稳定甚至下降，新兴经济体能源需求将持续增长，占全球能源消费比重不断上升。随着美国页岩油气的革命性突破，世界油气开始呈现OPEC、俄罗斯—中亚、北美等多极供应格局，同时中东混乱局势即将告一段落，其油气产能将得到恢复，再加上近期国际油价持续在高位运行，刺激了主要产油国的石油生产，故世界中长期的油气供应不会有太大问题。

从能源政策看，美国提出全球能源主导战略以及能源政策的转变有望为未来中美能源合作创造契机。特朗普上任以来，一直将能源领域作为经济振兴着力点之一，强调美国未来要在继续加强"能源独立"的基础上，恢复和壮大传统能源行业，其任内首份国家安全战略报告明确提出能源主导（Energy Dominance）战略，希望利用国内资源和能源效率的优势来提高能源产业竞争力，从而强化对全球能源问题的领导权。考虑到美国现在是世界最大的天然气生产国，尤其是拥有丰富的页岩气资源，而我国积极实施"煤改气"工程，未来天然气需求缺口有扩大的趋势，两者间形成了天然互补。目前美国之所以挑起贸易战，主要是认为中美贸易不平衡，并非不想和中国进行贸易。而LNG贸易可以在某种程度上缓解这个问题，2018年2月9日，中石油与美国切尼尔公司签订了年供120万吨LNG的贸易协议，这是特朗普访华后首个落地的能源领域合作协议。正常情况下该合同会持续20～25年，这意味着未来将有巨额投资流向LNG基础设施建设，从而对缩小中美贸易不平衡和降低中国贸易顺差发挥很大作用。

虽然存在这种背景，但由于近期中美贸易摩擦愈演愈烈，中国政府出于

对贸易反制措施有效性的考虑，已经大规模减少从美国的油气进口。在这种情况下，中国作为高度依赖外来油气的需求国应有更多选择。目前澳大利亚和卡塔尔都是中国进口LNG主要来源地，相应的LNG接收站也已建成，只是从这两国获取LNG的成本可能有所增加，长期内尽快结束与美国的争端更符合经济利益。在与中东、俄罗斯、安哥拉和委内瑞拉这些不够稳定的石油合作伙伴的合作上，则可以采取更为灵活和更具经济导向的政策。同时尽量利用"一带一路"倡议带来的便利条件，早日同俄罗斯就天然气的铁路运输达成一致，积极拓宽从中亚地区如哈萨克斯坦等国进口石油的渠道。

同时应积极推动天然气国内供应能力和输送能力的建设，掌握能源安全主动权。加强天然气勘查开发，建设四川、新疆等天然气生产供应区，加快推动鄂尔多斯盆地、沁水盆地与新疆等地区不同煤阶煤层气，以及四川盆地及外围、中下扬子地区、北方地区页岩气勘查开发，推动煤层气、页岩气、致密气等非常规天然气低成本规模化开发，稳妥推动天然气水合物试采。加快批准利用铁路、内河航线、公路进行LNG集装箱运输，与干支管道系统、城市管网相结合，建设高效、多元化的天然气输配送网络体系。

（二）需求侧管理与供给侧转型并重，提高能源系统效率

目前随着我国经济进入新常态，供给侧结构性改革不断深入，高耗能产品的需求与供给均出现较大幅度下降，未来电力产能过剩可能性加大。在这样的前提下，在环保达标的情况下，对大规模工业用户可以采取比较优惠的价格。同时切实提升农村电力普遍服务水平，加快转变农业发展方式，完善配电网建设及电力接入设施、农业生产配套供电设施，推进农业生产电气化，缩小城乡生活用电差距。

能源转型不应被狭义地理解为发展可再生能源，否则很容易造成可再生能源的超前发展以及由此带来的可再生能源消纳能力的不足（例如，中国可再生能源发电装机比重提高很快，但是可再生能源终端消费比重仍然较低），进而忽视对现有能源体系潜力的发掘（例如，大气污染重点防控地区严格实施煤炭消费减量替代，扩大天然气替代规模，提高能源利用效

率）。事实上，所有化石能源的高效低碳化利用和环境效益提高都可以理解为转型，清洁能源利用技术的开发在德国和美国均被视为能源转型的重要实现路径。

在新能源还远远不能支撑起全社会能源需求的当下，中国有必要大力开发煤炭和天然气清洁利用技术，尤其是天然气这类较为清洁且储量巨大的能源，完全可以作为过渡能源发展，发挥其调峰电源的作用。当然"煤改气"工程的推进仍然要依照循序渐进、量力而为、以气定改的原则，避免出现2017年底的"气荒"现象。可以鼓励分布式可再生能源与天然气协同发展，建设基于用户侧的分布式储能设备，依托新能源、储能、柔性网络和微网等技术，实现分布式能源的高效、灵活接入以及生产、消费一体化，建立健全能源市场交易体系，逐步实现能源网络的开放共享。

未来的能源体系特别是电力系统需要加快变革以适应新能源、可再生能源分散性、高比例的波动性的特点，否则将难以容纳大规模的可再生能源发展。需要超越单一电网、国家、城市或行业的限制，并且提供跨行业、跨地域边界整合供给侧和需求侧的解决方案。充分挖掘跨省跨区输电通道的输送能力，将送端地区解决弃水弃风弃光问题与受端地区压减燃煤消费相衔接，扩大跨省跨区消纳可再生能源电力现货交易（例如，以四川、云南和周边省区为重点，实施跨流域跨区域的统筹优化调度和水电丰枯调节，有效缓解弃水问题），这样有利于形成既降低东部地区用电成本，又促进西部地区可再生能源发展的良性循环。

对可再生能源的进一步消纳，则需可再生能源分布式和集中式利用并举，尤其是推动分布式成为较为主要的利用方式，在具备条件的建筑、产业园区和区域，充分利用分布式可再生能源，示范建设相对独立、自我平衡的个体能源系统。同时借助数字化手段，根据分布式能源供应情况，合理布局产业集群，完善就近消纳机制，使能源消费者转变为产销者，推动实现就地生产、就地消费。建议保持相对稳定的电价机制，谨慎推进可再生能源平价上网。由于可再生能源发电成本正处于快速下降阶段，未来迟早能够脱离补贴依赖，实现从补贴驱动到市场驱动，从而利于整个新能源行业的长远发展。

（三）借力"一带一路"，加快能源互联互通，促进形成开放共赢的国际合作机制

随着国际金融危机的影响逐渐消退，未来我国周边国家和地区的经济潜力将得到进一步激发。相应地，其电力需求缺口也会随之增大。东北亚方面，由于朝鲜半岛局势出现良好转机，韩朝关系日趋缓和，我国应借此良机帮助朝鲜、蒙古及俄罗斯远东地区发展经济以及其所急需的工业部门，促进当地的电力需求增加，进而促成对上述地区电力的进一步出口，同时通过朝鲜向韩、日供电，改善东北亚地区长期以来能源产地与消费地空间错位的局面，利用电力互联互通促进地区间的优势互补和东北亚地区的经济融合发展。

东南亚方面，与我国毗邻的泰国、柬埔寨、老挝、缅甸、越南等国电力基础设施相对薄弱、电力供应短缺、资源分布不均，但人口众多，电力能源和经济发展潜力巨大，这也形成了与我国进行能源合作的巨大需求和潜力。因此，我国可以从建设送电项目开始，逐步实现当地电力基础设施的现代化，进而连接西南地区电网与中南半岛国家的电力网络，并建设覆盖整个地区的电力交易中心。同时考虑到东南亚地区也存在推动能源转型、发展清洁能源的意愿，我国可以加强对这些地区相关技术和服务的出口，为中国能源产业提供更多的市场准入机会和更大的竞争优势。

（四）推动我国能源政策与他国政策对接，加强能源生产和利用领域的技术开发与引进，增加技术储备和成果转化应用

国际上，自特朗普上台以来，美国政府颁布了《美国优先能源计划》《促进能源独立和经济增长》等一系列纲领性文件及行政令，力图实现其传统能源行业的复苏。相较之下，其他发达国家对发展新能源以及可再生清洁能源更情有独钟，日本陆续出台了《面向2030年能源环境创新战略》等战略计划，欧盟则制订了《2050能源技术路线图》等战略计划。

目前我国能源科技创新能力和技术装备自主化水平显著提升，已经建成

了一批具有国际先进水平的重大能源技术示范工程，初步掌握了页岩气、致密油等勘探开发关键装备技术。但我国能源科技整体水平与能源结构转型要求不适应，支撑引领作用不够强，关键核心技术自主创新能力尤为不足，尤其是三代核电、新能源、页岩气等领域关键技术长期以引进消化吸收为主，燃气轮机及高温材料、海洋油气勘探开发技术装备等也长期落后。在这种背景下，考虑到从无到有的技术攻关难度巨大且成效不显著，中国应发挥自身世界最大能源市场及最大能源技术应用市场的规模优势，结合已提出的《能源生产和消费革命战略（2016—2030 年）》，通过相互投资、市场开放等手段，引进消化吸收和再创新清洁煤、乏燃料处理、智能电网等关键、适用能源技术，鼓励掌握先进技术的国外企业参与国内非常规油气勘查开发、清洁低碳能源开发利用等。

与此同时，我国还应积极参与前瞻性能源技术国际研发应用合作平台和机制建设，密切跟踪掌握关键重点领域前沿动态，参与制定先进能源技术标准，推动国内技术标准国际化。加强政府间、企业间、研究机构间合作与交流，创新能源领域人才合作培养机制，培育一批跨国企业，以增强国际竞争力，推动能源生产和高效节能装备、技术、服务"走出去"。

各国能源产业的比较优势，保证了在融入全球能源产业链后出现双赢局面的可能性存在。我国发挥比较优势引进技术，不仅能够借助技术创新的外溢效应与协同效应促进和推动国内企业的技术创新，而且可以联合技术先进国家共同开拓第三方国际市场，深度融入全球能源产业链、物流链以及创新链。

B.4

2018年国内能源形势回顾与展望

王　怡[*]

摘　要： 2018年，全国能源消费保持平稳增长。分品种来看，煤炭消费略有增长、石油消费保持平稳增长、天然气消费和电力消费实现较快速度的增长。"双重更替"（油气替代煤炭、非化石能源替代化石能源）的步伐不断加快，能源生产和消费结构进一步优化。与此同时，国际经济的不确定性对2019年中国经济运行带来了一定的下行压力，国内经济形势的变化将可能影响各个行业的能源消费。综合国内外形势，预计2019年国内能源消费增速将有所回落。

关键词： 能源消费　能源结构调整　去产能

2018年能源形势持续回暖，全国能源消费稳中有升。分品种来看，能源消费表现出"一回暖、一平稳、两快速"的特点，消费结构持续优化。预计2018年全国能源消费总量为46.2亿吨标准煤左右，煤炭消费比重降至60%以下，原油消费的比重增长至19%左右，天然气消费和非化石能源消费的比重分别增长至7.8%和14%左右。

一　国内能源消费增速小幅回升

中国经济进入新常态以来，伴随经济发展方式和经济结构的转变，

---

* 王怡，博士，中国社会科学院数量经济与技术经济研究所助理研究员，研究方向为能源经济。

国内能源消费增长速度逐渐趋缓，能源消费总量增速由 2011 年的 7.3%
降至 2015 年的 1.0%。2016 年和 2017 年受国内经济形势回暖因素影响，
能源消费增速呈现出明显的反弹趋势（见图 1）。2018 年前三季度延续
了 2017 年以来的回暖趋势，预计全年能源消费总量在 46.2 亿吨标准煤
左右。

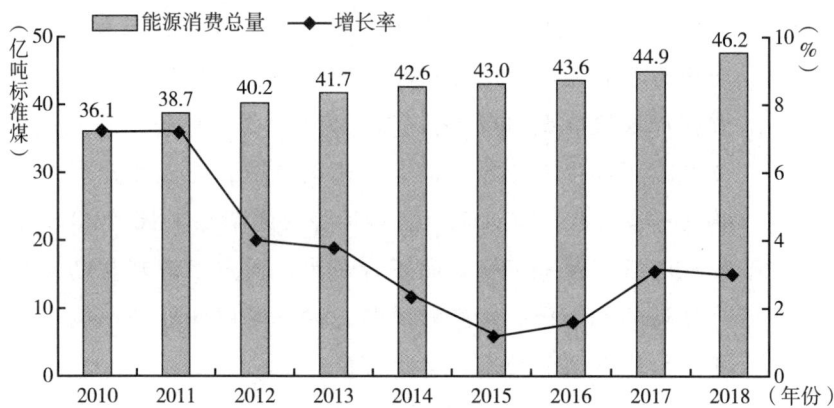

图 1　国内能源消费总量和增长率

数据来源：国家统计局。

全国能源消费增长主要来自非金属、黑色金属、有色金属、电力热力生
产和供应等高耗能行业消费的直接拉动。一直以来，工业部门都是国内能源
消费的主体，占能源消费总量的 68.0% 左右、电力消费总量的 71.6% 左右；
其中，非金属矿物制品业（产品以玻璃、陶瓷、砖瓦、石材、水泥、耐火
材料为主）、黑色金属冶炼及压延加工业（产品以钢铁制品为主）、有色金
属冶炼及压延加工业（产品以铜、铝、锌、锡制品为主）这三个高耗能行
业又是工业部门能源消费的主要部分，占到工业部门能源消费的 40.8% 左
右、工业部门电力消费的 33.6% 左右；电力热力生产和供应业占到工业部
门能源消费的 8.9% 左右、工业部门电力消费的 17.9% 左右[1]。2018 年，粗

---

[1]　根据《中国能源统计年鉴（2017）》的数据计算，其数据为 2015 年的统计数据。

钢产量 9.3 亿吨，比上年增长 6.6%；十种有色金属产量 5688 万吨，增长 6.0%；原铝产量 3580 万吨，增长 7.4%；水泥产量 21.8 亿吨，增长 3%；发电量 6.99 万亿千瓦时，增长 8.4%。由此可见，钢铁、玻璃、水泥、电力等主要工业产品产量的增长是导致近期国内能源消费小幅回升的主要原因。

由于房地产开发和大规模基础设施建设需要大量的钢铁、玻璃、水泥等主要工业产品，所以上述工业产品的年度产量增长与当年房地产开发和基础设施建设投资和规模密切相关。2018 年，房地产开发投资 12.03 万亿元，比上年增长 9.5%，同比提高 2.5 个百分点。其中，住宅投资 85192 亿元，增长 13.4%，比上年提高 4 个百分点。住宅投资占房地产开发投资的比重为 70.8%。2018 年，基础设施投资 14.53 万亿元，增长 3.8%，比上年回落 15.2 个百分点。其中，水利管理业投资下降 4.9%，公共设施管理业投资增长 2.5%，道路运输业投资增长 8.2%，铁路运输业投资下降 5.1%。

2018 年国内生产总值平均能耗下降 3.15%，下降比例为近五年来最低水平（见图 2）。加强重点耗能工业的节能减排，对于减少不合理的能源消费、提高能源效率、降低污染物排放具有重要意义。

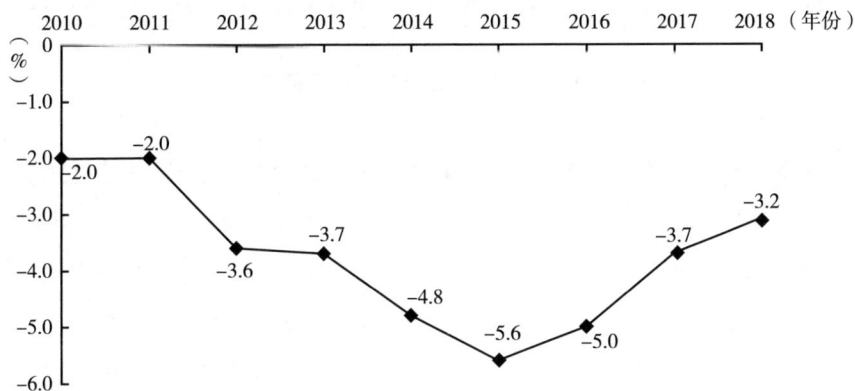

图 2 2010~2018 年国内生产总值能耗降低率

数据来源：国家统计局。

二 能源消费结构和电源结构调整的步伐加快

随着能源革命的深入推进，我国以油气替代煤炭、以非化石能源替代化石能源的双重更替进程不断加快。如图3所示，近年来国内天然气消费增长迅速，2017年增速高达14.8%，煤炭消费呈现出反弹趋势，原油消费表现为稳定增长，天然气和电力消费增长较快。预计2018年煤炭、原油、天然气、电力消费分别增长1.7%、6.8%、18.1%、6.6%。

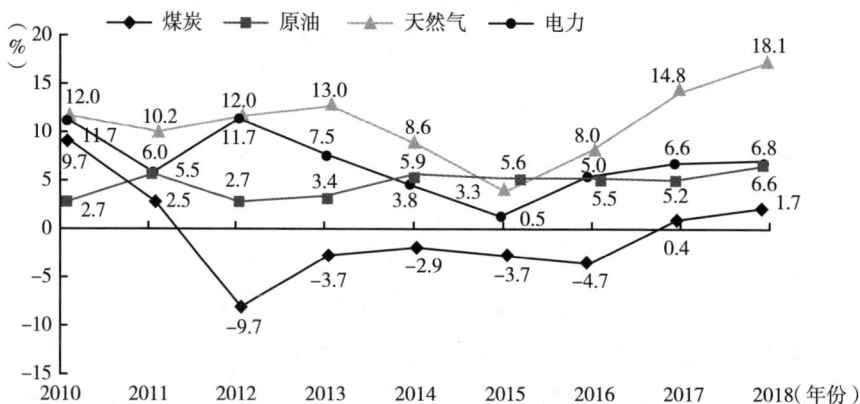

图3　2010~2018年主要能源消费量增长率

双重更替步伐加快导致国内能源消费结构和电源结构的显著变化。近五年来，我国煤炭消费所占比重在不断降低，非化石能源和天然气消费所占比重在持续增加（见表1）。预计2018年煤炭消费比重将首次降至60%以下，原油消费比重提高到19.0%左右，天然气和非化石能源消费比重分别提高到7.8%和14.0%左右。与2017年相比，煤炭消费所占比重下降1.2个百分点，原油、天然气、可再生能源消费比重分别上升0.2、0.8、0.2个百分点。

表1　一次能源消费总量和能源消费结构

单位：亿吨标准煤，%

年份	能源消费总量	能源消费结构			
		原煤	原油	天然气	非化石能源
2013	41.7	67.4	17.1	5.3	10.2
2014	42.6	65.6	17.4	5.7	11.3
2015	43.0	63.7	18.3	5.9	12.1
2016	43.6	62.0	18.5	6.2	13.3
2017	44.9	60.4	18.8	7.0	13.8
2018	45.5	59.2	19.0	7.8	14.0

数据来源：国家统计局。

在电源结构上，近五年来火电所占比重持续降低，水电、风电等可再生能源电源所占比重不断增加。2017年火电占比降至71.8%，除水电外可再生能源电源占比提升至6.1%左右。2018年火电所占比重下降到70.4%左右，除水电外可再生能源电源占比提升至7.9%左右（见表2）。

表2　电力消费总量和电力结构

单位：万亿千瓦时，%

年份	电力生产总量	电力结构			
		火电	水电	核电	风电、太阳能发电等其他形式电源
2013	5.4	78.5	16.9	2.0	2.6
2014	5.6	74.9	18.8	2.3	3.9
2015	5.8	73.0	19.4	2.9	4.7
2016	6.1	72.2	19.4	3.5	4.9
2017	6.5	71.8	18.3	3.8	6.1
2018	7.0	70.4	17.6	4.1	7.9

数据来源：国家统计局。

三　煤炭消费出现"去产能"以来的首次增长

2017年煤炭消费约在38.6亿吨左右，比上年增长了0.4%。受工业生产和火电生产回暖等因素的影响，这是煤炭消费在连续三年下降后的首次增长。煤炭产量约为 35.2 亿吨，同比增长 3.3%；煤炭进口 2.7 亿吨，同比增长 6.1%；全年煤炭价格没有出现较大幅度波动，基本保持稳定。整体来看，煤炭消费占一次能源消费的比重在不断下降，2017 年已经降至 60.4%，但是煤炭消费比重仍然较高，煤炭行业仍然处于"产大于销"的产能过剩状态。

预计 2018 年煤炭消费为 39.3 亿吨左右，增长 1.7%。电力消费 22 亿吨，增长 4.2%；钢铁、建材行业煤炭消费持平，分别为 6.4 亿吨、5 亿吨；化工消费 3.1 亿吨，增长 9%。2018 年原煤产量 35.5 亿吨，同比增长 0.9%，比上年降低 2.4 个百分点。煤炭进口 2.8 亿吨，同比增长 3.9%，比上年回落 2.2 个百分点。全年煤炭价格相对稳定，但稳中略降，秦皇岛港 5500 大卡煤炭价格由年初的 630 元/吨降至年底的 570 元/吨。

近些年来，化解煤炭过剩产能是煤炭行业的一项重点任务，再加上我国可再生能源行业的迅速发展，全国煤炭消费在近八年之内有效地控制在 43 亿吨之内，2014~2016 年均为负增长（见图 4）。2016~2017 年全国煤炭行业合计去产能 5 亿吨左右，2018 年计划去产能 1.5 亿吨左右，距离"十三五"期间去产能 8 亿吨的目标任务量还有 1.5 亿吨。伴随煤炭"去产能"的

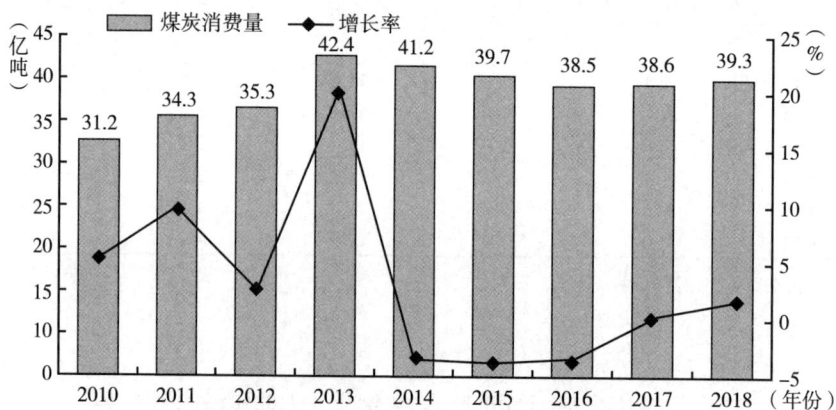

图 4　2010~2018 年煤炭消费量和增长率

数据来源：国家统计局。

深入开展，煤炭供应格局发生明显变化。2017年，全国煤矿数量由2015年底的1.2万处减少到7000处左右。目前，大型现代化煤矿成为国内煤炭生产供应主体，产量比重为全国的75%以上。

2018年煤炭消费延续了2017年以来的增长趋势，这主要是由电力需求增长导致的。一直以来，电力、热力生产和供应业是煤炭消费的主要行业，所占比重约为44%。其中，火电用煤是该行业煤炭消费的主体。2018年火电产量4.92万亿千瓦时，同比增长7.3%，占总发电量的比重为70.4%。可见，火电产量的迅速增长，间接拉动了煤炭消费的增长。

四　石油消费保持稳定增长

2017年石油消费量约为5.9亿吨左右，比上年增长了5.2%；成品油消费量为30661万吨，比上年增长了5.9%，其中汽油消费量增长10.2%、柴油消费量增长2.0%。国内原油产量为19150.6万吨，同比下降了4.1%。原油进口首次突破4亿吨，同比增长10.1%，成品油进口同比增长6.4%[①]。

预计2018年全年原油消费将突破6亿吨，同比增长6.8%，成品油表观消费量达到3.25亿吨，同比增长6%。其中，汽油、柴油消费量分别达到1.41亿、1.79亿吨，分别同比增长7.8%、4.1%。国内原油产量为1.89亿吨，同比下降1.1%。原油进口4.62亿吨，同比增长10.1%。

2012~2018年，我国原油与成品油消费基本保持了稳定增长的趋势（见图5、图6、图7）。与此同时，受油田后备资源接替不足、计划性减产及寒潮天气等因素影响，国内原油产量呈现不断下降的趋势。消费的增长和产量的下降，导致近年来我国原油进口量逐年攀升，石油对外依存度越来越高，石油供应安全面临着较大的挑战。

居民消费升级拉动汽油需求持续增长。2017年，全国民用汽车保有量为21743万辆（包括三轮汽车和低速货车820万辆），同比增长11.8%，其

---

① 数据来源：http://www.ndrc.gov.cn/fzgggz/jjyx/mtzhgl/201801/t20180131_876399.html。

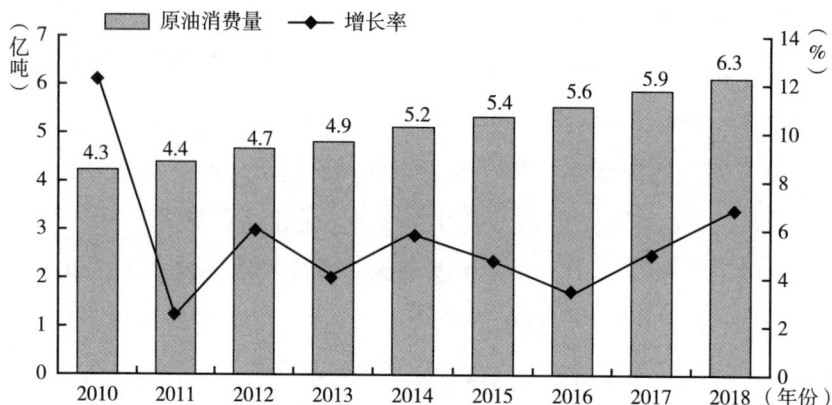

图 5 2010～2018 年原油量消费和增长率

数据来源：国家统计局。

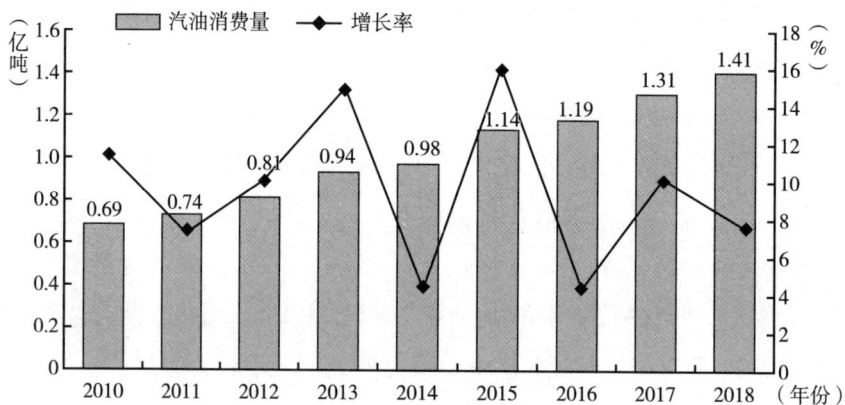

图 6 2010～2018 年汽油量消费和增长率

数据来源：国家统计局。

中私人汽车保有量为 18695 万辆，同比增长 12.9%。民用轿车保有量为 12185 万辆，同比增长 12.0%，其中私人轿车 11416 万辆，同比增长 12.5%。新能源汽车尽管发展十分迅速，但由于保有数量仍然较少，所以汽车数量的逐年增长对汽油消费量的影响仍然很有限（见图 8）。未来，我国民用汽车发展仍具有一定空间，汽油需求将会继续保持稳定增长。

物流运输和工业生产带动柴油消费小幅增长。2017 年，公路运输量为

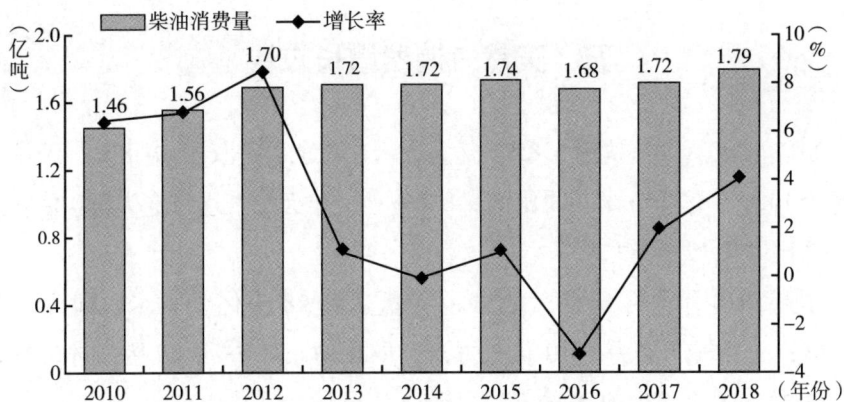

图7 2010～2018年柴油消费量和增长率

资料来源：国家统计局。

36.9亿吨，同比增长10.1%，占货物运输总量的76.8%。公路运输周转量为66712.5亿吨公里，同比增长9.2%，占货物运输周转总量的34.0%。2018年前三季度，公路货运量同比增长7.5%，高速公路货车流量增长9.0%。受公路货运需求上升的影响，2018年前三季度柴油消费同比增长1.2%。

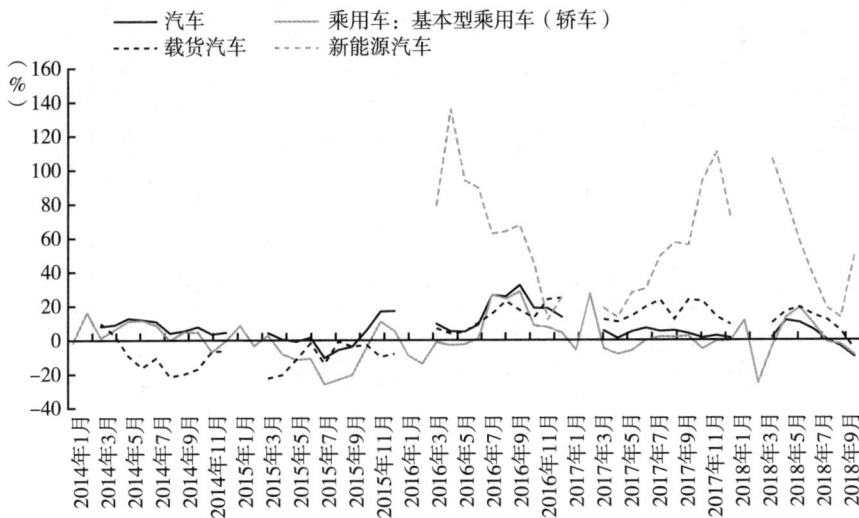

图8 2014～2018年汽车、轿车、载货汽车、新能源汽车产量同比增长

数据来源：Wind数据库。

五 天然气消费增长较快

2017 年天然气消费约 2385.6 亿立方米，比上年增长了 14.8%；天然气产量为 1480.3 亿立方米，同比增长 8.2%；全年天然气进口量为 920 亿立方米，同比增长 27.6%[①]。

预计 2018 年全年天然气表观消费量达到 2803 亿立方米，同比增长 17.5%；天然气产量为 1610 亿立方米，同比增长 8.8%；天然气进口量为 9039 万吨，同比增长 31.9%。

由于天然气是一种高效的低碳能源，并且能够与核能及可再生能源形成良性互补，因而"十三五"时期我国加快了天然气产业发展，政策着力鼓励天然气勘探和开采项目建设、天然气传输管道和液化天然气接收站建设、居民和工业企业天然气消费。全国各地特别是北方地区，天然气供应能力正在不断增强。因而，自 2016 年底起，天然气消费呈现出爆发式的增长（见图 9）。

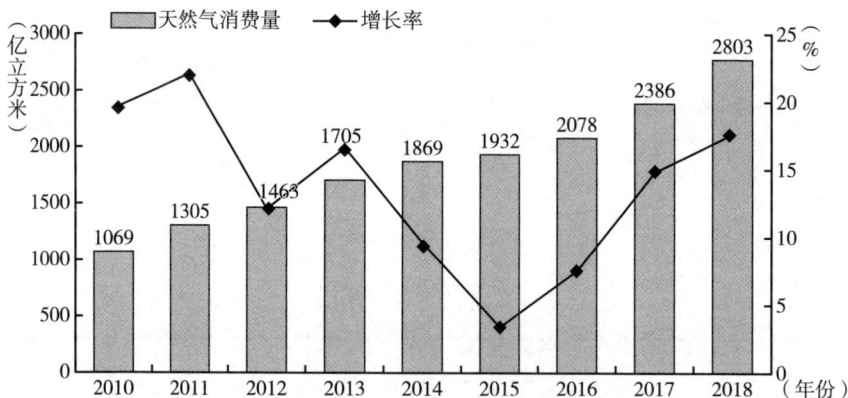

图 9　2010~2018 年天然气消费量和增长率

数据来源：国家统计局。

---

① 资料来源于 http://www.ndrc.gov.cn/fzgggz/jjyx/mtzhgl/201801/t20180131_ 876398.html。

2018 年天然气消费量的大幅增长，主要是由工业、发电、化工和民用全面用气增加导致的。为了切实改善北方地区秋冬季空气质量，自 2017 年起京津冀地区大力推进居民"煤改气"清洁取暖工程，居民用气急剧增长。另外，经济形势向好带动了工业、化工等行业用气的增加，加上"2 + 26"城市部分工业行业以天然气为燃料的企业不受错峰生产的约束[①]，工业用气增长也远远超过预期。从月度数据来看，受北方地区"煤改气"政策影响，供暖季（当年 11 月至次年 3 月）成为全年之中天然气消费的高峰时段（见图 10）。

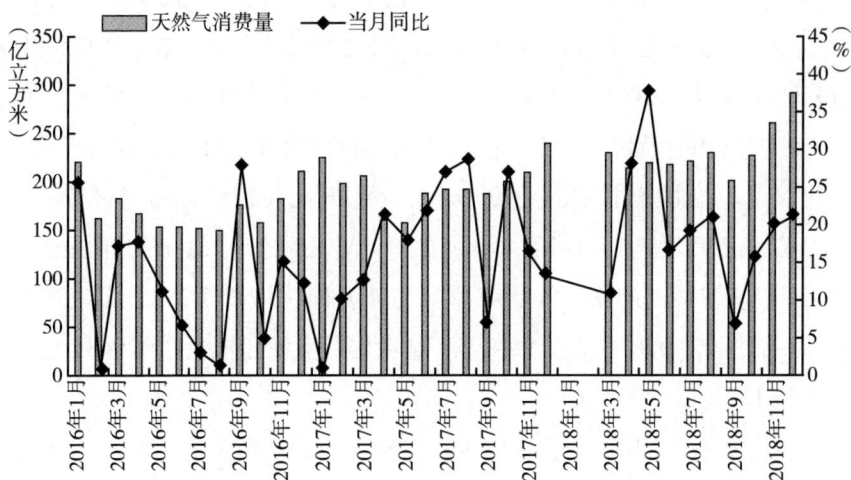

图 10　月度天然气消费量和增长率

数据来源：Wind 数据库。

由于上年冬季天然气供应紧张带来的压力，2018 年各方加大了天然气的供给力度，同时环保部门也适当降低了关停力度，对冬季采暖采取了"宜气则气、宜电则电、宜煤则煤"的灵活政策，2018 年冬季没有出现预期的天然气供应紧张状况。

然而，总体来说，当前我国天然气消费市场还面临着基础设施不完善、

---

① 《"2 + 26"城市部分工业行业 2017 ~ 2018 年秋冬季开展错峰生产的通知》。

管网密度低、储气调峰设施严重不足、输配成本偏高等一系列障碍。我国人均天然气年消费量约为 150 立方米，远低于全球人均 450 立方米的水平，更不及美国和欧盟等发达国家和地区。未来以气代煤的总体能源转型战略并不会出现大的变化。

六 电力生产与消费增长较快，可再生能源电源的比重进一步提升

2017 年，全国全社会用电量 63077 亿千瓦时，同比增长 6.6%[①]。分产业看，第一产业用电量 1155 亿千瓦时，同比增长 7.3%；第二产业用电量 44413 亿千瓦时，增长 5.5%；第三产业用电量 8814 亿千瓦时，增长 10.7%，增长相对较快。城乡居民生活用电量 8695 亿千瓦时，增长 7.8%。

2018 年，全国全社会用电量 6.84 万亿千瓦时，同比增长 8.5%，为 2012 年以来最高增速。分产业来看，第一产业用电量 1251 万亿千瓦时，同比增长 8.7%；第二产业用电量 4.72 万亿千瓦时，增长 6.3%；第三产业用电量 1.03 万亿千瓦时，增长 16.9%；城乡居民生活用电量达到 9685 亿千瓦时，增长 11.38%。

从生产来看，2018 年全国全口径发电量 6.99 万亿千瓦时，同比增长 8.9%。其中，非化石能源发电量 2.07 万亿千瓦时，同比增长 10.7%，占总发电量的比重为 29.6%，比上年提高 0.5 个百分点；火电发电量 4.92 万亿千瓦时，同比增长 8.1%，占总发电量的比重为 70.4%；水电发电量 1.23 万亿千瓦时，同比增长 3.4%，占总发电量的比重为 17.6%；核电、并网风电、并网太阳能发电的发电量分别为 2944 亿、3660 亿、1775 亿千瓦时，同比分别增长 16.0%、19.4%、50.0%，占总发电量的比重分别为 4.2%、5.2%、2.5%。如表 3 所示，各类电源均以较快速度增长，火电和水电产量均高于上年同期水平。

---

① 资料来源于 http：//www. nea. gov. cn/2018－01/22/c_ 136914159. htm。

表3 各类电源发电情况统计

单位：万亿千瓦时，%

	2017 年			2018 年		
	发电量	同比增长	占发电总量的比例	发电量	同比增长	占发电总量的比例
火电	4.55	5.2	70.9	4.92	8.1	70.4
水电	1.19	1.7	18.6	1.23	3.4	17.6
核电	0.25	16.5	3.9	0.29	16.0	4.2
风电	0.31	26.3	4.8	0.37	19.4	5.2
太阳能发电	0.12	75.4	1.8	0.18	50.0	2.5
发电总量	6.42	6.5	100.0	6.99	8.9	100.0

数据来源：2017 年数据来自中国电力企业联合会。

经济进入新常态以来，我国全社会用电量逐年攀升，但增速明显放缓。如图 11 所示，2010～2017 年 8 年以年均 6% 左右的速度增长，且呈现 U 形走势。2016 年和 2017 年经济形势向好，带动电力消费加快上涨，2018 年增速为近五年来最高。其中，工业和制造业用电保持了较快增长。中电联数据显示，2018 年前三季度工业用电量 34143 亿千瓦时，同比增长 7.2%，占全社会用电量的比重为 66.9%，对全社会用电量增长的贡献率为 55.2%。化工、建材、黑色金属冶炼和有色金属冶炼四大高耗能行业用电量合计 14133 亿千瓦时，同比增长 5.8%，合计用电量占全社会用电量的比重为 27.7%，对全社会用电量增长的贡献率为 18.7%。其中，化工行业用电量 3304 亿千瓦时，同比增长 2.6%；建材行业用电量 2553 亿千瓦时，同比增长 5.9%；黑色金属冶炼行业用电量 3998 亿千瓦时，同比增长 11.2%；有色金属冶炼行业用电量 4278 亿千瓦时，同比增长 3.6%。从月度数据来看，7 月和 8 月为电力消费的高峰，峰值逐年增长 500 万千瓦时左右（见图 12）。

2018 年全国人均用电量 4956 千瓦时，人均生活用电量 701 千瓦时，接近中等发达国家水平。其中，广东、山东和江苏三省实现人均电力消费 5000 千瓦时以上。尽管我国人均电力消费已大幅提升，但与美国（12000 千瓦时/人左右）、日本（8000 千瓦时/人左右）和德国（7000 千瓦时/人左

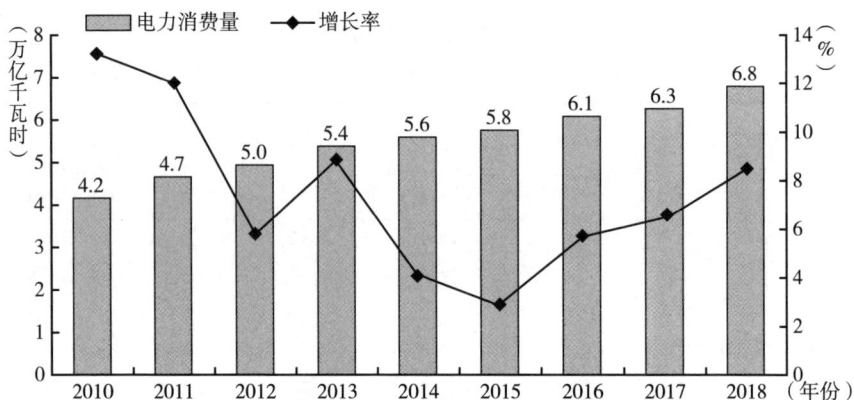

图 11 年度电力消费量和增长率

数据来源：国家统计局。

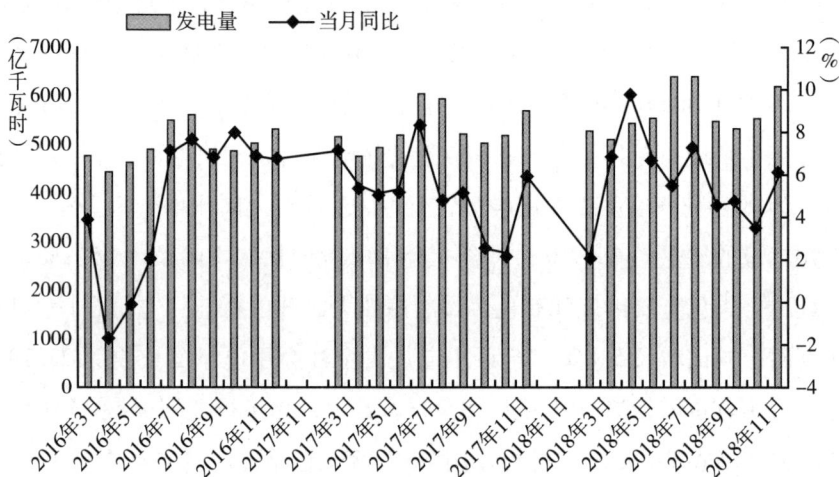

图 12 2016～2018 年月度发电量和增长率

数据来源：Wind 数据库。

右）等发达国家相比，仍然存在较大的差距。

在装机规模方面，风电和太阳能发电装机容量仍然保持较快的增长。截至 2018 年底，全国全口径发电装机容量 19.0 亿千瓦，同比增长 6.5%。其中，火电 11.4 亿千瓦、水电 3.5 亿千瓦、核电 4466 万千瓦、并网风电 1.8

亿千瓦、并网太阳能发电1.7亿千瓦。

随着可再生能源发电行业的蓬勃发展，电源结构持续优化（见表3）。在《政府工作报告》、《解决弃水弃风弃光问题实施方案》和《关于促进西南地区水电消纳的通知》的指导下，各方面积极采取措施，不断提升系统调节能力，优化电力调度运行，有效缓解了弃水、弃风、弃光的状况，可再生能源并网情况有着较大的改善。

在电力消费需求快速增长的拉动下，各类型发电设备利用小时均同比提高。2018年，全国发电设备平均利用小时为3862小时，同比提高73小时。其中，火电4361小时，比上年提高143小时；水电3613小时，比上年提高16小时；核电7184小时，比上年提高95小时；并网风电2095小时，比上年提高146小时；并网太阳能发电1212小时，比上年提高7小时。

七　2019年能源消费增速趋缓，能源结构调整步伐仍然较快

（一）预计2019年国内经济运行保持中高速增长，增速可能略有下降

2018年国民经济运行总体平稳，国内生产总值达900309亿元，按可比价格计算，比上年增长了6.6%。分季度看，第一季度同比增长6.8%，第二季度增长6.7%，第三季度增长6.5%，第四季度增长6.4%。

2018年国内经济运行主要特点包括以下方面：工业生产保持平稳增长，同比增长6.2%，其中，高技术制造业、战略性新兴产业和装备制造业增加值实现了较快的增长，分别同比增长11.7%、8.9%和8.1%；服务业仍然保持较快发展，同比增长7.7%，对经济增长的贡献达到60%以上；消费的基础性作用在继续增强，2018年全年社会消费品零售总额达到38.1万亿元，同比增长9.0%，消费对经济增长的贡献达到78%以上；投资增长缓中趋稳，固定资产投资63.6万亿元，同比增长5.9%；进出口总额创历史新

高，达到 30.5 万亿元，同比增长 9.7%；居民消费价格温和上涨，同比增长 2.1%，工业生产者价格涨幅回落，同比增长 3.5%；等等。

从全球经济形势来看，由于外部贸易壁垒在增加，国际金融和能源市场可能还会出现大幅波动，未来我国经济运行可能面临一些下行压力。2018 年以来，美国对各类进口施加了关税，并对价值 2000 亿美元的中国进口加征关税。贸易壁垒的增加会破坏全球供给链，阻碍新技术的传播，甚至导致全球生产率和福利下降。进出口贸易紧张局势的加剧以及由此带来的金融和贸易政策的收紧可能造成投资和贸易的减缓，其影响甚至会传导至各个行业和国内能源市场。而这也是影响未来国内经济运行的主要因素。

因而，2019 年中国经济仍将以较高的速度持续增长，但增速可能略有下降。5 月，联合国发布的《2018 年世界经济形势与展望》预计 2018 年和 2019 年中国经济增速分别为 6.5% 和 6.3%；6 月，世界银行在《全球经济展望》报告中预测的结果分别为 6.5% 和 6.3%；10 月，国际货币基金组织在《世界经济展望》报告中预测分别为 6.6% 和 6.2%。可见，多家机构普遍认为中国政府将采取更多趋紧的财政政策，由此 2019 年中国经济增长将放缓至 6.3% 左右甚至更低。

（二）预计2019年能源消费增速趋缓，能源结构调整步伐仍然较快

2018 年，基础设施投资呈现较大幅度的下降，房地产投资略有扩大，但短期仍难以重返 2010 年和 2011 年房地产投资累计同比 30% 以上的高速增长（见图 13）。受此影响，水泥、粗钢、建材等高耗能工业产品的产量可能出现大幅下滑，我国能源消费增长的主要拉动力量将被削弱。

考虑到房地产和基础设施建设难以维持持续增长，以及国民经济发展面临的诸多不确定性，预计 2019 年能源消费增长将放缓。不过，在风电、光伏、"煤改气"等相关政策的鼓励下，天然气和可再生能源仍然发展较快，它们在能源消费中所占比例仍然可以延续近年来的快速

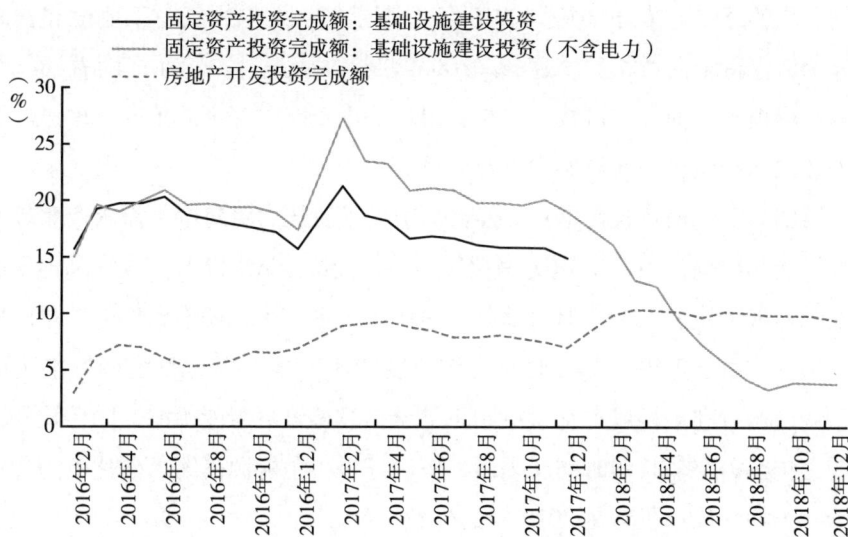

图 13　月度固定资产投资和房地产投资累计同比

数据来源：Wind 数据库。

提升。

第一，煤炭消费增长将进入平台期，预计为零增长。短期内，我国以燃煤发电为主的电源结构难以完全改变，电网输配水电、风电等波动性电源的比重难以大幅增加，所以电力需求增长在未来一段时间仍然将会拉动煤炭消费增长。煤炭行业产能过剩的局面依然存在。不过，为了完成"十二五"煤炭发展政策规划目标，以及为了改善日益严重的大气污染问题，煤炭消费将会被严格限制。所以，2019 年煤炭消费可能表现为略有增长，或者零增长。

第二，石油消费增长基本保持平稳。由于居民消费的持续增长，汽油需求将会继续保持稳定增长。但是，未来经济形势的下行压力，以及公路运输能力的不断提升，将可能导致公路运输需求的下滑，进而带来柴油需求增长的下降。因而，预计石油消费增长仍将为 4%～5%。

第三，天然气消费增长较快。随着北方地区清洁取暖工程加快推进，各地工业企业"煤改气"力度不断加大，非居民气价逐步下调，《加快推进天然气利用的意见》发布实施，2019年城市燃气、发电用气、工业燃料需求预计仍将保持全面增长，增速较2018年将进一步提升。然而，随着油气消费的大幅提升，油气进口数量也与日俱增，出于能源安全的角度考虑，全方面加强国际产能合作变得尤为重要。

第四，电力消费较快增长。经济形势的下行压力将对电力需求产生较大影响，受此影响，2019年电力消费增长将可能降至6%以下。尽管可再生能源电源实现了快速发展，但这部分产量所占比重较小，还不到发电总量的三成。另外，由于电源建设与电网建设速度的不匹配，电力系统调峰能力不足，调度运行和调峰成本补偿机制不健全，改善可再生能源电源的传输和消纳能力仍然需要较长的时间。因而，解决好可再生能源消纳、深化电力行业供给侧结构性改革仍然是2019年的当务之急。

（三）中长期看，2025年之前能源领域仍处于快速发展阶段

伴随中国经济结构的优化升级，能源、教育、医疗、交通、物流、网络、高科技技术等领域越来越多的增长潜力将会释放，中国经济未来将会保持较快速度增长。天然气和可再生能源发展前景十分广阔，由此将会带动上下游相关产业发展。在高速铁路、高速公路、智能电网、油气管网等领域，基础设施建设仍然具有较大的发展潜力，相关高耗能工业产品仍然需求较大。通信技术和互联网技术的迅猛发展，将可能改变传统消费模式，包括能源的消费模式。在首批55个"互联网＋"智慧能源（能源互联网）示范项目中，不同的设施通过传感器和无线网络互联互通，人工智能技术能够实时、精确、合理地进行资源配置，整个城市的能源成本被大大降低。此外，"一带一路"倡议将会进一步深化我国对外开放的程度，国际能源合作是"一带一路"倡议的重要支撑，也有利于促进欧亚大陆能源市场的稳定，推动沿线国家实现能源绿色转型。

当前，中国能源的消费模式正在向着低碳化、绿色化、智能化方向转变，建设清洁低碳、安全高效的现代能源体系是中国能源发展的重大历史使命，也是未来能源发展的方向。在能源领域，越来越多的新技术、新产业、

新业态和新模式不断涌现，消费结构调整、体制改革、节能减排以及国际合作的步伐将会继续加快，能源消费峰值很有可能提前到达。中长期看，中国的能源消费有望在2020~2025年达到峰值，同时进入峰值的平台期。作为当今全球第一大能源生产国和能源消费国，中国将成为全球能源转型的重要参与者、贡献者、引领者。

参考文献

［1］国家统计局：《中华人民共和国2017年国民经济和社会发展统计公报》，http：//www. stats. gov. cn/tjsj/zxfb/201802/t20180228_ 1585631. html。

［2］国家能源局：《2017年全国电力工业统计数据》，http：//www. nea. gov. cn/2018 – 01/22/c_ 136914154. htm。

［3］中国电力联合会：《2017年全国电力工业统计快报数据一览表》，http：//www. cec. org. cn/guihuayutongji/tongjxinxi/niandushuju/2018 – 02 – 05/177726. html。

［4］国家能源局：《2018年能源工作指导意见》，http：//www. gov. cn/xinwen/2018 – 03/09/content_ 5272569. htm。

B.5
中国能源迈向高质量发展新阶段

郭焦锋　许睿谦　李继峰　赵良英*

摘　要： 中国当前正处于"从高速增长阶段转向高质量发展阶段"的历史时期，能源领域遵循十九大报告精神，坚持以供给侧结构性改革为主线，按照"四个革命、一个合作"的能源安全战略思想，巩固优势，补齐短板，统一思想，积极推进能源高质量发展。2018年能源高质量发展取得一系列成果，能源效率进一步提高，清洁能源供应稳步提升，电力等高品质能源的比例持续增加。2019年能源行业将继续推进能源生产、消费、科技和体制革命，加强国际能源合作，将高质量发展推向新的高度。

关键词： 能源发展　高质量发展　能源消费革命　能源供给革命　能源科技革命

引言　新常态以来能源运行迈向高质量发展阶段

十九大报告提出，中国正处于从高速增长阶段向高质量发展阶段转变的历史进程。作为经济社会发展的基础性产业，能源产业高质量发展是保障经

---

* 郭焦锋，博士生导师，国务院发展研究中心资源与环境政策研究所所长助理，长期致力于能源经济领域研究；许睿谦，北京大学博士，研究方向为计量经济；李继峰，国家信息中心经济预测部，副研究员，研究方向为能源与经济计量模型；赵良英，水电水利规划设计总院，副研究员，主要从事电力技术与能源经济研究。

济实现高质量发展的基本支撑。进入经济新常态以来，中国能源需求逐步放缓、能源供需总体宽松，是加快推进能源供给侧结构性改革、优化能源结构、提升能源品质的重要机遇期。为此，能源领域要抓住时机，加快转型，朝着高质量发展的方向迈进。

实现能源高质量发展，离不开习近平总书记提出的保障中国能源安全的"四个革命、一个合作"战略思想的指引，未来能源领域开展各项工作，制定实现路径均要以此为根本准绳。能源领域实现高质量发展，须满足三方面要求。一是必须以满足人民对美好生活的需要为根本出发点。随着经济转向高质量发展阶段，中国人均 GDP、居民消费能力将持续提高，人民的主要需求将从满足温饱全面升级为对美好生活的需要，对高品质能源服务的需求将越来越大，对其供应的可靠性、灵活性要求也会越来越高。能源领域须遵循这个大趋势，做到能源生产更加经济、高效，能源品质更加清洁、低碳，能源供应更加安全、可靠。二是必须将能源系统打造成清洁低碳、经济高效、安全可靠的现代能源系统。随着能源技术的发展，当前清洁能源的成本也在迅速降低，能源系统对光伏、风电等不稳定和间歇式能源的消纳能力也在增强，清洁低碳、经济高效和安全可靠这三方面已从矛盾的对立面逐渐转化为矛盾的统一体，高质量的能源系统必须兼具这些特征。三是必须以深化改革加快构建现代能源治理体系。中国能源管理与监管体制改革长期滞后于行业发展，管理分散、管理越位、监管缺位等现象依然存在。"十三五"期间国家制定了能源、电力、天然气、可再生能源、水电等多项规划，但各类电源之间、电源与电网之间仍存在许多需要统筹协调的问题，建立现代能源治理体系是实现能源高质量发展的必要条件。

一 2018年中国能源行业积极探索高质量发展

（一）持续推进能源消费革命，能源清洁高效利用程度稳步提升

单位 GDP 能耗、化石能源比重不断降低。经济新常态以来，中国能源

消费进入低速增长模式，2012～2017年年均增速仅2.5%，比2000～2012年低6.4个百分点。全国2017年能源消费总量为44.9亿吨标准煤，比2016年上升2.9%，万元国内生产总值能耗进一步降至0.54吨标准煤。预计2018年能源消费总量为46.4亿吨标准煤，比2017年增长3.4%，万元国内生产总值能耗同比下降3%，其中非化石能源和天然气比重分别达14.4%和7.7%，清洁能源比重继续稳步提升。

电力需求快速增长、消费结构持续优化。受夏季高温、电能替代、工业生产阶段性恢复、新兴产业中大数据中心和虚拟货币矿机的大量使用等多方面因素的共同作用，2018年前三季度全社会用电量同比增长8.9%。其中，第三产业、居民生活用电增速分别为13.5%和11.5%，较上年同期分别提高3个和4个百分点，对全社会用电增长的贡献率合计达42.4%，比上年同期提高8.2个百分点。汽车制造业、金属制品业、计算机通信设备制造业、通用设备制造业用电量增速分别为17.3%、13.9%、13.4%和10.4%，而传统的四大高耗能行业用电增速相对较低，比重较上年同期下降0.5个百分点。前三季度全国累计完成电能替代量1216亿千瓦时，电能替代助推终端用能结构持续优化，上拉用电增速2.6个百分点。新兴产业和装备制造业用电增速持续高于制造业用电增速。但考虑到第四季度以来经济下行压力显现，第四季度GDP增速降至6.4%及上年底基数较高等因素影响，预计用电增速将有较大幅度下调，全年全社会用电量6.96万亿千瓦时，同比增长7.7%。

清洁煤发展和油品质量升级持续推进，加快传统能源清洁化利用。随着大型煤炭基地产能置换、煤炭深加工示范项目、矿区总体规划等方案的批复和落实，煤炭开发进一步向资源条件好、生产成本低的地区转移，煤电机组节能改造和超低碳排放改造"提速扩围"，电煤占煤炭消费总量的比重已超过53%。根据国家标准化委员会发布的《普通柴油》（GB252－2015）要求，2017年起中国全面供应硫含量不大于10ppm的普通柴油，同时停止国内销售硫含量大于10ppm的普通柴油。在《京津冀及周边地区2017年大气污染防治工作方案》的指引下，包括北京、天津及河北、山东、山西、河南等地在内的"2＋26"城市区域已持续一年以上全部供应符合国六标准的车用汽柴油，取得较好的实施效果。

新能源汽车、能源互联网、多能互补等能源利用新业态快速发展。近几年新能源汽车及上下游产业呈现快速发展态势，对传统燃油车的替代速度超过预期。预计 2018 年新能源汽车市场需求超过 100 万辆，全国公共充电桩建设运营数量累计超过 30 万个，新能源汽车产业发展已进入从导入期向成长期过渡的关键阶段；国内的电动汽车也普遍由燃油车改装转向平台式、轻量化的正向设计，电动化、轻量化、信息化水平明显提高，电池的能量密度提高了近一倍。

（二）持续推进能源供给革命，能源清洁化供应能力稳步提高

煤炭煤电去产能进展顺利。国务院出台的《关于煤炭行业化解过剩产能实现脱困发展的意见》（国发〔2016〕7 号），以供给侧结构性改革为主线，大力推动煤炭行业去产能，并随后相继推动了系列配套政策措施，各地方政府也出台了相应的煤炭行业去产能政策措施。2016 年、2017 年分别去产能 2.9 亿吨和 2.5 亿吨，2018 年前 8 个月累计化解煤炭过剩产能约 1 亿吨，三年合计去产能近 6.5 亿吨，已提前完成五年任务三年"大头落地"的目标，煤炭市场严重过剩的局面得到有效遏制。国内煤炭开发布局加速向晋陕蒙等资源禀赋好、竞争能力强的地区集中。同时，化解煤电过剩产能工作在全国深入推进。根据国家发展改革委等 6 部门发布的《关于做好 2018 年重点领域化解过剩产能工作的通知》，淘汰关停不达标的 30 万千瓦以下煤电机组，2018 年全国计划淘汰关停 400 万千瓦煤电落后产能，预计将提前完成"十三五"淘汰关停落后煤电机组的目标任务。2018 年前三季度，全国新增煤电装机同比减少近四成。

可再生能源发展稳中提质。发电装机结构持续优化，截至 2018 年第三季度，中国可再生能源发电装机达 7.06 亿千瓦，同比增长 12%，占发电总装机约 36.4%，其中水电、风电、光伏和生物质发电装机分别为 3.48 亿千瓦、1.76 亿千瓦、1.65 亿千瓦和 1691 万千瓦，水电、风电、太阳能发电装机和核电在建规模稳居世界第一。清洁能源发电量同比增长 8.9%，高于火

电增速 2 个百分点。同时，2018 年以来加大力度解决清洁能源消纳问题，加强可再生能源电力建设和并网运行监管，光伏和风电消纳形势持续好转，实现弃电量和弃电率"双降"，清洁能源消纳问题明显缓解。2018 年 1～6 月，全国弃风电量 182 亿千瓦时，同比减少 53 亿千瓦时，弃风率 8.7%，同比下降 5 个百分点；弃光电量 30 亿千瓦时，同比减少 7 亿千瓦时，弃光率 3.6%，同比下降 3.2 个百分点。

天然气产供储销体系建设稳步推进。吸取 2017 年中国出现阶段性区域性天然气供需紧张状况的教训，2018 年天然气产供储销体系建设全面提速。"全国一张网"有序推进，青宁输气管道得到核准，中俄东线天然气管道北段工程等正加快建设、中段工程等项目前期工作积极推进。2018 年将建成 3 座 LNG 接收站，分别是中国石化天津南港 LNG 接收站（接收能力 300 万吨/年）、新奥舟山 LNG 接收站（接收能力 300 万吨/年）和中国海油深圳迭福 LNG 接收站（接收能力 400 万吨/年）。地下储气库工作气量有望从 77 亿立方米增至 90 亿立方米。但因近两年需求增长恢复的速度快于生产，2018 年冬季供需仍会是紧平衡。目前来看，1～9 月天然气产量为 1156 亿立方米，同比增长 6.2%，天然气进口量为 890 亿立方米，同比增长 37%。

（三）能源新技术、新业态快速发展，能源科技革命正在创造新动能

技术装备水平大幅提升。近年来中国各领域能源新技术不断取得突破。在油气勘探和应用领域，创新发展了古老海相碳酸盐岩油气成藏理论和储层预测技术，在四川盆地发现安岳、元坝等万亿立方米的大气田；深层油气聚集理论和地震成像、钻井技术取得重大突破，在库车勒形成万亿立方米规模大气区；初步形成具有自主知识产权的南海深水油气开发工程技术体系，2018 年南海首个深水自营千亿方级大气田陵水 17-2 气田正式开发建设。安徽省有关机构在 100kW 级、1MW 级和 4MW 级微小型燃气轮机产品方面的多项关键技术取得突破，填补了燃气轮机制造业的又一空白。在煤炭开采和利用领域，煤炭开采技术不断进步，智能化综采成套装备、全断面矩形快

速掘进机、矿用全断面硬岩掘进机等技术装备取得突破，煤矿采煤和掘进机械化程度进一步提升。燃煤发电效率持续提高，供电煤耗最低达 266 克标准煤/千瓦时。煤制油气领域形成了具有自主知识产权的煤气化、煤液化等成套工艺技术，装备国产化率达 98%。在核能与新能源领域，以 CAP1400、"华龙一号"和高温气冷堆为标志，逐渐掌握了安全先进核能技术自主知识产权和核心制造能力，核电技术正进入世界先进行列。大容量海上风电机组及关键部件国产化工作取得重大进展，光伏组件发电效率不断提高，生产成本持续下降。高能量密度电池材料取得积极进展，磷酸铁锂单体能量密度达 200Wh/kg，三元材料单体能量密度已达 260Wh/kg 以上。

能源新模式新业态不断涌现。2016 年国家发展改革委、能源局及工信部联合下发《关于推进"互联网＋"智慧能源发展的指导意见》以来，相关主管部门组织实施了 55 个能源互联网试点示范项目、23 个多能互补集成优化示范工程、28 个新能源微电网示范项目。依托这些示范，在能源基础设施智能化、能源与大数据深度融合、多能协同互补系统、储能和电动汽车应用、智慧用能与增值服务方面进行了卓有成效的探索，部分领域取得明显突破。

地热能产业已显现雏形。近年来，中国地热能勘探、开发及利用技术持续创新，地热能装备水平不断提高。2017 年中国地源热泵装机容量已达 2 万兆瓦，位居世界第一，年利用浅层地热能折合 1900 万吨标准煤，实现供暖（制冷）建筑面积超过 5 亿平方米；全国水热型地热能供暖建筑面积超过 1.5 亿平方米，其中山东、河北、河南增长较快；中国地热能发电装机容量达 27 兆瓦左右，排名世界第 18 位。此外，地热能勘探开发利用装备较快发展，中国拥有世界先进的二维地震、三维地震、时频电磁、大地电磁、重磁等装备。热泵装备方面，目前中国已是地源热泵生产与消费大国，国产成套设备生产水平日益提高，国产设备占据了大部分国内市场。

（四）能源体制机制改革深入推进，能源高质量发展的软环境正在形成

加速推进天然气产供储销体系建设。2017 年 5 月国家出台的《关于深化石油天然气体制改革的若干意见》，明确了深化石油天然气体制改革的指导思想、基本原则、总体思路和主要任务。为推进各项改革任务落实到位，2018 年陆续出台了《关于全面加强生态环境保护　坚决打好污染防治攻坚战的意见》（中发〔2018〕17 号）、《关于印发打赢蓝天保卫战三年行动计划的通知》（国发〔2018〕22 号）和《关于促进天然气协调稳定发展的若干意见》（国发〔2018〕31 号）等文件，天然气产供储销体系建设进入新阶段。油气勘查开采体制、进出口管理体制、油气管网运营机制、下游竞争性环节改革、油气产品定价机制、国有油气企业改革、油气储备体系、油气安全环保体系八个方面的重点改革任务稳步推进。随着改革推进，上游"占而不勘、占而不采"的现象得到逐步缓解，中游管网运营成本高、彼此不连通的矛盾逐步得到解决，中国油气体制改革正在取得关键性的突破。

电力体制改革稳步推进。自《关于进一步深化电力体制改革的若干意见》出台以来，全国电力体制改革取得积极成效。一是交易机构基本组建完成。2018 年，全国所有省份均建立了电力交易机构，其中云南、山西等 8 省（区）组建了股份制交易机构，北京、广州 2 个区域性电力交易中心也组建完成，成立了全国电力交易机构联盟，形成从省（区）到区域、从区域到全国的完整组织体系。二是输配电价改革持续扩大。在 2017 年实现省级电网输配电价改革全覆盖的基础上，2018 年陆续核定华北、东北、华东、华中、西北 5 大区域电网输电价格及 24 条跨省跨区专项输电工程输电价格，累计核减电网企业准许收入约 600 亿元。三是售电侧市场竞争机制初步建立。目前全国在电力交易机构注册的售电公司超过 3000 家，2018 上半年，全国电力市场交易电量累计 8024 亿千瓦时，同比增长 24.6%，占全社会用电量的 24.8%。

（五）国际合作取得新进展，开放条件下能源安全保障程度有所提高

能源基础设施互联互通不断加强。以"一带一路"能源合作为重点，能源基础设施互联互通进程加快，西北、东北、西南和海上四大油气进口战略通道不断巩固和完善，中俄东线天然气管道已开工建设，中俄原油管道二线工程全线贯通，中缅原油和天然气管道投入运营，陆上进口管道年输油、输气能力分别达 6000 万吨和 650 亿立方米。

能源技术装备"走出去"步伐加快。中巴经济走廊"规划—协议—项目"和"产业＋金融"能源合作成果显著，已开工建设 11 个电源项目、总装机 817 万千瓦。海外建设和运行核电机组 8 台，"华龙一号"核电技术成功实现出口，与 30 多个国家签署核能合作协议。特高压输电技术成功进入南美市场，电力装备年度出口规模超过 3400 万千瓦。

中国对外能源政策体系正在逐步形成。2013 年，随着"一带一路"倡议的提出，中国全球能源战略正式确立，中国的对外能源政策也在逐步形成。"一带一路"框架为国际能源合作搭建更为有效的对话平台，创造更加良好的国际合作环境，有助于开启更加包容的全球能源治理新模式。随着《"一带一路"建设能源合作规划》《"一带一路"能源合作愿景和行动》等政策的发布及 APEC 能源部长会议、G20 能源部长会议等系列重要活动的举行，中国在全球能源治理中的话语权和影响力不断提升。

二 2019 年能源行业仍将持续推进能源高质量发展

2019 年，面对趋于复杂的国际局势及经济增长的不确定因素，能源领域仍将砥砺前行，坚持向高质量发展转变，预计 2019 年全国能源消费将保持平稳增长，以电力为代表的高品质能源比重进一步提高，清洁能源比重稳步上升，能源科技和体制革命继续重点突破，能源转型持续推进。

（一）能源消费更加高效、绿色

"十三五"能源发展规划提出 2020 年能源消费总量控制在 50 亿吨标准煤以内。受经济增速继续惯性放缓、能源总量控制和环境污染治理的影响，预计 2019 年能源消费总量控制在 48 亿吨标准煤以内，年增速降至 2.6%，万元 GDP 能耗下降 3.5%，2016～2019 年单位 GDP 能耗累计下降 14.4%。

预计电力需求量仍将保持较快增长，2019 年电力需求 7.2 万亿千瓦时，较 2018 年增长 4%，发电用能占一次能源的比重达 44.7%，较 2018 年提高 0.6 个百分点。

一次能源分结构看，受宏观经济、环保政策、城市建设等多方面因素影响，中国天然气消费仍将保持较快增长，预计年增量达 350 亿立方米，2019 年消费量达 3050 亿立方米。尽管可再生能源补贴逐步退坡，但随着风电、光伏发电技术成本逐步下降，分布式能源系统的技术日益成熟，以及适于分布式能源发展的市场机制逐渐完善，非化石能源发电、供热的市场潜力逐步释放，预计 2019 年非化石能源需求会延续前两年每年增加 4000 万吨标准煤左右的势头，超过 7 亿吨标准煤。天然气、非化石能源占一次能源消费比重分别达 8.5% 和 14.7%。

（二）清洁能源供应保障能力稳步提升

2019 年中国能源行业将继续聚焦绿色发展，大力提升能源清洁化发展水平。按照国家发展改革委、能源局发布的《解决弃水弃风弃光问题实施方案》等措施，全国各省区市将持续加大力度改善可再生能源消纳工作，加强可再生能源电力建设和并网运行监管，保持可再生能源平稳有序发展，推动弃水弃风弃光电量和限电比例持续下降。根据国家能源局发布的《清洁能源消纳行动计划（2018—2020 年）》征求意见稿，2019 年全国平均弃风率将控制在 8% 左右、弃光率低于 5%，全国水能利用率达 95% 以上，全国核能利用小时数也将同比增加。

有效落实《关于促进天然气协调稳定发展的若干意见》，加快推进天然气产供储销体系建设，推动国有油气企业加大勘探开发力度，保障天然气增储上产，制定上游资源"占而不勘、占而不采"的管理办法，力争在 2019 年实现天然气产量达 1700 亿立方米，2020 年再接再厉确保达 2070 亿立方米的规划目标。建立以地下储气库和沿海 LNG 接收站为主、重点地区内陆集约规模化 LNG 储罐为辅、管网互联互通为支撑的多层次储气系统，加快推进多层次储气系统建设，预计 2019 年地下储气库工作气量达 110 亿立方米左右，建成 LNG 接收站 1000 万吨。

继续加快煤电机组改造，确保现役燃煤发电机组经改造平均供电煤耗低于每千瓦时 310 克标准煤，30 万千瓦级及具备条件的燃煤机组全部实现超低排放。不符合要求的 30 万千瓦以下煤电机组将持续淘汰关停。到"十三五"末，实现全国取消和推迟煤电建设项目约 1.5 亿千瓦，淘汰煤电落后产能 2000 万千瓦，煤电装机占比降至约 55% 的规划目标。

（三）能源科技坚持重点突破与长远布局并重

抓住新一轮能源科技革命的机遇，集中力量突破一批"卡脖子"的技术装备，如燃气轮机成套装备、深部及深海油气勘探开发、高密度动力电池、地热资源高效开发利用技术等，打通症结，保障清洁能源更快更好地开发利用。同时，超前部署一批战略性前沿技术，包括固态电池、氢能利用、天然气水合物开采、干热岩开发利用、第四代核电等关键技术，力争在重要领域和关键环节率先实现技术突破，争取新一轮能源科技革命的主动权。

（四）继续深入推进能源体制革命

深化电力体制改革。在全国和省级两个层面加快普及电力交易平台，探索建立中长期电力市场化交易机制，推进电力辅助服务市场建设，积极稳妥推进电力现货市场建设试点。加快放开发用电计划，提高电力市场化交易比重，进一步降低企业用能成本。加快推进配售电改革，完善增量配电业务改革试点配套政策，进一步推动增量配电网向社会公平开放。建立健全有利于可再生能源发电上网消纳的价格和调度机制，逐步推行可再生能源电力配额考核和绿色证书交易机制。

加快推进油气体制改革。深化油气勘查开采管理体制改革，尽快出台相关细则和实施方案。严格执行油气勘查区块退出机制，全面实行区块竞争性出让，鼓励以市场化方式转让矿业权，完善矿业权转让、储量及价值评估等规则，建立完善油气地质资料公开和共享机制。推进管道运营机制改革，实现管道独立，推动天然气管网等基础设施向第三方市场主体公平开放。理顺居民用气门站价格方案，合理制定居民用气销售价格。推行季节性差价、可中断气价等差别化价格政策，促进削峰填谷。加强天然气输配环节价格监管，降低过高的省级区域内输配价格。

（五）持续深化国际能源合作

以"一带一路"沿线国家为重点，拓展能源国际合作，推动石油天然气多元化进口，巩固并完善西北、东北、西南和海上四大油气进口通道，共同维护油气运输通道安全。健全石油天然气的多元化海外供应体系，加强与重点油气出口国的多双边合作，稳定和增加进口油气的安全保障能力。依托上海石油天然气交易中心等机构，培育石油天然气现货和期货交易市场，为提高国际市场价格话语权奠定基础。

持续推进国际能源合作和构建国际能源治理新体系。深度参与现有国际能源治理机构的合作与改革。实施集"多层次的国际能源合作对象、多渠道的国际能源合作形式、多元化的国际能源合作方式、多领域的国际能源合作内容、多任务的国际能源合作进程"等于一体的国际能源合作战略，顺应全球能源格局的新变化，在促进全球能源向清洁低碳、经济高效、安全可靠方向的转型过程中，推动中国能源体系的高质量发展。持续寻求 G20 框架下支持协调全球能源治理和气候治理的新机制。推动 G20 将能源转型提到更加重要的位置，通过做出一系列声明和承诺及制定共同努力目标，推进国际社会实现低碳、绿色、安全的能源转型。

参考文献

［1］李伟：《夯实能源高质量发展的基础》，《新经济导刊》2018 年第 10 期。

［2］国家能源局：《国家能源局关于印发 2018 年能源工作指导意见的通知》（国能发规划〔2018〕22 号），http：//zfxxgk. nea. gov. cn/auto82/201803/t20180307_3125. htm。

［3］国家能源局石油天然气司、国务院发展研究中心资源与环境政策研究所、国土

资源部油气资源战略研究中心：《中国天然气发展报告（2018）》，石油工业出版社，2018。

[4] 自然资源部中国地质调查局、国家能源局新能源和可再生能源司、中国科学院科技战略咨询研究院、国务院发展研究中心资源与环境政策研究所：《中国地热能发展报告（2018）》，中国石化出版社，2018。

[5] 邹才能：《新时代能源革命与油公司转型战略》，《北京石油管理干部学院学报》2018 年第 4 期。

市 场 篇

Market Reports

B.6

2018年国际油价回顾与2019年石油市场展望

本书编写组*

摘　要： 2018年是石油市场极为复杂和动荡的一年，中美贸易摩擦、
伊核制裁、OPEC减产、新兴市场货币危机、地缘政治动荡
等诸多因素交织在一起，使得国际油价呈现大起大落、宽幅
震荡走势，均价显著高于前一年，Brent和WTI价格同比涨
幅均超过30%。展望下一年，预计2019年石油市场供需大
体平衡，但宏观环境总体偏弱，地缘政治也面临较大的不确
定性，初步预计，2019年Brent油价多数时间在55～75美
元/桶区间波动，WTI价格多数时间在45～65美元/桶区间波

---

* 执笔人：王佩，经济学博士，高级经济师，现任中国国际石油化工联合有限责任公司市场战
略部副总经理（主持工作）。

动，均价应低于 2018 年。从中长期来看，未来 2~3 年，石
油的三重属性——政治属性、金融属性和商品属性很大程度
上仍将左右国际油价走势，结合宏观环境和市场基本面分析，
Brent 价格多数时间应在 60~80 美元/桶区间波动。

关键词： 国际油价　再平衡　伊核制裁　欧佩克减产　中美贸易摩擦

一　2018年国际油价回顾

（一）国际油价及基准油价差表现

2018 年，在全球贸易摩擦不断升级、美国加大对伊朗制裁、欧佩克产
量先降后升、美国原油产量再创新高等因素的共同作用下，国际油价总体呈
现大起大落、宽幅震荡走势（见图 1），全年呈现不对称的 M 型运行态势，
年均价较 2017 年大幅上涨。2018 年全年 Brent 均价为 71.69 美元/桶，同比
上涨 30.9%；全年 WTI 均价为 64.90 美元/桶，同比上涨 27.6%；全年普氏
Dubai 均价为 69.65 美元/桶，同比上涨 31.1%。从运行区间来看，2018 年
全年 Brent 价格多数时间运行区间为 55~80 美元/桶，全年最高点为 10 月 3
日的 86.29 美元/桶，全年最低点为 12 月 24 日的 50.47 美元/桶。

从价格结构来看，在全球石油供应抽紧、石油市场加速去库存的背景
下，2018 年前三季度主要基准油多数时间表现为前高后低的 Backwardation
结构，其中 Dubai 表现最强，全年基本都表现为深度的 Backwardation 结构，
7~8 月在库欣库存连续下降的支撑下，WTI 也表现为非常深的
Backwardation 结构，首次行价差一度拉宽至 2.5 美元/桶。第四季度以后，
随着 OPEC 增产、石油市场供应增加，Brent 和 WTI 结构趋弱，价格结构逐
渐由前高后低的 Backwardation 结构转为前低后高的 Contango 结构。

从主要基准油价差来看，2018 年 WTI/Brent 平均价差为 -6.79 美元/

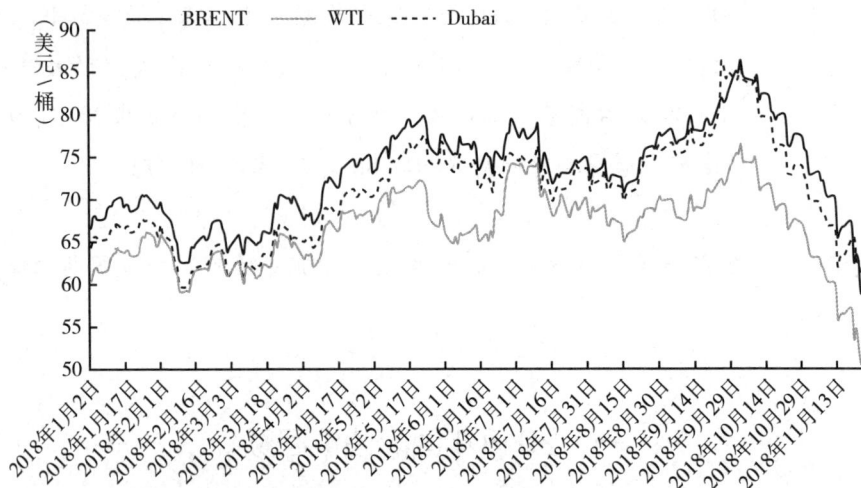

图 1　2018 年主要基准油价走势

数据来源：路透，UNIPEC Research & Strategy（URS）。

桶，同比拉宽 2.9 美元/桶，全年波动幅度加剧（见图 2），年中年底有相当一段时间在两位数左右徘徊，主要原因是美国原油产量快速增长和页岩油主产区 Permian 管输瓶颈对 WTI 价格构成压力，而 OPEC 减产、北海油田检修则对 Brent 价格构成较强支撑。此外，2018 年以来，轻重质价差剧烈波动，全年 DTD Brent/Dubai 平均价差为 1.6 美元/桶，较上年同期拉宽 0.47 美元/桶。下半年特别是四季度以来，伊朗原油出口量下降，中东原油供应趋紧，加之委内瑞拉产量削减、墨西哥原油产量下降，对中重质资源构成显著支撑；而与之相对，美国页岩油产量大增、利比亚复产等大幅增加了轻质资源供应，使得轻质资源承压，轻重质价差一度出现倒挂情况。

（二）2018 年石油市场主要特点

1. 石油市场提前实现再平衡

自从 2014 年下半年国际油价下跌以后，石油市场何时能够实现新的平衡成为全行业最为关心的话题。其间，OECD 石油库存一度攀升至 31 亿桶

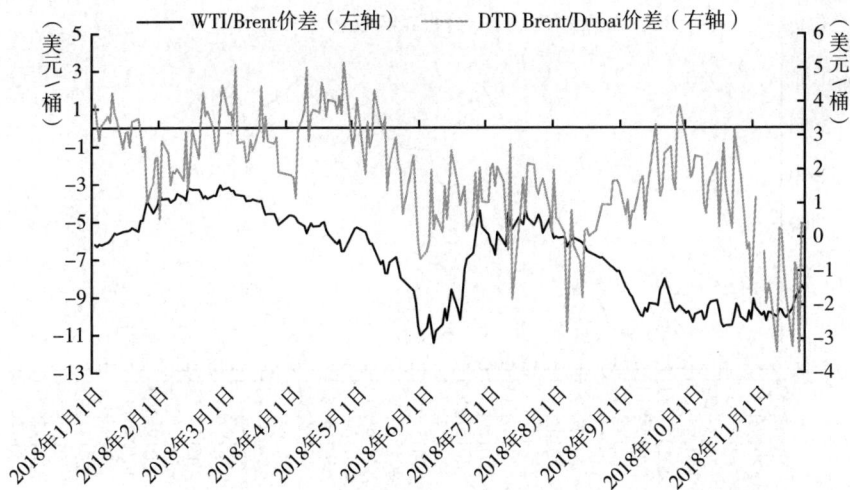

图2 2018年主要基准油价差

数据来源：路透，UNIPEC Research & Strategy（URS）。

的最高水平，较正常水平高出2.2亿桶（见图3）。在OPEC和非OPEC国家共同减产的推动下，2017年以来全球石油库存稳步下降，2018年石油市场顺利实现四年来的首次再平衡。据国际能源署（IEA）统计，2018年3月底，OECD商业石油库存降至28.2亿桶，较过去五年均值低570万桶，为四年来首次低于五年均值，提前3~6个月实现再平衡，早于市场预期，成为全年支撑油价总体上涨的主要因素之一。

2. 石油需求增长趋缓，石油供应主导国际油价走势

2018年全球石油需求增长开局良好，但随着中美贸易摩擦不断升温、新兴经济体货币危机蔓延、世界经济增长放缓等，全球石油需求增长趋缓。5月份以来，IEA将2018年全球石油需求增量由150万桶/日下调至130万桶/日，主要国家如美国、中国的石油需求都出现了不同程度的下降。此外，从全年来看，2018年多数时间供应面在主导国际油价。上半年，OPEC参与减产的11个国家减产履约率高达151%，非OPEC参与减产的5个国家减产履约率为70%，推动全球供应面逐步收紧，支撑国际油价攀升。下半年，OPEC与非OPEC主要国家开始增产，沙特原油产量创

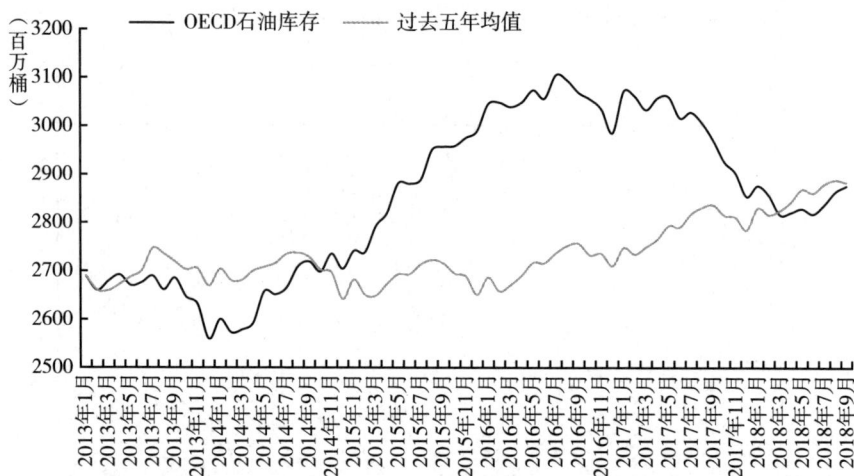

图3　OECD商业石油库存与过去五年均值对比

数据来源：IEA，UNIPEC Research & Strategy（URS）。

下 1120 万桶/日的历史新高，俄罗斯原油产量创下 1140 万桶/日的历史新高，美国原油产量也创下了 1170 万桶/日的历史新高，较上年同期大增 200 万桶/日左右，加之美国给予 8 个国家和地区进口伊朗原油临时豁免权，推动国际油价从高位大幅回落，Brent 油价从最高点一路跌破 60 美元/桶，并创下全年新低。

3. 地缘政治事件频发，不稳定不确定因素增多

2018 年，全球地缘政治动荡局势加剧，不稳定不确定因素显著增多，并且对国际油价产生了较大影响。3 月份，美国掀起全球范围内的贸易战，尤其与中国的贸易摩擦不断升级，中美两国互征两轮关税，对两国经济和投资者情绪构成一定打压。4 月 14 日，美、英、法空袭叙利亚首都大马士革，引发中东地区紧张局势升温，推动国际油价上涨；5 月 8 日，美国总统特朗普宣布退出伊核协议，并敦促各国将伊朗原油进口量降至零，支撑第二、第三季度国际油价快速上涨，并推动 Brent 价格在 10 月 3 日一度创下 86.29 美元/桶的全年最高点；但 11 月初，美国宣布给予中国等 8 个国家和地区进口伊朗原油临时豁免权，远超市场预期，引发国际油价快速下跌。此外，委内

瑞拉国内危机加剧，原油产量持续下滑至30多年来的历史最低水平；利比亚供应先降后升，第四季度产量重回130万桶/日的四年最高水平，大幅增加了大西洋盆地供应，也对国际油价尤其是Brent价格构成较大压力。

4. 基金持仓大幅波动，油价波动率显著提升

2018年以来，在前三个季度基准原油Backwardation结构的支持下，大量的指数基金、养老基金和保险基金进入油市获取展期收益，推动基金净持仓规模大幅攀升（见图4），其中基金持ICE Brent净多头寸连续11个月超过40万张，其间一度攀升至61万张的历史最高水平；基金持NYMEX WTI净多头寸连续6个月超过30万张，远超过去三年20万张的平均水平，其间一度达到48万张的历史最高水平。4月份以后，基金持仓规模有所下降，但仍然维持在较高水平；10月份以后，伴随着基准油转为Contango结构，基金大幅砍仓，ICE Brent净多头寸大幅削减至15万张，NYMEX WTI净多头寸大幅削减至10万张，均创下一年多来的最低水平。

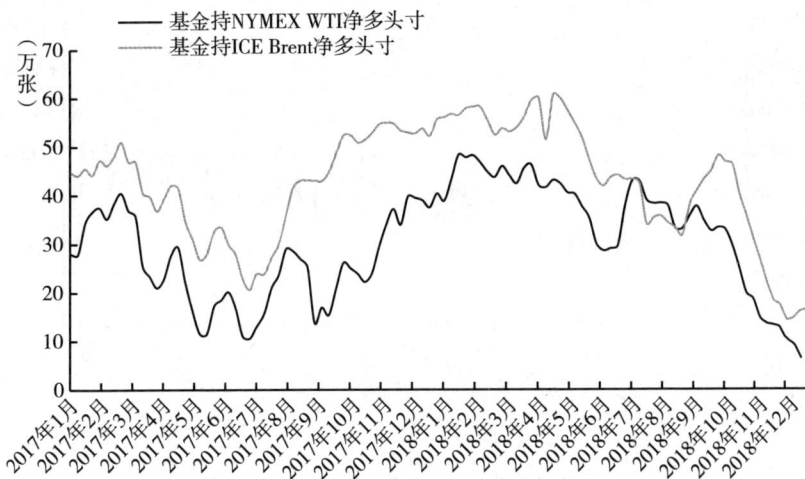

图4 基金持NYMEX WTI和ICE Brent净多头寸变动

数据来源：CFTC, ICE, UNIPEC Research & Strategy（URS）。

从成交规模来看，2018年Brent原油期货日均成交量维持在87万张的较高水平；WTI原油期货日均成交量为122万张左右，再创历史最高水平，显示基准

原油期货交易十分活跃。在基金、掉期交易商以及生产商的共同参与下，2018年以来国际油价波动率显著提升，整体呈现大起大落、快涨快跌之势。

（三）上海原油期货走势情况

上海原油期货（SC）自2018年3月26日上市以来，总体运行平稳，交投较为活跃，成交量和持仓量继续攀升（见图5）。上市以来，上海原油期货成交量超过DME OMAN①，成为仅次于WTI和Brent的全球第三大原油期货。从成交与持仓情况来看，上海原油期货仍然集中在主力合约，主力合约成交量和持仓量占比都在90%以上。随着做市商制度引入，远月合约的成交与持仓量有所攀升。10月份以来，上海原油期货主力合约单边成交量稳定在15万~20万手，持仓量稳定在2万手左右。12月11日，SC1901成交量突破68万手，创上市以来新高。

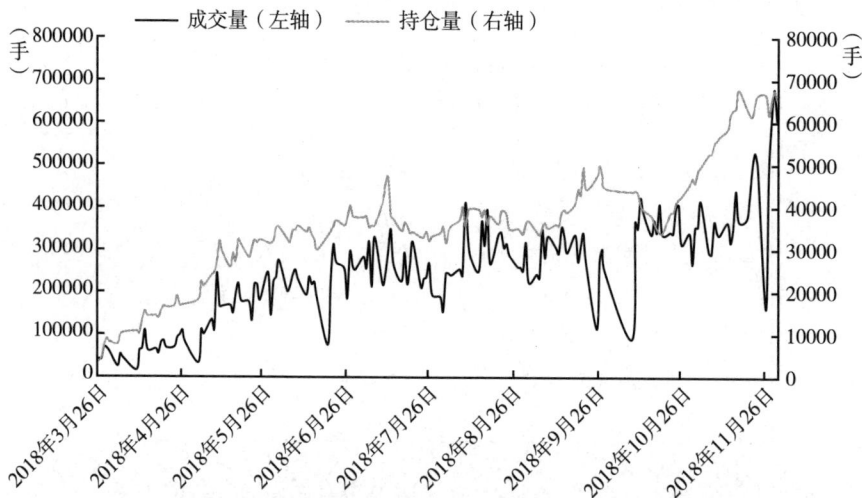

图5 上海原油期货主力合约双边成交量与持仓量走势

数据来源：路透，UNIPEC Research & Strategy（URS）。

---

① DME Oman 原油期货是 Dubai Mercantile Exchange（DME）2007年推出的 Oman 原油期货，是阿曼和迪拜原油官方售价（OSP）明确和唯一的基准，是中东原油出口至亚洲的价格风向标。

从价格走势来看，上海原油期货与国际基准油价特别是 Brent 价格走势保持了较高的联动性，二者相关性接近 80%，部分时段高达 90%，体现出国际市场的价格大趋势。在部分时段如人民币汇率大幅波动的情况下，上海原油期货也能有自身相对独立的行情走势，反映中国和亚太地区的供需关系。同时，上海原油期货与沥青等石化类期货品种之间存在较高相关性。

从交割情况来看，2018 年 9 月 7 日，上海原油期货首次交割顺利完成，打通了期货服务产业的"最后一公里"，实现了全流程闭环，为提升市场影响力奠定了坚实的基础。此外，我国国有石油公司积极参与上海原油期货交易，与壳牌等国际石油公司签署了首个以上海原油期货计价的实货供应长约，与国内地炼共同完成了国内首单以上海原油期货为计价基准的原油实货交易，推动上海原油期货真正落地。

二 2019年石油市场形势预判

（一）宏观面：2019年全球经济面临的风险、挑战和不确定性显著增加

展望 2019 年，全球经济面临的下行压力日益严峻，贸易紧张局势加剧及由此带来的不确定性上升继续打压投资者情绪，引发金融市场动荡，并导致投资和贸易减缓。近期国际货币基金组织（IMF）连续两次下调 2019 年全球经济增速，由此前的 3.9% 下调至 3.5%（见图 6），与 2018 年持平；世界银行则认为，2019 年全球经济增长率为 3.0%，低于 2018 年的 3.1%。从主要经济体来看，美国中期选举后，参众两院分归共和党和民主党，后期特朗普政府在推动基础设施建设、减税 2.0 等方面可能会受到一定掣肘，美国经济很大程度上将见顶回落，或由复苏转向滞涨，美股下跌和美债上涨的压力仍存。中国方面，经济增速继续回落，投资、消费和净出口"三驾马车"均出现放缓迹象，预计全年我国经济增长率为 6.2% ~ 6.3%。当前中美贸易摩擦尽管有所缓和，但后市仍存在一定的不确定性。此外，英国脱

欧、意大利债务问题、新兴经济体债务与货币危机等仍将困扰 2019 年的世界经济，欧洲经济增长仍然疲软，新兴经济体也难有明显起色。

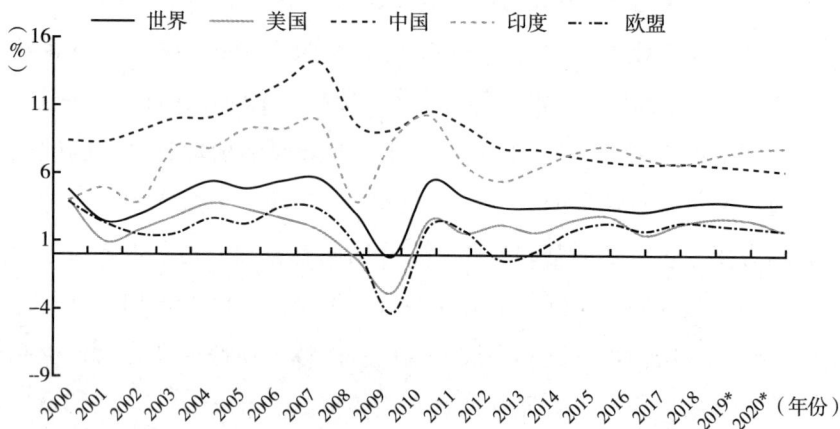

图 6　全球主要经济体 GDP 增长率

＊为预测值。

数据来源：IMF，UNIPEC Research & Strategy（URS）。

（二）供需基本面：2019年石油市场供需基本平衡

从需求来看，受金融市场动荡、宏观经济增长放缓等影响，预计 2019 年全球石油需求增量为 120 万桶/日左右（见图 7），低于 2018 年的 130 万桶/日，但仍然持平于过去 20 多年的平均水平。分国家来看，美国、中国、印度等国将继续拉动石油需求增长，但受减税和基建边际效应下降影响，2019 年美国石油需求增长或转弱，需求增量放缓至 25 万桶/日，由 2018 年的强劲增长转为温和增长；中国受经济增长放缓和替代能源影响，石油需求增长进一步放缓至 33 万桶/日，尤其值得关注的是，2019 年我国多个省区市将推广使用乙醇汽油，或对汽油需求形成进一步抑制；印度石油需求则有望延续此前的快速增长势头，全年需求增长预计为 20 万桶/日。分品种看，2019 年全球成品油需求将继续呈现"柴强汽弱"态势，受中、印、美等国基建拉动以及 2020 年 IMO 船燃新规临近的影响，预计 2019 年全球柴油需求仍然较为强劲,预计同比增加 53 万桶/日,仍然是全球成品油市场中需求量最大的油品;汽油需求则受经济增长边际放缓、油价高企及新能源汽车替代继续呈低速增长趋势,增量放缓至 21 万桶/日。

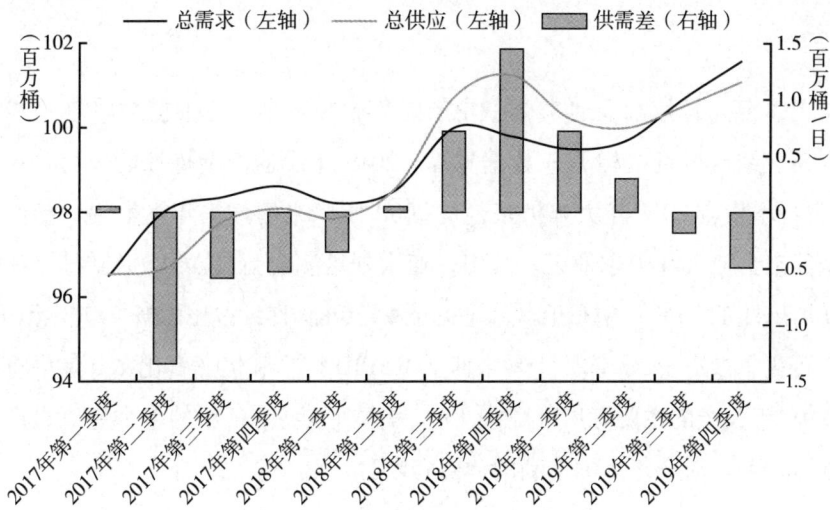

图7　2019 年全球供需变化情况

数据来源:IEA,UNIPEC Research & Strategy(URS)。

从供应来看,2019 年石油市场供应有望继续保持增长,基本可满足需求增量(见图7),但不确定性较多。预计 2019 年全球石油供应增量为 120 万桶/日,其中原油供应增长 90 万桶/日,天然气液(NGLs)和凝析油等增长30 万桶/日。具体而言,一方面,OPEC 和非 OPEC 产油国达成新的减产协议,将在 2019 年上半年减产 120 万桶/日,其中 OPEC 减产 80 万桶/日,非 OPEC减产 40 万桶/日,减产协议持续 180 天,下半年产量政策仍存在较大不确定性,与此同时伊朗制裁豁免 180 天过渡期结束后供应面临较大不确定性。此外,美国对委内瑞拉实施制裁、尼日利亚总统大选、沙特与利比亚油田中断,也使得全球供应面临的不确定性增加。另一方面,2019 年下半年,连接页岩油主产区 Permian 区块和墨西哥湾的多条新管线将投产,合计运输能力高达200 万桶/日,将极大地缓解该地区运输瓶颈,推动美国页岩油产量继续保持快速增长态势,并成为拉动全球供应增长的主要力量。此外,巴西、中国、安哥拉等国产量有望小幅增加；委内瑞拉、墨西哥、加拿大或呈下降趋势，伊朗、尼日利亚、利比亚等国产量和出口则存在较大不确定性。

（三）炼油毛利：炼能集中投产和 IMO 新规临近对炼油业影响深远

2019 年全球炼油业迎来新一轮产能集中投产期，炼油能力将进一步加速增长。结合咨询机构 Pira 数据测算，2019 年全球新增炼油能力为 214 万桶/日，增量较 2018 年大幅扩张，是 2000 年以来的最大年度增幅，新增炼能全部来自亚太和中东地区。其中，亚太地区新增炼能 160 万桶/日，占全球新增炼能的 75%；中东地区新增炼能 54 万桶/日，占比 25%。大连恒力、浙江石化、沙特 Jazan 炼厂、马来西亚 RAPID 炼厂和恒逸石化文莱炼厂将成为 2019 年投产的主要炼厂（见表 1）。考虑到这些炼厂中的多个炼厂投产时间推迟，预计对全年炼油毛利的冲击有限。

表 1 2019 年全球主要新建和扩建炼油项目

国家	炼厂	新增/扩能	投产时间
中国	恒力石化	新增 40 万桶/日	2019 年第一季度
	浙江石化一期	新增 40 万桶/日	2019 年第三季度
	中石化中科一体化项目	新增 20 万桶/日	2019 年第四季度
	山东广悦石化	新增 7.2 万桶/日	不确定
	山东尚能石化	扩能 3 万桶/日	不确定
	山东盛星石化	扩能 4 万桶/日	不确定
马来西亚	RAPID 炼厂	新增 30 万桶/日	2019 年第二季度
文莱	恒逸石化 Pulau Muara Besar 炼厂	新增 16 万桶/日	2019 年 5 月
伊拉克	Shuaiba 炼厂	扩能 6.5 万桶/日	2019 年 3 月
沙特	Jazan 炼厂	新建 40 万桶/日	2019 年第四季度
阿联酋	Jebel Ali 炼厂	扩能 7 万桶/日	2019 年第四季度

数据来源：路透社、Pira、FGE、UNIPEC Research & Strategy（URS）。

此外，备受关注的 IMO 船燃新规临近，也将对全球炼油业产生深远影响。国际海事组织（IMO）规定自 2020 年 1 月 1 日起，全球范围内将实施船用燃料硫含量不得高于0.5%的标准。船用燃料规格调整是近十年来影响全球炼油业最重要的事件,为了满足大量新增低硫燃料油和中间馏分油需求,全球炼厂需要做出提高加工量、新增二次装置、调整产品收率、调整原油结构等多重举措,有望对炼油加工收益构成支撑,尤其柴油和低硫燃料油需求将快速增长,有望对中间馏分油裂解价差以及低硫燃料油裂解价差构成较强支撑。

(四)石油贸易:全球石油贸易格局继续深刻调整

2019年全球石油贸易格局将继续调整,从原油贸易来看,伴随着中国、马来西亚、沙特等新一轮炼油能力投产,全球炼油业和石油贸易将加速东移。与此同时,伴随着管输瓶颈改善和出口基础设施改善,美国原油出口量有望迈上新台阶。根据IEA预测,2019年美国原油出口量或增至300万桶/日,进一步增加全球轻质低硫原油供应。此外,受减产协议影响,中东原油出口或有所下降,伊朗方面尽管有一定豁免,但美国对伊朗航运、保险和金融等领域的制裁仍在,伊朗原油出口总体趋降,加之委内瑞拉、加拿大等国产量下降,进一步抽紧全球中重质资源供应。值得关注的是,近年来,全球主要产油国、贸易商、国际石油公司越来越重视与终端用户的合作,通过合资合作等多种形式,纷纷在消费国争抢市场份额,使得全球原油贸易竞争越来越激烈。

从油品贸易来看,随着亚太新增炼力投产,2019年亚太区内成品油过剩的压力进一步加剧,加大跨区贸易成为必然趋势。2019年,全球成品油贸易增速仍有望超过原油贸易增速。此外,伴随着IMO 2020新规临近,全球油品贸易格局将面临一定调整,低硫燃料油和中质馏分油贸易将更加活跃,高硫燃料油贸易量将显著下滑。展望未来,油品质量升级和清洁能源使用将对全球成品油贸易产生深远影响,此外,全球化工需求旺盛也使得乙烷、丙烷等轻烃贸易更加活跃。

结合上述分析判断,2019年石油市场供需大体平衡,但宏观环境总体偏弱,地缘政治也面临较大的不确定性,初步预计,2019年Brent油价多数

时间在 55 ~ 75 美元/桶区间波动，WTI 价格多数时间在 45 ~ 65 美元/桶区间
波动，均价应低于 2018 年。

三 中长期国际油价走势分析

从中长期来看，未来 2 ~ 3 年，石油的三重属性——政治属性、金融属
性和商品属性很大程度上仍将左右国际油价走势。结合三重属性分析，我们
倾向于认为，未来几年国际油价维持一定的中高位波动区间是合适的，既能
够保障全球多数油田的生产运营，也不至于对终端消费者的需求构成打压，
如 Brent 价格为 60 ~ 80 美元/桶，WTI 价格为 50 ~ 70 美元/桶。

从政治属性来看，特朗普当政以来，其倡导的贸易保护主义以及"美
国优先"战略正在重塑国际政治经济格局。2018 年以来，美国、欧盟、日
本初步达成关税贸易同盟，美国、加拿大、墨西哥签订新的贸易协定，这对
传统以来 WTO 所主导的贸易格局和贸易秩序形成较大冲击，也令石油等大
宗商品贸易面临一定挑战。2019 ~ 2020 年，特朗普依然当政，2021 年后的
下一个任期连任可能性也比较高。当前美国既是全球最大的石油消费国，也
是全球最大的原油生产国，特朗普政府既要顾及 3 亿美国人民对油价的承受
能力，也要考虑页岩油生产商的利益。在"美国优先""能源优先"的政策
指导下，美国维持一个中间水平的油价区间应是合适的。

从金融属性来看，当前宏观环境恶化，全球经济面临的风险和挑战显著
增加，市场对十年一度金融危机的担忧再度升温。有投资者认为，2019 ~
2020 年发生新一轮金融危机的可能性大增，新一轮危机既可能来自新兴经
济体或欧洲债务危机的传导，也可能源自我国金融体系内部的风险聚集。当
前美国国债收益率持续上行，近期屡屡刷新 7 年最高水平，加之美联储仍位
于加息周期，后市美债收益率或继续上行，仍将对金融市场和大宗商品市场
构成压力。此外，新兴经济体的金融动荡和债务压力不容忽视，具有极高的
传染性，或引发一系列连锁反应。我国方面，地方政府和企业债务杠杆率远
超发达国家，房地产市场居民杠杆率接近日本和美国房地产泡沫时的水平，

部分学者称已逼近金融周期的顶部，很容易诱发金融危机。极端情况下，我国经济或经历 3～5 年的阵痛期，出现经济滑坡、失业率攀升、石油需求下降等现象，进而引发国际油价的新一轮下跌。

从商品属性来看，未来三年，天然气、电动车等替代能源以及共享经济等将继续对世界石油需求构成影响。此外，IMO 船燃新规对未来三年的石油市场和炼油业影响深远。规格调整后，全球将新增大量低硫燃料油、低硫船用柴油和中间馏分油需求。受此影响，2020 年石油需求除了正常增长外，还将额外增加一定数量的石油需求，从而对炼油毛利和国际油价形成支持。从供应侧来看，未来三年，美国页岩油革命仍将继续影响全球供应和贸易格局。EIA 预计，2018～2020 年，美国原油产量年均增长 145 万桶/日，到 2025 年产量累计增长 890 万桶/日。从资源本身来看，美国页岩油主产区 Permian 区块三分之二的未开采资源成本低于 60 美元/桶，技术发展可使开采成本再下降10%～20%。从基础设施来看，随着管输瓶颈解决，未来 2～3 年美国原油产量和出口量仍将呈现快速增长态势，有望大幅增加全球轻质低硫油的供应。

参考文献

［1］中国石油化工集团公司经济技术研究院等编《中国石油产业发展报告（2018）》，社会科学文献出版社，2018。

［2］IEA, *Oil Market Report*, 2018.

［4］PIRA, *World Oil Market Forecast*, 2018.

B.7
2018年全球石油需求现状与2019年展望

任　娜*

摘　要： 2018年，世界经济增长由全面复苏逐渐转向增速放缓，受此影响，全球石油需求增长有所放缓，但仍将保持133万桶/日的较好水平，美国成为拉动全球石油需求增长的重要引擎，成品油需求呈现"柴强汽弱"态势。2019年，世界经济增长面临诸多挑战和不确定性，预计全球石油需求增长进一步放缓至118万桶/日，其中，美国石油需求转弱，我国石油需求增速放缓。此外，IMO新规临近，支撑全球柴油需求仍然维持较好水平。从中长期来看，受燃料油效率提高、替代能源稳步增加以及共享经济发展等影响，预计全球石油需求或逐步达到峰值。

关键词： 贸易摩擦　石油需求　柴强汽弱　燃油效率

一　2018年全球石油需求依然较好

（一）2018年全球石油需求总体保持温和增长

2018年上半年，世界经济呈现良好复苏势头，下半年复苏动能逐渐减弱。3月份以来，美国在全球范围内掀起贸易战，冲击全球资本市场和

---

* 任娜，中国国际石油化工联合有限责任公司市场战略部业务员，经济学硕士，主要研究方向为国际石油市场趋势和"一带一路"。

实体经济，对全球贸易环境和能源市场产生了重要影响。与此同时，美元持续走强，新兴经济体货币对美元大幅贬值，引发市场对新兴经济体债务和货币问题的担忧。此外，美国国债收益率持续攀升，对投资者风险偏好产生较大影响，市场恐慌情绪加剧，全球主要股指大幅下挫。2018 年 10 月，国际货币基金组织（IMF）发布《世界经济展望报告》，将 2018 年全球经济增速预期下调 0.2 个百分点至 3.7%，为 2016 年 10 月以来的首次下调。

受投资者对宏观经济悲观情绪的影响，市场对全球石油需求增速放缓的担忧不断加剧。2018 年下半年以来，全球主要能源咨询机构纷纷下调了 2018 年全球石油需求增量预期。2018 年 12 月，国际能源署（IEA）预计 2018 年全球石油需求为 9915 万桶/日，同比增加 127 万桶/日，较年中预期下调 9 万桶/日；美国能源信息署（EIA）预计 2018 年全球石油需求为 10009 万桶/日，同比增加 154 万桶/日，较年中预期下调 26 万桶/日；欧佩克（OPEC）预计 2018 年全球石油需求为 9879 万桶/日，同比增加 150 万桶/日，较年中预期下调 15 万桶/日；能源咨询机构 Energy Aspects 预计 2018 年全球石油需求为 9955 万桶/日，同比增加 152 万桶/日，较年中预期下调 8 万桶/日；能源咨询机构 PIRA 预计 2018 年全球石油需求为 10120 万桶/日，同比增加 170 万桶/日，较年中预期下调 20 万桶/日。通过对宏观经济和石油市场基本面的分析，我们预计 2018 年全球石油需求为 9894 万桶/日，同比增加 133 万桶/日（见图1）。总体来看，2018 年全球石油需求增量较 2017 年有所减少，但仍然高于过去 20 年的平均水平。

（二）美国成为拉动全球石油需求增长的重要引擎

分地区来看，美国方面，受减税政策刺激和投资基建拉动，2018 年美国经济维持强劲增长，失业率创 49 年来最低水平，通货膨胀率保持在 2% 以内，预计全年美国经济增速达到 3.0%，创 2005 年以来的最高水平。在经济增长的推动下，2018 年美国石油需求总量为 2051 万桶/日，同比增加 56 万桶/日，占全球石油需求总量的 42%，成为拉动全球石油需求增长的重

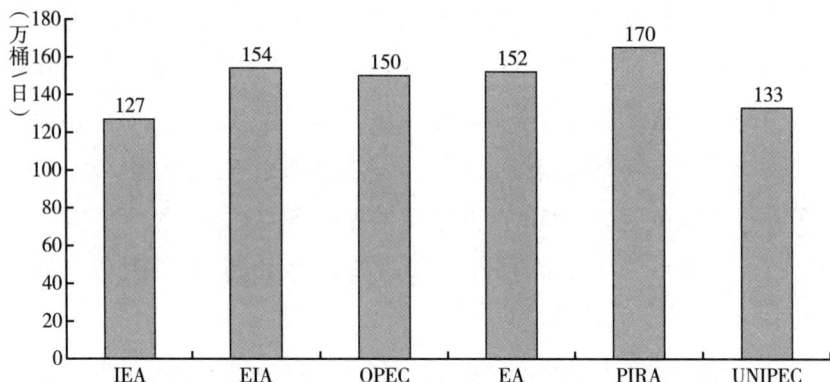

图1 2018年12月主要机构对2018年全球石油需求增量预期

数据来源：IEA、EIA、OPEC、EA、PIRA、Unipec Research & Strategy（URS）。

要引擎。值得注意的是，2018年美国乙烷乙烯需求同比大幅增加7万桶/日，成为石油需求增长的另一推动力量。

欧洲方面，受英国脱欧以及意大利债务风险带来的不确定性影响，欧元区经济景气指数和消费信心指数已连续回落，制造业PMI大幅下滑，就业和订单数增速放缓，加之欧洲央行缩减每月购债规模（QE），欧元区经济增速持续放缓，加之越来越严格的燃油排放标准的约束，2018年欧洲石油需求为1547万桶/日，同比减少4万桶/日，远远低于2017年的石油需求增量水平。分国家来看，受贸易环境恶化和国内汽车行业产出下降影响，"欧洲领头羊"德国第三季度GDP环比下降0.2%，出现2015年以来的首次萎缩，再加上燃油效率提高以及政府对汽车燃油的政策制约，2018年德国石油需求为237万桶/日，同比大幅减少22万桶/日。由于在解决北爱边境问题方面争执不下，英国脱欧谈判频频陷入僵局，与欧盟贸易关系的不确定性导致经济增速下滑、英镑贬值，2018年英国石油需求为161万桶/日，与2017年基本持平。2018年，法国劳动力市场改革导致罢工频发，在家庭消费能力回落的大背景下，法国经济增速放缓，2018年石油需求为172万桶/日，与2017年持平。此外，2018年意大利石油需求为138万桶/日，同比增加2万桶/日；西班牙石油需求为130万桶/日，同比增加2万桶/日。

2018年，亚太地区石油需求为3432万桶/日，同比增加62万桶/日，增速显著放缓。分国家来看，我国经济从高速增长转为中高速增长，汽车销量连续数月下滑，汽油消费回落明显，此外，我国和美国互征关税导致外部经济环境恶化，加之我国执行更加严格的机动车排放标准，2018年我国表观石油需求为1294万桶/日，同比增加67万桶/日，增幅较2017年减少3万桶/日。印度经济持续复苏，2018年10月印度政府下调汽油和柴油消费税，以缓解因汽柴油零售价格飙升给消费者带来的压力，2018年印度石油需求为453万桶/日，同比增加19万桶/日，增幅较2017年有所增加，但仍低于过去几年30万桶/日左右的增幅。韩国方面，近两年韩国政局丑闻频发导致韩国经济增速放缓，政府改革屡屡受阻，加之居民为享受国内运输燃油税减免优惠而推迟石油消费，2018年韩国石油需求为255万桶/日，同比减少2万桶/日。由于经济增长动能不足，2018年日本石油需求为337万桶/日，同比减少15万桶/日，为连续第六年下滑。此外，印度尼西亚将于2019年4月举行总统选举，为获取选民支持，印度尼西亚政府于2018年初开始控制燃油价格上涨，支撑石油需求，2018年印度尼西亚石油需求为161万桶/日，较2017年增加3万桶/日。

此外，由于国际油价上涨拉动国内财政收入，加之币值稳定且通货膨胀率较低，独联体地区石油需求有所回暖，2018年石油需求为425万桶/日，同比增加15万桶/日，其中，俄罗斯石油需求为345万桶/日，同比增加13万桶/日。2018年，中东地区石油需求为843万桶/日，同比下降8万桶/日，其中，沙特石油需求为295万桶/日，同比减少15万桶/日，主要原因是2018年沙特取消汽油和航空煤油价格补贴，并对国内石油制品加征5%的增值税，加之天然气发电替代了部分石油发电，对石油需求构成抑制。因经济增速放缓，巴西等新兴经济体货币贬值，2018年拉美地区石油需求为636万桶/日，同比减少9万桶/日。全球主要地区石油需求增量如图2所示。

（三）2018年全球成品油需求呈现"柴强汽弱"态势

受中国、印度、美国等国家基建拉动，全球制造业PMI继续维持高位，

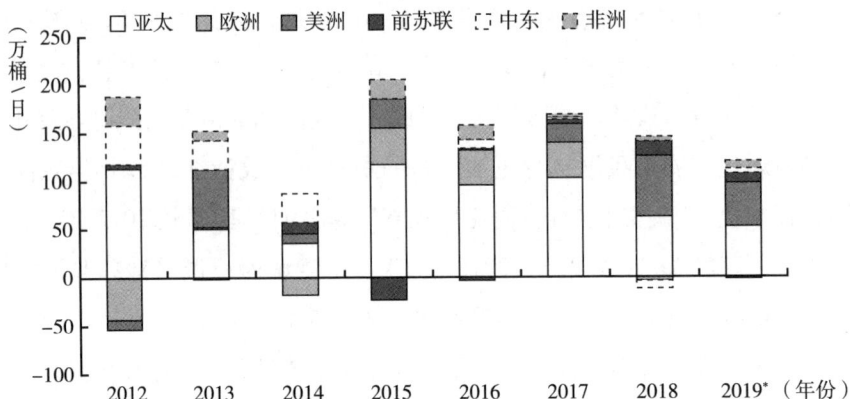

图2　全球主要地区石油需求增量

＊为预测值。

数据来源：IEA，Unipec Research & Strategy（URS）。

支撑柴油需求，加之部分地区实施新的燃料油排放标准，推高了调和船用柴油需求。2018年全球成品油需求呈现"柴强汽弱"态势。此外，在客运和货运增长的推动下，全球航煤需求仍保持较快增长。

具体而言，柴油方面，2018年全球柴油需求为2882万桶/日，同比增加50万桶/日，仍然保持较快增速（见图3）。由于电子商务和工业生产的快速发展，加之页岩油产区管输瓶颈限制推动卡车运输增加，支撑柴油需求，2018年美国馏分油需求为415万桶/日，同比增加21万桶/日，占到全球柴油需求增量的40%。受夏季高温干旱影响，德国莱茵河水位极低导致运力减半，此外，高温天气影响秋季农作物收成，农业用油需求下降，加之德国大众汽车"尾气门"事件导致柴油需求增长动力不足，2018年欧洲地区柴油需求为681万桶/日，与2017年持平。由于宏观经济不景气导致运输业和工业温和下行，2018年亚太地区柴油需求为956万桶/日，同比增加18万桶/日，增幅不及预期，其中，中国柴油表观需求为325万桶/日，同比大幅减少19万桶/日。受基建投资拉动影响，2018年印度柴油需求为170万桶/日，同比增加7万桶/日。

汽油方面，2018年全球汽油需求为2604万桶/日，同比增加23万桶/

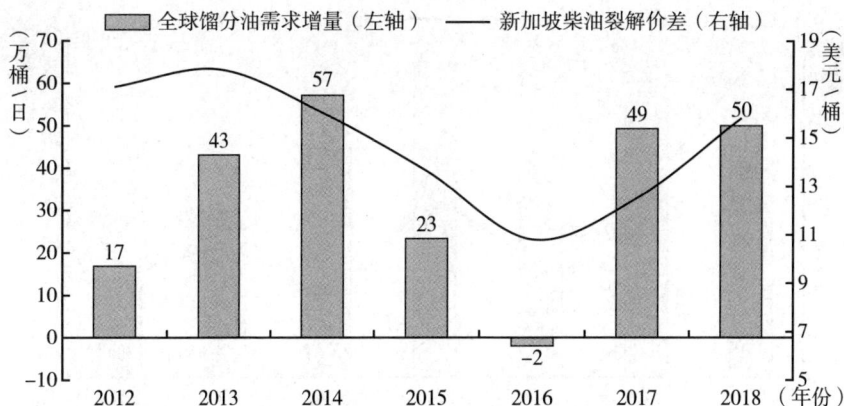

图 3 全球馏分油需求增量及新加坡柴油裂解价差

数据来源：IEA，路透，Unipec Research & Strategy（URS）。

日，增幅较 2017 年大幅减少（见图 4）。在 2018 年的大部分时间内，美国汽油零售价格随着国际原油价格上涨，驾驶季汽油零售价格一度触及 3 美元/加仑的红线，较高的费用支出导致美国汽油需求增量不及预期，2018 年美国汽油需求为 930 万桶/日，同比减少 2 万桶/日，为近六年以来的首次减少。此外，2018 年欧洲汽油需求为 203 万桶/日，与 2017 年持平，受莱茵河低水位影响，鹿特丹地区汽油库存高企，汽油裂解价差一度降至负值。亚太地区汽油需求也差强人意，我国乘用车销量增速下滑，连续数月出现负增长，2018 年我国汽油表观需求为 296 万桶/日，同比增长 9 万桶/日，增速为 3.2%，较过去几年大幅放缓。由于道路交通逐渐完善，汽车销量不断增加，2018 年印度汽油需求为 64 万桶/日，同比增加 5 万桶/日，延续往年增长态势。

航煤方面，受居民出行和航空运输增多推动，2018 年全球航煤需求为 777 万桶/日，同比增加 27 万桶/日，继续保持温和增长。分地区来看，由于人口数量众多、出行量大，2018 年亚太地区航煤需求为 279 万桶/日，同比增加 10 万桶/日，仍为全球最大的航煤消费地区，其中，我国航煤表观需求为 80 万桶/日，同比增加 9 万桶/日，为连续第十三年增长，成为拉动全

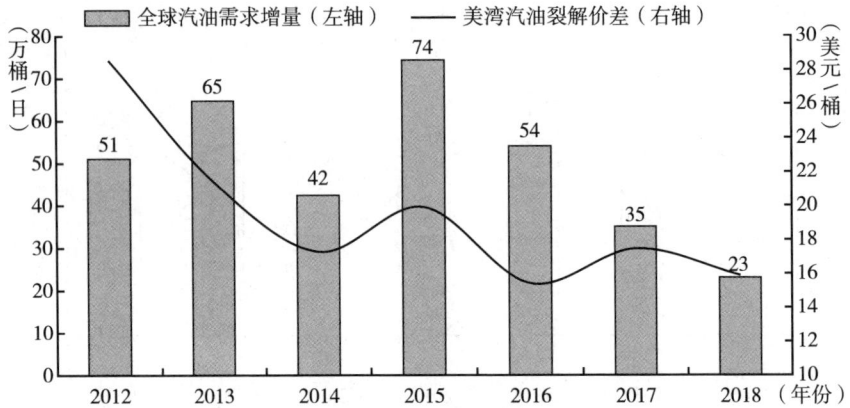

图4　全球汽油需求增量及美湾汽油裂解价差

数据来源：IEA，路透，Unipec Research & Strategy（URS）。

球航空运输需求增长的重要力量。美洲地区航煤需求为231万桶/日，同比增加6万桶/日，仍为世界第二大航煤消费地区，其中，美国航煤需求为170万桶/日，同比增加2万桶/日，为连续第六年增长。欧洲地区航煤需求为156万桶/日，同比上涨7万桶/日，为连续第六年增长。

二　2019年全球石油需求增长继续放缓

1. 2019年全球石油需求增长进一步放缓

2018年石油市场的关注点偏重于供应面，2019年市场关注焦点将逐步由供应面转向需求面与供应面并重。2019年全球经济增长面临诸多挑战与不确定性，尤其受金融市场动荡、贸易摩擦升温等影响，全球经济增长势头或将继续减弱。国际货币基金组织（IMF）和世界银行纷纷下调2019年全球经济增速预期，进一步增强了市场对全球经济增速放缓的担忧。从历史来看，自2000年以来，只有在2008年和2009年全球经济危机期间，全球石油需求出现负增长。我们预计，2019年全球石油需求为10012万桶/日，同比增加118万桶/日，为连续第二年增幅下滑（见图5）。

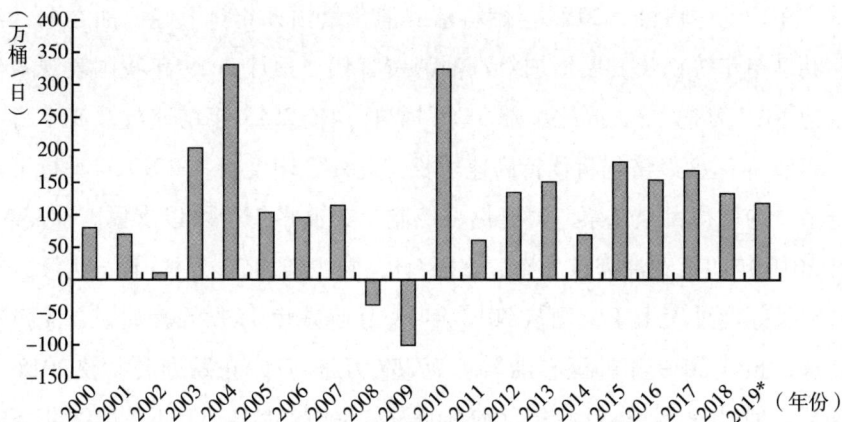

图5 全球石油需求增量

* 为预测值。

数据来源：IEA，Unipec Research & Strategy（URS）。

2. 美国石油需求转弱，我国石油需求增长放缓

2019年，随着特朗普减税边际效应减弱，新一轮基建投资存在不确定性，叠加中美贸易摩擦和美国政府财政赤字扩大，美国经济或将高位筑顶，但基本面总体健康。预计2019年美国石油需求为2076万桶/日，同比增加25万桶/日，较2018年增幅大幅减少，转为温和增长。

欧洲地区，2019年，意大利高负债、英国脱欧仍是欧洲经济面临的主要风险。考虑到欧洲央行或将在2019年退出QE，欧盟委员会不断下调对2019年欧元区经济增长的预期，预计2019年欧洲石油需求为1545万桶/日，同比减少2万桶/日，为连续第二年下滑。其中，2019年德国石油需求为235万桶/日，同比减少2万桶/日，降幅较2018年收窄；2019年英国石油需求为159万桶/日，同比减少2万桶/日；2019年法国石油需求为170万桶/日，同比减少2万桶/日。

亚太地区，中国方面，2019年，中华人民共和国成立70周年有关活动或将拉动下半年经济活动回升，但中美互征关税对外需的影响逐渐显现，加之国内经济供给侧结构性改革令我国经济继续承压，预计2019年我国经济增速放缓至6.3%，此外，2019年我国将在7个省区市及新疆、青海部分地

区推广车用乙醇汽油，2019 年燃料乙醇消费量预计 400 万吨，加之电动汽车、共享单车等稳步发展增加对汽油消费替代，预计 2019 年我国表观石油需求为 1327 万桶/日，同比增加 33 万桶/日，较 2018 年增速放缓 3 个百分点。2019 年印度经济仍将保持高速增长，此外，印度将在 2019 年举行下议院选举，为取得民众选票，政府仍将控制汽柴油零售价格以支撑石油需求，预计 2019 年印度石油需求为 473 万桶/日，同比增加 20 万桶/日，延续以往增长势头。此外，由于韩国从 2018 年 11 月起减免 15% 的燃油税，支撑石油需求，预计 2019 年韩国石油需求为 257 万桶/日，止跌回升，较 2018 年增加 1 万桶/日；预计 2019 年日本石油需求为 329 万桶/日，较 2018 年下降 8 万桶/日，延续往年跌势。

其他地区，随着经济逐步改善以及通货膨胀率降低，预计 2019 年独联体地区石油需求为 435 万桶/日，同比增加 10 万桶/日，其中，俄罗斯石油需求为 353 万桶/日，同比增加 8 万桶/日。随着巴西新总统博尔索纳罗重振巴西经济，带动石油需求，预计 2019 年拉美地区石油需求为 642 万桶/日，同比增加 6 万桶/日。此外，经济增长及工业活动增加支撑石油需求反弹，预计 2019 年中东地区石油需求为 848 万桶/日，同比增加 5 万桶/日。

3. IMO 新规临近，2019年全球成品油需求将继续呈现"柴强汽弱"态势

分品种看，2019 年全球成品油需求有望继续呈现"柴强汽弱"态势，随着国际海事组织（IMO）2020 年新规临近，运输市场或将提前进行准备，支撑中间馏分油需求，预计 2019 年全球柴油需求增长仍然较为强劲。受燃油效率提高及替代资源稳步发展影响，2019 年全球汽油需求继续呈现低速增长趋势。

具体而言，柴油方面，根据 IMO 2020 新规，自 2020 年起，全球范围内将开始实施船用燃料硫含量不得高于 0.5% 的排放标准，增加了对燃料油和中间馏分油调混的需求。预计 2019 年全球柴油需求为 2935 万桶/日，同比增加 53 万桶/日，柴油仍然是全球成品油市场中需求量最大的油品。分地区来看，2019 年美洲地区柴油需求为 779 万桶/日，同比增加 22 万桶/日，占

全球柴油需求增量的42%，仍为全球柴油需求增量最多的地区，但增幅较2018年减少；预计2019年亚太地区柴油需求为966万桶/日，仍为全球最大的柴油消费地区，同比增加10万桶/日，增速较2018年放缓，主要原因是中美贸易摩擦的负面影响逐渐显现，我国柴油需求将继续回落，但印度已经迈入高速增长轨道，柴油需求有望保持高速增长；此外，预计2019年欧洲地区柴油需求为691万桶/日，同比增加10万桶/日。

汽油方面，预计2019年全球汽油需求为2623万桶/日，同比增加19万桶/日，增长态势继续放缓。分地区来看，2019年美洲地区汽油需求为1301万桶/日，同比小幅增加1万桶/日；受替代资源影响，亚太地区汽油消费需求为724万桶/日，同比增加15万桶/日，增速继续回落；欧洲汽油需求保持稳定，预计2019年欧洲地区汽油需求为202万桶/日，与2018年基本持平。

航煤方面，在全球经济增速放缓的大背景下，全球航空客运和货运增速或出现一定下滑，预计2019年全球航煤需求为796万桶/日，同比增加19万桶/日，增幅较2018年下降。分地区来看，预计2019年美洲地区航煤需求为236万桶/日，同比增加5万桶/日，增幅小幅回落；亚太地区航煤需求为288万桶/日，同比增加9万桶/日，较2018年有所回落，其中，2019年由于中美贸易摩擦，我国航空运输将受到较大影响；欧洲地区航煤需求为158万桶/日，同比增加3万桶/日，航空业发展趋于饱和。

三　中长期石油需求面临一定挑战

从中长期来看，石油仍将是全球一次能源的重要组成部分，但随着全球环保意识增强、燃料油效率提高、共享交通工具增加以及替代能源快速发展，预计全球石油需求增速会逐步放缓。据IEA最新《世界能源展望报告》，2017年石油在一次能源消费中的比重为32%，2025年降至31%，2040年进一步下降至26%。分行业来看，2025年以前，交通运输仍将是石油最大的应用领域，占比约为44%。此外，由于经济发展对塑料等化工产品需求增多，石油化工产品需求将成为推动全球石油需求增长的重要力量，预计到2025年，石化产品需求将占全球石油需求的20%。

　　具体而言，天然气、燃料乙醇、煤制油、生物柴油、电动车等替代能源和产品都会对石油需求产生较大冲击，这其中影响最大的应是电动车革命。目前，各界已形成共识，全球电动车行业具备较大发展潜力，预计2025～2028年世界将迎来电动车产业的实质性拐点，未来一旦突破技术和成本瓶颈，电动车将呈现爆发式增长态势。从政策层面来看，世界多个发达国家推出了禁售燃油车时间表，其中2025年荷兰、挪威禁止销售纯燃油车；2030年德国禁止销售纯燃油车；2040年英国、法国禁止销售纯燃油车；我国政府设定了2020年新能源汽车累计产销超过500万辆的目标，2025年电动车销量至少要占到汽车销售总量的20%，2030年进一步提高至40%；印度政府智库则提出，到2032年，印度应该实现全部电动汽车化，届时印度将不再出售燃油车，这些都将对传统石油需求构成压力。

　　燃油效率提升和共享经济也将加速石油需求峰值到来。20世纪至今，随着技术进步和环保要求趋严，全球燃料效率不断提升。在美国，客车的平均燃油效率从1970年的16英里/加仑提高到2005年的24英里/加仑，2011年，奥巴马政府规定，到2025年将全美燃油效率提高一倍至50英里/加仑；在欧洲，燃料效率已接近36英里/加仑。此外，2016年以来，共享经济在我国以及世界其他国家呈现井喷式增长，共享单车、共享汽车、共享电动车等如雨后春笋般出现，极大地改变了传统商业模式，也对石油需求产生了一定冲击，中长期石油需求将面临一定挑战。

B.8
我国成品油市场供需现状及展望

张少华　王顺江[*]

摘　要： 近年来，受经济结构调整、出行方式转变、油品质量升级、安全环保政策实施等多种因素影响，我国成品油消费结构正在发生变化，并且呈现新的特点。总体来看，国内成品油消费增速已经从"十一五""十二五"时期的高速增长区间逐渐回落至中低速增长区间。但内在结构有所不同，其中受汽车化社会继续普及的拉动，汽油消费总体保持增长但增速回落；因过剩产能淘汰、环保策略实施，柴油消费已连续多年持续低增长甚至负增长；国民收入提高和物流快递业发展拉动航空客货运快速增长，航煤消费保持较快增速。展望未来，发展电动车成为国家战略，蓝天保卫战上升到民生的高度，运输结构调整加速，成品油消费进入平台期，汽柴油增速继续回落，供过于求加剧，行业利润进一步收窄。同时，"互联网＋"方兴未艾，倒逼传统行业加快自我革新，并将呈现跨界融合、油非一体、多元营销的新特点，油气电氢等能源供应多元化也将催生新的业态，加油站有望成为新营销新体验智能服务的全新场所。

关键词： 成品油　市场供需　质量升级

* 张少华，现任中国石化销售股份有限公司运行处处长，主要研究方向为国内成品油需求及销售等；王顺江，现任中国石化销售股份有限公司副总经理。

一 2018年国内成品油消费增速继续下降

（一）宏观经济增速回落，油品消费汽增柴降

近年来，国家不断加大产业升级力度，加速淘汰高耗能、高污染产业和过剩产能，经济增速正在由前些年的高速增长向中速增长区间回归，预计2018年GDP增速为6.7%，同比下降0.2个百分点。受经济大环境影响，国内成品油消费总体呈现增速回落的特点。按照国家统计局口径（下同），2018年国内成品油表观消费量为3.22亿吨，同比增长0.6%，较上年回落1.1个百分点，较"十二五"（2011～2015年）、"十一五"（2006～2010年）年均增速分别回落4.4个百分点和7.2个百分点。

1. 汽油消费增速明显下降。近年来，受汽车保有量增长放缓、电动车加速发展、高铁替代加快等多种因素影响，汽油消费增速总体呈下降趋势（见图1）。2018年汽油消费增速4.3%，较上年提高2.1个百分点，分别较"十二五""十一五"年均增速回落5.6个百分点和3.8个百分点。

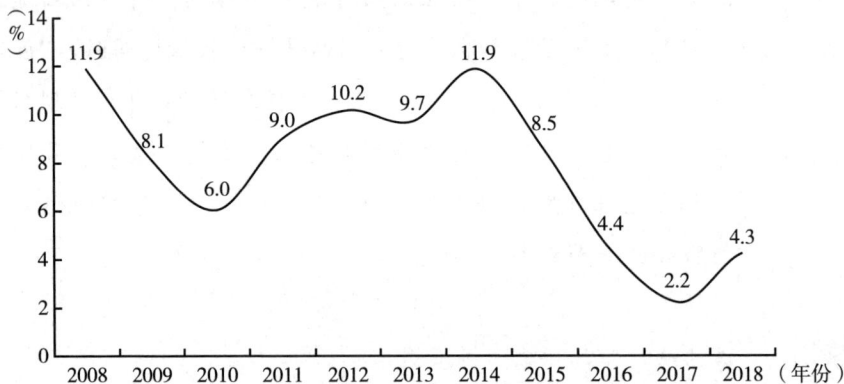

图1 汽油消费量增速

数据来源：国家统计局。

2. 柴油消费持续负增长局面。受宏观经济增速放缓影响，国内运输业、工矿企业、基建行业等用油持续低迷，铁路、农业、渔业用油下降明显；柴油消费在2015年左右达到峰值后，连续三年负增长（见图2）。2017年，在工程基建、运输业、工矿企业柴油需求回暖带动下，柴油消费量增速短暂回升。但2018年，柴油消费继续进入负增长区间，全年增速为−3.9%，较上年回落3.8个百分点，分别较"十二五""十一五"年均增速回落5.8个百分点和11.4个百分点。

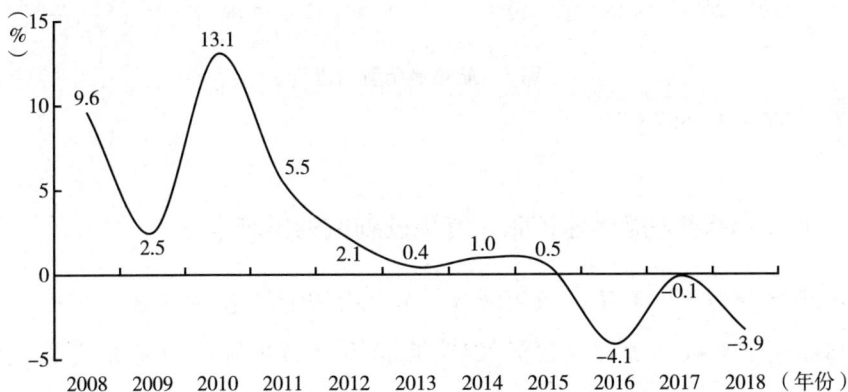

图2　柴油消费量增速

数据来源：国家统计局。

3. 航煤消费仍处于快速增长期。随着国民经济发展和国民收入提高，国内机场建设加速，旅游出行需求旺盛，物流快递业发展迅速，民航客、货运周转量较快增长，航煤消费保持快速增长（见图3）。据民航部门预计，2018年我国航空运输总周转量为1208亿吨公里，同比增长11.6%，旅客运输量为6.12亿人次，同比增长11.4%，货邮运输量为756万吨，同比增长6.2%。2018年航煤消费量为3651万吨，同比增长11.3%，较上一年提高2.1个百分点，较"十二五"年均增速提高1.9个百分点，较"十一五"年均增速提高0.5个百分点。

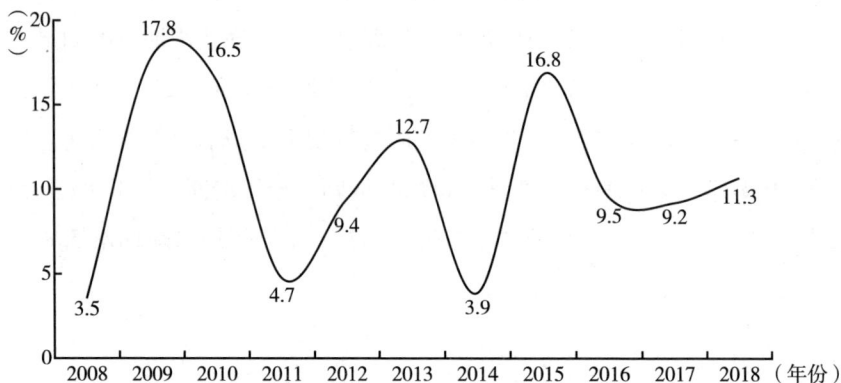

图 3　航煤消费量增速

数据来源：国家统计局。

（二）新增炼能迅速扩张，资源过剩成为常态

2015 年以来，我国能源领域新一轮市场化改革提速，地方炼厂原油进口使用"双权"放开。截至 2018 年 10 月底，我国有 42 家地方炼厂获得进口原油使用权，共计 15264 万吨，2018 年初商务部下达原油非国营贸易进口配额 14273 万吨。地方炼厂加速扩张，推动国内炼油能力持续增长。2018 年我国新增炼能 1200 万吨，国内炼油能力达 8.4 亿吨，同比增长 1.5%（见图 4）。其中，新力量炼厂（China New Force Refinery, CNFR，即通常所说的中石化、中石油、中海油以外的地方炼厂、民营炼厂）一次加工能力由 2006 年的 6150 万吨/年增长到 2018 年的 2.95 亿吨/年，增长 3.8 倍；成品油产量由 885 万吨/年增长到 9534 万吨/年，增长约 10 倍。

国内成品油资源过剩推动出口逐年扩大（见图 5）。2018 年，我国成品油出口为 4608 万吨（其中，汽油 1288 万吨、柴油 1853 万吨、航煤 1467 万吨），同比增长 12.4%（汽油增长 22.0%、柴油增长 7.4%、航煤增长 11.2%）。

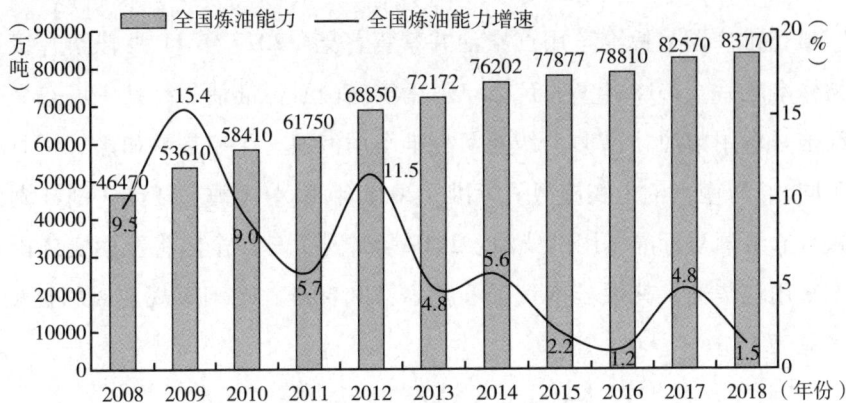

图4 全国炼油能力及增速情况

数据来源：中石化经济技术研究院。

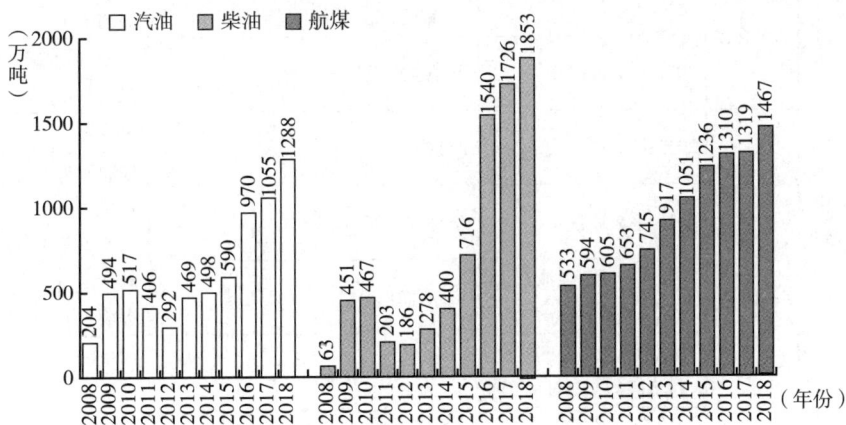

图5 我国历年成品油出口情况

数据来源：国家发改委、中石化经济技术研究院。

（三）质量升级加速推进，多标共存市场分化

近年来，国家环保要求不断提高，大气污染治理力度持续加大，2018年成品油质量升级步伐继续加快。

1. 部分省市质量升级步伐快于国家进程。继2017年9月底华北"2 + 26"城市推广国Ⅵ标准车用汽柴油并禁售普柴，2017年11月普柴升级为国Ⅴ标准之后，2018年9月广东、海南实施国Ⅵ标准油品，其中广东9月升级国Ⅵ车用柴油，12月升级粤Ⅵ标准车用汽油（主要是饱和蒸气压和国标不同），海南汽油也实施粤Ⅵ标准；2018年10月上海、江苏、浙江湖州和嘉兴升级国Ⅵ标准车用汽柴油。2019年1月1日，全国将全面实施国Ⅵ标准车用汽柴油，其中云南汽油实施国ⅥB标准，比国家规定时间提前4年（见表1）。

表1 我国成品油质量升级时间

油品	质量标准	规定升级时间	升级范围	备注
车用汽柴油	国Ⅴ标准	2016年1月1日	北京、天津、河北、山东、上海、江苏、浙江、福建、北京、海南、辽宁11省市	较全国提前1年
		2017年1月1日	其他省市及地区	较原定升级时间提前1年
	国Ⅵ标准	2017年1月	北京	较全国提前2年
		2017年9月底	华北"2 + 26"城市	较全国提前1年3个月
		2018年9月（柴油）、12月（汽油、粤标）	广东、海南	较全国提前1~3个月
		2018年10月（汽油国ⅥA，柴油国Ⅵ）	上海、江苏、浙江（湖州、嘉兴）	较全国提前3个月
		2019年1月	全国范围	
		2019年1月	云南省汽油国ⅥB	较全国提前4年
普通	国Ⅳ标准	2017年7月1日	全国范围	较原定升级时间提前半年
	国Ⅴ标准	2017年11月1日	全国范围	较原定升级时间提前1年2个月

数据来源：中石化销售公司。

2. 质量升级不同步，多种标准并存加大了市场运行难度。部分区域市场监管难以覆盖，不按要求同步推进质量升级、国标和非标油品并存的现象较普遍，特别是"自建罐、流动加油车、黑加油窝点"现象泛滥，不仅严重影响了正常的市场秩序，也使环保战略实施效果打了折扣。

（四）替代能源发展迅速，能源结构趋于多元

近年来国家大力倡导绿色能源发展，加之国际原油价格高位运行，助推了各类替代能源的快速发展。天然气发展尤为迅速，煤制油、轻质燃料油、电力等各类替代能源也保持较快增长。2018 年，预计各类替代能源替代汽柴油约2804 万吨（见表2）。其中，替代汽油1556 万吨，占表观消费量的12.6%，替代柴油1248 万吨，占表观消费量的7.6%。车用天然气替代成品油约1721 万吨，占表观消费量的6.3%，其中，CNG 替代汽油约1001 万吨，LNG 替代柴油720 万吨。

表2 我国汽柴油替代能源情况

单位：万吨，%

年份	项目	汽油替代						柴油替代					汽柴合计
		天然气	电动汽车	燃料乙醇	甲醇	煤制油	汽油合计	天然气	电动汽车	生物柴油	煤制油	柴油合计	
2018 年	替代量	1001	140	260	55	99	1556	720	104	59	365	1248	2804
	同比变化	6	92	8	7	14	15	10	41	5	83	27	20
2019 年	替代量	1050	170	400	55	105	1780	780	120	60	380	1340	3120
	同比变化	5	21	54	−1	6	14	8	15	2	4	7	11

数据来源：中石化经济技术研究院、中石化销售公司。

（五）消费税 1号公告出台，对成品油市场影响较大

2018 年1 月，国家税务总局下发《关于成品油消费税征收管理有关问题的公告》（以下简称《公告》）。按照《公告》规定，自2018 年3 月1 日起，企业销售汽柴油等7 类消费税应税油品，需通过增值税发票系统中特定模块开具成品油发票，商品和服务分类编码不得随意变更且销售不得大于进项加库存。《公告》的核心是"以票控税"，旨在规范成品油贸易行为，杜绝成品油

变票等行为，政策出台有效防范了调和油进入成品油市场，对净化市场起到了一定作用，但受以下因素影响，成品油市场乱象加剧：一是部分地方炼厂不开票和开化工票比例上升，并直接面向终端用户和社会加油站销售，形成了成品油开票模块以外的体外循环市场，不仅造成国家税收巨额流失，也导致正品带票油品消费需求下降，"劣币驱逐良币"现象加剧；二是带票和不带票价差扩大，汽油价差最高达 2000 元/吨左右，柴油价差达 1000 元/吨左右，社会加油站不带票进货比例扩大并且大幅降价，导致市场不公平竞争严重；三是不带票油品使"自建罐、流动加油车、黑加油窝点"现象愈演愈烈，严重扰乱了成品油市场秩序。

二 2019~2020年中国成品油市场发展趋势

（一）电动革命发展迅速，汽油消费增速继续趋缓

1. 我国已将电动革命上升为国家战略。2015 年，国务院发布《关于加快电动汽车充电基础设施建设的指导意见》，国内充电基础设施迎来高速建设期，电动汽车发展步伐加速。2017 年，工信部等五部委推出新能源汽车"双积分"制度并于 2019 年正式实施，加速推进新能源汽车产业的发展。2018 年电动汽车销量预计达 110 万辆，同比增长近 60%，保有量预计达到263 万辆（见图 6）。2020 年，政府规划新能源汽车累计产销超过 500 万辆，电动汽车保有量将超过 500 万辆，2025 年电动汽车销量至少要占到汽车销售总量的 20%，2030 年进一步提高至 40%，电动车对燃油车替代加速。

2. 能源巨头和汽车厂商争相布局电动车。瑞典沃尔沃汽车公司（VOLVO）宣布从 2019 年起逐步停产汽油车，所有新车均为电动或混合动力车。2018 年初，保时捷宣布到 2022 年投资超过 60 亿元在电动汽车领域，专注于插电式混动车型和纯电动车型开发。2017 年 8 月，BP 宣布正与数家电动车制造商进行洽谈，旨在为旗下遍布全球的加油站网络中增设电动车充电设备。2018 年特斯拉与上海市签订协议，将在上海临港地区独资建设集研发、制造、销售等功能于一体的

电动汽车销量

电动汽车保有量

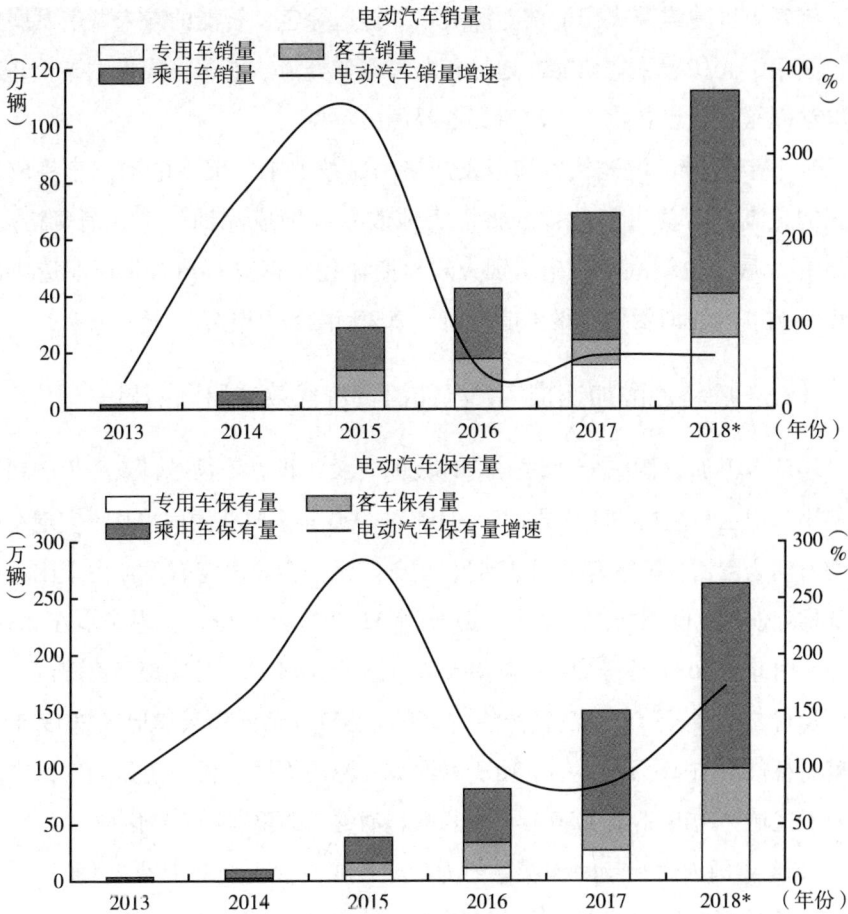

图6　电动汽车销量及保有量

* 为预测值。

数据来源：中石化经济技术研究院。

特斯拉超级工厂，计划两到三年后年产量达到50万辆纯电动整车。

3. 部分省份已制定雄心勃勃的电动革命计划。2018年8月，海南省政府发布《清洁能源汽车发展规划》（公开征求意见稿），提出2020年，公共服务领域先行，2025年，社会运营领域引领，2030年全省各领域汽车全面实现清洁能源化的目标。按照海南省2018年汽柴油消费量220万吨和年均增长3%测算，到2030年，电动革命将替代海南汽柴油消费310万吨。同时，雄安新区建设将突出清洁能源战略，打造绿色、智能的未来城市发展典范，其中，光伏、生物质能、地热和电力等各类清洁能源将成为主导，并实现电动汽车、氢燃料汽车、轨道交通绿色出行。

4. 日新月异的电池技术和越发严格的排放要求，促使电动汽车将成为未来的主流。电动汽车的普及将极大地改变我国成品油生产、消费格局。2025 年以后，电动汽车有望实现大规模商业化，将对石油石化产业造成颠覆性影响，汽油消费拐点很可能提前至 2025 年至 2030 年。

（二）燃料乙醇加速推广，汽油消费替代效益日渐明显

2017 年 9 月，国家 15 部委联合印发的《关于扩大生物燃料乙醇生产和推广使用车用乙醇汽油的实施方案》，明确到 2020 年全国范围内将基本实现车用乙醇汽油全覆盖。2018 年 8 月 22 日，国务院常务会议决定有序扩大车用乙醇汽油推广使用，除黑龙江、吉林、辽宁等 11 个试点省份外，进一步在北京、天津、河北等 15 个省份推广，其中天津市已于 2018 年 9 月实现了乙醇汽油全封闭运行，按照天津市年消费汽油 240 万吨测算，预计仅天津地区 2019 年乙醇就将替代汽油 25 万吨左右。由于京津冀、汾渭平原、长三角是大气污染防治重点区域，2019 年至 2020 年将是乙醇汽油推广的重点和先行区域。

2018 年国内燃料乙醇消费量约为 260 万吨，替代汽油消费 2.1%。2019 年燃料乙醇消费量预计 400 万吨，同比增长 54%。按照 2020 年国内汽油消费预测水平测算，2020 年实现乙醇汽油全覆盖，当年燃料乙醇需求总量预计将超过 1100 万吨，占当年汽油预测表观消费量的 8.4%。但受粮食供应不足，乙醇新增产能主要集中在东三省、内蒙古地区，部分省份推广进度滞后以及市场监管不到位等多方面因素影响，实际需求量可能低于规划目标。

从近些年乙醇汽油的实际运行效果来看，要实现乙醇汽油顺利推广，必须从以下几方面着手。一是加大宣传推广力度。从安全环保、节能减排等角度加强正面舆论宣传，合理引导消费，提高消费者认知。二是加强市场监管，净化经营环境。政府部门要坚决打击在乙醇汽油封闭区违规销售普通汽油的经营行为，加大联合执法和查处力度，堵塞非法资源流入渠道，维护市

场公平秩序。三是改变目前"定点生产、定向供应"的计划管理模式。对燃料乙醇按市场化原则进行管理，引入竞争机制，营造多元化供应格局。四是实现市场化定价，弱化或取消燃料乙醇与原油价格挂钩机制，根据乙醇生产原材料价格和成本，结合供需及物流成本综合定价，既有利于引导乙醇生产企业通过技术进步降低生产成本，提高自身市场竞争力，减少财政补贴负担，也有利于提高乙醇生产企业、成品油经营者等各级市场参与主体的积极性，促进整个产业链的健康可持续发展。

（三）出行方式更加多元，进一步压缩汽油消费增长空间

1. 高铁出行替代效应日益显现。经过近十年的快速建设，我国"四纵四横"高铁网基本成形。2018年底，国内高铁通车里程将达到2.8万公里，中国成为世界上唯一高铁成网运行的国家。高铁便捷、舒适且基本连通了国内主要大中城市，逐渐成为人们出行的首选，对汽车出行和汽油消费产生明显影响。2017年，铁路客运强劲增长，国家铁路完成旅客发送量30.39亿人次，同比增长9.6%。2018年暑运期间，全国铁路旅客发送量突破6.55亿人次，同比增长10.5%，再创铁路暑运新高。2018年十一黄金周期间，全国铁路累计发送旅客1.3亿人次，同比增长10.8%，铁路出行呈现火爆态势，高铁主力军作用凸显。而国庆长假汽油消费增速逐年下降也间接说明了高铁出行替代的影响。

2. 随着我国城市化快速发展，以城市轨道交通为代表的公共交通体系日臻完善。2018年，全国已有34个城市开通了城市轨道交通系统，总运营里程达到4583公里，位居世界第一，按照规划，到2020年，我国城市轨道交通规划里程将达到8500公里。城市轨道交通的快速发展、与高铁和航空港口的直达互联，将极大地改变城市人群出行方式，对未来的汽车消费和成品油替代带来巨大影响。

3. 共享经济方兴未艾，对汽车出行及汽油消费形成替代。目前，全国共有100多家网约车平台获得许可；3000万辆共享单车服务城市出行"最后一公里"，用户数量达到6.5亿人，满足了城市人群的多样化高品质出行需求。据分析，2018年共享单车替代汽油量达到32万吨，占汽油表观消费量的0.3%。

（四）绿色革命环保升级，柴油消费将加速下降

除了产业结构升级、过剩产能调控外，在民生战略和环保政策的主导下，柴油消费将进一步进入快速下行通道。

1. 2018 年 10 月，国务院办公厅印发了《推进运输结构调整三年行动计划（2018—2020 年）》，明确到 2020 年，全国货物运输结构明显优化，铁路、水路承担的大宗货物运输量显著提高。与 2017 年相比，全国铁路货运量增加 11 亿吨，增长 30%，其中京津冀及周边地区增长 40%、长三角地区增长 10%、汾渭平原增长 25%；全国水路货运量增加 5 亿吨，增长 7.5%；沿海港口大宗货物公路运输量减少 4.4 亿吨。该计划指出，当前我国公路货运量在全社会货运中占比过高，而公路货运车辆特别是中重型的柴油货车尾气排放是主要的大气污染源之一。研究表明，2017 年柴油货车保有量仅占全国汽车保有量的 7.8%，但氮氧化物的排放占了 57.3%，颗粒物的排放占了 77.8%。而随着铁路电气化水平逐年提高，"公转铁"将导致柴油消费加速下跌。

2. 国家《打赢蓝天保卫战三年行动计划》明确提出，力争 2020 年天然气占能源消费总量比重达到 10%，非化石能源占能源消费总量比重达到 15%。2020 年底前，京津冀及周边地区、汾渭平原淘汰国Ⅲ及以下排放标准营运中型和重型柴油货车 100 万辆以上。2018 年 7 月 1 日起，全面实施新生产船舶发动机第一阶段排放标准，推广使用电、天然气等新能源或清洁能源船舶。2019 年 1 月 1 日起，全国全面供应符合国Ⅵ标准的车用汽柴油，并实现车用柴油、普通柴油、部分船舶用油"三油并轨"。同时，2018 年 4 月和 7 月，交通运输部相继发布《深入推进绿色港口建设行动方案（2018—2022 年）》、《关于深入推进水运行业应用液化天然气》征求意见稿，大力推进水运绿色发展和水上 LNG 交通燃料替代，这些都将加速柴油消费下滑速度。

（五）低硫标准提前实施，将拉动低硫燃料油产销

1. 国际海事组织（IMO）2020 年强制实施船舶燃油硫含量不超 0.5% 的限制规定。据统计，目前全球船用燃料消费量约 2.55 亿吨/年，其中船用

燃料油 2.14 亿吨/年，占比 84%，船用柴油 3280 万吨/年，占比 13%；天然气 820 万吨/年，占比 3%。据预测，未来全球船燃市场消费结构将由目前高硫重质占主导转变为以低硫重质和低硫轻质资源为主，到 2020 年和 2030 年低硫船燃占船燃总量比例分别达到 79% 和 57% 左右。

2. 国内船燃低硫排放日趋严格。2017 年 9 月 1 日，长三角所有船舶到港以后按要求换用低硫燃油或使用岸电、尾气后处理等替代措施。2018 年 10 月 1 日起，上海、江苏、浙江海事局要求所有进入硫排放控制区的船舶都必须使用硫含量不超过 0.5% 的燃油，内河船舶和江海直达船舶应使用符合标准的柴油。据统计，2017 年国内市场保税船燃消费量为 1020 万吨，预计到 2020 年将进一步增长到 1428 万吨，其中低硫船燃 1414 万吨。

3. 炼油产品结构调整将带来新的市场机遇。在国内柴油消费持续下滑、资源过剩加剧的大背景下，船用低硫燃料油标准的实施，将为国内炼油产能发挥和产品结构调整带来新的契机。亚太地区是全球最具潜力的船供油市场，中国进出口贸易吞吐规模全球第一，但 90% 以上资源依赖进口。2020 年限硫规定实施后，若国内炼厂能够提供低硫资源，在我国沿海全部港口供应合规稳定、绿色经济的低硫重质船用燃料油，将大幅提高船舶在中国港口补给油品，不仅能够缓解我国炼油产能过剩、柴油供过于求的矛盾，而且有利于提升我国在全球燃料油市场上的份额。

（六）航空客货运仍处于成长通道，航煤消费将保持较快增长

1. 经济发展和消费升级拉动，我国航空出行渗透度提升空间较大。当前我国人均乘机次数远低于发达国家，仅为日本的五分之二，远低于美、英、法、德。随着国民经济持续稳定增长，我国国民收入稳步提高，人民群众对美好生活的追求不断提高，居民长途出行、跨国旅游需求旺盛，将拉动国内民航客运持续较快增长。预计 2019 年我国民航客运量达到 12309 亿人公里，同比增长 13.5%。同时，国内电商快递业发展迅速，航空货运增长潜力较大。

2. 随着国内新建机场陆续投营，航空通达性、便利度持续提高。截至

2017 年底，我国共有 229 个运输机场，根据民航"十三五"规划，2020 年底国内运输机场将达到 260 个，届时将覆盖 100 公里范围内所有地级行政区。2025 年规划建成运输机场 320 个，覆盖范围和密度将进一步扩大。

3. 随着国家"一带一路"倡议的推进，中西部地区经济发展加速，国际国内航班增长较快，中西部地区航空运输增长率明显高于东部地区，将成为未来航煤消费新的增长点。据统计，2017 年中西部地区航煤消费同比增长 12.6%，高于全国平均水平 1.9 个百分点。

（七）民营炼厂相继投营，资源过剩局面持续加剧

2019 年，大连恒力 2000 万吨、浙江石化一期 2000 万吨炼油产能将陆续投产，国内新增炼油能力 4000 万吨，综合考虑其投营时间和实际开工率，全年将新增 1300 万~1500 万吨的成品油资源，在国内成品油出口配额仍可能从严控制的背景下，新增炼能投营无疑将进一步加剧国内成品油资源过剩局面，同时也将推动国内炼油格局和成品油市场进入新一轮的再平衡。一是新投营民营炼厂规模后发优势明显，可能导致缺乏竞争力的小规模炼厂加速退出。二是沿海地区成品油资源进一步富余，将加速推动成品油物流格局、竞争态势的转变，在大连和浙江南北夹击之下，山东地方炼厂成品油向内陆辐射的规模趋于扩大，沿海地区成品油价格水平进一步下探，零售及终端市场的竞争加剧，价格竞争和市场份额争夺也将从沿海向内陆地区进一步传导。

从长远来看，我国炼油产能过剩将加速推动炼能整合和升级。如山东省政府于 2018 年 10 月下发《加快七大高耗能行业高质量发展实施方案》，明确提出"优化重组、减量整合、上大压小、炼化一体"的地方炼厂规划目标，未来将把山东地方炼厂产能从目前的 1.3 亿吨压减至 9000 万吨，成品油收率降至 40%，其中 2022 年淘汰 300 万吨以下小炼厂，2025 年淘汰 500 万吨以下炼厂。

（八）市场革命加速推进，行业洗牌加快调整

2019~2020 年，按照国家《关于深化石油天然气体制改革的若干意见》

的顶层设计，预计成品油领域的各项改革将深入推进。

1. 推动管网剥离，实现管输和销售分开。分步推进国有大型油气企业干线管道独立，向第三方市场主体开放，提升集约输送和公平服务能力。从国家层面规划和运营油气管网，有利于减少各自为战、重复建设等现象，促进资源合理配置和有序流动。但受管网现状、炼油布局、区域差异等因素影响，管网独立运营初期可能面临供需磨合、机制不完善等多种挑战。

2. 竞争性环节全面开放，市场准入门槛持续降低。2018年，国家发展改革委、商务部放开了外商独资或控股不能超过30座加油站的限制，加油站行业正迎来新一轮的跑马圈地，预计零售终端市场将面临"群雄逐鹿"的再平衡格局。而新政策的出台，无疑将进一步推动壳牌等跨国石油巨头的网络布局。如BP计划未来五年在华新增1000座加油站；壳牌在中国已有1200余座加油站的基础上，未来再发展2400座加油站。

3. 成品油定价机制放开，行业盈利空间趋于下降。成品油定价放开后，预计地方炼厂与主营炼厂出厂价价差收窄、价格趋同，流通环节盈利下降，零售、终端成为竞争焦点。行业投资趋于理性，长期看行业规模扩张放缓，加油站零售行业可能重新洗牌。

4. 进出口管制逐步放开，国际国内市场加速融合。在国内成品油需求增长趋缓、产能过剩的大背景下，增加成品油出口将成为重要手段。同时，伴随"一带一路"倡议的实施，加快能源产业"走出去"，深化国际和国内市场的融合是大势所趋。上海原油期货交易所的不断完善，不仅可为国内企业提供避险保值工具，进一步增强市场活力，更有助于增强我国原油定价话语权，提升国家能源安全水平。

（九）数字革命势不可挡，平台经济潜力巨大

当前，以信息网络技术加速创新与渗透融合为特征的新一轮工业革命孕育兴起，数字经济正成为全球经济增长的重要驱动力。实体经济和数字经济融合发展是不可阻挡的历史潮流，将从几个方面对成品油行业产生深远影响。一是大数据、云计算、移动互联、智慧物流、互联网金

融等技术的应用正在促使成品油产业和市场向平台化转变。体验式、社交型、个性化、智能化消费新特征推动成品油营销模式转型。二是传统主营油企的资源优势、渠道优势、品牌优势逐步弱化，但网络优势、物流优势仍将发挥主导作用，传统油企实行互联网化，有利于挖掘线下网络优势，打造线上线下互动的成品油商业模式，有竞争力的客户引流也有助于保持客户优势。三是市场竞争由主要靠数量扩张和价格让利，逐步转向以质量型、差异化为主，从同质化竞争向跨业态的生态系统间竞争转变。四是新能源发展加速，将催生加油站业态转型，"油气电氢非"一体的能源综合补给站将逐步增加。

总体来看，经济增速下降和生态文明建设决定了我国成品油消费总量增长逐年放缓，分品种呈现继续分化的特点，其中，柴油负增长趋势不可逆转，汽油已步入低速增长期并在未来10年左右达到峰值，航煤消费仍将保持较快增长，低硫燃料油需求增长前景较好。与此同时，国内炼油能力持续扩张，资源过剩局面加剧，成品油市场竞争更加激烈。炼油产品结构调整，转型发展是大势所趋。在国家能源领域市场化改革的推动下，行业利润水平进一步回归。电动车发展迅速，新能源发展潜力巨大，互联网平台催生跨界融合，传统加油站业态将转型为能源综合补给的生活驿站。

参考文献

［1］中国石化经济技术研究院：《2019年成品油市场预测报告》，2018年9月。

［2］中国石化咨询公司：《石油石化市场年度分析报告（2017）》，2017。

［3］中国石化燃料油公司：《船用燃料低硫化战略机遇分析》，2018年8月。

［4］中国产业信息网：《2018年中国航空运输行业发展现状及市场前景预测》，2018年5月。

［5］中国经营报：《起底"低价油"利益链：偷逃税款或达千亿元》，2018年11月。

［6］山东省政府：《加快七大高耗能行业高质量发展实施方案》，2018年10月。

［7］海南省政府：《海南省清洁能源汽车发展规划》（公开征求意见稿），2018年8月。

贸 易 篇

Oil Trade Reports

B.9

全球原油贸易现状与2019年展望

张　婧*

摘　要： 21世纪以来，全球原油贸易格局继续深刻调整，呈现总量攀
升、重心东移等特征，与此同时原油贸易面临的挑战与不确
定性也在升温。2018年，在美国页岩油革命和亚太炼油业迅
猛发展的共同推动下，全球原油贸易总量攀升至4540万桶/
日，同比增长约150万桶/日。随着亚太地区逐渐成为全球
炼油业的中心，原油贸易继续"向东看"，但仍受到地缘政
治动荡、全球贸易保护主义升温和部分地区运输能力不足的
扰动，原油贸易不确定性增加。2019年，伴随着中国、马来
西亚、沙特等新建炼厂投产和产能扩张，全球原油贸易重心
将继续东移，与此同时，美国原油出口量随着出口设施的进

---

* 张婧，数量经济学硕士，现任中国国际石油化工联合有限责任公司市场战略部分析师，主要
研究方向为宏观、国际油价模型及策略研究。

一步完善，有望实现大规模增长，全球可供贸易的轻质低硫油继续增加。此外，IMO 2020 新规的实施也将对原油贸易造成影响，高低硫原油价差或进一步拉宽。从中长期来看，原油贸易继续呈现全球化的特点，美洲地区继续成为新增原油出口的主要来源，中东等主要出口地区更加注重目标多元化，加速抢占亚太市场。此外，天然气、清洁能源和信息技术的广泛应用正孕育一场新能源革命，也加快全球原油贸易变革。

关键词： 原油贸易　美国原油出口　亚太原油进口

一　2018年全球原油贸易现状

（一）2018年全球原油贸易总量保持增长

金融危机以来，在我国等新兴经济体石油消费和原油进口快速增长的推动下，全球原油贸易总量稳步增长，年均增长率为1.4%。初步统计，2018年全球原油进口量为4540万桶/日，同比大幅增长150万桶/日，增幅为3.5%，占石油贸易总量的60%（见图1）。

从全球来看，尽管2018年全球面临着贸易摩擦持续升级、地缘政治动荡加剧等不利因素，但2018年世界原油贸易仍维持了较快增长，其主要支撑因素为，一是全球炼油毛利总体表现良好，带动炼厂加工量维持较高水平，美湾复杂型炼厂加工 WTI 收益平均为12美元/桶左右，新加坡加工收益平均为6美元/桶的健康水平；二是主要炼油中心如美国、韩国、西欧为满足国内炼厂需求，原油进口量仍维持较高水平，如美国2018年原油进口量为795万桶/日左右的较高水平；三是以我国为代表的亚太地区原油进口量大幅增加。在我国，云南炼厂及惠州炼厂投产，增加了原油进口，同时今

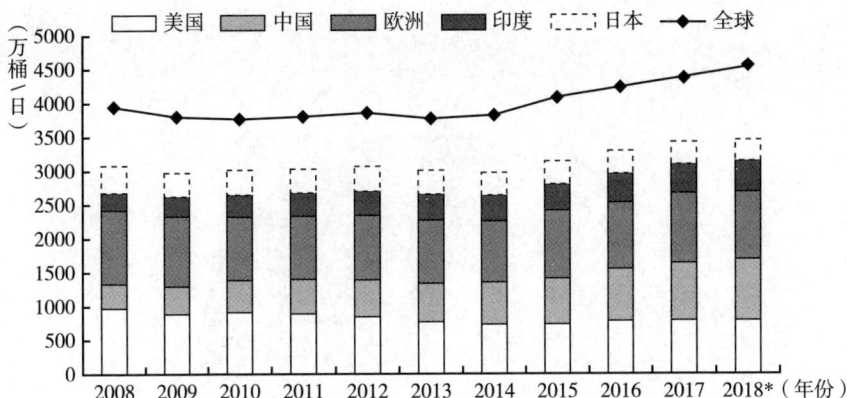

图1　全球分地区原油进口量

* 为预测值。

数据来源：BP，Unipec Research & Strategy（URS）。

年非国营进口原油配额实际发放 1.48 亿吨，地炼进口量和加工量也在下半年快速回升。另外，印度 2018 年原油进口量保持 7.1% 的快速增长；四是 2017 年下半年至今，基准油价多数时间维持 backwardation 的价格结构，推动炼厂逐步降低高成本的商业性浮仓库存和商业性岸罐库存，为全球原油贸易增加创造了条件。

（二）全球原油贸易重心继续东移

2018 年全球原油贸易格局继续调整，大西洋盆地石油需求总体萎缩，更多原油资源向东流。亚太地区于 2008 年超过北美成为全球最大的原油进口地区，原油进口量由 2008 年的 1642 万桶/日提高至 2018 年的 2411 万桶/日，年均增长 3.9%，占世界原油总贸易量的比重也从 2008 年的 42% 大幅提高至 2018 年的 55%（见图2），成为全球最重要的原油贸易区域。从具体国家来看，中国、印度等国家原油对外依存度持续提高，我国 2018 年原油进口量大幅增至 900 万桶/日，远超美国的 795 万桶/日，连续两年成为全球第一大原油进口国；印度 2013 年已超过日本成为世界第三大原油进口国，2018 年原油进口量预计增至 455 万桶/日，同比大幅增加 30 万桶/日。

2008年

拉美
2%

中东
1%

非洲
2%

北美
26%

亚太
42%

欧洲
27%

2018年

拉美
1%

中东
1%

非洲
1%

北美
19%

亚太
55%

欧洲
23%

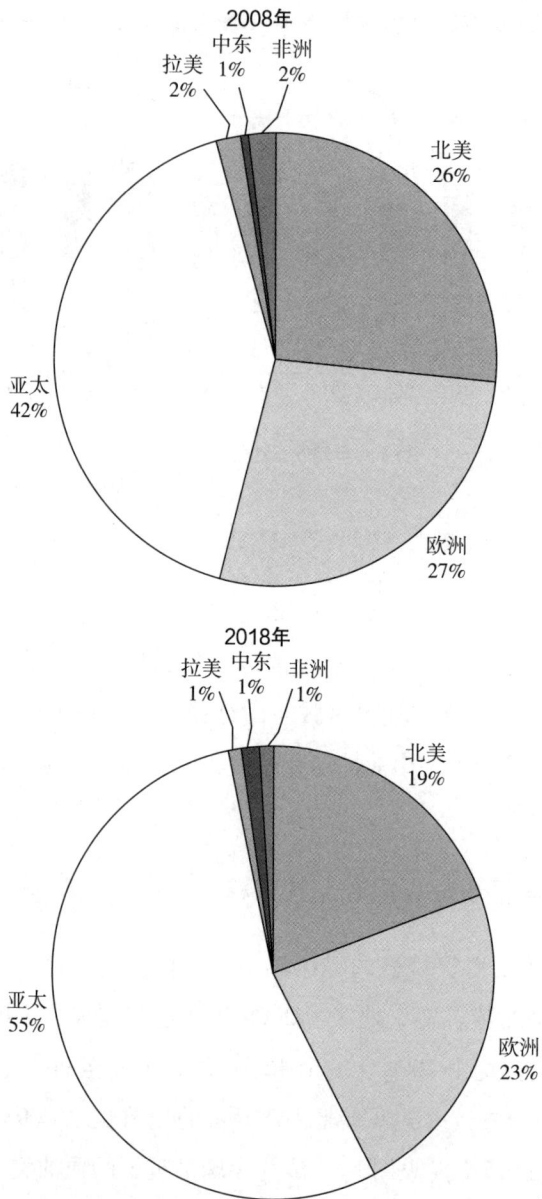

图2 2008年和2018年全球原油贸易份额变化（进口地区）

数据来源：BP，Unipec Research & Strategy（URS）。

与此同时，北美地区原油进口量由 2008 年的 1045 万桶/日下降至 2018 年的 858 万桶/日，年均下滑 1.95%，其所占全球原油贸易的比重也由 26% 降至 19%。此外，同期欧洲在金融危机以及环境保护政策影响下，关闭部分老旧炼厂，炼油业发展停滞不前，原油进口量也呈下降趋势，占全球原油贸易比重也由 27% 降至 23%。

（三）全球原油贸易竞争更加激烈

近年来，全球主要产油国、贸易商、国际石油公司越来越重视与终端用户的合作，通过合资合作等多种形式，纷纷在消费国争抢市场份额，使得全球原油贸易竞争越来越激烈。以亚太为例，传统以来，中东原油在亚太市场保持绝对优势。2018 年亚太进口中东原油数量达到 1530 万桶/日，同比大增 47 万桶/日，创历史新高，占其进口总量的 64.5%。而与此同时，作为亚太第二大原油进口区域的非洲，近年来受该区域政局动荡影响，在亚太市场上进口份额整体趋降，2018 年亚太地区进口非洲原油数量为 318 万桶/日，占亚太进口总量的比重由最高时的 18.3% 下降至 13.4%（见图 3）。

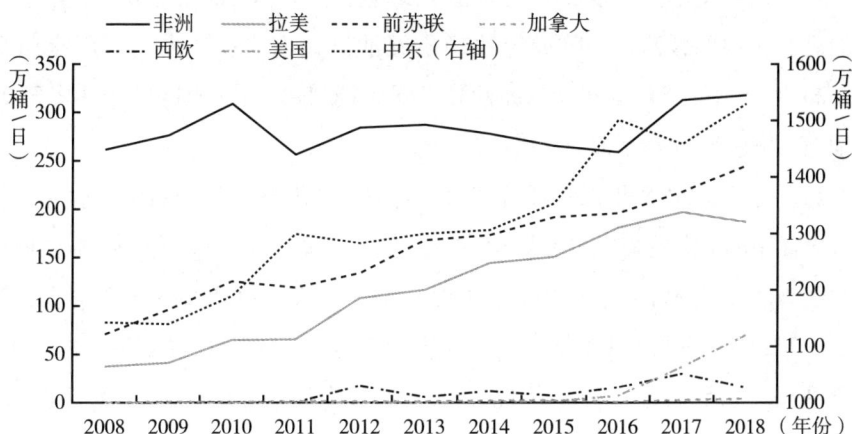

图 3　亚太地区分来源原油进口量

数据来源：PIRA，Unipec Research & Strategy（URS）。

此外，近年来俄罗斯不断加强与中国等国的能源合作，特别是中俄管线投产后，对亚洲地区的管线、海运出口量迅速增长，2018年亚太自俄罗斯进口原油数量高达245万桶/日，是2008年的3倍多，创历史最高水平，占亚太地区进口总量的比重也快速提高至10.3%，前苏联地区成为亚太地区原油进口的第三大来源区域，俄罗斯近两年更是超过沙特成为中国第一大进口来源国。除前苏联地区之外，拉美各国原油出口重心也不断东移，尤其是区内巴西、委内瑞拉、哥伦比亚等国加大了对亚太地区原油出口量，推动2018年拉美对亚太出口量提高至189万桶/日的历史新高，是2008年出口量的5倍左右。

（四）美国成为全球原油贸易格局中的新出口力量

2015年底，美国正式解除长达40年的原油出口禁令，随着原油产量快速增长和出口设施不断完善，美国原油出口量快速提高。据美国能源信息署（EIA）初步统计，2018年美国原油产量大幅提高至1090万桶/日，年均产量增幅近155万桶/日，原油出口量增至185万桶/日，同比增长73万桶/日。一方面，美国页岩油品质多为轻质低硫原油，呈轻质化趋势，美国产量增加后，大幅削减西非、欧洲等地轻质原油进口，这在过去三年已有所显现，2018年，美国自欧洲进口原油降至6万桶/日，自西非进口原油降至25万桶/日，较2016年下降近一半。

另一方面，2018年以来受主要页岩油产区Permian区块的管输瓶颈限制，WTI/Brent价差全年维持平均－7美元/桶的较宽水平，美国主要油种经济性显现，不仅增加了至欧洲炼厂的出口量，出口至亚太地区的原油也大幅增长，2018年美国出口至亚太地区的原油增至70万桶/日（见图4），占美国原油出口总量的37.8%，替代了部分亚太从西非进口的轻质油，在全球原油贸易中的地位逐步提升。

值得注意的是，美国原油出口增加带动美湾成为活跃的现货贸易中心，原油定价地位也随之上升，洲际交易所（ICE）于2018年10月推出一份Permian产地休斯敦交割的原油期货合约（Permian WTI Futures Contract），

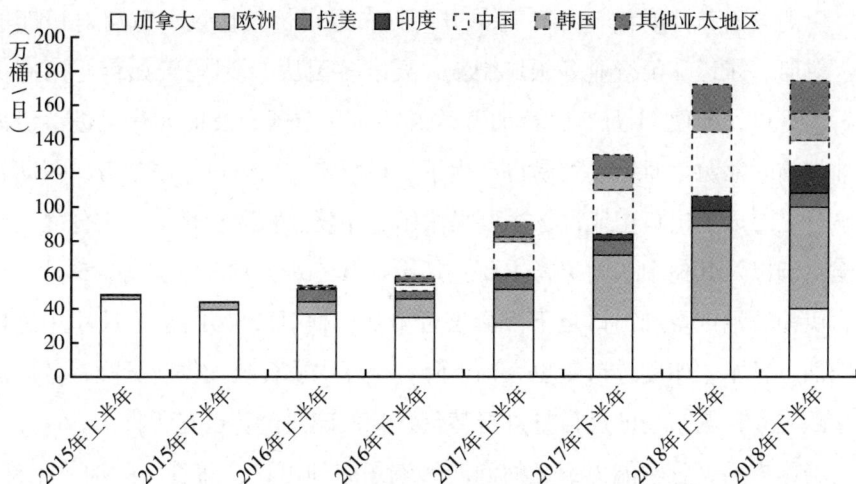

图4　美国原油出口情况统计

数据来源：EIA，Unipec Research & Strategy（URS）。

芝加哥商品交易所（CME）也将于2019年1月推出一份休斯敦交割的原油期货合约（WTI Houston Crude Oil futures contract），以形成反映美国原油出口供求关系的价格机制。

（五）全球原油贸易不稳定性加剧

2018年，受伊朗制裁、中美贸易摩擦及地缘政治动荡等因素影响，全球原油贸易不稳定性加剧。宏观面，特朗普政策的贸易保护措施对全球货物贸易产生了负面影响，特别是中美两大经济体贸易摩擦不断升温。目前双方已互征两轮关税，涉及数千亿美元商品贸易。从中美原油贸易来看，2018年前6个月，我国进口美国原油约33万桶/日，是上年的两倍，占我国进口总量的比重为3.6%，美国成为我国第十大原油进口国。尽管原油被排除在我国加征关税清单之外，但受国家政策影响，8月后中国暂停进口美国原油，有超过30万桶/日的美国原油在印度、韩国等寻找新的出口目的地，对美国出口原油价格构成较大压力，促使WTI/Brent价差进一步拉宽。与此同时，我国在西非、北海、远东等地采购轻质原油替代美国油。

伊朗方面，特朗普 5 月 8 日单方面宣布退出伊核协议，重启对伊朗能源、造船、航运和银行业等领域制裁，要求各国从 11 月份开始停止所有伊朗石油进口，即便 11 月 5 日特朗普政府宣布 8 个国家及地区获得进口伊朗石油的临时豁免，对原油贸易也产生了重要影响。从出口流向来看，伊朗石油三分之二以上出口至亚洲，主要是中国、印度、韩国、日本；三分之一出口至欧洲以及其他中东国家，主要包括土耳其、意大利和法国等。5 月~11 月，伊朗石油产量和出口量下降幅度近 100 万桶/日，韩国于 7 月停止进口伊朗油，日本、印度进口量也大幅下降，全球中质含硫油供应下降，各国加大从欧洲和拉美市场的进口量进行替代，高低硫油价差也有所收窄。

美国方面，管输能力不足的问题影响了原油出口。随着国际油价上涨，其主要页岩油产区 Permian 区块产量猛增，占到美国原油总产量的近三分之一，美国能源信息署（EIA）预计 Permian 区块 12 月产量近 370 万桶/日，然而据咨询机构 PIRA 统计，该地区管线、火车的运输能力以及炼厂加工能力合计仅为 320 万桶/日，大量原油无法运输至库欣交割地和主要出口地美湾，限制了美国原油出口，WTI/Brent 价差一度拉宽至 -11.29 美元/桶，创 2015 年 3 月以来最宽水平。直到第四季度，5 万桶/日 Permian Express 3 管线和 50 万桶/日的 Sunsise 管线扩能项目，大幅缓解了美国原油出口瓶颈的限制，推动美国原油产量快速攀升至 1170 万桶/日的历史新高。

此外，利比亚、尼日利亚、委内瑞拉、加拿大等产油国的产量下降或部分时间油田生产中断，也成为限制原油贸易发展的因素。2018 年，在美国制裁下，委内瑞拉经济下行，资金不足，油田、管道和港口的正常运作受到影响，原油产量已降至 30 年以来最低的 120 万桶/日，不仅无法满足国内炼厂的原油需求，最大的炼油中心（CRP）开工率仅为 10%，而且出口至美国的重油也大幅下降。其他国家，如利比亚，3 月受武装分子袭击和管线关闭等问题影响，油田生产一度中断，产量降至 70 万桶/日。加拿大，7 月最大的油砂生产商 Syncrude 的 Mildred Lake 项目因电力中断而关闭，令加拿大石油产量下降 10%，减少了对美国库欣地区原油供应量，令 WTI/Brent 价差快速收窄至 -3 美元/桶，这些不确定因素均加剧了原油贸易的不确定性。

二 2019年全球原油贸易展望

（一）原油贸易总量继续攀升，重心继续东移

预计 2019 年，全球原油贸易将维持增长，且贸易流向继续向东移，贸易总量预计达到 4680 万桶/日，同比增长 140 万桶/日左右，增幅 3.1%，增长的主要动力来自亚太几个即将投产的大型炼厂，其加工量的提升将带动原油贸易，特别是中质含硫油贸易的增长。在我国，恒力石化（2000 万吨）预计 2018 年底投料开工，2019 年开工率或将逐步增加，设计加工中质含硫油，具体油种有沙重、沙中、马林原油；浙江石化（2000 万吨）计划于 2019 年第三季度投产，设计加工高硫中质、高硫高酸油，具体油种包括沙中、伊轻、伊重、巴西油。此外，我国 2019 年原油非国营贸易进口允许量为 2.02 亿吨，比 2018 年全年实际下发的配额增加 5381 万吨，因此地炼全年原油进口量预计也将维持增长。

其他几个炼化项目也集中在文莱、马来西亚等亚太地区，如恒逸文莱炼化二期建设也在进行，计划新增 16 万桶/日，加工文莱轻质原油与凝析油、卡塔尔原油与凝析油。马来西亚 Rapid 炼厂新增 28.8 万桶/日的炼能，计划在 2019 年第二季度投产。预计 2019 年亚太地区原油进口量可能突破 2500 万桶/日，在石油贸易中的重要地位进一步提升。

2019 年，欧洲和日本等发达国家及地区随着经济增长速度放缓，对石油需求不断减弱，对进口原油的依赖程度也将降低，供应中质含硫油的中东、前苏联等地区的产油国都进一步加大东向出口力度，甚至采取与我国地炼合作等方式，以争取更多市场份额，推动全球原油贸易继续东移。

（二）欧佩克减产协议以及中东新炼能投产或影响中东地区原油出口

2019 年，中东地区仍是世界最大的原油出口地区，大型炼厂的投产和

欧佩克的产量政策将成为影响全球原油贸易的主要因素。一方面，地缘政治的紧张局势尚未缓解，尽管当前利比亚原油产量提高至 325 万桶/日，创历史最高，尼日利亚 20 万桶/日的 Egina 油田也将投产，但国内政局仍不稳定，武装冲突引发原油出口中断的概率仍较大。

另一方面，由伊核问题发酵的欧佩克产量政策将继续扰动原油贸易。2018 年 11 月，美国对伊朗制裁给予中国大陆、日本、印度、韩国、中国台湾、土耳其、意大利和希腊 8 个国家或地区进口伊朗油豁免，豁免数量预计在 100 万桶/日左右，短期内基本解除了对伊朗原油出口的限制，但美国对伊朗航运、保险和金融领域的制裁仍在，即使意大利和希腊拿到豁免，它们也在犹豫是否重启伊朗油进口。此外，豁免天数为 180 天，第二季度伊核问题或再度困扰石油市场。与此同时，随着油价走低，沙特和俄罗斯等主要产油国限产保价的决心逐渐显现，目前，OPEC 和非 OPEC 产油国决定以 2018 年 10 月产量为减产基线，OPEC 产油国按照 2.5% 的比例减产 80 万桶/日，非 OPEC 产油国按 2% 的比例减产 40 万桶/日，其中伊朗、委内瑞拉和利比亚获得减产豁免，2019 年继续延长减产协议的概率较大，全球中重质含硫油贸易仍存在一定的不稳定性。

此外，2019 年，伊拉克计划在 3 月对 Shuaiba 炼厂扩能 6.5 万桶/日，沙特新建 40 万桶/日的 Jizan 炼厂也将于第一季度投产，阿联酋的 Jebel Ali 也有扩能计划，中东地区炼能扩张再上一个新台阶，可供贸易的原油量或有所减少。

（三）美国完善出口设施和管线将扩大出口规模

预计 2019 年，美国原油产量将增至 1200 万桶/日，同比增长 110 万桶/日，正式超过沙特成为全球第一大原油生产国，同时随着美国石油安全形势改善，特朗普政府将继续出售战略石油储备（SPR）用于升级战略储备基础设施建设，美国 2019 财年（2018 年 10 月~2019 年 9 月），应累计释放 SPR 1700 万桶，除去 2018 年 11 月释放的 1100 万桶，还有 600 万桶常规 SPR 将在 2019 年释放。因此，美国减少轻质低硫油进口的趋势仍将延续，预计进口轻油比例将降至4%以下，进口重质原油比例将接近90%，进口中质原油比例降至7%。

另外，2019年下半年，连接页岩油产区Permian区块和出口地美湾的多条管线扩能、新建管线即将投产，包括第二季度10万桶/日的Permian Express扩能，第三季度40万桶/日的EPIC NGL管线改造和新建67万桶/日的Cactus Pipeline 2，以及第四季度新建60万桶/日的Epic管线和10万桶/日的Gray Oak管线扩能，共计200万桶/日，运输瓶颈问题可得到有效解决，美国原油出口量将大幅增加。根据国际能源署（IEA）预测，2019年美国原油出口量或增至300万桶/日，大西洋盆地产量的增加不仅对Brent价格构成压力，也对欧洲和西非轻质油的流向产生重要影响，美国因供应增加而舍弃的非洲、拉美及中东原油供应商，也必将加大对亚太市场的出口量，寻找各自的位置。

（四）IMO 2020新规将对原油贸易造成影响

2020年1月1日起，国际海事组织（IMO）强制执行全球船舶船用燃料油硫含量不高于0.5%的规定，随着时间的临近，市场高度关注，并认为此次船用燃料规格的调整对全球石油市场的影响深远。据统计，2018年全球船用燃料需求的三分之二仍以高硫燃料油为主，总量约350万桶/日。尽管部分船舶已经开始安装脱硫装置（Scrubber）应对新规，但可以预计的是，低硫燃料油仍存在大量供应缺口，其中，低硫船用燃料油需求或增至120万桶/日左右，船用柴油等直燃馏分油的需求或增至250万桶/日，调混用中间馏分油需求量也将增加。对于全球炼厂来说，需要采取增加二次装置、调整产品收率、调整原油结构等多重举措，将影响全球原油贸易流向。目前，亚太等地区炼厂因催化裂化、焦化装置较完善，有较大的调节空间来增加中间馏分油收率，但同时为生产低硫燃料油，也需要增加低硫原油的进口，有望推动亚太区内轻质低硫原油贴水上涨。而拉美产出的高硫原油将主要流向有焦化装置的美国和印度炼厂，高低硫原油价差或进一步加宽。与此同时，各地炼厂为调整收率，上半年的检修规模或有所增加，对全球原油贸易节奏也将产生影响。此外，远距离航线油轮运费上涨将抬高跨区原油贸易套利成本。

三 中长期全球原油贸易展望

（一）美洲地区有望成为新增原油出口的亮点

从中长期看，全球最重要的原油出口地区中东原油出口量增速放缓，占全球原油出口总量比重趋势下降，主要受到以下三个因素的影响：一是该地区内石油消费不断增加；二是主要产油国炼油能力快速增长，原油需求进一步增加；三是中东地缘政治局势动荡，以及产油国石油政策的调整等对其石油生产和贸易都将构成一定影响，预计未来10年，欧佩克国家原油出口量增速较为平稳，年均增加40万桶/日左右，因此中东地区可供贸易的资源或逐步减少。

而非洲作为全球第二大原油出口地区，出口量总体趋降，唯一的供应亮点来自安哥拉。据国际能源署（IEA）统计，常规油气产量每年下降约2%，2014~2017年低迷的油价阻碍了西非主要油田开发计划的推进，从中长期来看，非洲投资的方向或向中下游转移，且地缘政治局势仍将影响可供贸易的资源量。

与此同时，美国、加拿大和墨西哥等美洲国家的非常规油田和海上油田开采，成为全球原油出口增长的主要来源。预计未来10年，在页岩油产量大幅增长的背景下，特别是美国炼厂系统不适合加工大量轻质原油，原油生产与炼制结构矛盾越发突出，美国原油出口将主要针对大规模扩张的亚太炼化行业和更适合加工轻质低硫原油的欧洲炼厂，进口拉美及加拿大重油调和后加工。美国原油出口量占全球份额或增加8~10个百分点，至2025年美国原油出口或将增至500万桶/日，其中亚太地区出口量占比60%左右，欧洲地区出口量占比30%左右。"页岩油革命"已经并将继续对美国乃至世界石油产业和国际石油贸易产生深远影响，总体来说，美国轻质低硫油出口增加或将使全球可贸易原油资源趋向轻质化。

此外，中长期来看，技术提升已经使加拿大油砂项目成本因减少材料使用和更有效率的钻井方式下降30%～35%，墨西哥深水区项目的开采成本已经下降40%，产量的增长将推动这些主要产油国加大对中国、印度和亚洲其他主要原油需求国家的出口力度，出口目标更加多元化。

（二）天然气和清洁能源替代对原油贸易影响巨大

中长期来看，新一轮科技革命和产业变革推动新能源和可再生能源快速发展，各国政府不断推动能源发展向清洁、低碳、智能化转型。BP预计至2030年，可再生能源需求年均增长7.6%。美国政府提出的绿色能源发展计划主要通过水电、风电、光伏、生物质能替代化石能源达到目标；欧盟则提出在2050年可再生能源在能源构成中比重达到50%；日本加速氢能、地热能的开发利用，一场新的能源变革正在全球酝酿之中，汽柴等成品油需求或在2035年达到顶峰，全球特别是亚太地区过剩炼能面临改造升级或淘汰的情况，全球原油需求将逐步放缓。

另外，在能源向清洁化转型的过程中，天然气将发挥桥梁作用，预计2035年前，全球天然气需求年均增长1.9%左右，而在技术进步的推动下，全球LNG接收站能力增长迅速，BP预计到2020年全球LNG贸易量预计达到4890亿立方米，年均增长率为7%左右；到2025年和2030年，全球LNG贸易量将分别达到5950亿立方米和7090亿立方米，年均增长3%～4%。因此，中长期来看，新能源替代和天然气贸易的快速发展，使全球原油贸易量下降趋势逐步显现。

（三）原油贸易金融化、信息化趋势明显

原油是大宗商品之王，金融危机以来，原油贸易的金融属性日益增强，而由原油贸易衍生出的期货市场更吸引了供应者、贸易商、投行、对冲基金等实体和金融机构的共同参与，与外汇市场、衍生品市场的联动形成了复杂的金融体系，原油期货合约价格成为原油实货贸易中的先行指标和定价基

准，原油期货合约成交量也呈现不断攀升的态势，据统计，2018 年，Brent 原油期货合约总未平仓量平均为 240 万张，比 2008 年平均 55 万张增长超 3 倍；WTI 原油期货合约总未平仓量平均为 242 万张，比 2008 年平均 105 万张增长超 1 倍。值得特别关注的是，2018 年 3 月 26 日，中国上海原油期货合约在上海期货交易所子公司上海能源交易所挂牌交易，迅速发展成为全球第三大基准原油合约，与现货市场协同发展，并有望成为亚太区中质含硫原油的定价基准。

此外，大数据、云计算、区块链等信息技术的广泛应用，有助于优化原油贸易金融的传统模式，降低交易成本，包括迪拜在内国家和地区的政府和国际化公司均表现出重大兴趣，原油贸易全球联动性日益加强。

参考文献

［1］ BP：《2018 年能源统计年鉴》，2018。

［2］ EIA，"Drilling Productivity Report"，http：//www. eia. gov/petroleum/drilling/.

［3］ 王佩、李涵：《炼油重心东移引发市场争夺日趋激烈》，《中国石化报》2016 年 12 月 16 日

［4］ 陈波、王佩、刘文卿：《美国原油出口亚太前景分析》，《国际石油经济》2018 年 1 期。

B.10
全球成品油贸易现状与
2019年展望

李 岳 张 婧 陈晓黎*

摘　要： 近年来，世界经济总体呈现良好复苏态势，带动石油需求稳步增长。在全球炼能快速扩张的背景下，全球供需区域不平衡的矛盾进一步加剧，支撑全球油品贸易维持每年5%以上的快速增长，远远超过同期原油贸易1.1%的增速。2018年，全球油品贸易量增至2515万桶/日，同比增长140万桶/日，亚太、中东和美国成品油出口量均持续上升，国际成品油市场竞争继续加剧。2019年，IMO 2020船燃新规实施临近，全球油品贸易格局将面临大幅度调整，低硫燃料油活跃度将明显提升，不同油品之间的价差分化严重，预计中质馏分油和燃料油的裂解价差持续走强，但汽油及石脑油裂解价差仍在低位徘徊。展望未来，油品升级和清洁能源的使用将对全球石油贸易产生深远影响，能源革命以及新兴能源对传统化石能源的替代影响将进一步凸显。

关键词： 全球成品油贸易　裂解价差　跨区贸易

---

* 李岳，化工与金融双学位硕士，现任中国国际石油化工联合有限责任公司新加坡分公司成品油贸易业务经理；张婧，数量经济学硕士，现任中国国际石油化工联合有限责任公司市场战略部分析师，主要研究方向为宏观、国际油价模型及策略研究；陈晓黎，现任中国国际石油化工联合有限责任公司新加坡分公司成品油贸易执行。

一 2018年全球成品油贸易现状

（一）2018年成品油贸易增速快于原油贸易

近年来，全球炼油能力发展的区域性不平衡以及全球经济复苏后整体发展态势良好的现状极大地推动了成品油贸易的发展。结合 BP 能源统计，2008～2018 年，世界油品贸易量由1517 万桶/日提高至2515 万桶/日，年均增速高达5.2%，远超过同期原油贸易 1.1% 的增速，在全球石油贸易中的份额也由 27.8% 提高至 35.7%（见图 1）。

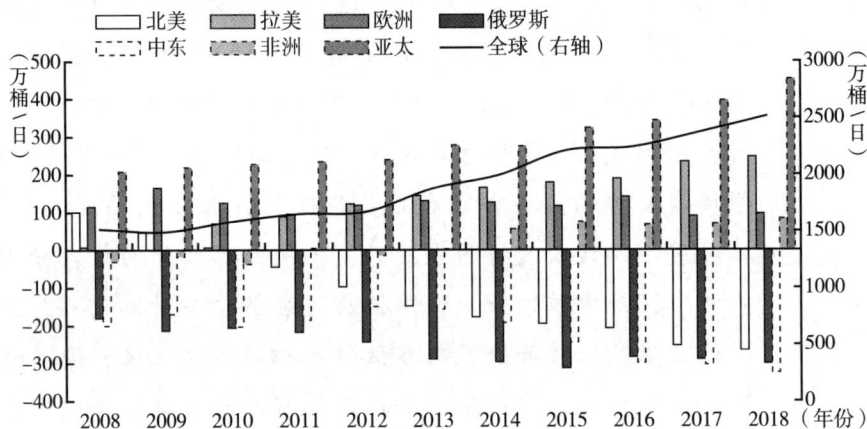

图1 全球分地区油品贸易量

数据来源：BP《2018 年能源统计年鉴》，Unipec Research & Strategy（URS）。

从贸易区域平衡看，美国墨西哥湾、中东红海沿岸及波斯湾沿岸、印度西海岸和东北亚等地区炼油中心的地位不断提高，北美、前苏联、中东三个地区油品净出口量继续扩大，非洲、拉美、欧洲地区油品净进口量保持着逐年增长态势，成品油各区域间的贸易流动愈加活跃。目前，成品油依托大船进行长距离运输已成为新的趋势，在 2017 年实现 1 船 VLCC 柴油跨区域贸易的基础上，2018 年共有 7 船 VLCC 实现跨区贸易，在提高成品油跨区贸易效率和经济性的同时，进一步活跃了全球油品船运市场以及各地区间的成品油价格联动。

（二）汽柴煤主要流向非洲、拉美地区

分品种来看，根据咨询机构 PIRA 统计数据预计，汽油方面，2018 年全球跨区贸易量预计达到 210 万桶/日，北美、欧洲、前苏联地区过剩，中东、非洲、拉美是主要进口地区，而亚太仍以区域内平衡为主。其中，北美是最大的汽油生产地区，同时也是最大的消费地区，但随着产量增长和汽油消费放缓，美国从汽油净进口转变为净出口区域，使其自欧洲汽油进口量已经从 2008 年的 28 万桶/日下降到 2018 年的 10 万桶/日，而出口至拉美地区的汽油从 9 万桶/日增至 82 万桶/日。这也导致欧洲过剩的汽油转向流入拉美和非洲地区，2018 年欧洲向拉美地区汽油出口从 2008 年的 8 万桶/日增至 30 万桶/日，向非洲地区汽油出口从 20 万桶/日增至 50 万桶/日。此外，前苏联地区作为传统的汽油输出地区，其过剩量一部分通过欧洲流向北美，另一部分出口至亚太、拉美和非洲等地区，但近年来由于外部需求下降和地区内需求增加，出口增幅放缓，从 2008 年的 18 万桶/日小幅增长至 2018 年的 24 万桶/日。

柴油方面，2018 年全球跨区贸易量预计达到 380 万桶/日，欧洲、拉美和非洲是主要的进口地区。其中，拉美地区柴油缺口主要由北美来补充，西海岸也视价格窗口情况时常由东北亚地区（中国、日本或韩国）炼厂进行供应，但美国炼油业受低成本支持，在过去几年中快速发展，竞争力超过东北亚炼厂；欧洲则已成为柴油跨区贸易的主要交汇地，美湾、前苏联、中东及西印度，甚至东北亚地区的柴油最终都汇聚到欧洲市场，但替代能源及政府禁用化石能源车的规定已经逐渐开始抑制欧洲地区的柴油需求。据估计，2018 年欧洲柴油进口量达到 140 万桶/日，其中 50% 来自前苏联地区，20% 来自中东，其余来自美湾、印度及东北亚地区。值得注意的是，随着中东炼能的发展，以及包括沙特在内等国家能源结构的变革，柴油需求正逐渐被天然气及其他清洁能源所替代，中东已从柴油净进口国转变为柴油净出口国，预计未来中东地区柴油的出口量将会继续增长，2018 年柴油出口量增至 62

万桶/日，主要出口至非洲和欧洲，少量出口至澳大利亚及美国东北部地区。值得特别说明的是，美国东海岸（PADD 1）地区在国内供应不足时，也会依托进口来满足快速增长的需求。PADD 1 地区通常由美湾地区的炼厂通过美国国内管线供应，但是受国内管线输送能力有限以及内贸船运费太高的影响，随着 PADD 1 地区柴油需求的不断增长，这一需求将会越来越多地依赖于进口来满足，主要来源于中东、印度以及东北亚地区。

航煤方面，2018 年全球跨区贸易量快速增长至 80 万桶/日，近十年年均增长 5 万桶/日。随着全球经济逐渐升温，航空业在过去的十年中快速发展，对航煤的需求也在急速扩张。与柴油类似，欧洲、拉美和非洲是主要的进口地区，主要由前苏联、中东、印度和东北亚地区供应。尤其是欧洲地区，航煤需求缺口在 2018 年预计将达到 43 万桶/日。美国地区虽然为航煤净出口地区，但主要为美湾地区出口至欧洲、拉美及非洲；而美国西海岸仍长期处于净进口的情况，主要由东北亚地区的炼厂供应。值得注意的是，2018 年中美贸易摩擦持续升级，中国出口的航煤由于加征关税，已经失去了经济性。

燃料油方面，2018 年全球跨区贸易量维持在 92 万桶/日，亚太和非洲地区随着工业化进程推进以及贸易活动更加频繁，仍需大量进口燃料油，其中新加坡和富查伊拉是世界最大的两个船加油基地，燃料油的缺口日趋明显，预计 2018 年燃料油需求缺口在 120 万桶/日。

（三）亚太成品油过剩，区内竞争加剧

2018 年，亚太地区成品油贸易量达到 452 万桶/日，同比增长 56 万桶/日，较 2008 年的 208 万桶/日增加了 1 倍多，其中区内贸易占比 84%。分品种来看，随着中国和印度炼能的快速扩张，油品升级加快，催化裂化、加氢裂化和焦化等二次装置增加，特别是中国为满足日益增加的汽油需求，将柴汽比从 2.1 降至 1.2，轻质馏分产量快速增长，重油产品产出减少，区内汽柴过剩，部分需要出口至非洲、拉美地区消化，而燃料油进口量日益增加，2018 年增至 120 万桶/日。

从区内来看，成品油贸易整体呈现从北向南、从西向东的流动趋势，新加

坡是亚太地区最主要的成品油贸易港，澳大利亚、印度尼西亚、泰国、越南、巴基斯坦等南亚国家成为主要缺口国家，韩国、中国和印度成为亚太主要的成品油出口国家。2018年中国石油产品出口133万桶/日，同比增加15万桶/日（见图2），其中成品油出口104万桶/日，同比增加17万桶/日。而与中国竞争的印度，预计2018年石油产品出口也接近135万桶/日，较2008年的82万桶/日大幅增长，其中汽油出口约31万桶/日，柴油出口约59万桶/日。

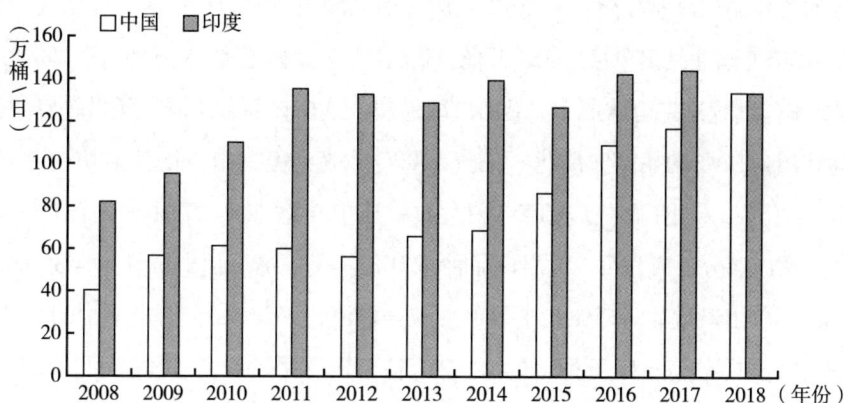

图2　中国和印度石油产品出口情况统计

数据来源：Reuters，中国统计局，Unipec Research & Strategy（URS）。

印度炼厂相对于包括中国在内的东北亚炼厂更具有竞争力，首先是其更便捷的地理位置，不仅利于其节省运费，而且使其可以自由地在亚太、非洲、欧洲不同地区间调整出口结构；其次是其灵活的炼厂技术和产品结构，尤其是Reliance炼厂，生产的不同产品，甚至不同规格的同种产品可以根据价差情况自由实时调节，以实现炼厂效益的最大化；最后是其丰富的装货方案以及良好的码头条件，不仅可以靠泊Suezmax等大型船舶装载，也可以灵活地进行不同产品、同种产品不同规格的拼装，以提升贸易价值及产品效益。此外，印度炼油商近年来受益于社会制度的持续改革和莫迪政府的亲商政策——在劳动密集型产业发展过程中，印度人口红利开始得到释放，印度经济已连续几年实现快速发展，尤其值得注意的是，印度于2010年和2014年分别取消汽、柴油政府补贴，促使印度成品油定价机制与国际接轨，使得印度炼厂如私营炼厂 Reliance 在油品出口贸易中更具竞争力。

（四）美国油品出口量快速增加，加剧国际油品市场竞争

近年来，美国页岩油革命带来的资源和成本优势越来越显著，提升了美国炼油业在全球的竞争力，加之燃油效率提高、汽车保有量趋于饱和，美国国内成品油市场需求日益成熟，于 2010 年成为油品净出口国，出口量逐年增长。预计 2018 年美国油品出口量为 568 万桶/日，比上年大幅增加 45 万桶/日，同比增长 8.7%，继续维持全球最大油品出口国地位。从出口品种来看，凭借较好的经济性和出口市场的拓宽，液化石油气（LPG）成为美国出口增长最快的品种，2018 年美国 LPG 出口量增至 143 万桶/日，比上年增加 20 万桶/日，同比增幅 16%，超过馏分油成为第一大出口品种。2018 年美国馏分油出口量为 128 万桶/日，占其总出口量的 22.5%，主要流向拉美和欧洲。2018 年美国汽油出口量也大幅增加，同比增长 17 万桶/日，至 92 万桶/日（见图 3）。美国成品油出口规模大幅增加显著改变了汽油和柴油的全球贸易流向，欧洲原本出口美国的汽油将另寻出路，拉美市场的争夺将日趋激烈，非洲成品油市场上也增加了美国力量，不再由欧洲汽油和亚太柴油供应把持，全球范围内出口导向型炼厂面临着更大的挑战。

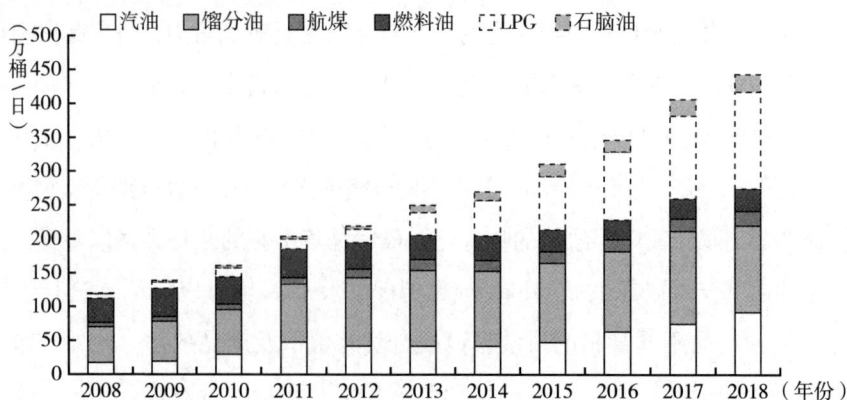

图 3　美国部分油品出口情况

数据来源：EIA，Unipec Research & Strategy（URS）。

172

二 2019年全球成品油贸易展望

（一）全球成品油贸易总量仍将维持快速增长

预计，2019年世界油品贸易仍将维持5%的增速，总量将同比增长122万桶/日，至2637万桶/日。从供需平衡来看，拉美、非洲仍是主要油品进口地区，亚太区内缺口则主要集中在南亚及太平洋地区。

分品种来看，预计2019年，全球汽油贸易流向继续展现由西向东的趋势变化，一方面，北美地区汽油市场较为成熟，汽车保有量基本饱和，燃油经济性逐步提高，自给率提高，可供出口的汽油量不断增加，过剩量将向拉美和非洲地区输送；另一方面，沙特、伊朗等国新炼厂投产，中东地区汽油自给率不断提高，并将增加对亚太地区的出口，抑制了亚太向中东和北美地区出口，亚太区域内平衡贸易量将大幅增加。

2019年，全球柴油贸易流向则保持由东、西流向中部的趋势，北美、中东、前苏联和亚太等地区过剩柴油资源将集中向欧洲、非洲和拉美地区流入。中长期来看，考虑到欧洲发展可再生能源的决心和力度，以及多个国家相继出台传统燃油车禁售令，部分老旧炼厂淘汰关停，区域内贸易量大幅减少，需求更加依赖进口。而美国将继续维持全球最大的柴油出口国的地位，中东凭借资源和位置优势，将挤占前苏联地区和亚太市场份额。

2019年，全球航煤贸易依然逐步增长，若中美贸易摩擦持续时间较长，随着我国浙江石化和恒力石化两大炼化一体化项目相继投产，中国过剩的航煤产能将不得不寻求新的目标市场，并不得不加速开展大船跨区运输贸易，销售到非洲和欧洲地区。

2019年，全球燃料油贸易流向维持由东向西的趋势，中东和亚太地区的燃料油主要出口至欧洲和北美地区。特别是中东燃料油产量增加，对亚太地区出口至北美的替代增加，亚太地区或增加出口至非洲的燃料油，区域内贸易量或减少。但随着IMO 2020限硫规定实施的临近，低硫燃料油的缺口也将逐渐显现，这对于高低硫燃料油的价差，以及中间馏分油和燃料油的价差将会产生更加深刻的影响。但随着亚太地区新增炼厂的相继投产，燃料油紧缺的情况预计会相对缓解，区内贸易日趋活跃，未来需求缺口或降至60万桶/日。

（二）苏伊士以东地区成品油过剩局面加剧

目前来看，全球炼油中心和石油需求增长中心从西向东转移，新三大炼油中心正在形成并不断壮大，分别是印度西海岸、波斯湾和红海沿岸以及东北亚地区，传统的三大炼油中心，即美国墨西哥湾沿岸、欧洲西北欧和地中海沿岸、亚太新加坡，在与中东、亚太地区新建的大型化、一体化炼厂比较中逐步失去竞争优势，而新的炼油中心凭借较强的竞争力和地理位置优势，成品油出口将大幅增加。

亚太作为全球炼油产能增长最快地区和全球最大炼油中心，预计未来几年内新增产能超过2亿吨，随着中国、印度、越南、马来西亚、文莱，以及中东地区的沙特、科威特等国家多家新炼厂陆续投产，成品油供应过剩局面将进一步加剧，跨区贸易规模将随之扩大，各地区间相同产品的价差关联性也将更加紧密。当前，亚太区内成品油贸易仍多以中程船型（MR级）为主要运输工具，出口至中东、非洲和拉美等地运输距离较长，在与美湾资源的竞争中面临较大的运输成本压力，同时还需要规避收款风险，因此，加大大船跨区力度、扩大规模出口效益将成为必然趋势，国际化竞争也将进一步加剧。

（三）IMO 2020新规实施提高低硫燃料油贸易活跃度，炼厂升级和检修规模或将增加

IMO 2020新规对全球成品油贸易的影响更加突出，预计至2020年全球船用燃料油的总体需求增至600万桶/日，除去安装脱硫装置的船舶，仍有150万~200万桶/日的高硫燃料油需要由含硫量不超过0.5%的低硫燃料油和中质馏分油调和替代，因此，需求缺口将导致低硫燃料油和中质馏分油的贸易活跃，柴油裂解价差及贴水均会提升，高硫燃料油价格将大幅下降，从

而与煤等直烧燃料竞争市场份额。咨询机构普氏预计，到2020年，高低硫燃料油价差（HSFO/LFSO）将从目前的－150美元/吨拉宽至－400美元/吨，预计到2019年下半年将更加显著。

此外，韩国、印度等国家的炼厂已经开始实施燃料油低硫化改造升级，以提前适应市场对低硫燃料油的需求，2019年上半年亚太地区炼厂的检修规模或将增加，油品贸易波动加剧。

三　中长期全球成品油贸易展望

（一）油品升级将进一步推动全球炼厂的淘汰升级

未来，全球油品升级趋势更加明显，俄罗斯继续鼓励炼厂升级改造，巴西也要求商用车辆使用超低硫柴油，东非地区已基本全部升级至50ppm柴油，南非地区也已全部使用10ppm柴油。到2020年，除西非（不包括加纳、尼日利亚）、印度尼西亚等部分国家和地区外，全球大部分其他国家和地区的汽油硫含量许可范围为10～100ppm，柴油为10～50ppm。这一变化迫使拉美及非洲等地区的老旧炼厂淘汰关闭，韩国SK和亚太地区的其他炼厂以及俄罗斯还未升级改造的炼厂将不得不继续加速升级步伐，提高脱硫能力，预计至2020年，全球将新增50万桶/日的加氢处理能力。

（二）新能源应用将加快成品油需求结构的变革

目前，包括欧洲、北美和中国等国家和地区的电动汽车普及程度持续上升，根据2018《BP世界能源展望》预测，未来二十年电动汽车数量将迅速增长，从目前100多万辆增至2035年的约1亿辆（占全球车辆总量的6%）。电动汽车的日益渗透和出行革命兴起（包括自动汽车、共享汽车和拼车出行等）将对未来石油需求产生重要影响，预测每新增1亿辆电动汽车将使石油需求增幅减少120万桶/日。目前，使用电动汽车已陆续得到部分国家的政府支持，但由于其大规模投放还存在局限性，总体预判，中短期内将不会对石油需求产生颠覆性影响。

同时，清洁能源的进一步广泛使用对传统化石能源产生长远影响，欧洲地区作为全球最主要的柴油需求地区，禁用柴油车政策将对柴油和汽油的需求结构带来冲击。自2017年以来，欧洲主要柴油需求国家陆续公布相关政策，其中，法国、德国和英国分别计划于2025年、2030年和2040年禁用柴油车。这一重大政策调整将彻底改变欧洲地区能源需求结构，柴油车将不得不向汽油车、电动汽车等交通工具转变。这一政策的宣布和实施将提前对全球炼油业和成品油贸易产生一定影响，成品油需求将会提前被新型能源需求所取代。

在亚太地区，孟加拉国、巴基斯坦等南亚国家在广泛推广成本更低且更环保的LNG作为汽油和柴油的替代能源；中国、沙特等国家在升级和转变车用、发电和取暖能源，广泛使用LNG替代柴油和燃料油。LNG将成为贸易量增长最快的品种，年增长率预计达7%左右，远超其他品种；中国、日本等国家加快光伏、核能等新兴清洁能源的使用，加大推广力度，对传统化石能源有一定程度的替代，亚太地区成品油过剩局面将更加严重。

参考文献

［1］ BP：《2018年能源统计年鉴》，2018。

［2］ PIRA，"Regional Evolution"，https：//data. pira. com/OilTrade/main. asp.

［3］ 高扬：《全球成品油贸易变化趋势分析》，《石油化工技术与经济》2017年第6期。

B.11
2018年中国石油贸易现状与2019年展望

高瑞明　夏潇远*

摘　要： 2018年，我国进口原油总量攀升至4.6亿吨，再创历史新高，继续巩固全球最大原油进口国地位；与此同时，原油对外依存度进一步增至70.8%，创历史最高。2018年，中东继续保持我国最大进口来源地区地位，我国从美洲和前苏联等地区原油进口则呈现快速增长态势，俄罗斯连续三年成为我国最大原油进口来源国。此外，2018年中国成品油出口规模继续扩大，成品油总出口量有望达到4608万吨，同比增长12.4%，再创历史新高。值得注意的是，受国家消费税改革的影响，混合芳烃进口大幅减少，轻循环油进口则继续攀升。展望2019年，尽管国内成品油需求会维持低速增长，但在恒力石化、浙江石化等大型炼化项目陆续投产的推动下，预计中国原油进口量仍将显著上升，有望达到4.9亿吨，同比增长6.5%。成品油出口方面则更多受到国家政策的调整影响，预计2019年我国成品油出口量有望突破5300万吨，再创历史新高。

关键词： 原油进口　进口来源　成品油出口　石油贸易

---

* 高瑞明，现任中国国际石油化工联合有限责任公司香港分公司分析师，主要研究方向为统计及中国石油市场；夏潇远，现任中国国际石油化工联合有限责任公司市场战略部分析师，主要研究方向为上海原油期货及中国石油市场。

一 2018年中国原油进口量再创新高

（一）中国继续维持全球第一大原油进口国地位

结合中国海关统计，预计2018年我国原油进口总量为4.6亿吨（927万桶/日），再创历史新高，同比增长10.0%，继续维持全球第一大原油进口国地位（见图1）。2018年，我国原油对外依存度进一步攀升至70.8%，比2017年提高2.4个百分点，再创历史新高。

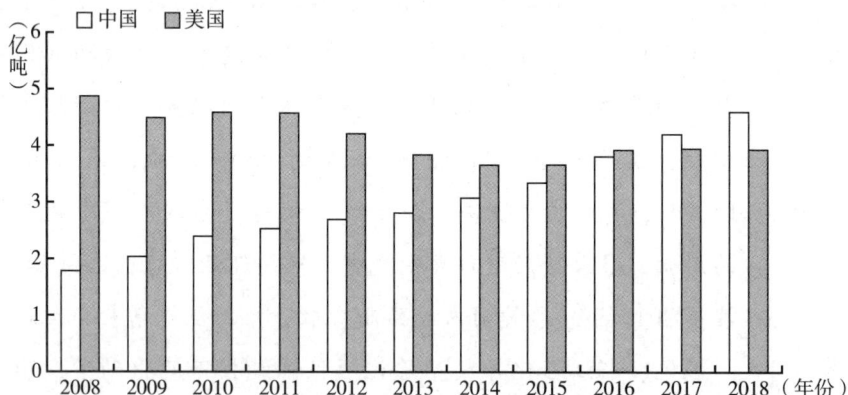

图 1　中国和美国原油进口量变化趋势

资料来源：中国海关，EIA，UNIPEC Research & Strategy（URS）。

结合需求面来看，2018年中国经济总体运行平稳，石油需求保持稳定增长，石油表观需求量近6.5亿吨，同比增长5.5%（见图2）。从实际加工量来看，2018年，中国原油加工量为6亿吨，同比增长6.3%，主要原因一是云南石化和惠炼二期开工率有所提高、华北石化等主营炼厂改扩建，原油加工量逐步上升，此外，部分地炼炼能装置规模继续扩张，比如中海东营石化扩能350万吨等；二是较好的炼油毛利也支撑炼厂维持较高的开工率。

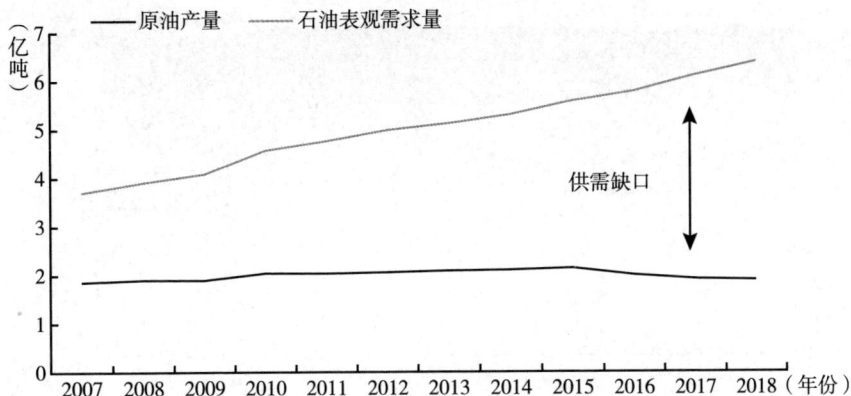

图2 中国原油产量和需求量情况

资料来源：国家统计局，UNIPEC Research & Strategy（URS）。

从供应面来看，2018年，中国原油产量为1.9亿吨，同比下降1.3%，为10年来最低水平。2015年以来，由于油价下跌，中国原油产量不断下降，已连续3年低于2亿吨水平。与此同时，结合发改委相关数据，2018年中国商业原油库存一度降至2011年以来最低水平，客观上也推动了原油进口继续增长。

（二）进口来源发生较大变化

从进口来源地看，中东一直是我国最重要的进口来源地区，但随着地方炼厂加大对前苏联、美洲、非洲等地区的原油采购力度，我国原油进口来源结构也发生较大变化。

中东仍是我国最重要的进口来源地区。结合海关统计，2018年我国从中东进口原油2.0亿吨，占中国原油进口总量的43.7%，中东仍保持了中国最大进口来源地区地位，份额较上年提升0.4个百分点，结束四年连降态势（见图3）。

非洲地区一直是中国原油进口第二大来源区域。2018年，中国从非洲地区进口原油数量为8742万吨，同比增加6.0%，占中国原油进口总量的

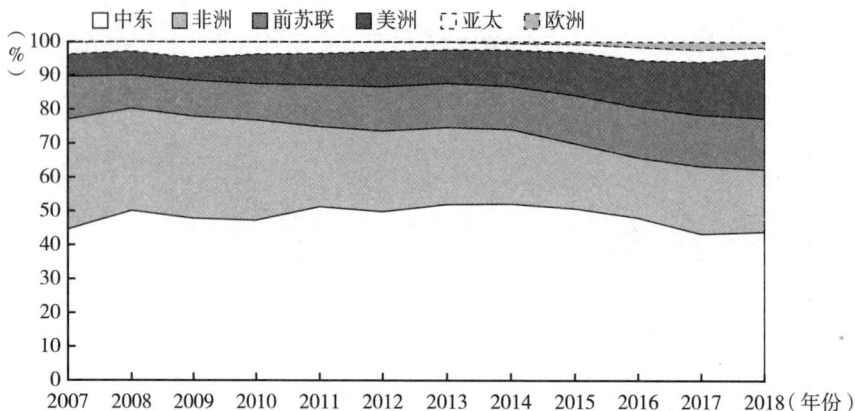

□中东　▨非洲　▨前苏联　■美洲　▥亚太　▧欧洲

图3　我国原油进口（分地区）变化趋势

数据来源：中国海关，UNIPEC Research & Strategy（URS）。

18.9%，较上年下降0.8个百分点。2018年第三季度后，地炼进口非洲原油数量显著回落，非洲原油进口增速放缓，但总进口量仍处于高位。

前苏联地区是我国原油进口第三大来源地。2018年中国从前苏联地区进口原油7442万吨，同比增长17.1%，占中国进口原油总量的16.1%，较上年增加0.8个百分点。其中，从俄罗斯进口原油数量高达7042万吨，占中国原油进口总量的15.5%，俄罗斯也连续三年超过沙特成为中国第一大进口来源国。一方面，2018年中俄原油管道正式投产，从俄罗斯输送至中国的原油进口量由每年1500万吨增加到3000万吨；另一方面，由于从俄罗斯东部港口进口的ESPO原油采购灵活，加之运输距离近、周期短，继续受到地炼的青睐，地炼从俄罗斯进口的原油量超过进口总量的20%，ESPO原油进口量预计同比大幅增长23%。

美洲是我国原油进口第四大来源地，也是近年来增长最快的区域。2018年，预计中国从美洲地区进口原油数量为7620万吨，同比增长14.0%，占中国原油进口总量的16.5%。近年来，美国页岩油和巴西深水项目产量不断提高，美洲地区原油产量大幅增长，尤其伴随着2015年美国原油出口解禁，美国原油出口呈现大规模增长。2018年中国进口美国原油总量为1228万吨，同比增加463万吨，增幅达60.5%。当前，亚太地区已成为美国原油出口的第一大目的地，尽管中国进口美国原油受到中美贸易摩擦的一定影响，但美国仍成为中国原油前十大进口国之一。此外，随着巴西原油供应的增加，以及巴西原油经济性凸显，2018年地炼大幅增加巴西原油的采购力度，其中巴西的 Lula 原油成为地炼 2018 年采购的主要油种，同比增长162%，带动我国自巴西进口的原油也呈现快速增长。

与其他地区相比，中国从亚太地区和欧洲进口原油相对较少，且进口量呈下降态势。2018 年，中国从亚太地区进口原油数量预计为 1338 万吨，同比减少 10.7%，占中国原油进口总量的比例为 2.9%；2018 年，受油田和基础设施老化影响，北海地区原油装船量明显减少，预计中国从欧洲地区进口原油为 862 万吨，同比减少 12.6%，占中国原油进口总量的 1.9%。

（三）进口主体更加多元化

1. 主营石油公司进口稳中趋降

长期以来，国有贸易公司在我国原油进口中占主导地位。2015 年以来，我国原油贸易政策加速放开，国有贸易公司在我国原油进口中仍然占主导地位，但是原油进口份额呈现下降趋势。结合发改委数据，预计 2018 年主营石油公司的原油进口量为 3.6 亿吨，占全国原油进口总量的 77.8%，较上年下降 4.3 个百分点（见图 4）。

2. 地方炼厂进口增速放缓

截止到 2018 年 11 月，共有 41 家民营或地方炼厂获得进口原油使用权，原油加工能力总计为 18960 万吨，进口原油使用量总计为 13264 万吨。从实际进口量来看，"双权"放开以来，以地方炼厂为代表的新力量炼厂进口量连续 3 年攀升。但 2018 年以来，受成品油消费税改革实施、银行信贷政策收紧、环保执法力度加大等多重因素影响，我国多数地炼运行成本增加，经营效益下滑，进口原油增速放缓（见图 5）。预计 2018 年地方炼厂原油进口量为 10355 万吨左右，比 2017 年增长 10.5%，增速较 2017 年回落 29 个百分点。

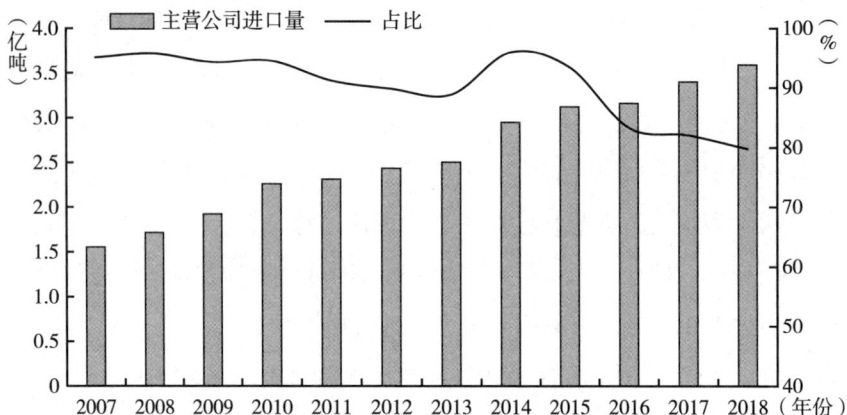

图4 主营公司原油进口量

数据来源：中国海关，发改委，Unipec Research & Strategy（URS）。

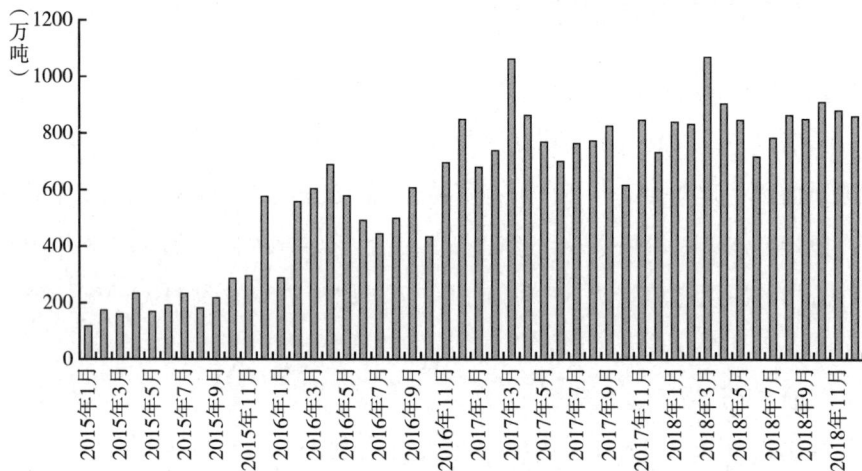

图5 地方炼厂原油进口变化趋势

数据来源：中国海关，发改委，金联创，Unipec Research & Strategy（URS）。

二 2018年中国成品油出口总量再创新高

（一）成品油出口增速重回两位数时代

2018年，中国经济增长放缓，加之替代能源发展，国内成品油需求增速继续放缓，同比仅增长3%~4%；同时，中石油云南炼厂和中海油惠炼二期开工率上升，以及第四季度中石油华北石化等改扩建投产，中国原油加工量继续走高，国内成品油资源过剩问题更加严峻，成品油出口增速重回两位数时代，全年成品油出口总量增至4608万吨，再创历史新高，同比增长12.4%（见图6）；中国成品油净出口规模或将超过韩国，成为亚太地区仅次于印度的第二大成品油净出口国。

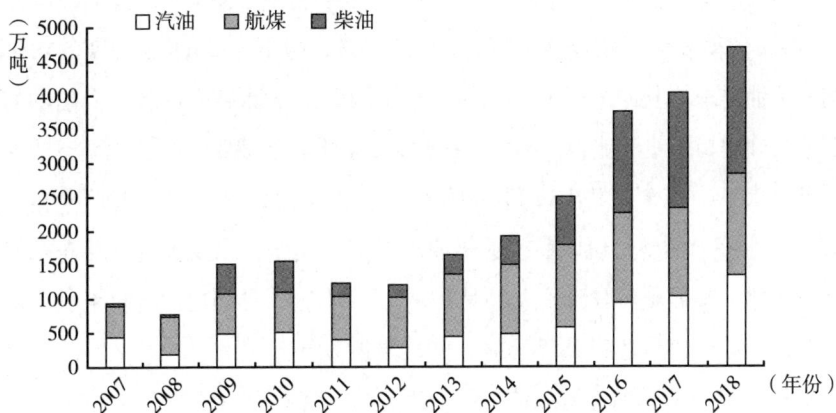

图6 我国成品油出口变化趋势

数据来源：中国海关，Unipec Research & Strategy（URS）。

1. 汽油成为成品油出口快速增长的"领头羊"

2018年，我国汽油出口量继续飙升，全年出口量为1288万吨，同比增长22.0%。汽油出口增长的主要原因是我国汽油终端需求增速持续放缓。受乘用车销量低迷、电动车和乙醇汽油等替代产品及替代燃料快速发展的影响，加之高铁和共享单车等因素的冲击，2018年，我国汽车销量出现多年以来的首次负增长，从7月份起，汽车销量首次连续六个月同比下降，尤其9~12月汽油销量降幅均超过10%。此外，在年初跨区套利窗口打开的推动下，改性乙醇进口量再度快速增长，虽然4月份起受中美贸易摩擦的影响，从美国进口改性乙醇的需求锐减，但全年我国改性乙醇进口量仍有60万吨，远超上年的1万吨左右，推动国内汽油总供应量上升。从需求侧来看，中国的汽油需求量仅上升 4.2%，远低于过去 5 年年均 10% 的增幅，一定程度上刺激了我国汽油出口。

2. 柴油出口量再创新高，但增速减缓

2015 年以来，中国炼能不断提高，但柴油终端消费总体维持疲软态势，柴油出口量年年创新高成为常态，连续 3 年成为中国成品油出口市场的第一大品种。2018 年，在国内经济增长放缓、工业和物流业稳中趋缓的影响下，中国柴油需求增长回落。前三季度，中国国内生产总值同比增长 6.7%，低于 2017 年同期的 6.9%。2018 年货物周转量同比增长 4.3%，也低于 2017 年同期的 6.0%。同期，柴油需求增长回落至 1%~2%。在中国国内柴油供应过剩压力加剧的情况下，柴油出口量继续走高，3 月、5 月出口量均高达 200 万吨，远高于 154 万吨的月均水平，1~8 月共出口 1325 万吨，同比增长 22.2%，高于 2017 年全年增长 12% 的水平。但 9 月份以后，受柴油出口配额紧张，以及国内终端需求稍有回暖的支撑，柴油出口骤降，尤其是 9 月、11 月、12 月同比出现负增长。从全年来看，柴油出口量达到 1853 万吨，同比增长 7.4%。

3. 航煤出口量仍然保持高位

2018 年，我国航煤出口恢复快速增长，航煤出口量进一步攀升至 1467 万吨，同比增长 11.3%。近年来，国内航空客货运市场需求旺盛，航空运输周转率保持高速增长。但 2018 年下半年以来，受国内经济增长放缓的影响，我国民航货运市场需求有所放缓，但民航货运周转量增长总体仍然较为稳健。国家统计局数据显示，2018 年民航货物周转量同比增长 7.8%，较上年同期下降 2.3 个百分点；民航旅客周转量同比增长 12.6%，较上年同期下降 1.2 个百分点。结合国家统计局数据测算，2018 年中国航煤需求同比增长 12% 左右，煤油产量预计同比增长 13%，国内航煤产量增速仍超过需求增速，推动我国航煤出口继续增加。

（二）成品油出口方式进一步向一般贸易转变

截至目前，2018 年已下发的成品油出口配额累计达到 4800 万吨，其中一般贸易配额共计 4050 万吨，占比高达 84.5%。中国海关数据显示，2018

年1～11月，一般贸易出口量为3264万吨，占成品油出口总量的70.9%，较上年同期提高48个百分点；来料加工出口量为156万吨，仅占成品油出口总量的3.4%。此外，随着出口贸易方式转变，成品油配额下放形式也逐步改革，出口配额或不再遵循按季度发放的形式，而是通过分批下发，并根据后期市场变化及时补发新的配额。

（三）成品油向亚太区外出口快速增长

从流向看，2018年，亚太依然是中国最大的成品油出口市场，主要目的国为新加坡、马来西亚、印度尼西亚、越南和菲律宾等东南亚国家。但近年来，受欧美、中东等地区，以及亚太区内韩国、印度等国成品油出口量日益增加的影响，中国的成品油传统出口市场竞争日趋激烈，推动中国成品油出口结构也发生较大变化。

1. 汽油出口亚太份额大幅下降，向区外墨西哥、阿曼和阿联酋等国延伸

伴随着亚太区内成品油市场竞争日益激烈、国内汽油供应的快速增长，我国汽油出口开始向墨西哥、阿曼和阿联酋等国延伸。2018年，中国出口到东南亚的汽油份额由2017年的95%大幅下降至83%。分国家看，新加坡仍是我国汽油出口的第一大目的地，出口量为876万吨，同比增长40.6%；向马来西亚和印度尼西亚出口呈下降趋势，出口量分别同比下降52.8%、35.3%；受越南新炼厂投产的影响，向越南出口汽油数量由上年的12万吨降至4万吨（见图7）。与此同时，中国对墨西哥的汽油出口出现快速增长，出口量超过80万吨，同比增长70%，墨西哥超过印度尼西亚成为我国第三大汽油出口目的地。此外，中国对阿曼出口量从零增长到28万吨，对阿联酋出口量从10万吨增至32万吨。

2. 柴油出口亚太地区份额总体趋降，出口欧美和非洲份额快速提高

与汽油出口类似，我国柴油出口也主要集中在亚太市场，其份额总体呈下滑趋势（见图8）。2018年，中国出口到亚太地区的柴油比例由2017年的96.6%降至89%；而向欧美和非洲等地的柴油出口比例快速提高，由2017年的3.3%提高至11.1%。从出口目的国来看，新加坡仍是中国柴油

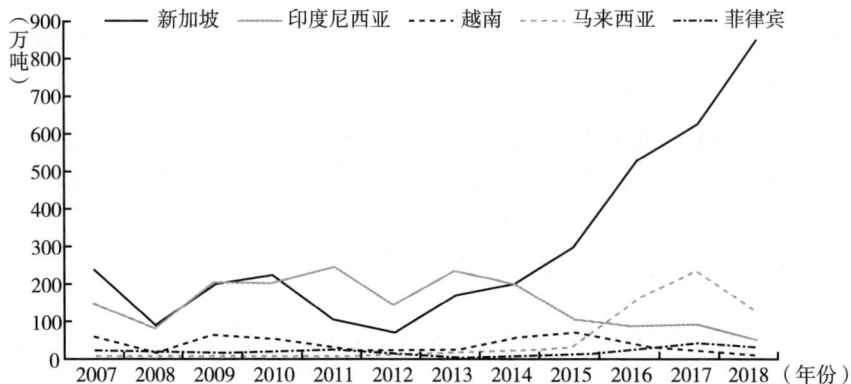

图7 我国主要汽油出口目的国趋势变化

数据来源：中国海关，Unipec Research & Strategy（URS）。

第一大出口目的地，但 2018 年以来对其出口出现下降，预计全年出口量
为 414 万吨，同比下降 3.5%，出口份额为 22%，较上年同期下降 4 个百
分点。

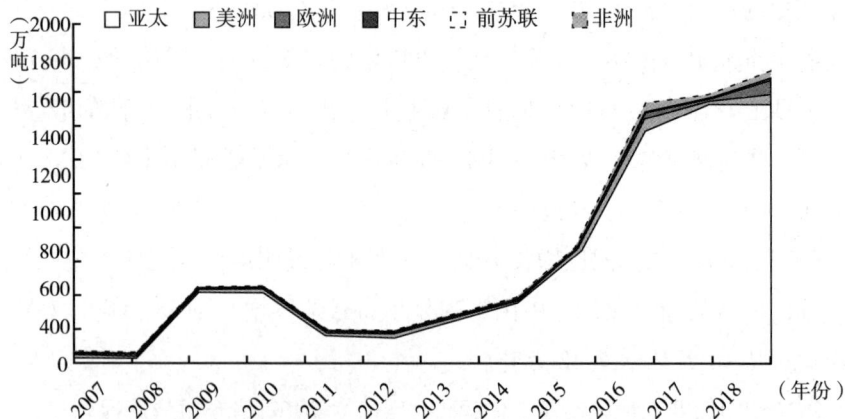

图8 我国柴油出口流向（分地区）

数据来源：中国海关，Unipec Research & Strategy（URS）。

3. 销往亚太地区的航煤下降, 而销往欧美的航煤增加

中国航煤传统的出口对象为亚太地区。但近年来, 在国内航煤资源持续过剩的局面下, 中国主要炼油企业积极寻求航煤出路, 开拓亚太区外市场, 航煤出口地区结构悄然改变, 主要体现为中国出口至欧美市场的航煤数量稳中有升(见图9)。2018年, 中国向亚太地区的航煤出口恢复增长, 出口量突破1000万吨, 同比增长22.6%, 占中国航煤出口总量的70%, 较上年同期提高4.2个百分点; 中国向欧美的航煤出口稳中有升, 出口量为362万吨, 同比增长3.7%, 占中国航煤出口总量的25%, 较上年同期下降3.5个百分点。

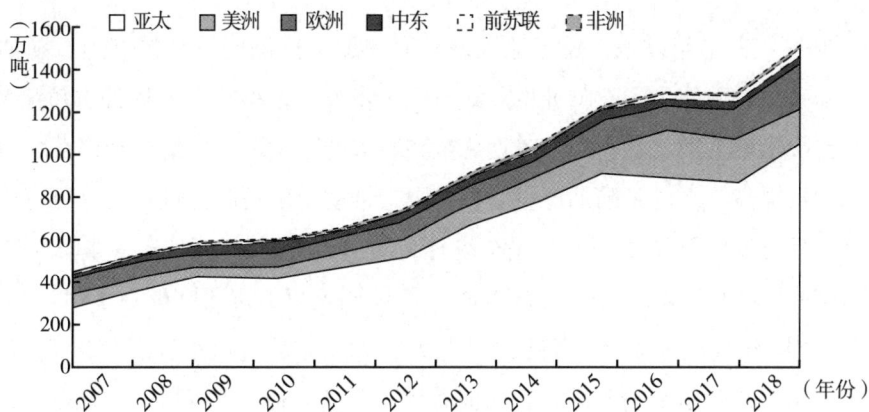

图9　我国航煤出口流向(分地区)

数据来源: 中国海关, Unipec Research & Strategy (URS)。

(四)成品油大船跨区贸易快速发展

近年来, 亚太地区炼油产能持续扩张, 区内成品油供应总体过剩, 竞争日趋激烈, 我国开辟区外贸易成为必然趋势。2018年中国成品油大船跨区贸易呈现快速发展的态势, 继续通过大船拼装以及仓储运作等方式, 将成品油贸易拓展至西北欧、地中海、北美、拉美以及非洲等区外市场。继2017年租用2条VLCC拼装柴油出口欧洲初见成效以后, 2018年中石化进

一步加大运作力度，租用 4 条新造 VLCC（30 万吨级）拼装柴油出口到欧洲市场。

三 2018年中国石脑油和燃料油等油品贸易表现出不同特征

除汽煤柴等主要品种外，2018 年我国石脑油和燃料油等油品贸易也表现出不同的特征。

（一）石脑油进口恢复增长

2016 年下半年以来，随着地炼进口原油加工比例的持续提高，石脑油收率提高，进而使中国石脑油供需缺口进一步收窄，2017 年石脑油进口量 7 年来首次出现下滑。然而，随着地炼重整装置的陆续上马，地炼自用石脑油比例大幅提高，国内石脑油产量增长有限，推动中国石脑油进口在经历短暂下降之后再度恢复增长。据不完全统计，2018 年山东地炼投产的重整装置能力高达 1120 万吨，而全国石脑油产量仅同比增长不到 4%（约 135 万吨），全年石脑油进口 747 万吨，同比增长 12%。从进口来源看，2018 年，中国从印度和阿尔及利亚进口石脑油激增，分别同比增长 78%、137%，其中印度超越俄罗斯成为中国第二大石脑油进口国，而阿尔及利亚也跻身中国四大石脑油进口国之列。

（二）燃料油进口连续两年保持快速增长

目前，我国燃料油进口以船用保税油为主。2015 年以前，受国家原油贸易政策限制，燃料油过去作为地方炼厂的主要进料，一直是进口量最多的油品品种，但自中国原油进口"双权"放开后，地炼加工原料瓶颈消除，对进口直馏燃料油需求大幅萎缩。从 2017 年起，船用油受经济回暖影响，船运市场整体有所改善，国际运输货量需求恢复增长，中国燃料油进口止跌回升。2018 年，舟山地区跨港加油需求快速增长，拉动燃料油进口量继续回升至 1666 万吨，同比增长 21.8%。

从进口来源看，中国燃料油进口来源国也持续发生着重要变化。2018年，中国自马来西亚和阿联酋的燃料油进口量快速增长。其中，马来西亚成为继新加坡之后中国燃料油进口的又一重要来源国，自马来西亚进口量高达467 万吨，同比增长 2.3 倍，占中国燃料油进口总量的 30%，较 2017 年提高近 20 个百分点；此外，阿联酋跻身中国前四大燃料油进口国，自阿联酋进口量超过 185 万吨，同比增长 1 倍。

（三）行业监管逐步完善，混芳、轻循环油等进口隐性资源表现不一

自 2018 年 3 月 1 日成品油消费税新政落地后，调油商"变票"难度加大，成品油发票一度难求，调油商的调和利润大幅下降，混芳进口受到严重冲击，呈现明显下降的走势。2018 年我国混芳进口量降至 489 万吨左右，同比下降 58%。此外，与混芳不同，轻循环油进口从 6 月份起出现止跌回升的逆向势头，全年进口 798 万吨，同比大增 43%，其主要原因是2018 年下半年中国柴油价格有所上涨，国内农用及工业用柴油需求逐步回暖，而作为调混柴油主要原料的轻循环油因此得到调油商和贸易商的青睐。

四　2019年中国原油进口有望继续保持增长

（一）2019年原油进口总量仍将保持增长

在民营炼厂投产和国内原油产量增幅有限的情况下，预计 2019 年我国原油进口量将进一步增长至 4.9 亿吨（合 984 万桶/日），仍维持较高水平。从新增炼能来看，2019 年我国炼能将新增 0.6 亿吨/年至 8.8 亿吨/年，但主要新增炼化项目可能推迟开工。大连恒力石化（2000 万吨）或推迟至2019 年第一季度全线开工；浙江石化一期（2000 万吨）预计 2019 年第三

季度投产，中石化湛江中科一体化项目（1000 万吨）可能于 2019 年底投产。此外，商务部公告显示，2019 年原油非国营贸易进口允许量为 20200 万吨，比 2018 年增加近 6000 万吨。预计恒力石化和浙江石化将在原有原油进口配额基础上获得新增进口配额，成达新能源、科利达、联合石化和万通石化等地炼将新增进口允许量，滨阳燃化、盘锦浩业和缘泰石化等地炼有望获得进口允许量。

此外，2015 年以来，我国原油产量一直处于下降态势。目前我国多数油田生产成本较高，基础设施逐渐老化，整体维护成本较高。但在国家政策的大力推动下，我国原油产量或将有所提高，预计 2019 年我国原油产量小幅增加 249 万吨（5 万桶/日）至 1.91 亿吨，增幅较为有限，客观上对原油进口构成支持。

（二）我国进口原油来源或将发生重要变化

从全球原油供应来看，2019 年上半年 OPEC 与非 OPEC 产油国将实施新的减产协议，其中 OPEC 减产 80 万桶/日，非 OPEC 减产 40 万桶/日；与此同时，美国页岩油产量仍保持较快增长态势，巴西石油产量恢复增长，或对我国原油进口来源产生一定影响。

1. 中东仍将是我国第一大原油进口来源地区

2018 年 11 月 5 日，美国重启对伊朗的制裁，但给予中国大陆、印度、希腊、意大利、中国台湾、日本、土耳其、韩国 8 个国家和地区 180 天豁免。受此影响，预计 2019 年中国进口伊朗原油总量将显著低于 2018 年。此外，受主要产油国减产影响，中东原油出口资源继续抽紧。但考虑到我国两大民营炼化项目——恒力石化和浙江石化相继投产，这两个炼厂均为加工中重质原油设计，分别与沙特签订了 13 万桶/日和 17 万桶/日的供应长约；且中化泉州炼厂和弘润炼厂的沙特原油供应量将有所增加，预计我国从中东国家的原油进口比重大体持稳，中东仍将是我国第一大原油进口来源地区。

2. 我国进口美国原油数量有望恢复

随着美国原油产量的快速增长和出口基础设施的不断改善，美国原油出口量迅速增长。2019年美国原油产量有望突破1200万桶/日，随着2019年管道逐渐投产运营，美国出口量将进一步提高，美国原油将成为我国原油进口的重要增长来源。2018年美国已成为我国前十大进口来源国之一，当前中美贸易摩擦有所缓和，中国有望重启从美国的原油进口，预计2019年进口美国原油逐步恢复，在两国谈判进展顺利情况下，中国进口美国原油数量有望再创新高。

3. 沙特将与俄罗斯争夺我国最大原油进口来源国地位

一方面，由于卢布贬值，俄罗斯国内经济恶化，加之美国制裁等因素，俄罗斯将尽可能增产以增加财政收入，预计2019年俄罗斯原油产量将进一步增加至1120万桶/日，原油出口量将稳步增加，加之中俄原油管道的顺利投产确保管输原油数量保持稳定，中国自俄罗斯进口原油数量预计仍将维持高位。另一方面，沙特计划加大在中国的布局，沙特阿美石油公司在中国已参股的炼化项目包括浙江石化、福建联合石化、辽东湾项目等。此外，2019年开工的恒力石化和浙江石化均与沙特签订长约，沙特与俄罗斯在中国市场的竞争或更加激烈。

五　2019年中国成品油出口有望继续保持快速增长

（一）成品油出口保持快速增长的态势

2019年，在国内经济增长趋稳的宏观背景下，预计中国成品油需求总体维持低速增长。但考虑到恒力石化和浙江石化一期有望于2019年相继投产，届时国内成品油资源过剩压力剧增，继续扩大出口仍是消化国内剩余炼能的重要出路。这两家大型民营炼厂或有望获批成品油出口配额，从而推动我国成品油出口继续保持快速增长。预计2019年我国成品油出口或突破5300万吨，同比增长近15%。

（二）成品油出口市场更加多元化，继续向区外市场延伸

从全球成品油供需格局看，2019年全球新增炼能主要来自亚太、中东

等地区，拉美、非洲、欧美基本没有新炼油项目上马。2019年汽柴油缺口仍主要集中在拉美和非洲地区，航煤缺口主要集中在非洲和欧洲地区。2019年，我国成品油跨区贸易规模仍有望继续增长。目前，中国成品油出口目标市场依然主要集中在东南亚，但随着东南亚地区的成品油市场竞争日趋激烈，我国炼油企业亟待扩大对南亚、澳洲、非洲、拉美等区外市场的出口力度，尤其是在"一带一路"倡议带动下，重点开拓孟加拉国、斯里兰卡、巴基斯坦、澳大利亚、南非、法国、荷兰、哈萨克斯坦和土库曼斯坦等国市场。

（三）成品油市场化进程加快，成品油出口主体多元化

自2015年进口原油"双权"放开后，2016年地炼曾短暂获得成品油出口配额。目前，中国的成品油出口仍以中石化、中石油、中海油和中化4家国有石油企业为主。随着恒力石化、浙江石化和盛虹石化等大型炼厂相继投产，加上地炼原油加工量持续提高，国内成品油过剩的局面将不断蔓延。2019年中国成品油市场化进程将进一步加快，成品油出口政策或将适当放宽，出口权有望向恒力石化和浙江石化两家大型民营炼厂放开，届时国有石油企业和民营炼厂将共同开展成品油出口业务，多元化的出口主体局面有望逐步形成。

（四）石脑油进口继续保持增长

随着国家对环保节能和油品质量升级的重视，以及顺应由传统炼油向炼化一体化升级转型的市场趋势，地炼积极投建重整装置，既可满足高标号汽油的生产需求，也可作为后续拓展化工产业链的基础。据不完全统计，2019~2020年，地炼重整产能还将继续扩大，预计投产的重整产能有望达3000万吨（部分计划投产项目见表1）。因此，2019年还有更多民营或地方炼厂上重整装置，国内石脑油需求有望继续增长，届时国内石脑油供需缺口拉大，企业将加大对石脑油的进口，预计2019年我国石脑油进口将继续保持增长。

表 1 未来新增重整装置投产情况

项目	新增产能	投产时间	项目	新增产能	投产时间
恒力石化	960 万吨/年	2019 年	中泓石化	100 万吨/年	2020 年
浙江石化	800 万吨/年	2019 年	神驰石化	120 万吨/年	计划
东方华龙	100 万吨/年	2019 年	齐成石化	80 万吨/年	计划
新海石化	100 万吨/年	2019 年	清沂山石化	100 万吨/年	计划
玉皇盛世	80 万吨/年	2019 年	岚桥石化	60 万吨/年	计划

数据来源：隆众资讯、中宇资讯、Unipec Research & Strategy（URS）。

（五）LPG 进口恢复快速增长

尽管 2018 年第四季度化工需求有所回落，但从中短期看，国内丙烷脱氢装置的利润仍将较为稳健，带动国内市场对丙烷需求量稳步增加；同时，中国炼油企业生产高质量国Ⅵ汽油将使 LPG 原料用量增多，因此 LPG 供需缺口仍将持续存在。此外，考虑到 2019 年浙江卫星石化二期、宁波福基石化二期、天津渤化二期、东莞巨正科技一期 4 套 PDH 装置有望相继投产，预计新增产能超过 200 万吨/年，届时我国 LPG 进口又将迎来快速增长期。

参考文献

［1］刘小丽：《2016 年我国成品油出口形势分析及政策建议》，《专家建议》2017 年第 2 期。

［2］方壮志、钱进：《我国成品油贸易出口面临的困境及应对措施》，《对外经贸实务》2016 年第 4 期。

［3］李军、张丰胜：《中国成品油出口贸易发展现状及展望》，《国际石油经济》2016 年第 8 期。

［4］钟飞、王小强、杨之琪：《2015 年中国成品油出口情况及市场前景预测》，《国际石油经济》2016 年第 3 期。

［5］ 田秋瑾：《2016 年中国燃料油供需概况及进口燃料油数据分析》，隆众资讯。

［6］ 张春宝：《国际成品油运输现状及我国成品油出口运输探讨》，《当代石油石化》2011 年第 5 期。

［7］ 石宝明：《我国 LPG 供求分析及展望》，《当代石油石化》2017 年第 5 期。

［8］ 高健：《全球原油贸易形成新格局：供应多极化、需求中心化》，《中国石化》2018 年第 3 期。

勘探生产篇

Exploration and Production Reports

B.12
中国石油资源勘探开发回顾和展望

潘继平*

摘　要： 近年来，中国石油资源勘探获得系列重要发现，储量总体保持高位增长，但开发和产能建设滞后，产量持续减少，石油供应能力有所下降。面对国家关于加大油气勘探开发力度、增强能源安全的号召和要求，石油资源增储上产再次成为中国石油乃至能源行业广泛关注的热点问题。基于对中国石油资源勘探开发的回顾和总结，本报告着重分析石油资源的潜力和面临的挑战与机遇，展望未来发展前景，探讨促进石油增储上产的改革与政策措施。

关键词： 石油资源　勘探开发　增储上产

---

* 潘继平，博士，自然资源部油气资源战略研究中心研究员，主要研究方向为油气勘探开发战略规划及相关政策。

一 勘探开发成效显著，但供需缺口不断加大

（一）勘探不断获得重要发现，储量总体保持高位增长

近年来，随着国际油价温和回升，中国油气勘探开发投资逐步增加。统计显示，2017 年全国油气勘探开发投资 2213.5 亿元，同比增长 18.9%，2018 年投资继续增加，预计达 2400 亿元左右，但明显低于"十二五"年均投资规模，总体仍处于相对低投资水平。

统计显示，2008 ~ 2018 年，全国石油勘探先后获得 23 个亿吨级以上油气发现，探明亿吨级以上大型油田或油气区 13 个，合计新增探明石油地质储量 37.5 亿吨，约占同期全国新增探明石油地质储量的 32.6%。在鄂尔多斯、渤海湾、塔里木等盆地，相继探明了塔河、华庆、姬塬（3 次新增）、环江、蓬莱等超过 2.0 亿吨的大型油田。

2017 年，全国石油勘探新发现 2 个亿吨级油田，分别为鄂尔多斯盆地的姬塬油田和华庆油田，均为在已发现油田基础上通过新探井实现了新增储量，同时在塔里木盆地塔中碳酸盐岩、准噶尔盆地中拐北斜坡上乌尔禾组以及松辽盆地南部乾安、龙西、渤海湾大港歧口等领域获得 5 个探明储量超过千万吨的重要石油发现，在渤海湾济阳坳陷、渤海渤中、柴达木等盆地及二连浩特、银额等中小盆地获得油气勘探新发现。截至 2017 年底，全国累计探明石油地质储量 389.7 亿吨，探明率 31%，其中 90% 以上探明储量分布在渤海湾、松辽、鄂尔多斯、准噶尔、塔里木、珠江口、柴达木等主力含油气盆地。2018 年，全国油气勘探获得积极进展，在渤海成功评价渤中 19 - 6，探明了亿吨级油气田，在黄河口凹陷通过精细勘探落实了渤中 29 - 6 亿吨级油田。准噶尔盆地沙湾凹陷二叠系上乌尔禾组石油勘探获重要发现，沙探 1 井取得突破，有望形成玛湖 - 沙湾凹陷大型石油富集区。河套盆地临河坳陷吉兰泰构造带石油勘探获重要发现，完钻 11 口探井，7 口获工业油流，5 口高产，有望形成亿吨级油田。鄂尔多斯盆地页岩油勘探取得进展，87 口

井获得工业油流，23 口的石油日产量超过 20 吨。

伴随着勘探投资的变化，新增石油储量呈现相似的变化特征。统计显示，2008~2017 年，全国新增石油探明地质储量 114.9 亿吨，年均约 11.5 吨，总体延续了 21 世纪以来的高位增长。近年来，受低油价的影响，随着投入下降，新增探明石油地质储量明显下降，2016 年新增探明储量为 9.14 亿吨，较 2015 年下降 18.3%，为近 10 年来首次低于 10 亿吨，2017 年继续下跌至 8.77 亿吨。预计，2018 年全国新增石油探明地质储量有望达 10.0 亿吨左右（见图 1）。

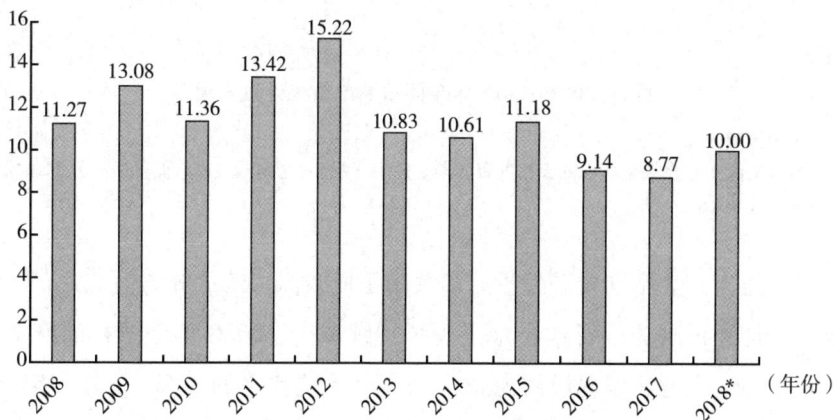

图 1　2008~2018 年全国新增探明石油地质储量统计直方图

* 为预测值。

数据来源：《全国石油天然气资源勘查开采通报》《全国油气矿产储量通报》。

（二）石油开发在经历持续增产后，石油产量出现连续减少

2008 年以来，在高油价、高投入的驱动下，中国石油开发与生产出现了持续增加，2010 年产量突破 2.0 亿吨大关，到 2015 年增产至 2.15 亿吨，8 年间年均增产约 300 万吨，年均增长约 2.0%（见图 2），高于同期世界石油产量增速。

近年来，受持续低油价的影响，油气开发业务普遍亏损，石油企业面临

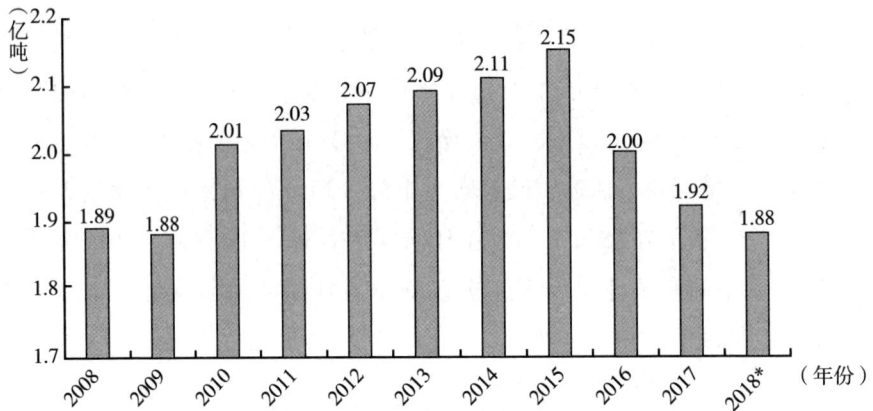

图 2　2008～2018 年全国石油产量统计直方图

* 为预测值。

数据来源：综合《全国石油天然气资源勘查开采通报》《全国油气矿产储量通报》和国家统计局有关数据。

巨大经营压力，大幅削减开发投入，关闭了成本高、效益低的生产井，同时减少了产能建设规模，石油产量出现了持续减少。2016 年全国石油产量跌至 2.0 亿吨，产能建设规模约为"十二五"平均水平的 30%，2017 年继续减产至 1.92 亿吨，预计 2018 年进一步减产至 1.88 亿吨，跌回十年前的产量规模，出现连续 3 年减产。截至 2017 年底，全国累计生产石油 67.7 亿吨，剩余技术可采储量 35.4 亿吨，剩余经济可采储量 25.3 亿吨，储采比分别为 18.4 年、13.2 年。

统计显示，石油产量主要集中于渤海湾（陆上）、松辽、渤海、鄂尔多斯、珠江口、准噶尔和塔里木等主力含油气盆地，上述盆地石油产量合计占全国石油总产量的 85% 以上。石油增产量主要来自渤海和鄂尔多斯盆地，减产量主要来自渤海湾和松辽。统计显示，2008～2015 年，渤海、鄂尔多斯增产量合计约 2700 万吨，渤海湾和松辽合计减产 930 万吨，到 2017 年，渤海、鄂尔多斯增产量下降至 2400 万吨，渤海湾和松辽减产量升至 2100 万吨。

（三）石油需求持续快速增长，供需缺口不断拉大

近年来，一方面国内石油产量不断下降，另一方面石油需求量却持续快速增长，导致供需缺口不断拉大。统计显示，2008～2017年，国内石油消费量由3.64亿吨增加到6.09亿吨，年均增加2500万吨，年均增长5.9%，为同期世界石油消费年均增速的4～5倍；同期，国内石油产量在经历了持续增长后，在3年内跌回十年前水平，国产石油资源对需求的保障程度下降至30%，为21世纪以来最低水平（见图3）。

其中，2008～2015年，石油消费年均增长6.0%，约为同期石油产量增速的3倍，国产石油资源对需求的保障程度由51.9%下降到39.2%；2015～2017年，国内石油产量持续下降，减产2300万吨，而消费量却增加6100万吨，国产资源供应保障程度进一步下降到30%。2018年，石油产量继续减少，预计降至1.88亿吨，而国内石油消费量继续保持较快增长，预计将达到6.4亿吨，国产石油资源对需求的保障程度跌至30%以下（见图3）。

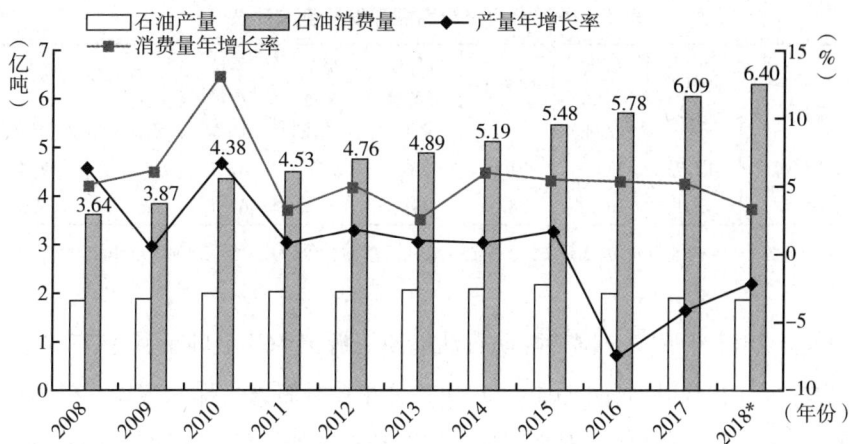

图3　2008～2018年中国石油产量和消费量及年增速对比

*为预测值。

数据来源：石油消费数据来自国家统计局。

按照这一发展趋势，预计到 2020 年，国内石油产量将减少至 1.8 亿吨左右，而消费量将增至约 6.7 亿吨，石油供需缺口将高达 4.9 亿吨左右，国产石油的供应保障程度下降至 26.9%；相应的，进口对外依存度将提高至 73.1%，供需形势更加严峻。

二　石油增储上产有资源基础，挑战与机遇并存

（一）石油资源潜力大，增储上产有资源基础

据全国油气资源动态评价结果，全国石油地质资源量 1257 亿吨，可采资源量 301 亿吨。其中，陆上石油地质资源量 1018 亿吨，可采资源量 229 亿吨；近海石油地质资源量 239 亿吨、可采资源量 72 亿吨。截至 2017 年底，全国累计探明石油地质储量 389.7 亿吨，探明率为 31.0%，总体已进入中期勘探阶段，储量高位稳定增长；累计可采储量 103.1 亿吨，累计产量 67.7 亿吨，可采资源采出程度约 22.5%（见表 1）。

表 1　中国石油资源勘探开发程度统计表

资源系列	资源量（亿吨）	探明储量（亿吨）	探明率（%）	待探明资源量（亿吨）	剩余储量（亿吨）	累计产量（亿吨）	采出程度（%）	
							资源量	探明储量
地质资源	1257	389.7	31.0	867	322	67.7	5.5	17.4
可采资源	301	103.1	34.2	198	35.4	67.7	22.5	65.6

数据来源：《全国油气资源动态评价》《全国油气矿产储量公报》，经整理加工分析。

截至 2017 年底，全国待探明石油地质资源量 867 亿吨，其中 77.2% 分布在九大含油气盆地（见图 4），54.6% 分布在渤海湾、鄂尔多斯、塔里木、准噶尔、渤海五大盆地。据全国油气资源动态评价结果，全国致密油地质资源量 146.6 亿吨，约 81.6% 分布在鄂尔多斯、松辽、渤海湾、准噶尔、四川五大盆地。目前致密油资源的勘探开发尚处于探索起步阶段，已相继在松辽盆地龙西、准噶尔盆地玛湖等取得突破。

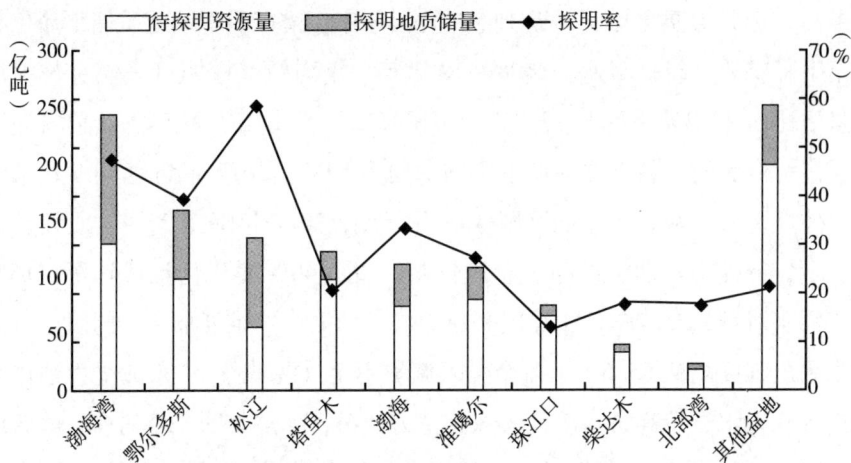

图4　中国主要含油气盆地石油资源勘探程度统计直方图

统计显示，截至2017年底，全国探明未开发石油地质储量高达94.2亿吨，约占累计探明石油地质储量的四分之一，具有较大建产规模，是目前石油开发增产最现实的方向。统计显示，2008～2017年，年新增储量中未开发比例为49%～75%，平均为63%。其次是新增储量开发产能建设，目前石油资源勘探总体进入中期勘探阶段，储量处于高位平稳增长期，是石油增储上产的主要潜力来源，但必须以加强勘探、不断增加储量为前提。提高采收率，加强剩余油开发，努力稳定东部高含水老油田产量，或者减缓其减产步伐，是我国石油产量稳中有增、保2.0亿吨目标的基础。初步测算表明，全国石油储量平均采收率提高1个百分点，新增可采储量约3.0亿吨，相当于新发现5个以上亿吨级油田。

总体上，中国石油资源丰富，勘探开发程度较低，潜力大，如果考虑深水海域和处于探索阶段的致密油/页岩油等资源，发展空间广阔，增储上产具有资源基础。

（二）勘探开发面临历史困境，增储上产难度加大

石油资源品位持续下降，东部主力油田稳产难度加大。尽管石油资源丰富，但由于地质条件复杂，资源禀赋较差、品位较低，而且随着勘探开发程

度提高，资源劣质化加剧。近十年，全国每年新增探明石油地质储量品位总体呈下降态势。统计显示，2008～2017年，年均新增探明可采储量与地质储量之比由20.2%下降至17.7%，下降2.5个百分点；低品位储量占比明显提高，低渗透、特低渗油储量比例平均为64%，2017年高达74%；采收率总体呈下降趋势，十年间下降3个百分点，2017年降至26.4%。评价结果显示，待探明石油资源品位总体较差，超过40%属于低渗透资源，16%位于深水海域，25.7%位于深层和超深层，勘探开发难度加大。同时，可采储量采出程度高达65.6%，剩余可采储量不足（见表1）。东部主力油田普遍进入高含水、特高含水阶段，部分主力油田，如萨尔图、杏树岗、喇嘛庙等，采收率超过50%，提升空间日益收窄，稳产难度越来越大。总体上，资源总量大但劣质化加剧、剩余储量不足、增产乏力的石油资源形势，迫切需要加强勘探开发，推进增储上产。

石油勘探对象日趋复杂，油气地质理论和关键技术瓶颈突出。随着勘探程度提高，油气勘探对象越来越复杂，深层、深水、非常规日益成为重要接续领域，古生界海相碳酸盐岩、中新生界碎屑岩构造—岩性圈闭、前陆冲断带、致密油气等成为增储上产的主要领域。有利目标优选、油气层识别等难度增大，地震、钻井、测试等施工难度加大，探井成功率总体呈下降态势，风险加大，成本不断攀升。面对日益复杂的勘探对象、不断拓展的勘探领域，油气地质理论和关键技术瓶颈日益突出。其中，高温高压、古老地层碳酸盐岩的油气成藏理论、致密油/页岩油的形成与富集规律认识的局限制约了深层、深水及非常规等新领域油气勘探。致密油/页岩油开发面临关键技术瓶颈，制约了规模效益开发。

油气体制改革滞后，竞争乏力，勘探开发投入不足。近年来，油气上游领域市场化改革探索取得积极进展，但开放程度依然十分有限，超过95%的油气矿业权仍集中在极少数企业，竞争活力不足，而且油气矿业权在矿业企业间缺乏有效流转机制，充分竞争、有序发展的勘探开发市场格局远未形成。在持续低油价、资源劣质化加剧等多因素的影响下，近年来油气勘探开发投资不足，工作量大幅减少，探明储量增幅下降，新建产能规模下降。统计显示，2017 年，全国油气勘探开发投资 2213.5 亿元，同比增长 18.9%，预计 2018 年将达 2400 亿元左右，同比增长约 10%，但仍远低于 2013 年的高峰值 3660.1 亿元，比"十二五"年均投资规模下降 30%，总体仍处于相对较低的勘探投入水平。2016～2017 年，年均新增石油储量 8.95 亿吨，比"十二五"年均新增储量规模（12.25 亿吨）下降 26.9%。

油气资源开发政策体系不协调不健全，不利于资源开发和生态环境保护。油气资源开发与生态环境保护的关系统筹协调不够。一方面，油气资源勘探开发对生态环境保护的重视程度依然不够，污染、破坏环境的开发生产活动在个别油气田开发中依然存在；另一方面，有些生态红线、自然保护区的划定存在不科学、不合理、随意性大等问题，对促进油气增储上产、增强能源安全的现实需要考虑不够，以至于相当规模已发现、已建产油气田（区）被划入自然保护区，对油气开发生产造成相当程度的影响，在一定程度上制约了油气增储上产。另外，油气资源勘探开发的政策体系和机制不健全，对东部高含水老油田稳产和致密油/页岩油等高成本、高风险资源开发缺少有力而灵活多样的支持政策；已有的支持政策侧重于直接的财政补贴或者税费减免，方式单一，而用地、安全、环评等非经济性支持政策严重不足。

（三）增储上产依然面临良好发展机遇与有利条件

尽管存在上述严峻挑战与问题，加强勘探开发、增储上产依然具有良好发展机遇和有利条件。如前述，石油资源潜力大，增储上产有资源基础，同时，还具有如下发展机遇和有利条件。①国家对油气勘探开发提出了新要求，为新形势下加强油气上游发展带来了历史机遇。近年来，伴随着中高速经济增长，油气需求呈现持续强劲增长态势，国内产量远不能满足消费需求，供需差距越来越大，导致对外依存度持续快速攀升。统计显示，2015～2017 年，石油对外依存度由约 61% 快速攀升至约 69%，天然气对外依存度由约 31% 增加到约 39%。同时，国内油气储备体系建设、储备能力不足，特别是战略储备严重不足。2018 年，中美贸易冲突不断升级，国际地缘政治更加复杂，境外油气进口贸易的潜在风险加大。多种因素叠加，我国能源

（油气）安全形势日趋严峻，迫切需要加强国内油气资源开发增产增供。2018年7月，国家及时做出了战略部署，明确要求有关政府部门、石油企业"大力提升国内油气勘探开发力度，增强国家能源安全"，吹响了新时代下加强油气勘探开发的号角，为处于困境中油气上游业发展带来了难得的历史机遇，油气勘探开发迎来了春天。②不断深化油气体制机制改革，为加快油气上游打通快速发展的制度通道。近年来，国家出台了加快油气体制改革的方案，旨在消除制约油气快速发展的制度障碍。随着有关具体改革方案的陆续出台，油气勘探开发有望迎来新的发展机遇，不断释放改革红利，激发市场活力，激活资源潜力，进入一个新的发展阶段。③新型工业化、城镇化发展和环保力度的加大，为加强国内油气开发增产带来动力。目前和今后较长时间，我国处于工业化发展中后期阶段，新型工业化、城镇化进程加快，同时大力开展空气污染防治，打赢蓝天保卫战，对油气特别是天然气的需求必将在较长时间内保持较强刚性增长。不断增长的油气需求为国内油气生产供应提出了新要求，为勘探开发带来了新机遇，为加大投资、加强油气勘探开发、提高产量、增加供应提供了强劲的市场驱动力。

三　石油储量有望保持高位增长，稳产增产有潜力

未来2~3年乃至"十四五"期间，各石油企业认真贯彻落实国家有关战略决策部署，不断加大投入，增加工作量，石油探明储量有望保持高位增长，石油稳产增产有前景。

（一）石油储量保持高位增长

1.石油储量增长前景

预计"十三五"后三年，即2018~2020年，全国新增探明石油地质储量30亿~33亿吨，年均新增储量10亿~11亿吨，年均探明率为1.2%~1.3%，截至2020年底，累计探明率达约33.5%。预计2021~2025年，即"十四五"期间，随着上游投入进一步加大，勘探工作量不断增加，油气勘探发现不断

获得新突破，储量增幅有望扩大，新增探明石油地质储量 55 亿～60 亿吨，年均新增储量 11 亿～12 亿吨，年均探明率 1.3%～1.5%。

2. 主要勘探领域与方向

加强低勘探程度地区、新区、新领域的风险勘探，包括中西部前陆盆地、深部地层、南黄海、台西南及南方碳酸盐岩等，探索战略接续领域，力争大发现，寻找规模接续储量。其中，中西部前陆盆地勘探和研究程度总体较低，是目前和今后油气勘探的主要领域之一，更是陆上油气勘探的主要接替领域。近年来，中西部前陆盆地油气勘探由单个油气田发现向富油气构造带发展，勘探有利目的层埋深不断增加，冲断带仍是勘探重点，同时斜坡带构造—岩性油气藏日益成为重要勘探目标。未来 2～3 年，力争在塔里木库车前陆区古隆起、克拉苏深层、塔西南地区、南天山前陆温宿凸起周缘等取得重要发现，发现一批大中型油气藏；在准噶尔盆地山前构造带力争探明亿吨级石油储量；在柴达木盆地大型复杂山前构造区优选有利勘探领域和方向，力争取得突破。力争"十四五"期间在前陆盆地获得重大突破，发现 2～3 个亿吨级以上整装油田，成为新增储量的重要来源。同时，加强近海风险油气勘探，特别要加强深水海域、南黄海、东海及台西南盆地的勘探，抓住机遇继续加强南海中南部油气风险勘探。

海相碳酸盐岩是油气勘探的重要领域。资料显示，截至 2017 年底，碳酸盐岩石油、天然气资源探明率分别为 10.8% 和 12%，剩余石油、天然气资源分别约占全国剩余资源的 30%、40%，勘探潜力大。塔里木、鄂尔多斯盆地奥陶系是主要勘探目标层系，部分区带勘探程度较高，但寒武系勘探程度很低；四川盆地震旦系—寒武系是目前主力层系，川中古隆起区高石梯—磨溪地区勘探程度较高，其他地区及盆地奥陶系勘探程度低；前寒武系勘探程度更低，除四川盆地震旦系以外，其余盆地几乎是勘探空白领域。未来 2～3 年乃至"十四五"期间，海相碳酸盐岩勘探以四川盆地及邻区、塔里木、鄂尔多斯及邻区的下古生界为重点，兼顾中新元古界新领域、新层系，同时继续积极探索中下扬子、滇黔桂地区，以深层、超深层为重点领域，岩性型、地层型（礁滩型、岩溶型）等海相碳酸盐岩勘探目标逐渐成为主体。

力争提出一批重大预探及风险目标，获 2～3 个战略性新发现，开辟新的规模储量区。预计未来 2～3 年及"十四五"期间，新增储量的 30% 以上将来自海相碳酸盐岩领域。

岩性地层油气藏是 21 世纪以来最重要的勘探领域，新一轮油气资源评价结果显示，碎屑岩岩性地层油气藏剩余石油资源约占 40%、天然气约占 15%，仍是目前和今后陆上勘探油气增储的主要领域之一，重点勘探盆地包括准噶尔、鄂尔多斯、柴达木、松辽、渤海湾等。坳陷湖盆大油区成藏理论不断完善，岩性地层油气藏储量规模持续增长，立足区带评价，勘探成效显著，相继获得一批规模储量。渤海湾盆地已探明储量空间分布极不均衡，通过成熟探区增储领域持续挖潜，深化研究，拓展有效勘探空间，落实增储新领域。持续强化老油区精细挖潜勘探，以松辽盆地、渤海湾盆地（陆上）为重点，突出致密油、页岩油，增加接续储量。

富油凹/洼陷是近海大中型油气田形成的主要场所，也是近海盆地石油勘探实现增储的主战场；同时古近系和潜山是重要的勘探潜力层系。古近系是珠江口盆地石油勘探重要接替领域。渤中凹陷是目前我国近海海域深大富油气凹陷，边缘洼陷勘探思路创新引领发现了 BZ36－1 大型油田。"十三五"以来，调整潜山勘探思路，由高向低、由浅到深、由油向气转变，大大拓展了勘探领域，并发现了渤中 19－6 千亿方级凝析气田周围发育众多潜山带，勘探前景良好。

（二）石油产量回升有前景

1. 石油产量回升前景

据国家能源局统计，2018 年 1～11 月，全国石油产量 1.73 亿吨，预计全年产量约 1.88 亿吨，继续呈下降态势，同比 2017 年下降 2.1%。"十三五"后两年，随着开发投入的持续增加，产能建设加快，致密油开发示范项目取得积极成效，老油田采收率普遍提高，石油产量将出现回升态势，预计 2020 年将增产至 1.95 亿吨左右，比 2018 年增加 500 万～700 万吨。

"十四五"期间，进一步加大投入力度，产能建设继续加快，探明未开发储量得到有效动用和开发，新增储量有序开发投产，致密油/页岩油等非常规资源实现规模效益开发，预计 2022 年前后，石油产量将回升到 2.0 亿吨/年，其中致密油/页岩油产量有望突破 300 万吨/年，随后稳产至 2025 年甚至更长时间，借助高油价可能稳中有升，回升到历史高位 2.1 亿吨/年以上，致密油/页岩油产量有望达到 500 万~800 万吨/年。

2. 开发领域和方向

强化老油区挖潜，探边扩层，着重加强大庆、胜利、辽河等东部主力高含水老油田剩余油开发，不断提高采收率，努力控制递减率，减缓产量下降步伐，力争稳产。加强大庆特高含水老油田控水提效提高采收率等示范区建设，形成特高含水后期水驱精准开发控水提效配套技术工艺，实现水驱示范区提高采收率 0.5~1 个百分点；加强剩余油聚合物驱提效开发，形成聚合物驱、三元复合驱工业化开发配套技术系列，大幅提高采收率，提高剩余油开发利用水平，努力控制产量递减率。加强胜利油田高温高盐油藏、复杂断块油藏等开发先导试验，加大难动用储量的开发力度并不断提高采收率。

提高已开发稠油、低渗透油田的采收率，提高单井产量，延长稳产期。陆上稠油开发是中国油气开发的重要领域之一，依托辽河、克拉玛依等陆上稠油开发示范工程建设和重大开发先导性试验，使示范工程区和先导试验区采收率在目前开发的基础上提高 5~10 个百分点。加强海上稠油高效开发技术研究，加快渤海稠油开发，力争提高主要目标区采收率 6 个百分点以上。提高塔河等缝洞型碳酸盐岩油藏开发的采收率，实现塔河油田示范单元水驱提高采收率 0.5~1.5 个百分点，注气提高采收率 0.5~1.5 个百分点。

加快鄂尔多斯、塔里木、准噶尔等盆地新兴特大型石油生产基地建设步伐。一方面，加大探明未开发储量的开发动用力度，加快推进探明储量的产能建设。着重加强低渗—超低渗油藏规模效益开发。以鄂尔多斯、准噶尔等盆地为重点，通过示范区、先导试验区建设，按照"立足水驱、发展气驱、攻克化学驱"的开发思路，加快形成低渗—超低渗油藏规模有效开发关键技术系列，推进低渗透难动用储量开发和产能建设。预计未来 2~3 年甚至"十四五"期间，低渗透—超低渗透油藏开发是石油增产的主要来源之一。

加强塔里木盆地石油探明未开发储量的动用开发与产能建设，加快上产步伐。二是加强新增石油储量的开发与产能建设，适时建成产能，增加石油产量。三是加强页岩油勘探开发，加快关键技术攻关，重点实施一批页岩油开发示范工程，尽快实现页岩油规模效益开发，力争形成石油增产新领域。四是加强南海北部深水油气田开发和产能建设，加快渤海探明未动用储量的产能建设，早日建成 5000 万吨级特大型海上石油生产基地。

四　深化改革、完善政策，促进石油增储上产

（一）持续深化油气体制改革，构建充分竞争、多元化油气勘探开发市场体系

积极探索以市场化方式推进油气矿业权流转，不断引入竞争，增加投入，盘活存量资源，实现增储稳产增产。①鼓励主要石油企业内部的矿权流转；②主要石油企业之间的油气矿权流转，鼓励采用不同思路和方法勘查开采油气；③在确权登记基础上，基于经济价值评估，探索主要石油企业与其他各类所有制企业之间以市场化方式推进矿权流转。加大区块退出力度，结合公益地质调查，推进矿权竞争性出让常态化。推进油气上游主辅分离，形成真正的勘探开发工程技术服务市场。加强监管，理顺监管体制机制，切实发挥地方作用，加强监管专业队伍建设，完善监管依据和标准规范，确保油气资源合理开发，保护生态环境，促进地方发展。合理分配油气资源开发收益，鼓励支持地方以多种方式参与资源开发利用，留税于地方，互利互惠，共同发展。加强并完善油气勘探开发投资考核机制，适度降低有关经济指标，留出风险勘探、非常规资源开发的容错空间。

（二）加强重大理论、关键技术研发与攻关，大幅降低成本，推进资源规模效益开发

针对制约油气勘探开发的重大地质理论、关键技术及重大装备方面的共性问题，借助国家油气重大科技专项，建立完善国家油气科研平台，健全以

企业为主、产学研优势互补的科技攻关机制，增强油气科技创新能力。着重完善海相碳酸盐岩、前陆盆地冲断带、深水、地层岩性及火山岩等新领域石油勘探地质理论研究，深化地质认识，拓展勘探领域和空间。加强深部、高温高压油气成藏理论研究。加强页岩油、致密油勘探地质理论研究，重点攻克致密油、页岩油高效开发关键技术，不断降低成本，推进规模效益开发。通过示范区建设，探索形成致密油甜点识别及预测、水平井优快钻完井、储层改造及降本增效配套技术。提高采收率是石油稳产、增产的关键之一，各类油气藏，特别是复杂油气藏开发提高采收率关键技术是石油科技攻关与创新的主要目标之一。以示范区和试验区为依托，深化精细注采结构优化调整技术与化学驱等提高采收率技术的研究，形成特高含水后期精细注采结构调整关键技术；加强复杂断块/砾岩油藏化学复合驱技术攻关，形成特高含水后期水驱精准开发控水提效配套技术；依托示范工程建设和重大开发先导性试验，形成稠油油田开发的新一代主体技术，开展海上稠油高效开发技术研究；加强缝洞型碳酸盐岩油藏提高采收率关键技术研究。

（三）健全完善油气资源开发政策，统筹推进油气开发与生态环境保护协调发展

大幅削减含水率超过90%老油田开发的税费，并对强化采油（三次采油）、低产油井予以适当支持；加大对稠油、致密油气、页岩油气、煤层气等低品位、非常规资源开发税费减免支持力度，可以考虑全免其资源税，由此而增加的油气产量适当向地方倾斜。同时，延续对页岩气、煤层气的补贴政策，对致密气、致密油、页岩油开发予以适度补贴支持；加大对深水、深层油气资源开发的支持力度，以税费减免为主。坚决贯彻中央关于生态环境保护的战略决策，统筹协调油气资源勘探开发与生态环境保护的关系，自然保护区、生态红线的确定要充分考虑油气开发增强国家能源安全的战略需要，油气开发要进一步做好生态环境保护，实现在保护中开发，在开发中保护，推进资源开发与生态环境保护协调发展。另外，完善油气资源开发利益分配制度，促进央企与地方协调发展。

B.13
美国非常规致密油开发进展及前景展望

邹才能　赵　群*

摘　要：　美国致密油开发取得瞩目成就，深刻改变了全球石油供给格
　　　　　局。本报告通过深入分析美国致密油产量增长、钻井效率和
　　　　　成本效益等情况，展望了中长期发展前景，提出了3点初步
　　　　　认识：①致密油有效开发推动美国原油产量再获增长，原油
　　　　　对外依存度由59%降至34%，并使其在2019年有望成为全
　　　　　球第一大原油生产国，进而推动全球原油供给格局发生重要
　　　　　转变；②随着水平井多段压裂等关键工程技术的不断优化和
　　　　　进步，致密油行业在挺过2014年全球油价大跌后完成了
　　　　　"自我成本革命"，致密油开发成本由70美元/桶以上降至
　　　　　30~40美元/桶；③二叠盆地等一批致密油田开发获得突
　　　　　破，未来美国致密油开发将持续保持巨大活力，成为原油产
　　　　　量增长的主力，预计2040年前后美国致密油产量将达到4
　　　　　亿吨。

关键词：　美国　致密油　页岩油　成本　内部收益率

作为继页岩气之后的又一种非常规油气资源，致密油的有效开发，正在
改变全球原油生产、消费和贸易格局。2000年以来，美国致密油产量持续

---

* 邹才能，中国科学院院士，中国石油勘探开发研究院副院长，主要研究方向为非常规油气勘
　探开发；赵群，中国石油勘探开发研究院高级工程师。

快速增长，由 1742 万吨增长至 2017 年的 2.3 亿吨，已占其国内原油总产量的 50% 以上。致密油产量猛增大幅缩小了原油进口规模，深刻改变了全球原油供给格局。

一 致密油产量历经低谷后再获快速增长

（一）致密油推动美国原油产量再创峰值

美国致密油产量在经历低谷后，重获快速增长。据美国能源信息署（EIA）统计，2000 年 12 月美国致密油产量仅为 35 万桶/天，全年产油 1742 万吨；2015 年 3 月致密油产量达到高峰值的 471 万桶/天，之后受油价影响产量持续走低，2016 年 9 月达到产量低谷的 412 万桶/天；2016 年，国际原油价格企稳回升，致密油行业在成本优化后产量逐步上升，2017 年 9 月致密油产量恢复到 489 万桶/天，超过 2015 年 3 月的峰值产量，2017 年 12 月产量达到 537 万桶/天，2017 年全年致密油产量达 2.3 亿吨（见图 1）。2018 年致密油产量保持持续快速增长，2018 年 9 月产量达到 621 万桶/天，预计全年致密油产量将达到 3.1 亿吨，与 2017 年相比增长 26%，再创历史新高。

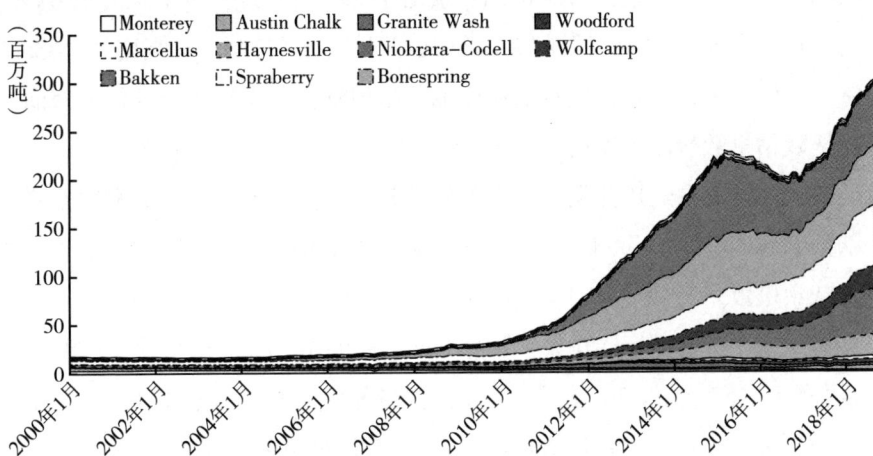

图 1　美国致密油产量变化趋势

美国致密油生产相对集中，其中二叠盆地（Permian Basin）是最主要的致密油产区。致密油产量最大的 4 个油田分别为 Spraberry、Bakken、Eagle Ford 和 Wolfcamp，2019 年 9 月产量分别为 130 万桶/天、129 万桶/天、125 万桶/天和 99 万桶/天，占致密油总产量的 78%。其中，Spraberry 和 Wolfcamp 均位于二叠盆地，产量占致密油总产量的 37%。

2017 年美国原油产量比上年增长 15%，达到 971 万桶/天，超过美国 1970 年 960 万桶/天的历史峰值，预计 2018 年原油平均产量 1070 万桶/天。

（二）原油价格回暖，致密油钻井恢复活跃

致密油钻井效率大幅提高，原油价格回暖推动致密油钻井恢复活跃。对 Anadarko、Appalachia、Bakken、Eagle Ford、Haynesville、Niobrara 和 Permian 7 个致密油盆地活跃钻机数量统计结果显示，活跃钻机数量与原油价格涨幅密切相关（见图 2）。此轮原油价格下跌之前，WTI 油价峰值为 2014 年 6 月的 105 美元/桶，活跃钻机数量的峰值出现在 2014 年 9 月的 1549 台，致密油产量峰值为 2015 年 3 月的 471 万桶/天；2016 年 2 月原油价格跌至低谷的 30 美元/桶，活跃钻机数量跌至 2016 年 5 月的 317 台，跌幅达 80%，致密油产量跌至 2016 年 9 月的 421 万桶/天；2018 年 9 月原油价格回升至 70 美元/桶，活跃钻机数量增至 939 台，是油价下跌前的 61%，致密油产量增长至 621 万桶/天，与油价下跌之前产量峰值相比增长了 32%。总体看来，活跃钻机数量比原油价格波动滞后大约 3 个月，致密油产量比活跃钻机数量波动滞后大约 3~6 个月。

致密油开发在经历此轮油价低谷后钻机效率大幅提高。以致密油开发最活跃的 Permian 和 Anadarko 两个盆地为例，在 2016 年 2 月钻井工作量低谷时活跃钻机数量分别为 171 台和 71 台，单台钻机的平均产量贡献分别为 553 桶/天和 319 桶/天；2018 年 9 月 Permian 和 Anadarko 两个盆地活跃钻机数量分别为 457 台和 136 台，与钻井工作量低谷时相比分别上涨了 167% 和 92%，2018 年 1~9 月单台钻机的平均产量贡献分别为 560~620 桶/天和 370~405 桶/天，与钻井工作量的低谷期相比大幅提高（见图 3）。

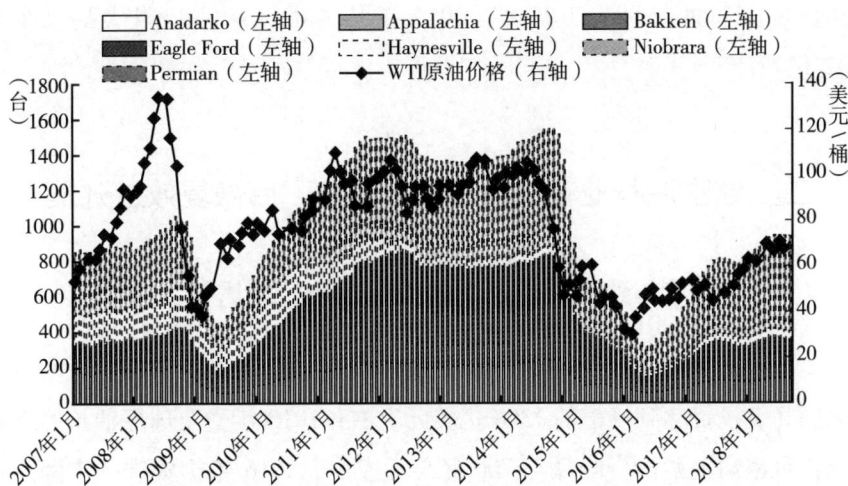

图2 美国主要致密油钻机数量及原油价格变化图

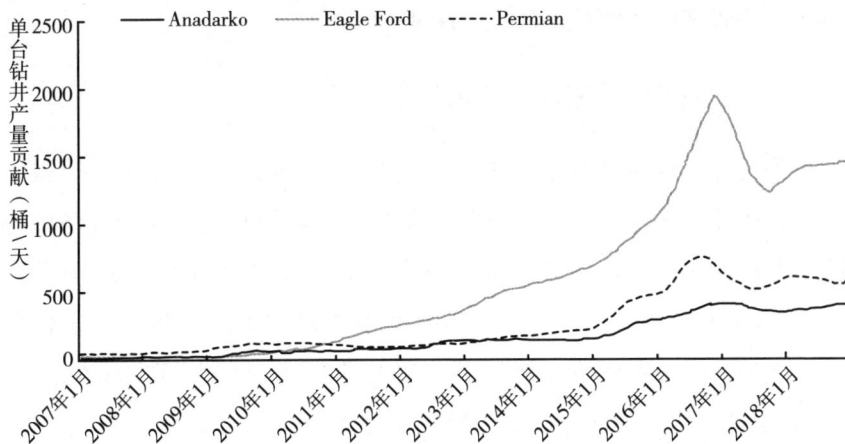

图3 美国主要致密油钻机效率变化

3. 致密油产量增长推动全球原油供给格局改变

2000年美国原油产量和消费量分别为3.48亿吨和8.74亿吨，2017年产量和消费量分别为5.71亿吨和8.70亿吨，致密油产量占比由5%增长至40%，对外依存度由59%降低至34%。由于致密油多为轻质原油，美国大幅削减了轻质原油进口，以西非地区为例，2000年美国从西非地区的原油进口量为 1 亿吨，2017 年从该地区的进口量大幅减少至 0.32 亿吨。

二 致密油行业在"自我成本革命"后恢复效益开发

（一）2018 年致密油行业上游投资保持持续增长

美国致密油行业投资在 2016 年触底后恢复增长。2014 年美国致密油上游勘探开发投资达到峰值的 1300 亿美元左右；2015 年受全球原油价格下跌影响，致密油上游投资降低至 700 亿美元左右；2016 年投资进一步降至低谷的 400 亿美元左右；在全球原油价格回暖和致密油自我成本革命之后，2017 年致密油上游投资恢复增长，达到约 650 亿美元；预计 2018 年美国致密油上游投资将继续增长，有望达到 800 亿美元以上。

（二）2018 年致密油产业恢复效益开发

低油价倒逼致密油开发"自我成本革命"，2018 年致密油行业恢复盈利。据国际能源署（IEA），国际原油价格上涨促使从事致密油业务的各公司财务状况改善，2018 年美国页岩油行业在此轮低油价后首次实现盈利。2010~2014 年，美国页岩油行业负债超过 2000 亿美元。2014 年油价暴跌后，降本增效成为致密油行业生存发展的主题，行业平均开发成本由 70 美元/桶以上降至 30~40 美元/桶，降幅超过 50%。考虑到矿权购置、钻井、完井、油田基础设施、运营成本、股东分红和融资利息等，致密油开发完全成本约为 55 美元/桶。至 2017 年底，美国致密油行业累计自由现金流仍为负值，2018 年整体实现盈利。

2018 年，国际原油价格持续保持上涨趋势，致密油项目盈利水平不断提高。以二叠盆地为例，在 65 美元/桶的原油价格条件下，Shell、ConocoPhillips、Occidental 和 Anadarko 等公司致密油开发项目的内部收益率为 20%~30%，而同等条件下常规油气开发项目的内部收益率仅为 15%~20%。2018 年第二季度，美国实际 GDP 年增长率突破 4%，为 2014 年第三季度以来的最高水平。国际油价走高推动美国致密油投资扩大，在美国 GDP 增长中起到了关键性作用。

（三）盈利水平提高促进了致密油行业整合

致密油产业盈利水平向好，促使美国中小型开发商加速整合，以进一步扩大市场竞争力。2018 年 4 月，Concho 资源公司斥资 95 亿美元收购竞争对手 RSP Permian。收购 RSP Permian 之后，Concho 资源公司油气日产量达到 24.8 万桶油当量，成为 Permian 盆地最大的勘探和生产商。

2018 年，Diamondback 能源公司同时收购了 Ajax 资源公司和 Energen 能源公司。其中，收购 Ajax 资源公司斥资 12.5 亿美元，使其在 Permian 盆地的致密油区块面积达到 23 万英亩；收购 Energen 能源公司斥资 92 亿美元，使其成为 Permian 盆地第三大开发商。完成此轮整合后，Diamondback 能源公司在 Permian 盆地区块面积将增加 57%，"一级"区块钻探权面积达 26.6 万英亩，日产量达到 22.2 万桶油当量。

三　美国致密油产量将持续快速增长

（一）2019 年致密油开发或将推动美国成为全球最大产油国

据 EIA 预测，2019 年美国原油产量将达到 1170 万桶/天，有望超越沙特、俄罗斯成为全球最大的原油生产国。Permian 盆地 2018 年致密油产量为 330 万桶/天，2019 年将达到 390 万桶/天。勘探开发技术不断优化和生产运营条件不断改善，是 Permian 盆地致密油产量不断增长的关键，但近期管输能力不足限制了致密油井口价格，一定程度上在短期内限制了产量增速。Bakken 地区 2018 年致密油产量为 130 万桶/天，2019 年将增长至 140 万桶/天。Eagle Ford 地区 2019 年产量将增加约 10.5 万桶/天，至 150 万桶/天。2019 年，Niobrara 和 Anadarko 致密油产量将分别达到 67 万桶/天和 55 万桶/天，产量增速有所放缓。

（二）未来十年美国致密油产量将保持快速增长态势

据 EIA 最新预测，未来十年致密油产量将超过 650 万桶/天，并逐步进入稳产期（见图 4）。2010 年以来，在技术进步、单井产量不断提高和钻井成本大幅降低的推动下，美国致密油产量快速增长。2015 年，在致密油平均日产量达到 459 万桶/天后，致密油在原油产量中的占比超过 50%，成为美国原油产量的主体。Eagle Ford 和 Bakken 两个致密油田产量将在 2020 年达到高峰，2020 ~ 2030 年呈现缓慢递减趋势。Permian 盆地（主要包括 Spraberry、Avalon/Bone Spring 和 Wolfcamp 三个致密油田）致密油产量将长期保持增长态势。

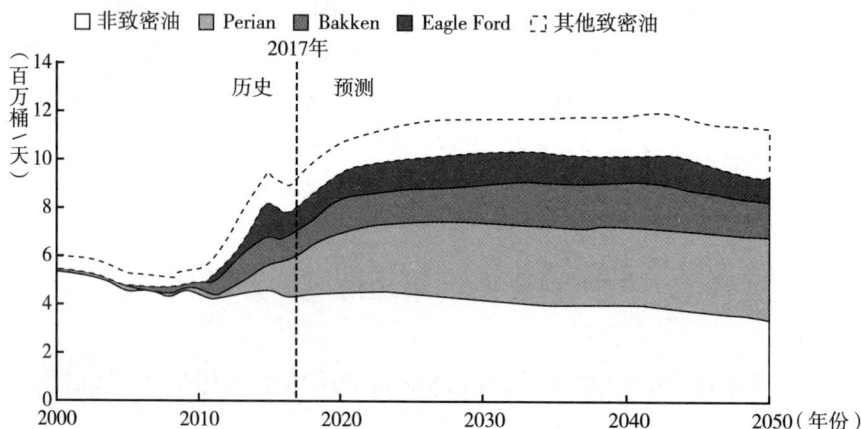

图 4　2000 ~ 2050 年美国致密油产量情况及预测

四　几点启示

通过美国致密油开发情况分析，形成如下几点认识。

（1）致密油资源的有效开发不但弥补了美国常规原油产量的减少，而且使其原油产量快速增长并有望在 2019 年成为全球第一大产油国，大幅提升原油供给能力，进而推动全球原油供给格局发生重要转变。

（2）通过水平井多段压裂等关键工程技术的不断优化和进步，管理创新全过程降低成本，美国致密油行业在挺过 2014 年全球油价大跌后完成了"自我成本革命"，近期原油价格回升，致密油行业重获盈利。

（3）致密油开发实现突破，推动 Permian 盆地等一批大型含油气盆地的发现，并成为原油产量增长的主力，预计 2040 年前后美国致密油产量可能达到峰值，之后进入稳定发展期。

参考文献

［1］EIA，"Drilling Productivity Report".

［2］EIA，"EIA's Drilling Productivity Report Adds Anadarko Region，Aggregates Marcellus and Utica".

［3］EIA，"U. S. Crude Oil Production Forecast Expected to Reach Record High in 2018".

［4］EIA. "EIA Now Provides Estimates of Drilled but Uncompleted Wells in Major Production Regions".

［5］EIA. "Initial Production Rates in Tight Oil Formations Continue to Rise".

［6］EIA，"EIA Expects Near-term Decline in Natural Gas Production in Major Shale Regions".

B.14
2018年石油市场供应回顾及2019年展望

王晓涛[*]

摘　要： 2018年以来，全球范围内的地缘政治局势动荡加剧，石油市场供应不确定性增加，受OPEC和非OPEC产油国调整产量政策影响，全年供应呈现前低后高的态势。预计2019年石油市场供应保持增长，美国、俄罗斯、沙特三大巨头将主导2019年的石油市场供应，巴西、中国、安哥拉等国产量有望增长，委内瑞拉、墨西哥、加拿大等国产量或呈下降趋势，伊朗、尼日利亚、利比亚等国产量则存在较大不确定性。从中长期来看，常规资源投资缺乏将导致常规资源产量进一步下降，但以美国页岩油气为代表的非常规资源呈快速增长态势，使得石油市场供应总体可满足需求，也使得石油供应日益呈现轻质化特征。

关键词： 石油市场　供应　OPEC　地缘政治　页岩油

一　2018年全球石油供应情况

2018年，全球石油供应继续呈现增长态势。结合咨询机构Energy Aspects（EA）数据，2018年全球石油供应总量为9964万桶/日，同比增加212万桶/日。其中，原油产量为8045万桶/日，同比增加151万桶/日；天

---

* 王晓涛，现任中国国际石油化工联合有限责任公司市场战略部分析师，主要研究方向为国际石油市场、石油供应与"一带一路"倡议。

然气液（NGLs）产量为 1560 万桶/日，同比增加 56 万桶/日；凝析油等其他产量为 356 万桶/日，同比增加 3 万桶/日。从原油供应来源看，OPEC 原油产量为 3187 万桶/日，同比减少 25 万桶/日，小幅减少 0.8%；非 OPEC原油产量为 4858 万桶/日，同比增加 176 万桶/日，增幅为 3.8%（见图 1）。

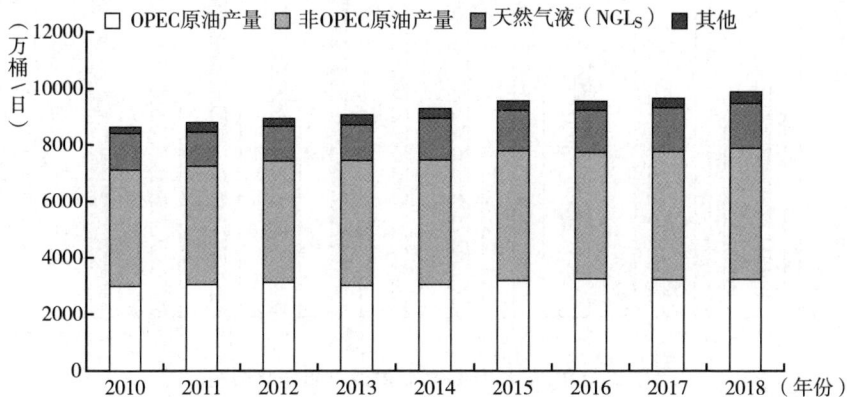

图 1　2018 年全球石油产量

数据来源：Energy Aspects，Unipec Research & Strategy（URS）。

（一）全球供应前低后高，整体呈现增长态势

2018 年，全球石油市场不确定因素增多，使得石油市场供应呈现出较大的不确定性。上半年，OPEC 产油国严格执行减产政策，产量大幅下降。参与减产的 11 国产量一度降至 2896 万桶/日，减产执行率攀升至 174%，创 2016 年减产以来历史最高水平。其中，沙特产量一度降至 1000 万桶/日以下至 990 万桶/日，较减产基数下降 64 万桶/日。参与减产的非 OPEC 产油国产量在 3 月份降至最低的 1837 万桶/日，减产执行率为 138%，其中俄罗斯产量降至最低的 1133 万桶/日，较减产基数减少 27 万桶/日。在产油国维持较高减产执行率的情况下，OECD 石油库存快速下降并于第一季度降至五年均值以下，石油市场趋于紧张，推升油价快速上扬。在石油市场再平衡背景下，OPEC 于 6 月召开会议达成增产决定，下半年 OPEC 和非 OPEC 产油

国产量有所增加。2018 年 10 月，OPEC 原油产量为 3230 万桶/日，较 6 月产量增加 64 万桶/日，非 OPEC 原油产量为 4938 万桶/日，较 6 月产量增加 115 万桶/日（见图 2）。

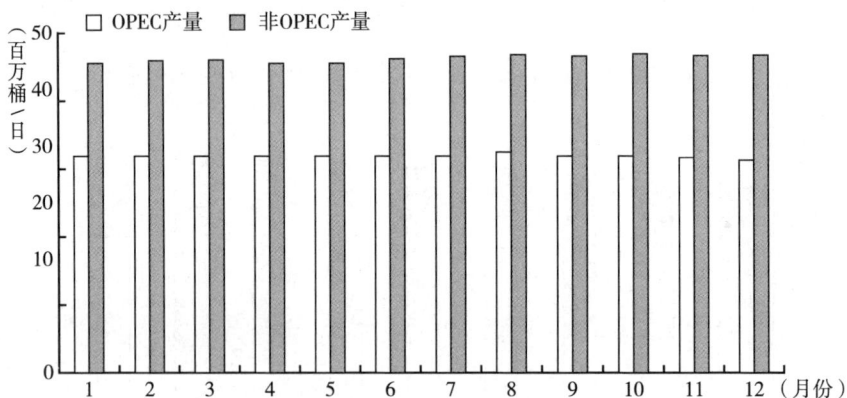

图 2 OPEC 和非 OPEC 原油产量变化情况

数据来源：Energy Aspects，Unipec Research & Strategy（URS）。

（二）非常规资源成为全球供应增量主要来源

近年来，随着技术进步和盈亏平衡点不断下降，美国页岩油成为带动全球供应增长的主要力量。2018 年以来，由于油价快速上涨，美国页岩油生产商现金流状况得以有效改善，资本投入大幅增加，页岩油产量快速增长，同比增加 145 万桶/日至 727 万桶/日，占到美国原油产量增量的 90% 以上，占到全球供应增量的 2/3 以上（见图 3）。与之相比，2017 年以来，由于 OPEC 主导下的产油国实施减产，全球常规资源产量呈现下滑趋势。

（三）多个国家产量创新高，美国成为全球最大原油生产国

在 2018 年上半年供应紧张的情况下，6 月份，OPEC 与非 OPEC 产油国达成增产 100 万桶/日的协议，2018 年 5 月，美国宣布退出伊核协议并准备对伊朗进行制裁，石油市场面临供应紧张形势，在特朗普政府一再敦促下，以沙特为首的 OPEC 立即着手调整产油政策增产以平抑油价，与参与减产的

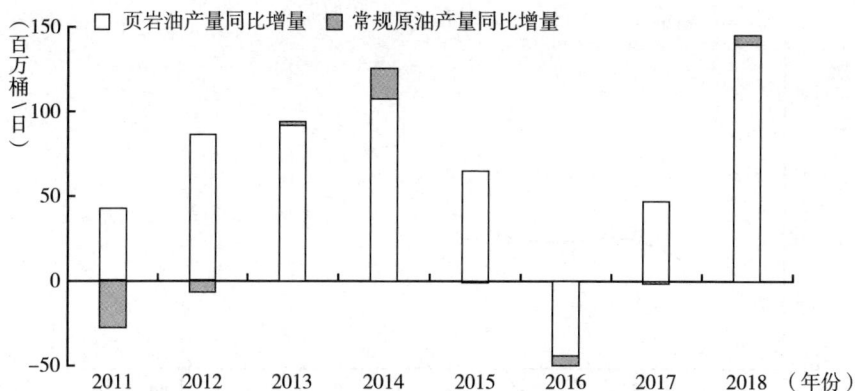

图3 美国页岩油和常规原油增量变化情况

数据来源：EIA，Energy Aspects，Unipec Research & Strategy（URS）。

非OPEC产油国达成增产100万桶/日的协议，多个产油国产量在下半年创历史新高。其中，10月份，沙特原油产量为1063万桶/日，较6月份增加20万桶/日；伊拉克产量为465万桶/日，较6月份增加11万桶/日，阿联酋产量为316万桶/日，较6月份增加27万桶/日；俄罗斯产量为1141万桶/日，较6月份增加35万桶/日。此外，在第四季度管输瓶颈缓和之后，美国原油产量呈现爆发式增长。美国能源信息署（EIA）公布数据显示，11月美国原油产量为1170万桶/日，同比大幅增加160万桶/日，超越俄罗斯和沙特成为世界最大原油生产国（见图4）。

（四）多个地区出现供应中断，地缘政治风险大幅上升

美国总统特朗普自2017年上任以来，奉行"美国优先"的政策，对外实行贸易保护主义，在能源上要求实现美国能源独立，积极鼓励国内页岩油生产商增产并扩大出口，同时在中东地区与沙特结盟，退出伊核协议并启动对伊朗制裁，美伊关系、沙伊关系趋于紧张，地缘政治风险大幅攀升。2018年4月，美、英、法三国对叙利亚发动袭击，地缘政治局势升级推动油价大幅走高；5月，美国单方面宣布退出伊核协议并重启对伊制裁；利比亚东西部政府仍处于分裂状态，东部港口不时遭受反对派武装的袭

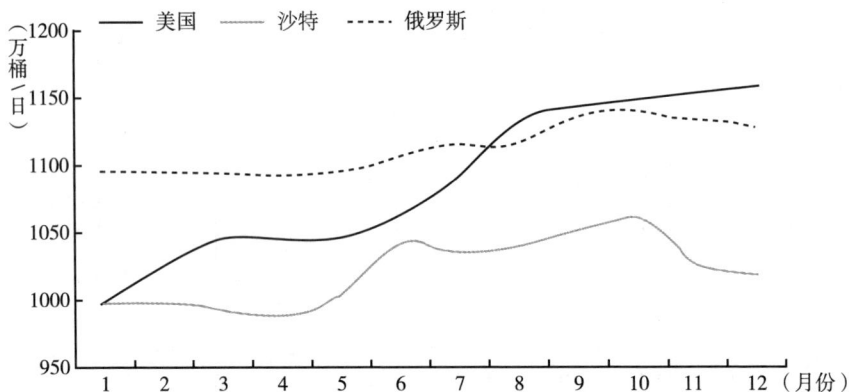

图 4　2018 年美、沙、俄原油产量变化情况

数据来源：EIA，俄罗斯能源部、OPEC 月报，Unipec Research & Strategy（URS）。

击，导致石油产量和出口频繁中断；受经济形势恶化影响，年初伊朗爆发示威游行，7 月份以来伊拉克南部巴士拉省也发生多次抗议活动；2018 年11 月，美国启动对伊朗石油产业的制裁，但给予了 8 个国家和地区进口伊朗石油的豁免措施，出乎市场意料，美国政府政策的多变性使得石油市场处于极大的不确定性之中。此外，美国还出台了对产油国委内瑞拉与俄罗斯的制裁，使得能源地缘政治局势趋于动荡，进一步加剧产油国供应中断的风险。

二　2019年全球石油市场供应展望

展望 2019 年的石油市场，全球石油供应仍有望继续保持增长。一方面，OPEC 和非 OPEC 达成新的减产协议，产油国将在 2019 年上半年减产 120 万桶/日，其中 OPEC 减产 80 万桶/日，非 OPEC 减产 40 万桶/日，减产协议持续 180 天，下半年产量政策仍存在较大不确定性；另一方面，美国页岩油仍将保持快速增长态势，并贡献 2019 年供应增量的大部分。我们预计，2019 年全球石油供应增量为 90 万桶/日，其中原油增量为 50 万桶/日，天然气液（NGLs）增量为 40 万桶/日（见图 5）。

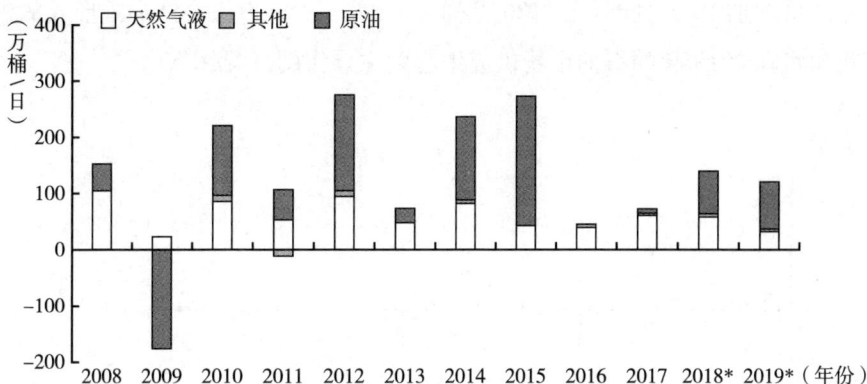

图5 全球石油产量增量变化情况

数据来源：Argus，UNIPEC Research & Strategy（URS）。

（一）美、沙、俄三巨头将主导2019年全球石油供应

目前，美国、俄罗斯、沙特是全球原油产量超过1000万桶/日的国家，合计占到全球供应的30%以上，对石油市场供应起到关键作用。近年来，美国页岩油开采技术趋于成熟化，技术进步推动页岩油盈亏平衡点逐步下降，Permian地区的盈亏平衡点已降至40~45美元/桶。此外，页岩油生产商运用灵活的套期保值手段，抗风险能力大大提升，加之特朗普减税政策，预计2019年美国页岩油产量仍将保持较快增长，预计产量将同比增加120万桶/日，至850万桶/日，美国全部原油产量将达到1210万桶/日。值得关注的是，Permian地区Cactus Pipeline 2、EPIC lines、Gray Oak三大管线将于2019年第三季度完工，将增加200万桶/日的外输能力，届时页岩油产量将大幅增加。沙特方面，由于"OPEC+"达成减产协议，2019年上半年沙特将在2018年10月产量基础上减产27万桶/日，预计2019年沙特原油产量同比小幅增加6万桶/日，至1036万桶/日。沙特计划在未来数年内增加200亿美元投资增加备用产能，未来沙特产能有望继续增加。俄罗斯方面，2019年上半年减产配额为24万桶/日，2019年有望逐步减产。此外，2018年中俄原油管道二期投产，将刺激俄罗斯原油产量进一步攀升，预计俄罗斯

全年产量增加 10 万桶/日至 1126 万桶/日。美、沙、俄三大产油国形成的供应三角将在 2019 年的石油市场供应中起到主导作用（见图 6）。

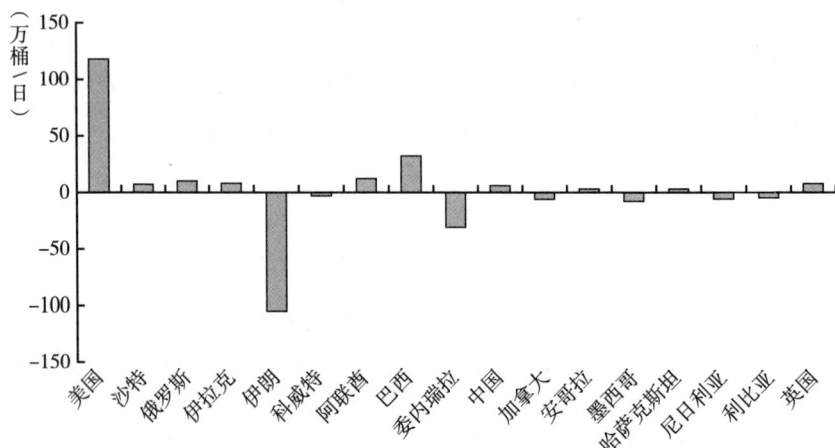

图 6 2019 年主要产油国原油产量同比变化情况

数据来源：OPEC，EIA，IEA，UNIPEC Research & Strategy（URS）。

2. 巴西、中国、英国、安哥拉原油产量或增加

巴西方面，2019 年大量新项目投产，包括 Lula North（15 万桶/日）和 Berbigao（15 万桶/日）项目将于 2019 年第一季度投产，Buzios 3（18 万桶/日）和 Buzios 4（15 万桶/日）项目分别于第二、第三季度投产，预计全年新增产量为 32 万桶/日。安哥拉方面，尽管超深水项目 kaombo（23 万桶/日）投产，但受到减产限制，预计 2019 年全部产量小幅增加 3 万桶/日至 154 万桶/日。英国方面，2019 年多个油田项目投产，其中第二季度 Mariner（5.5 万桶/日）和 Lancaster（2 万桶/日）项目投产，第三季度 Gulzean 项目（2.5 万桶/日）投产，产量有望同比增加 8 万桶/日。中国方面，为进一步保障能源安全，国有石油公司将加大上游投资力度，2019 年石油产量有望扭转此前下降趋势，预计产量将增加 6 万桶/日至 385 万桶/日。

3. 委内瑞拉、墨西哥、加拿大产量或呈下降趋势

委内瑞拉方面，2019 年初美国对委内瑞拉的制裁将使其石油产业面临严峻的挑战。委内瑞拉国内政治日趋动荡，经济状况持续恶化，石油产业上游勘探投资大幅削减，原油产量急剧下降，出口大幅减少。尽管"OPEC＋"减产豁免，但依然不能阻止该国产量的下降趋势，预计委内瑞拉2019年石油产量为103万桶/日，较2018年产量下降31万桶/日。

墨西哥方面，2018年12月，墨西哥新总统洛佩兹·奥夫拉多尔（Lopez Obrador）上任，后市可能修改能源法，并限制国际石油公司投资本国上游资产。此举可能导致墨西哥上游投资政策面临较大不确定性。此外，"OPEC＋"减产也限制了墨西哥产量增长，预计2019年墨西哥原油产量将下降8万桶/日。

加拿大方面，由于外输瓶颈限制、库存堆积，西加拿大原油（WCS）价格持续走低，对WTI贴水一度降至－50美元/桶，为2006年以来最低水平。为此，加拿大政府决定从2019年1月起的前三个月将原油产量削减32.5万桶/日，预计2019年加拿大原油产量将呈现下降趋势，但由于美国对委内瑞拉的制裁，加剧了美湾地区重油资源短缺，加拿大减产有限，预计全年减产6万桶/日至422万桶/日。

4. 伊朗、尼日利亚、利比亚产量存在较大不确定性

2018年11月，美国重启对伊朗石油产业制裁，但是给予了8个主要进口国家和地区为期180天的豁免，总豁免量预计在100万桶/日左右。预计2019年美国将继续对伊朗施压，在180天的豁免期到期后可能取消豁免，使得2019年伊朗石油产量面临较大的中断风险。预计2019年伊朗石油出口将降至100万桶/日左右，较2018年减少100万桶/日，预计全年产量将降至250万桶/日以下。

尼日利亚方面，2019年2月即将迎来总统选举，国内政局不稳定因素增加，不排除武装力量趁机扰乱输油管道、港口码头和油轮运输等，对该国2019年的石油供应产生较大影响。预计2019年尼日利亚石油产量为168万桶/日，较2018年下降6万桶/日。

利比亚方面，由于东西部政府分裂依旧，石油供应仍将受到反对派武装对石油出口港口袭击的影响，预计2019年石油产量减产5万桶/日至91万桶/日。

5. 产油国合作前景仍存在一定不确定性

尽管 OPEC 和非 OPEC 产油国于 12 月 7 日达成新的减产协议，但是其未来合作前景依旧存在较大不确定性。一方面，OPEC 内部分歧加大，OPEC 组织稳定性面临严重考验。沙特、科威特向全产业链、上下游一体化的国际化公司转型，有大量资源储备的伊朗、伊拉克、卡塔尔则为增加供应摆脱 OPEC 的限制。12 月 3 日，卡塔尔宣布将于 2019 年 1 月退出 OPEC 并引发市场高度关注，此外，沙特曾宣称解散 OPEC，进一步引发市场对 OPEC 未来地位和发展前景的担忧。另一方面，美国一直反对 OPEC 操纵石油市场掌控油价，当前美国确立了能源独立的政策，美国成为石油市场最大的边际增量，美国原油将继续冲击现有国际石油供应秩序，进一步挤占沙特和俄罗斯在亚太地区的市场份额，沙特和俄罗斯主导下的"OPEC +"合作前景不容乐观，产油国政策将呈现较大的不稳定性。尤其是 2019 年，如果美国继续对伊朗施加压力，在 2019 年 5 月 4 日豁免到期后取消对伊朗原油出口豁免，"OPEC +"或再次面临增产压力。

三　石油市场中长期供应展望

中长期来看，由于非常规资源的快速增长以及替代能源资源增加，石油供应基本能满足全球石油需求。此外，由于常规资源投资减少，常规资源产量进一步下降，以美国页岩油气为代表的非常规资源呈快速增长态势，也使得石油供应日益呈现轻质化特征。

1. 中长期石油供应保持增长，基本满足石油需求

从中长期看，我们预计石油市场供应仍将保持增长态势，可基本满足需求，这主要是由于上游勘探技术的提升使得开采成本不断下降，非常规资源快速增长。此外，从需求侧来看，由于能源利用效率提高和替代资源增加，加之绿色低碳环保要求，中长期全球石油需求将呈下降趋势。

2. 常规资源投资不足，问题逐渐显现

2014 年油价大幅下跌以来，石油公司纷纷削减对常规石油资源的投资，

大型石油巨头转向非常规的页岩油气和深海油田项目的投资。据国际能源署（IEA）2018年发布的《国际能源投资报告》预计，2018年石油和天然气上游投资将增长5%，至4720亿美元，投资增长主要为美国页岩油气（预计将增长约20%）领域，常规石油和天然气投资仍然低迷。由于常规油气项目投资缺乏，常规石油产量不断下降。2018年6月，OPEC和非OPEC产油国达成增产协议后，多数产油国增产不及预期。沙特尽管声称其拥有1200万桶/日的产能，但咨询机构FGE资深专家表示，其仅能勉强维持1100万桶/日的产能，不太可能达到1200万桶/日的满负荷生产。

此外，由于中东地区寻求石油产业一体化，未来可供出口的常规资源量在下降。近年来，中东地区产油国纷纷加大对下游炼厂的投资，实现石油产业链的一体化创效。以沙特为例，沙特和道达尔合资的朱拜尔（Jubail）炼厂（40万桶/日）于2013年投产，和中石化合资的延布炼厂（40万桶/日）于2015年投产，沙特阿美独资的吉赞炼厂（40万桶/日）也将于2019年投产；伊拉克也在筹划在多个地区建设新炼厂，包括在Fao港口新建30万桶/日的炼厂，其新建扩建炼油能力已达到100万桶/日；科威特新建61.5万桶/日的Al-Zour炼厂将于2020年完工。随着这一轮中东地区炼厂升级改造的完成，未来中东地区可供出口的常规资源增长继续放缓。

3. 石油资源轻质化特征日益明显

由于常规石油资源增长放缓，未来在美国原油出口设施扩能和页岩油产区外输瓶颈解决后，美国原油有望逐步挤占沙特、俄罗斯等国占主导的亚太市场，世界石油贸易格局继续深刻调整，以轻甜原油为主的美国原油将主导世界原油供应，削弱传统中重质原油占主导的供应局面。

据IEA预计，未来十年全球新增石油产量80%来自页岩油。另据PIRA统计，美国页岩油储量为1940亿桶，开发潜力巨大，占全球页岩油储量的27.7%，其中Permian区块储量约750亿桶，Bakken区块储量约330亿桶，Eagle Ford区块储量约250亿桶。此外，即将生效的国际海事组织（IMO）新规也将使轻质原油更加受到市场青睐。IMO规定从2020年起，禁止船舶使用含硫量超过0.5%的燃料，因此船东对于含硫量低于0.5%的燃油的需求将大幅攀升，因而对于简单型炼厂而言，其对轻质低硫原油的需求将进一步增加。

参考文献

［1］ *Energy Aspects OPEC & Non – OPEC Supplies.*
［2］ IEA：《世界能源投资报告》，2018 年 7 月。

炼 化 篇

Refining and Petrochemical Reports

B.15
世界炼油业发展现状与展望

李 涵[*]

摘 要: 2018 年,全球炼油业仍处于景气周期内,亚太和中东地区新建和扩建项目贡献了世界全部的新增炼油能力。尽管三大主要炼油中心加工收益同比有所下降,但由于新增炼能多为第四季度投产,对全年影响不大,加之 2018 年炼厂检修规模高于过去三年平均水平,且部分国家和地区炼厂开工率低下,仍支撑炼厂加工收益保持在健康水平。预计 2019 年全球炼油业迎来新一轮产能集中投产期,炼油能力将进一步加速增长。然而,由于 IMO 船用燃料油新规临近实施,为满足大量新增低硫燃料油和中间馏分油需求,全球炼厂需要做出提高加工量、新增二次装置、调整产品收率、调整原油结构等多重举措,将对炼油加工收益构成支

---

* 李涵,现任中国国际石油化工联合有限责任公司市场战略部业务经理,主要研究方向为国际石油市场分析。

撑，尤其对中质馏分油裂解价差构成支撑。

关键词： 炼油能力　加工收益　IMO 新规　裂解价差

一　2018年全球炼油能力平稳增长，
炼油加工收益表现良好

（一）全球炼油能力平稳增长

2018 年全球炼油能力维持扩张态势，同比增长 97 万桶/日至 1.03 亿桶/日，增幅虽高于 2017 年的 75 万桶/日，但略低于过去 10 年 102 万桶/日的年均增长水平，增幅为 1.0%（见图 1）。

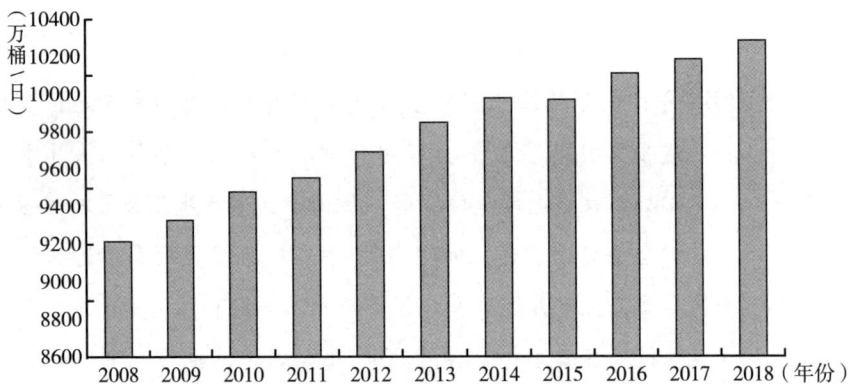

图 1　全球炼油能力变化趋势

从新增炼油能力分布来看，全部来自亚太和中东地区。其中，亚太地区新增炼能 61 万桶/日，占全球新增总量的 63%；中东地区新增炼能 36 万桶/日，占全球新增总量的 37%。分国别来看，新增项目来自中国、越南、土耳其、印度、伊朗和伊拉克（见表 1）。

表1 2018 年全球主要新建和扩建炼油项目

国家	炼厂	新增/扩能	投产时间
中国	中石油华北炼厂	扩能 10 万桶/日	2018 年 10 月
	中海东营石化	新增 7 万桶/日	2018 年 11 月
越南	Nghi Son 炼厂	新增 20 万桶/日	2018 年 2 月
土耳其	Star 炼厂	新增 20 万桶/日	2018 年 10 月
印度	Bina 炼厂	扩能 3.6 万桶/日	2018 年 10 月
伊朗	Persian Gulf Star 炼厂二期	扩能 12 万桶/日	2018 年 2 月
	Persian Gulf Star 炼厂三期	扩能 12 万桶/日	2018 年 8 月
伊拉克	Salah al - Din - 2 炼厂	重建 7 万桶/日	2018 年 9 月
	Bazian 炼厂	扩能 5.5 万桶/日	2018 年第三季度

数据来源：路透社、Pira、FGE、UNIPEC Research & Strategy（URS）。

由于两大炼化一体化项目推迟投产，2018 年我国仅有两个新项目上马，新增炼油能力 17 万桶/日，占全球新增总量的 17.5%。其中，中石油华北石化 500 万吨/年扩能项目于 2018 年 10 月投产，扩建完成后，华北石化将成为名副其实的千万吨级炼厂，所加工原油包括华北油、大庆油和进口原油。2018 年，山东地炼新增炼油项目仅有一个，为中海东营石化。公司原有 150 万吨/年常减压和沥青装置以及 80 万吨/年延迟焦化等装置，11 月末扩建项目投产后将新增原油一次加工能力 350 万吨/年。主要石油产品均能满足国 V 标准。

越南 Nigh Son 炼厂是越南第二座炼厂，炼能为 20 万桶/日，由越南国家石油公司（持股 25.1%）、科威特石油公司（持股 35.1%）、日本出光兴产（持股 35.1%）和三井化学（持股 4.7%）共同出资 90 亿美元新建而成。炼厂原计划 2017 年底投产，但试运行推迟至 2018 年 2 月末，10 月份达到满负荷生产。该炼厂主要加工科威特原油，产品包括汽油、柴油、航煤/煤油、LPG，主要供应国内市场需求。9 月末，炼厂出口第一批 3 万吨的 95 号汽油。

印度 Bina 炼厂隶属巴拉特阿曼炼油公司（BORL）旗下，原先能力为 12 万桶/日。为生产 BS VI 等级（相当于欧 VI 标准）的石油产品，该炼厂于 2018 年 8 月关闭进行扩能升级改造，改造后该炼厂复杂系数将由 9.1 升至 10.2。10 月份，炼厂扩能工程完毕，新增炼油能力 3.6 万桶/日至 15.6 万桶/日。

土耳其 Star 炼厂隶属于 Socar 公司旗下，2018 年 10 月份投产，炼能为 20 万桶/日。炼厂适于加工伊拉克 Kirkuk 原油和俄罗斯 Urals 原油，但第一批原油接收的是 8 万吨阿塞拜疆 Azeri 轻质原油。预计炼厂将于 2019 年第一季度达到满负荷生产，可满足该国四分之一的油品需求。炼厂主要生产中质馏分油和化工原料，其柴油、航煤和石脑油收率分别为 45.9%、16.1% 和 29.7%，而汽油和燃料油收率均为 0。受此影响，预计 2019 年土耳其柴油和石脑油进口量将下降 17 万桶/日左右。

伊朗波斯湾之星项目（Persian Gulf Star，简称 PGS）炼能为 36 万桶/日，包括三期能力为 12 万桶/日的凝析油分离装置。一期始建于 2006 年，但受到美国和国际社会的制裁，项目直至 2016 年 10 月才投入商业运营。2018 年 2 月和 8 月末，二期和三期项目相继投产，但三期的部分二次加工装置将在第四季度陆续投产。炼厂产品满足欧 V 标准，主要目的是满足伊朗国内汽油需求，其石脑油产量为 28 万桶/日，收率高达 78%。此外，柴油和 LPG 收率分别为 19.6% 和 2.4%。值得注意的是，伊朗最近宣布将投资 7 亿美元建造 PGS 四期项目，以此取代新建 6 万桶/日的 Siraf 项目。在美国制裁之下，为确保天然气和凝析油产量不受影响，伊朗需要加大国内凝析油需求，PGS 四期计划应运而生。

伊拉克 Salah al - Din - 2 炼厂属于伊拉克国家石油公司，是 Baiji 炼油中心的一部分。Baiji 炼油中心炼油能力为 31 万桶/日，包括 Salah al - Din - 1 号和 2 号炼厂（7 万桶/日）、北方炼厂（15 万桶/日）和 2 个 1 万桶/日的小炼厂。炼油中心 2014 年 6 月被极端组织 ISIS 占领，在被占领的长达 2 年多时间里，战乱对炼厂装置造成严重破坏，伊拉克石油行业内部人士认为，该炼厂已无法修复并恢复生产。然而，2018 年 9 月，伊拉克石油部部长称，在没有任何国际援助的情况下，经过数月的修复和重建，Salah al - Din - 2 炼厂已重启生产。但 Salah al - Din - 1 炼厂修复工作更加艰巨，由于该炼厂部分装置已被卸下并安装于 Salah al – Din – 2 炼厂，修复工作需要大量资金、时间和专业技术投入。

（二）全球炼油装置的复杂程度进一步提高

随着新建炼厂复杂系数不断提高以及部分现有炼厂升级改造工程的推进，2018 年全球炼油装置的二次加工能力占一次装置的比例进一步提高 0.9 个百分点，至 96.3%。其中，加氢处理装置占比 56%，环比增长 0.4 个百分点，是二次装置中能力最高也是能力增长最快的装置，反映了环保要求日益严格、全球主要国家油品质量标准不断升级，推动油品精制脱硫能力快速提高（见表 2）。

表 2　全球二次装置占一次装置能力的比例

单位：%

年份	催化裂化	加氢裂化	重整	焦化	加氢处理	合计占比
2008	14.2	5.3	10.5	4.8	46.9	81.7
2009	14.2	5.6	10.7	5.0	48.2	83.7
2010	14.3	5.9	10.7	5.3	49.2	85.3
2011	14.4	6.1	10.8	5.5	50.2	86.9
2012	14.3	6.3	10.8	5.8	51.2	88.4
2013	14.4	6.6	10.9	5.9	52.7	90.4
2014	14.4	6.9	10.9	6.1	53.2	91.7
2015	14.6	7.3	11.1	6.1	54.3	93.4
2016	14.5	7.5	11.3	6.3	54.8	94.4
2017	14.4	7.5	11.5	6.4	55.6	95.4
2018	14.4	7.7	11.6	6.5	56.0	96.3

数据来源：Pira、UNIPEC Research & Strategy（URS）。

（三）全球主要炼油中心加工收益出现不同程度下降

2018 年，国际油价大幅上涨以及新增炼油能力投产，令全球三大炼油中心加工收益出现不同程度下降。2018 年美湾加工 WTI 原油收益平均为

12.72 美元/桶，同比微幅增长 0.15 美元/桶，炼油毛利同比下降 5.2 个百分点至 19.7%。由于 WTI/Brent 价差大幅拉宽，美湾加工 Brent 原油收益同比下降 3.02 美元/桶至 4.42 美元/桶；新加坡加工 Dubai 原油收益同比下降 1.25 美元/桶至 5.84 美元/桶，略低于过去十年 6.42 美元/桶的平均水平，炼油毛利同比下降 5.1 个百分点至 8.5%，远低于过去 3 年 15% 的平均水平；鹿特丹加工收益仍是三地最低水平，2018 年平均为 5.51 美元/桶，同比下降 1.08 美元/桶，炼油毛利为 7.8%，同比下降 4.9 个百分点（见表 3、表 4）。

需要注意的是，尽管 2018 年新增炼能有 97 万桶/日，但大部分集中在第四季度投产，对全年影响不大。此外，2018 年全球炼厂检修规模为 471 万桶/日，高于过去三年 420 万桶/日的平均水平，加之部分国家炼厂开工率低下，如能力为 95.5 万桶/日的委内瑞拉 Paraguana 炼油中心（CRP）开工率仅有 10%，墨西哥炼厂开工率也由 2008 年的 89% 大幅下降至 2018 年的 40% 左右，是十年以来的最低点。受以上因素影响，2018 年炼厂加工收益仍维持在相对健康的水平。

表 3　三大炼油中心炼厂加工收益

单位：美元/桶

年份	美湾（Brent）	美湾（WTI）	鹿特丹复杂（Brent）	新加坡复杂（Dubai）
2008	6.94	6.28	8.29	6.13
2009	2.87	4.25	3.47	3.63
2010	2.16	4.15	2.80	4.59
2011	-0.67	18.18	3.29	8.27
2012	2.14	22.13	6.85	7.47
2013	0.16	13.17	3.98	6.15
2014	2.31	10.30	4.55	5.76
2015	14.26	18.63	7.16	7.71
2016	6.06	8.24	4.93	6.12
2017	7.44	12.57	6.59	7.09
2018	4.42	12.72	5.51	5.84

表4　三大炼油中心炼油毛利率

单位：%

年份	美湾（WTI）	鹿特丹（Brent）	新加坡（Dubai）
2008	6.3	20.6	6.5
2009	6.8	4.7	5.9
2010	5.2	3.1	5.9
2011	19.1	3.1	7.8
2012	23.5	6.3	6.8
2013	13.4	3.6	5.8
2014	11.4	4.6	6.2
2015	30.1	13.2	15.6
2016	19.2	11.1	16.0
2017	24.9	12.7	13.6
2018	19.7	7.8	8.5

数据来源：路透社、UNIPEC Research & Strategy（URS）。

（四）主要油品裂解价差走势继续分化

2018年下半年以来，全球主要油品裂解价差出现明显的走势分化，呈柴强汽弱态势。2018年三大炼油中心汽油裂解价差自驾驶季期间开始反季节下降，主要原因一方面是美欧汽油库存均处于历史同期最高水平，另一方面是汽油需求增长缓慢。在美国整体石油需求同比增长65万桶/日的背景下，汽油需求仅贡献2万桶/日增量，此外，2018年我国汽油需求同比增幅也不足3%。受此影响，美国汽油裂解价差由6月4日年内最高的24.4美元/桶跌至12月3日的7.2美元/桶，创2015年10月以来最低水平，跌幅达70%；鹿特丹汽油裂解价差一度从16美元/桶以上跌至10月份的负值，此后虽有所反弹，但仍处于1~2美元/桶的极低水平；新加坡汽油裂解价差也从12美元/桶以上跌至0左右，为2011年11月以来最低水平。与汽油相比，三地柴油裂解价差2018年以来均呈上涨趋势。其中，美国取暖油裂解价差表现最佳，由7月份17美元/桶增至11月9日的

32.3 美元/桶，涨幅达 90%；此外，鹿特丹和新加坡柴油裂解价差也保持稳定增长，11 月以来均维持在 17~20 美元/桶的较高区间波动（见图 2、图 3）。

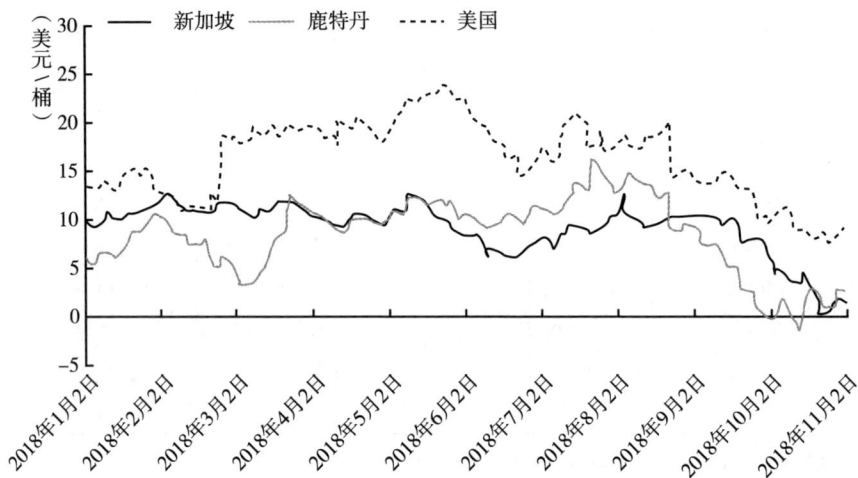

图 2　三大炼油中心汽油裂解价差

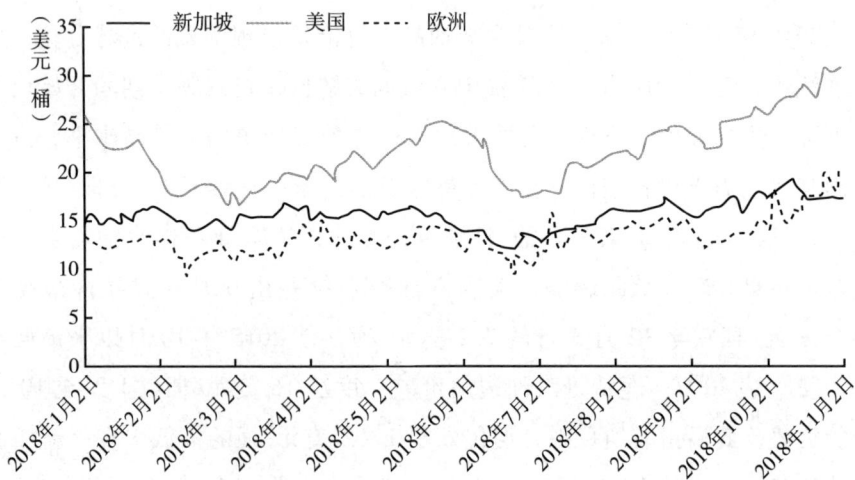

图 3　三大炼油中心柴油裂解价差

二 2019年全球炼油业迎来产能集中投产期

（一）全球炼油能力快速增长

结合 Pira 数据测算，2019 年全球新增炼油能力为 214 万桶/日，增量较 2018 年大幅扩张，是 2000 年以来的最大年度增幅。与 2018 年相似的是，新增炼能全部来自亚太和中东地区。其中，亚太地区新增炼能 160 万桶/日，占全球新增炼能的 75%；中东地区新增炼能 54 万桶/日，占比 25%。

分国别来看，中国是全球新增炼油能力最大的国家，6 个新建和扩建项目合计新增炼力约 114 万桶/日，占全球新增能力的半数以上。其中，市场最为关注的项目是恒力石化和浙江石化一期。其中，大连恒力石化是我国近年来新建投产的第一座能力在 2000 万吨/年的大型民营炼油项目。该项目于 2015 年开始建设，总投资 630 亿元，采用全加氢炼油工艺，项目主体工程除 450 万吨/年芳烃装置外，还包括两套常压蒸馏装置、煤油加氢精制装置、柴油加氢裂化装置、重油加氢裂化装置等。预计炼油项目于 11 月底投料试车，2019 年上半年正式投入商业运行。2018 年恒力石化原油采购量为 300 万吨，其中 274 万吨来自沙特，剩余 26 万吨为巴西 Marlim 油。2018 年试车期间计划加工 30 万吨原油。在上海进博会期间，恒力石化还与沙特阿美公司签订了为期一年的 13 万桶/日原油采购协议。除恒力石化外，另一新建大型炼化一体化项目为浙江石化一期，该项目原计划于 2018 年第四季度投产，综合项目进展和最新消息，预计该项目最早在 2019 年第三季度投产，新增炼油能力 40 万桶/日。浙江石化已与雪佛龙、阿曼国家石油公司、挪威国家石油公司、科威特国家石油公司、中化、中联油等多家公司签订了原油供应框架协议。近期沙特阿美宣布拟收购浙江省政府代持浙江石化的 9% 股权，并在 2019 年为其供应 17 万桶/日原油。此外，2019 年我国另一大新建炼厂是中石化集团的中科一体化项目，能力为 20 万桶/日，预计最早于 2019 年第四季度投产。另有三个山东地炼的新建和扩能项目，合计贡献约 14 万桶/日。

除我国 3 个大型项目以外，新增炼力在 10 万桶/日以上的项目有 3 个，分别是沙特 Jazan 炼厂、马来西亚 RAPID 炼厂和恒逸石化文莱炼厂。沙特 Jazan 炼厂能力为 40 万桶/日，始建于 2015 年，预计最早于 2019 年第一季度试运行并于第四季度正式投产。该项目是沙特西海岸 Jazan 经济特区建设的一部分。马来西亚 RAPID 炼厂由马来西亚国家石油和天然气公司（Petronas）与沙特国家石油公司（Saudi Aramco）共同投资 70 亿美元新建，能力为 28.8 万桶/日，沙特阿美供应 50%~70% 的原油，马来西亚国家石油和天然气公司则提供天然气、电力和其他公用设施。该炼油厂预计于 2019 年 5 月投入运行，生产符合欧 V 标准的汽油和柴油等产品。恒逸石化在文莱投资建设的大摩拉岛综合炼化项目一期项目（Pulau Muara Besar）炼油能力为 16 万桶/日，目前已基本完工，预计于 2019 年 5 月投产（见表 5）。

表 5　2019 年全球主要新建和扩建炼油项目

国家	炼厂	新增/扩能	投产时间
中国	恒力石化	新增 40 万桶/日	2019 年第一季度
	浙江石化一期	新增 40 万桶/日	2019 年第三季度
	中石化中科一体化项目	新增 20 万桶/日	2019 年第四季度
	山东广悦石化	新增 7.2 万桶/日	不确定
	山东尚能石化	扩能 3 万桶/日	不确定
	山东盛星石化	扩能 4 万桶/日	不确定
马来西亚	RAPID 炼厂	新增 28.8 万桶/日	2019 年第二季度
文莱	恒逸石化 Pulau Muara Besar 炼厂	新增 16 万桶/日	2019 年 5 月
伊拉克	Shuaiba 炼厂	扩能 6.5 万桶/日	2019 年 3 月
沙特	Jazan 炼厂	新建 40 万桶/日	2019 年第四季度
阿联酋	Jebel Ali 炼厂	扩能 7 万桶/日	2019 年第四季度

数据来源：路透社、Pira、FGE、UNIPEC Research & Strategy（URS）。

（二）部分拟建项目进展停滞或推迟投产

尽管 2018 年、2019 年有大量新建和扩能项目如期投产，但在 2020 年前，也有大量拟建项目进展停滞或推迟投产。其中，推迟投产至 2020 年后的项目多集中在我国，如唐山旭阳化工 30 万桶/日炼化一体化项目、中国石化镇海炼化 20 万桶/日扩能项目、中委揭阳 40 万桶/日炼化一体化项目和大连福佳 40 万桶/日炼化一体化项目。此外，还有大量拟建项目进展停滞不前，如河北一泓 30 万桶/日炼化一体化项目、中国兵器工业集团公司与沙特阿美合资的 30 万桶/日盘锦炼厂、新华石化 40 万桶/日炼化一体化项目、中东海湾华通京港化工 30 万桶/日炼化一体化项目、辽宁海城 40 万桶/日炼化一体化项目和福建古雷石化 32 万桶/日炼化一体化项目等。

（三）船用燃料油规格升级将对炼油业产生深远影响

国际海事组织（IMO）规定自 2020 年 1 月 1 日起，全球范围内将实施船用燃料硫含量不得高于 0.5% 的标准，其中排放控制区（ECA）内硫含量标准维持 2015 年以来的 0.1%，排放控制区以外地区的硫含量规格由 3.5% 降至 0.5%。船用燃料规格调整是近十年来影响全球炼油业最重要的事件，为了满足大量新增低硫燃料油和中间馏分油需求，全球炼厂需要做出提高加工量、新增二次装置、调整产品收率、调整原油结构等多重举措。例如，高硫原油加工能力强、拥有完备加氢和重整装置的炼厂可以适时增加中间馏分油收率，多生产满足需要的船用柴油或者用于调混的中间馏分油；不具备调节能力的炼厂可通过新建重油脱硫和焦化等二次装置来提升生产低硫燃料油的能力。考虑到炼厂新建装置耗时较长、成本较高，目前全球仅有少部分炼厂宣布新建计划，如埃克森美孚公司位于英国南部的 Fawley 炼厂计划新上加氢装置，Gunvor 公司位于荷兰的 Europoort 炼厂计划新建焦化装置，BP 位于西班牙的 Castellon 炼厂考虑安装减压蒸馏装置。壳牌、埃克森美孚、道达尔等多家公司宣布，将从 2019 年下半年开始生产符合规格的低硫燃料。

亚太地区炼厂有望成为 IMO 新规的最大受益者。近年来亚太地区新建炼厂的复杂程度较高，生产低硫燃料油或者中间馏分油的能力较欧美炼厂更为突出。此外，全球过剩的高硫燃料油将流入亚太寻找调混和发电出路，东西方高硫燃料油价差扩大，亚洲高硫燃料油价格优势更加明显，也对亚太炼油毛利形成支持。从油品价差来看，由于大量中间馏分油资源用于生产和调混低硫燃料油，预计 2019 年下半年起柴油和航煤等中间馏分油裂解价差将大幅走高。

综上所述，2019 年上半年，宏观经济前景黯淡使得需求增长进一步放缓，加之我国恒力石化等新炼油项目投产，将对炼油毛利构成压力。然而，随着 IMO 船燃规格调整临近，预计下半年炼油毛利将受到支撑，尤其是用于调和高硫船用燃料油的柴油需求将快速增长，有望对柴油和航煤等中间馏分油裂解价差构成较强支撑。届时，预计高低硫燃料油价差将大幅拉宽。

三 中长期分析：2035年前后将是全球炼油业产能建设最后一个大周期

世界炼油业诞生至今有近 200 年历史，经历了从简单到复杂、从低级到高级、从小规模粗放型到大规模集约型的发展过程，呈现较强的周期性特征。当前，新一轮能源革命正在兴起，传统以化石能源为主的全球能源体系正面临着前所未有的挑战。从中长期来看，世界经济总体进入平稳增长期，较难再出现新一轮石油需求的爆发式增长阶段。21 世纪以来，可持续发展成为全球共识，各国对低碳环保的重视程度不断提高，加之电动车、共享汽车等如雨后春笋般出现，人类对石油产量峰值的担忧逐渐转化为对石油需求峰值的担忧。综合各个层面考虑，2035 年前后全球很可能迎来石油需求峰值，2000～2035 年前后可能是全球炼油业产能建设最后一个大周期。2035 年之前，全球新增炼能有所放缓，但总体仍保持增长态势，新增炼能仍主要来自亚太、中东等地，但其扩张步伐或有所放缓，此外，北美炼能小幅增长、欧洲炼能整体趋降，中东、拉美、非洲预计仍有新增炼化投资，但进程缓慢。2035 年之后，全球难有大规模炼油项目投产，主要是一些小型或者低端落后项目改扩建以及精细化工项目等。

建议国内外石油公司抓住炼油业产能建设最后一个大周期机遇，加紧在国内外炼化布局，尤其是夯实基础、提升效率，同时积极开拓市场，选择

"一带一路"沿线重点国家进行产能和业务布局,打造炼油业的国家名片。此外,结合新一轮能源大变革,未雨绸缪,提前布局,制定更清晰的能源转型路线图,确定转型的总体战略目标、重要时间节点、阶段性目标和具体路径,为未来的能源竞争和企业可持续发展提前布局、创造条件。

参考文献

［1］ FGE,"Start of STAR Refinery Will Reduce Turkey's Naphtha and Diesel Imports Dramatically",2018 年 10 月。

［2］ FGE,"Long-delayed Persian Gulf Star Refinery Finally Near Completion;What's Next?",2018 年 9 月。

［3］ FGE,"Low Rhine Water Levels Could Exaggerate Pent-up Inland Gasoil Demand",2018 年 8 月。

［4］ IHS,"Asia Pacific Downstream Long-Term Outlook",2018 年 5 月。

［5］ IHS,"Middle East Downstream Long-Term Outlook",2018 年 5 月。

B.16
改革开放40年中国石油工业回顾与展望

刘　强*

摘　要：　本报告回顾了改革开放40年来中国石油工业发展历程，尤其
是国家管理体制和石油工业的国有企业改革过程。中国石油
工业40年来取得了巨大的发展成就，供给能力、技术能力都
得到了很大的提升，并且在"一带一路"框架下广泛参与沿
线国家的石油产业和经济发展。本报告最后对中国石油工业
未来的发展提出了几条建议。

关键词：　中国石油工业　石油管理体制改革　石油国有企业改革
"一带一路"

改革开放、建立中国特色的社会主义市场经济，是40年来中国经济发展的
重要动力与特征，也是中国石油工业40年来蓬勃发展的最重要特点。在改革开
放政策的引领下，中国石油工业取得了巨大的发展成就，也将在未来的全球化
发展中继往开来、开拓创新，为中国的能源安全和可持续发展提供保障。

一　改革开放引领中国石油工业发展

40年来，中国石油工业主要有三个方面的改革开放举措：通过国家宏

---

* 刘强，中国社会科学院数量经济与技术经济研究所研究员，资源技术经济研究室主任，全球
能源安全智库论坛秘书长，研究方向为能源、资源等。

观管理体制的改革，建立了符合中国社会主义市场经济特色的石油市场经济管理体系；通过国有企业体制改革，建立了符合全球化竞争需求的现代企业制度；通过扩大开放、企业"走出去"与国际化经营，确立了中国石油企业在国际市场中的特色竞争地位，利用"两种资源、两个市场"进一步保障了中国的能源安全。

（一）国家管理体制改革：建立市场经济管理体系

自 1978 年开始，中国经济开始了由计划经济向市场经济转轨的伟大进程。经济体制的提法，从计划经济，到计划经济为主商品经济为辅，再到社会主义商品经济，一直在摸索突破。1992 年邓小平南方谈话之后，中国决定建设社会主义市场经济体制，改革开放进程开始提速。之后，伴随着中国经济的全面改革开放，石油工业基本上建立了全国统一的成品油流通体制。

1. 国家管理体制改革

在计划经济时期，石油工业是共和国经济的长子。对石油工业如何管理，一直是中国宏观经济管理的一个重大课题。石油工业不仅是一个部门经济、行业经济，它也是保障经济运行、保障国家战略安全与国防安全的重要基础性部门。在计划经济时期，几乎每个行业都有相应的部级机构进行领导，石油工业也不例外，政府序列中一直存在一个主管部级机构。

新中国成立之初，根据 1949 年 9 月 27 日中国人民政治协商会议第一届全体会议通过的《中华人民共和国中央人民政府组织法》第十八条的规定，于 1949 年 10 月设立中央人民政府燃料工业部，1950 年 4 月 23 日，燃料工业部设石油管理总局，负责新中国的石油工业生产建设。1955 年 7 月 30 日，石油工业部成立。1970 年 6 月 22 日，石油、煤炭、化工三部门合并，成立燃料化学工业部。1975 年 1 月 17 日，撤销燃料化学工业部，成立石油化学工业部。1978 年 3 月 8 日，第五届全国人民代表大会第一次会议决定，撤销石油化学工业部，恢复成立石油工业部。

改革开放之后，经济日益繁荣，随着市场主体日益多元化，跨行业企业、跨国企业的出现不可避免。按行业进行分类的"条条"管理体制（如钢铁部、石油部、化工部、煤炭部、轻工部、纺织部等）日益不适应新的时代需求，取消行业部已经不可避免。

1988 年 6 月，国务院机构改革，撤销石油工业部，成立能源部（1993年撤销），原石油部的政府职能移交能源部。

2003 年成立国资委，实行政资分开，国有资产管理与经济运行管理分开。2003 年成立发展改革委能源局，负责包括油气在内的能源综合管理和协调。2008 年成立国家能源局，在国家层面加强宏观管理职能，逐步建立石油工业管理新体制。

2004 年，全国工商联石油商会成立，该商会主要维护民营油企的利益。商会成立时，民营油企占据的市场规模已经很庞大。

2008 年，国家能源局成立，为国家发展和改革委员会直属机构，其中石油天然气司主管相应业务。2013 年 3 月，《国务院关于提请审议国务院机构改革和职能转变方案》将现国家能源局、国家电力监管委员会的职责整合，重新组建国家能源局，由国家发展和改革委员会管理。

党的十八大以来，中央对能源行业提出了"四个革命、一个合作"的能源安全新战略，即供给革命、消费革命、技术革命、体制革命和加强国际能源合作。

按照能源体制革命的要求，中共中央、国务院印发《关于深化石油天然气体制改革的若干意见》，完成油气体制改革顶层设计，推动油气体制改革在放宽准入、市场化改革、加强监督以及国企改革等方面取得新的突破。

2. 建立市场化的石油流通体制

随着国家不断深化计划、投资、税收、外贸等领域的配套改革，石油行业逐步由市场调控取代原先的行政、计划管理。1992 年 1 月，邓小平南方谈话标志着中国改革进入新阶段，为市场经济体制的建立指明了方向。1992年 10 月，党的十四大召开，明确我国经济体制改革的目标是建立社会主义市场经济体制。以邓小平南方谈话和党的十四大为标志，我国社会主义改革开放和现代化建设事业进入新的发展阶段。

以深化流通体制改革推动石油工业市场化改革。以石油价格为中心的流通体制改革，构成石油工业市场化改革的主要内容。

1991年对原油价格实行逐步"平转高"政策，也就是在产量中设定一定比例允许以高于政府平价一定比例的价格销售；1993年4月，国家放开计划外高价油价格，实行随行就市；1994年4月，对计划内外所有原油、成品油价格实行并轨提价，双轨制结束。

在石油销售体制改革方面，1993年，赋予石油企业5%的原油自销权和9%的成品油自销权；1994年4月改革原油、成品油流通体制，建立以中石化总公司为主渠道、中石油总公司和地方炼油企业为辅渠道的"一主两辅"流通体制。

在石油天然气价格改革方面，1992年，对陆上天然气井口价实行按用途划分的分类气价。在石油进出口贸易体制改革方面，1993年4月国务院批准中石油总公司、中石化总公司成立中联油和中联化，承担一部分原油和成品油的进出口业务，两大公司获得进出口贸易权。

1998年6月3日，国家计划委员会出台了《原油成品油价格改革方案》，规定国内原油、成品油价格按照新加坡市场油价相应确定，原油价格自1998年6月1日起执行，成品油价格自1998年6月5日起执行。原油基准价由国家计划委员会根据国际市场原油上月平均价格确定，每月一调。而汽油和柴油则实行国家指导价，中国石油、中国石化集团在此基础上可上下浮动5%。

2000年6月开始，国内成品油价格与国际市场接轨，即国内成品油价格随国际市场油价变化相应调整。2001年11月，国内成品油价格接轨机制进一步完善，由单纯依照新加坡市场油价确定国内成品油价格改为参照新加坡、鹿特丹、纽约三地石油市场价格调整国内成品油价格。当国际油价上下波动幅度为5%~8%时，我国油价保持不变，超过这一范围时由国家发改委调整零售中准价。

2009年，国家发改委推出成品油价格形成机制改革方案，这一方案执行了四年多。方案规定，当国际市场原油连续22个工作日平均价格变化超过4%时，可相应调整国内成品油价格；当国际市场原油价格低于每桶80美元时，按正常加工利润率计算成品油价格；高于每桶80美元时，开始扣减加工利润率，直至按加工零利润计算成品油价格。高于每桶 130 美元时，按照兼顾生产者、消费者利益，保持国民经济平稳运行的原则，采取适当财税政策保证成品油生产和供应，汽、柴油价格原则上不提或少提。

2013 年成品油价格机制再次改革，调价周期缩短至 10 个工作日，取消 4% 幅度限制。2013 年 3 月 26 日，国家发展改革委决定缩短成品油调价周期，取消调价幅度限制，调整挂靠油种。完善成品油价格形成机制的主要内容，一是将成品油调价周期由 22 个工作日缩短至 10 个工作日；二是取消挂靠国际市场油种平均价格波动 4% 的调价幅度限制；三是适当调整国内成品油价格挂靠的国际市场原油品种。

党的十八大之后，石油工业全面深化改革。在行业层面，取消专营制度，放开准入。企业层面，中央对国企改革提出了要求，2015 年 9 月颁布了《关于深化国企改革的指导意见》，出台了 22 个配套文件，形成了“1 + N”政策体系。在新的政策环境下，三大石油公司将实现由油气公司向综合能源公司的转变。

2018 年 7 月，国家发布了《外商投资准入特别管理措施（负面清单）(2018 年版)》，其中正式取消了外资连锁加油站超过 30 家需中方控股的限制，至此，石油下游环节完全开放。

（二）国有企业改革：建立现代企业制度

中国经济体制改革的重点之一，就是国有企业的改革。如何建立责权利明确的现代企业制度，是国有企业改革的重点。由于历史的惯性和条件的局限，中国工业经济体制改革走的是一条渐进式的改革之路，从开始时的产量包干政策，到后来的承包经营，再到后来的利改税，可以说是在摸索中前行。

20 世纪 80 年代，是中国国有企业改革的起始期。在这一阶段中，石油工业采取产量包干政策和多种形式的承包经营责任制，大大激发了内部活力；在海洋石油领域打破禁锢，开启对外合作先河；先后成立三大总公司，实现了石油工业从计划经济管理体制向市场经济管理体制的重大转变。

1979年之后，原油生产连续两年徘徊不前，呈下降之势。面对这种局面，当时有关部门把农村"大包干"的经验引入石油行业，决定从1981年起，对石油行业实行"1亿吨原油产量包干"政策，具体来说就是石油部门在完成1亿吨产量指标后，超产油和节约的自用油可以出口，所得外汇全额留成，用于进口器材、技术；国内外油价差额绝大部分留作石油勘探开发基金。"石油大包干"极大地调动了石油战线职工的积极性，效果很快体现出来，1985年，原油产量达到了1.25亿吨新水平。

国家"利改税"放权让利，石油部以建立"责权利"相结合的经济责任制为重点，打造具有活力的市场经济主体。国家对企业实行"利改税"改革，分别于1983年、1984年，分两步实现从税利并存过渡到完全的以税代利，这样从财税制度上明确了企业和国家的留利关系，逐步完善了企业承包经营责任制，使得企业实行自主经营，自负盈亏，自我约束，自我发展，推动了石油企业逐步由过去的行政机关附属转变成为真正的企业。

20世纪80年代，是中国化工行业、轻纺和服装行业高速发展的时期，以化纤为原料的服装行业，成为中国的创汇大户。1982年，国家针对石油化工行业管理条块分割，难以实现全面规划、合理布局、统筹发展的体制弊端，打破部门、地区、行业界限，相继组建了高桥、金陵、锦州、抚顺等几个大的石油化工联合企业。1983年2月，中国石油化工总公司成立，将原来分属石油部、化工部、纺织部管理的39个石油化工企业划归总公司领导，并实行自主经营、自负盈亏、自我发展、自我约束。总公司直属国务院。中央明确要求，石化总公司要办成真正的经济实体，不能办成石化部。中国石化总公司可以说是三大石油国企中唯一没有行政管理职能的国企。中国石油化工总公司的成立，也是打造产供销一体化公司模式的探索。

石油领域也是我国首先对外开放的重要领域。这主要是由于技术引进的需求所需要。在计划经济时期，在勘探条件困难的沙漠和海洋地区，我国技术力量明显不足。

1982年1月30日，国务院颁布《中华人民共和国对外合作开采海洋石油资源条例》，决定成立中国海洋石油总公司，依法行使海洋石油勘探、开发、生产和销售的对外合作管理权与专营权。同年 2 月 15 日，中国海洋石油总公司在北京正式成立，率先实施对外开放。中国海洋石油总公司成立后，实行海上对外招标，引进国外资本，开启了我国油气资源对外开放的先河。

1988 年 6 月，在原石油工业部的基础上，以其所辖主要资源和资产为依托，成立中国石油天然气总公司，主要从事石油、天然气上游领域的生产业务，兼有部分政府管理、调控职能。这也是以国有企业代行国家管理职能的一种探索。

至此，中国石油工业基本形成以陆上、海洋、石化三大公司为基础，各自独立经营的格局，三大公司上下游分立，海陆分开，同时作为国家石油公司又分别行使管理职能。

1998 年 3 月，国务院宣布重组石油工业，变分业经营为混业经营，中石油、中石化成为两大贯穿整个产业链的垄断石油集团，并同时获得石油进出口经营权。1998 年 7 月国务院分别批复同意石油、石化两个集团组建方案和公司章程。按照政企分开的要求，剥离了石油公司之前承担的管理职能，使之成为国有控股公司。两大集团公司实现上下游、内外贸、产运销一体化经营，解决了多年未解决的产业链脱节弊端，使两大公司基本具备了国际石油公司的业务结构；明晰了国有产权、实现了出资人到位，为重组改制、建立现代油公司体制奠定了基础。

1999 年，中国石油、中国石化和中国海油进行重组改制，将油气主营业务资产剥离，独立发起设立股份有限公司。2000 年至 2001 年，3 家股份公司先后在海外成功上市，国有石油公司的产权改革取得了历史性突破，为石油化工行业的发展提供了制度保障。上市后的股份公司充分发挥专业化和综合一体化优势，国际竞争力大大提高，使其成为真正意义上的市场主体。在主业完成上市后，三大石油公司分别对未上市业务实施了不同内部改革举措，实现未上市企业和上市企业双赢。

（三）全球化：扩大开放与国际化经营

改革开放初期，中国在石油领域勘探和开采技术领域很大程度上处在观念有待更新、设备落后、靠人海战术和拼命精神弥补的阶段。自 1983 年起外汇留成政策实施，石油领域才开始引进大型计算机、数字地震仪、测井仪等先进勘探装备，并引进法国及美国地震队和测井队，加强中国西部山地、大漠区的勘探技术攻关。可以说，对外开放对中国加快沙漠地区和海上油田的勘探开发发挥了重要作用。

1978 年，中共中央、国务院做出重大决策：中国海洋石油工业在自力更生的基础上，在平等互利的原则下，积极、稳妥地探索利用外国资金与技术，加快我国海洋石油工业发展。规划了我国石油工业对外合作的路线图。1982 年，颁布了《中华人民共和国对外合作开采海洋石油资源条例》及相关法规。1983 年，同 9 个国家的 27 家石油公司签订了 18 个石油合同，开启了我国石油资源对外合作的先河。1985 年，南方 11 个省份先行开放。1993 年，陆上石油对外合作条例颁布，对外开放的地区扩展到北方 10 省份。截至目前，我国在陆上累计与 12 个国家和地区的 59 家石油公司签订对外合作合同 69 个；在海上累计与来自 21 个国家和地区的 78 家国际石油公司签订 200 余个对外合作石油合同。

2001 年中国加入 WTO 之后，民营、外资等各类企业积极进入石油石化行业，三大石油公司通过主营业务股份制改革及境内外上市探索建立现代企业制度。国家油气管理的体制实行政企分开，逐步建立石油工业管理新体制。

从 2002 年起，国家先后降低了原油、汽油等油品关税。成品油进口，原油、成品油批发也逐步放开。

加入世贸组织后，炼油领域为外资所关注。由埃克森美孚、沙特阿美与中国石化合资建设的福建炼化一体化项目，于 2009 年建成并投入商业运营。在油品销售领域，埃克森美孚、BP、Shell 与中国石化、中国石油合资，分别在江苏、浙江、广东、福建建设和经营约 2900 座加油站。在石化领域，外商投资项目规模最大，项目主要集中在大型乙烯联合装置及其后加工装置上。投资的项目主要集中在长三角、珠三角和环渤海地区。

2000 年，中国海油、壳牌和广东省合资建设中海壳牌化工项目，将

"引进来"扩展到下游炼化板块，42 亿美元投资是当时国内最大单体中外合资项目。中海壳牌惠州石化于 2006 年初投产。2016 年，在前期合作基础上，惠炼二期实现由"壳牌为引领"向"海油为主导"的巨大转变，成为真正意义上的强强联手、优势互补。项目吸引壳牌拿出资金和独有技术，直接引进外资 54.3 亿元，带动项目总投资 326 亿元，有效放大国有资本功能，分散投资风险。

南海惠州油田群由中国海油与意大利、美国的 4 家石油公司共同合作开发。合作中，各方基于双赢理念建立起互利互信的机制，达成长期合作共识，通过联合作业形式，利用老平台设施滚动开发周边资源，外方不断加大投资力度，最终从 1 个油田发展至 12 个油气田。"雪球"越滚越大，"蛋糕"越做越大，各方分享的利益越来越大。

民营资本、外资在我国油气勘探开发、炼油、成品油销售、基础石化原料等领域均取得了相当进展，国内石油石化市场呈现多种经济成分并存、众多市场主体既相互合作又激烈竞争的新局面。

中国石油工业"走出去"步伐不断加快，国际化经营成效显著。三大石油公司都把利用国外石油资源作为重要战略，发挥一体化优势，积极实施"走出去"战略；石油企业国际化经营的规模不断扩大、手段日益丰富，业务遍及全球近 50 个国家，海外油气权益产量接近 1 亿吨。

对外开放与企业"走出去"，一方面促进了国内供给能力的增加和市场的繁荣，另一方面促使中国石油企业在世界市场上进行资源和产业链配置，参与世界市场的竞争，有效提高了中国石油工业和石油企业的国际竞争力，大幅改善了中国的能源安全状况。

二　中国石油工业取得了重要的发展成就

（一）供给能力大大增强

石油产量较快增长。1978 年中国石油产量突破 1 亿吨（当年产量 1.04

亿吨），1979～2017 年，原油产量年均增长 2% 以上，远高于同期全球原油产量 0.8% 的平均增速。2017 年中国原油产量 1.92 亿吨（高峰时期曾超过 2 亿吨），跃升为全球第五大产油国。

1978 年中国生产天然气约 138 亿立方米，2017 年天然气产量 1487 亿立方米（国家发展改革委数据），较改革开放之初增长了 10 倍，天然气产量居世界第六；1978 年前国内人均天然气产量为 4 立方米/年，2012 年人均产量为 78.7 立方米/年①。

炼油能力不断提升，装置规模大幅扩大。新建了一大批炼油装置，建成了 14 个千万吨级大型炼油基地。2017 年原油加工能力比 1979 年增长 780%，中国成为仅次于美国的全球第二大炼油国。中石油、中石化炼厂平均规模从 300 万吨/年提高到 552 万吨/年②。

石化工业快速发展。乙烯产量由 1979 年的 43 万吨猛增到 2017 年的 1737 万吨，增长了 39 倍，农用化肥产量由 864 万吨增加到 5787 万吨，增长 570%，合成树脂、合成橡胶、合成纤维产量分别达到 3074 万吨、222 万吨和 2132 万吨，分别增长 44.3、20.7 和 150.6 倍。中国成为化工品生产大国③。

管道建设突飞猛进，管网体系基本形成。改革开放以前，我国仅有少数几条油气管道，总里程只有几千公里。截至 2017 年底，全国已建成原油管道 2.38 万公里，成品油管道 2.60 万公里，石油管道总里程达到 4.98 万公里。截至 2017 年底，中国天然气长输管道总里程近 7.4 万公里。初步形成了横跨东西、纵贯南北、覆盖全国、连通海外的油气管网④。

---

① 《四十载赶超跨越"气"势如虹》，http：//www.cnenergy.org/yq/trq/201808/t20180827_685293.html。
② 钱兴坤、吴谋远：《石油工业：为经济社会添底气、增动力》，《中国能源报》2018 年 8 月 13 日第 2 版，http：//paper.people.com.cn/zgnyb/html/2018-08/13/content_1874706.htm。
③ 钱兴坤、吴谋远：《石油工业：为经济社会添底气、增动力》，《中国能源报》2018 年 8 月 13 日第 2 版，http：//paper.people.com.cn/zgnyb/html/2018-08/13/content_1874706.htm。
④ 钱兴坤、吴谋远：《石油工业：为经济社会添底气、增动力》，《中国能源报》2018 年 8 月 13 日第 2 版，http：//paper.people.com.cn/zgnyb/html/2018-08/13/content_1874706.htm。

跨国经营取得重大突破。到 2017 年底，三大石油公司海外业务遍及全球 50 多个国家和地区，拥有石油剩余可采储量 14 亿吨、天然气剩余可采储量 4300 亿立方米。2017 年海外油气权益产量 1.9 亿吨，海外原油加工能力达到 3000 万吨/年，海外工程技术服务合同额达到 52 亿美元[①]。

（二）企业竞争力大幅度提高

近十年来，以三大国有石油公司为代表的中国石油企业国际竞争力大幅提升，在《财富》杂志全球 500 强和美国《石油情报周刊》的排名中都有较大幅度的提升，稳居国际大石油公司的排名前列。

公司市值达到世界一流水平。根据福布斯公布的 2017 年全球上市公司 2000 强排行榜，中国石油股份公司市值为 2045 亿美元，与五大国际石油公司（埃克森美孚、BP、壳牌、雪佛龙、道达尔）相比，仅低于埃克森美孚（3432 亿美元）[②]。

（三）科技水平跻身世界前列，技术进步成石油业发展主要动力

我国已经形成了比较完备的石油装备制造体系，大部分装备产品实现了国产化。12000 米特深井钻机、大口径高钢级油气输送管、海洋 981 和 982 钻井平台、百万吨级海上浮式生产储油系统等已达到国际先进水平；千万吨级炼油装置设备国产化率达到 90% 以上，百万吨级乙烯装置设备国产化率也已达到 85% 以上[③]。

常规油气技术不断改善，技术成本不断降低。页岩气技术获重要突破，我国非常规勘探开发技术体系初步形成。我国已掌握了页岩气地球物理、钻完井、压裂改造等技术，具备了 3500 米以浅（部分地区已达 4000 米）水平

---

① 钱兴坤、吴谋远:《石油工业：为经济社会添底气、增动力》，《中国能源报》2018 年 8 月 13 日第 2 版，http：//paper. people. com. cn/zgnyb/html/2018 – 08/13/content_ 1874706. htm。

② 钱兴坤、吴谋远:《石油工业：为经济社会添底气、增动力》，《中国能源报》2018 年 8 月 13 日第 2 版，http：//paper. people. com. cn/zgnyb/html/2018 – 08/13/content_ 1874706. htm。

③ 钱兴坤、吴谋远:《石油工业：为经济社会添底气、增动力》，《中国能源报》2018 年 8 月 13 日第 2 版，http：//paper. people. com. cn/zgnyb/html/2018 – 08/13/content_ 1874706. htm。

井钻井及分段压裂能力，初步形成了适合中国地质条件的页岩气勘探开发技术体系。水平井钻井周期从最开始的 150 天减少到 60 天左右，最短为 46 天，水平井单井成本从 1 亿元下降到 5000 万元左右①。

2018 年 9 月 14 日，中国石油川南页岩气日产量达到 1100 万立方米，至此，中国石油在川南累计开钻页岩气建产井 479 口，累计产气 100.97 亿立方米②。

2017 年 5 月 10 日，随着中国"可燃冰"试采成功，走向海洋的中国石油人完成了从 100 米浅海向 1300 米深海进军的大跨越，实现了从常规油气到可燃冰全新领域作业的大突破。连续产气 60 天，累计产气超过 30.9 万立方米，中国创造了可燃冰试采产气时长和总量的世界纪录③。

（四）在"一带一路"倡议下全面开展国际合作

石油工业的对外开放实现了中国企业全面参与国际油气资源的配置。石油领域的技术进步为"走出去"奠定了基础。据统计，到 2017 年，共有 34 家中国石油企业参与了海外 210 个石油项目的投资，累计海外石油权益产量达 1.9 亿吨，由此也带动了中国石油技术和装备进入美国、中东的油气田，为世界石油产业发展做出了杰出贡献④。

中国企业加快推进"走出去"战略，在国际油气行业中的参与度和竞争力不断提升。海外五大油气合作区、四大战略通道基本建成，全球战略布局逐步完善。截至 2017 年底，中国石油企业在全球近 60 个国家管理和运作着超过 200 个油气合作项目；海外年权益油气产量接近 1.9 亿吨，成为全球国家石油公司中"走出去"的领导者，原油进口量超过 4 亿吨，成为全球

① 钱兴坤、吴谋远：《石油工业：为经济社会添底气、增动力》，《中国能源报》2018 年 8 月 13 日第 2 版，http：//paper. people. com. cn/zgnyb/html/2018 −08/13/content_ 1874706. htm。

② 《有破有立　中国石油进入全新"改革时间"》，https：//3w. huanqiu. com/a/9e37e5/7HLFSHGWwNO？p = 1&agt = 4。

③ 《有破有立　中国石油进入全新"改革时间"》，https：//3w. huanqiu. com/a/9e37e5/7HLFSHGWwNO？p = 1&agt = 4。

④ 《中国石油业发展成果丰硕 "工业血液"不息奔流》，《人民日报》（海外版）2018 年 8 月 8 日，http：//www. chinanews. com/gn/2018/08 −08/8593242. shtml。

原油贸易的重要参与者和最大进口商[①]。

三是成为"一带一路"倡议的先行者和骨干力量。"走出去"时间最早：在"一带一路"地区投资合作已超过20年；合作规模最大：在"一带一路"区域内建成三大油气合作区、四大油气战略通道、2.5亿吨当量产能、3000万吨炼能的全产业链合作格局，累计投资超2000亿美元。石油工业成为"一带一路""走出去"规模最大的产业，为"一带一路"倡议的提出奠定了重要基础[②]。

1. 中石化

自2001年以来，中石化先后与11个"一带一路"国家从事油气勘探开发投资合作。截至2016年底，拥有或参与的项目有18个，主要位于"一带一路"北线的俄罗斯、哈萨克斯坦、蒙古国，中线的沙特、伊朗、叙利亚、埃及、也门，南线的印度尼西亚、缅甸。

"十二五"期间，中石化与"一带一路"沿线国家签订石油工程、炼化工程服务合同568个，金额达169亿美元，累计贸易额和投资额分别达到6200亿美元、近千亿美元，已成为沙特、科威特第一大钻井承包商，建设了俄罗斯UDM项目、埃及阿帕奇项目、沙特延布炼厂项目等一批标杆项目[③]。

2017年3月，在国家主席习近平和沙特国王萨勒曼的见证下，中石化与沙特基础工业公司签署战略合作协议，约定共同推进中国"一带一路"倡议和沙特"2030愿景行动计划"。

目前，中石化国际贸易、油气勘探、炼化、工程服务、仓储等，在"一带一路"沿线国家和地区已建立起坚实的业务基础。2011~2016年，中石化累计从"一带一路"沿线15个国家进口原油11亿吨，从沿线18个国家进口化工产品102亿美元；累计向沿线64个国家出口化工产品35.3亿美

① 钱兴坤、吴谋远：《40年石油发展观察 石油工业书写辉煌新篇章》，中国电力新闻网，2018年8月13日，http://www.cpnn.com.cn/zdyw/201808/t20180813_1084587.html。
② 钱兴坤、吴谋远：《40年石油发展观察 石油工业书写辉煌新篇章》，中国电力新闻网，2018年8月13日，http://www.cpnn.com.cn/zdyw/201808/t20180813_1084587.html。
③ 《中石化欲做大"一带一路"三大合作区》，http://www.cb.com.cn/chanyejingji/2017_0513/1183870.html。

元，出口设备材料2.6亿美元①。

在油气勘探上，截至2016年底，中石化累计在"一带一路"沿线国家和地区投资203亿美元，累计获得权益油产量近1亿吨②。

在炼化上，2011～2016年，中石化累计在"一带一路"沿线获得95亿美元合同、完成73亿美元。在工程服务上，累计获得109亿美元合同、完成78亿美元。在炼化仓储上，截至2016年底，中石化在"一带一路"沿线5个国家投资了6个仓储项目③。

2. 中石油

1993年3月，中国石油中标泰国邦亚区块项目，同年10月，与秘鲁国家石油公司签署塔拉拉油田7区作业服务合同④，这是中国石油企业进入国际油服领域的开端。经过20多年的艰苦创业和奋力拼搏，中国石油目前在"一带一路"沿线20个国家进行着52个项目的合作。2017年，公司在"一带一路"地区油气权益产量当量超过7300万吨，占中国石油海外油气权益总产量的80%以上。设施联通进一步推动了贸易的互通。2017年，"一带一路"地区油气贸易量达2.3亿吨油当量，占公司贸易总量的一半。"一带一路"已经成为中国石油海外核心油气合作区，成为跨国油气战略通道的资源保障区和优势产能合作的主要市场⑤。

2018年7月19日，弗拉基米尔·鲁萨诺夫号历时23天航行1.07万公里顺利抵达中国。这是亚马尔项目首次通过北极东北航道穿过白令海峡向中国供应LNG。亚马尔项目是中国提出"一带一路"倡议后在俄罗斯实施的

① 《中石化欲做大"一带一路"三大合作区》，http://www.cb.com.cn/chanyejingji/2017_0513/1183870.html。

② 《中石化欲做大"一带一路"三大合作区》，http://www.cb.com.cn/chanyejingji/2017_0513/1183870.html。

③ 《中石化欲做大"一带一路"三大合作区》，http://www.cb.com.cn/chanyejingji/2017_0513/1183870.html。

④ 《中国石油业发展成果丰硕 "工业血液"不息奔流》，《人民日报》（海外版）2018年8月8日，http://www.chinanews.com/gn/2018/08-08/8593242.shtml。

⑤ 中国石油新闻中心：《中国石油深度参与"一带一路"建设5周年特别报道》，http://news.cnpc.com.cn/system/2018/09/18/001705290.shtml。

首个特大型能源合作项目①。

2018 年，中国石油与俄罗斯国家石油公司、俄罗斯天然气工业石油股份公司分别签署合作协议，进一步加强上游领域的合作；通过政府高层推动，中国石油和哈萨克斯坦能源部签署相关合作协议，实现了数个千万吨级油气合作项目延期。在伊拉克，中国石油参建的哈法亚油田油气产量超过预期，作为伊拉克南部油田的主要力量，每天有 25 万桶原油源源不断地输送到全球各地②。

3. 中海油

自 1994 年收购马六甲项目开始，20 多年来，中国海油海外投资规模不断扩大、范围不断扩展，海外业务布局和投资结构不断优化。2013 年，中国海油成功收购加拿大尼克森石油公司，一举增加证实储量约 30%、产量 20%，并战略性地进入加拿大西部、英国北海、墨西哥湾、尼日利亚、圭亚那等海上油气富集区。2013 年秋，遵循习近平总书记提出的"一带一路"倡议，中国海油加快与沿线国家开展能源合作，目前，在"一带一路"沿线国家同时运行 7 个世界级工程项目，刚刚结束的亚马尔一期项目合同额达 101 亿元人民币。公司 34 座大型海洋工程装备走出国门，在亚、非、拉、美 30 多个国家和地区开展作业③。

目前，中国海油在六大洲 45 个国家和地区开展能源合作，建立海外油气生产基地，公司海外资产超 4000 亿元，公司海外资产占总资产比重超过 40%，海外油气勘探开发业务涉及 20 多个国家，勘探作业面积近 6 万平方公里，掌控石油探明可采储量达 19 亿桶及大量油砂和页岩油气资源，在大西洋两岸发现了数十亿吨级的"世界级"油田及油气构造④。

---

① 《有破有立　中国石油进入全新"改革时间"》，https://3w. huanqiu. com/a/9e37e5/7HLFSHGWwNO？p = 1&agt =4。
② 中国石油新闻中心：《中国石油深度参与"一带一路"建设 5 周年特别报道》，http://news. cnpc. com. cn/system/2018/09/18/001705290. shtml。
③ 杨华：《在构建开放型经济　新格局中大有所为——中国海油深入学习习近平总书记关于开放型经济的重要思想》，http://www. cnooc. com. cn/art/2018/5/30/art_ 191_ 2963461. html。
④ 杨华：《在构建开放型经济　新格局中大有所为——中国海油深入学习习近平总书记关于开放型经济的重要思想》，http://www. cnooc. com. cn/art/2018/5/30/art_ 191_ 2963461. html。

在"一带一路"沿线油气项目中,中国石油企业在推进项目勘探开发、获取资源利润的同时,助力亚洲、非洲、拉丁美洲国家经济发展和社会进步,特别是积极推行员工本地化,为资源国培养了大批石油技术人才,帮助当地建立起石油工业体系。

三 对未来中国石油工业发展的建议

改革开放40年来,中国石油工业取得了巨大的成就,为保障中国的能源安全、服务经济增长做出了巨大的贡献。同时,经过40年的经济发展,中国的经济格局、能源供求形势也发生了翻天覆地的变化。其中最大的两个变化是:第一,中国经济从并不起眼的落后国家变为世界第二大经济体,中国经济已经成为世界经济体系和贸易体系中的重要组成部分;第二,中国已经从20世纪80年代石油输出国组织(OPEC)之外重要的石油出口国(1988年曾是OPEC之外第一大出口国),演变为世界上最大的石油进口国和天然气进口国。在这种变化之下,中国石油产业也要适应形势变化,从全球格局和中国未来可持续发展的角度调整发展战略。本报告提出四个建议。

(一)适度放松依托国内资源保障能源供给的指导思想,依托"一带一路"倡议加强能源国际合作

作为世界第一大商品出口国,中国的经济活动是世界经济的重要组成部分。如果过度强调依托国内资源,包括能源资源,就会导致国内资源过快消耗。比如石油领域,20世纪80年代中国还是OPEC之外最大的石油出口国,1993年就成为净进口国,现在就成为最大的进口国。

在国内石油资源难以有新的重大发现、煤炭资源逐步消耗、天然气储量没有重大发现,以及页岩气开发成本仍然较高的情况下,利用国际市场能源价格较低的特点,可以实现中国能源组合的优化,有效降低整体能源成本,缓解能源开采、生产和消费过程中对环境造成的巨大压力;同时,也有助于

中国经济更为平衡地发展。

因此，我们建议适度放松对能源供给需依托国内资源的指导思想和具体政策要求，充分利用国际国内两种资源、两种市场，优化资源配置，提升能源效率和经济效率。

（二）以全球资源视角优化和保障中国能源供给，以国际化来调整化石能源供给结构，推动能源供给革命

国内油田资源退化已经是业内不争的事实。2017年，中国全国的石油产量为1.92亿吨，同比降低了4.1%，延续了之前的下降趋势，主要是受到了油田老化和油价低迷的影响。

在这一背景下，中国能源规划部门和石油央企都应该转换思路，不应该继续把产量作为政治性指标来完成。如果继续强化对老旧油田的开采压力，既会造成较高的企业成本，也会导致对油田所在地区生态环境的损害。

在国际国内市场一盘棋的格局下，应该着眼全球资源，以成本—效益作为企业生产决策的指导性指标，把企业精力放到确保企业可持续发展的方向上来。

（三）中国石油企业应从资源—生产型企业转向资源—平台型国际化企业，进行全球化经营

中国最大的优势在于市场容量巨大。中国目前已经成为世界上第二大油气消费市场，紧随美国之后。这是中国与外国进行经济贸易活动的最大资源。油气领域各大跨国企业，都梦寐以求能够进入中国市场，尤其是下游的成品油消费市场。

中国作为最有增长潜力的油气市场之一，市场容量才是中国的竞争优势所在。利用中国巨大的市场容量，中国石油天然气企业可以通过建设高效率、全覆盖、低成本的全国成品油和天然气服务体系，并通过覆盖全国城乡的服务网络形成集成油气物资、信息、资金的综合性平台，大幅度提高企业的核心竞争力和盈利能力。在现代全球化经济条件下，平台能力才是企业长盛不衰的基础保障。

伴随着中国国内石油资源的消耗和开采成本的增加，如果没有大的石油储量发现，国内总体油气资源的比较优势将日益衰减。因此，中国石油企业需要面向全球寻求新的资源储量。在西方老牌石油企业和中东国家石油公司的现有格局下，中国石油企业在资金能力上并不弱，如果加上国内巨大的市场平台，仍然可以通过国际合作方式获得新的资源储量。这些国外石油公司，无论是西方公司还是中东国家石油公司，如果想进入中国这个大市场，就需要与中国石油企业进行合作。

在这种背景下，建议石油央企实现从"资源—生产型"向"资源—平台型"的转变。通过资本运作和市场合作等手段，在全球范围内以合适的成本掌控油气资源，包括常规油气资源和非常规油气资源，石油央企可以把自己控制的资源交给专业化的勘探开采企业去组织生产，也可以有自己的炼化生产能力和终端市场销售能力。通过在全球范围内选择最低成本和最为专业化的生产服务商（油服），可以有效地降低成本、最大化利润。

（四）提高天然气供应能力，培育天然气市场

发展天然气是中国能源转型的一个重要方面，增加天然气在能源消费中的比重，有利于改善整体能源与电力结构，减少温室气体和污染排放，同时天然气电力也是可再生能源并入电网的重要保障。

伴随着能源转型的步伐，中国已经成为世界上最大的天然气进口国。中国石油工业今后也要把天然气供应作为中国能源安全的一个重要工作来对待。为提高天然气供应能力和保障水平，建立一个覆盖全国的天然气供应网络已经势在必行，其关键环节包括：进口管线的安全与供应保障，港口液化天然气（LNG）进口终端的建设，国内干支线网络的完善，天然气定价机制的完善，液化天然气集装箱运输能力的建设，储气库的建设，南北错峰输气能力的建设等。同时，天然气供应网络的发展是一个全面的系统工程，不仅涉及天然气产业链的各个环节，也要与整体能源结构的调整尤其是煤炭去产能和电力结构优化相配合。在这一发展过程中，中国石油企业将实现从油气公司向全能源公司的转变。

B.17
2018年中国炼油业回顾与2019年展望

夏潇远　张　婧*

摘　要：　改革开放40年来，在经济快速增长的推动下，中国炼油业产能大幅扩张，炼厂装置改造升级加快，复杂化程度不断提高，产业布局不断优化。与此同时，民营炼化崛起，多元化竞争格局逐步形成。2018年，我国炼油能力攀升至8.3亿吨/年，同比增加2160万吨/年，原油加工量增至6亿吨，增量主要来自云南石化、惠州炼厂（二期）和地方炼厂。2019年，中国炼油能力将再上一个新台阶，预计总炼能将达到8.8亿吨/年，特别是恒力石化和浙江石化两个千万吨级民营炼化一体化大项目陆续建成，有助于提升我国炼油业的规模化、一体化水平，同时也使得我国石油市场竞争更加激烈。此外，随着2020年IMO燃料油新规实施进入倒计时，2019年我国炼油业有望迎来重大机遇期。我国是为数不多具备柴汽比调节能力的炼油中心，为应对IMO 2020新规的要求，炼厂可适当提高柴油收率，或生产低硫燃料油满足低硫船燃需求，增强国际竞争力。

关键词：　炼油业　地方炼厂　多元化　基地化　复杂化

* 夏潇远，现任中国国际石油化工联合有限责任公司市场战略部分析师，主要研究方向为上海原油期货及中国石油市场；张婧，数量经济学硕士，现任中国国际石油化工联合有限责任公司市场战略部分析师，主要研究方向为宏观经济、国际油价模型及策略研究。

一 2018年中国炼油业回顾

（一）炼油总能力继续扩张，单厂规模继续提升

从炼油总能力来看，2008~2018年，我国炼油能力从4.6亿吨/年增至8.3亿吨/年（见图1），年均增长3630万吨，成为世界第二大炼油国，也是近年来炼油能力增长最快的国家。2018年我国炼油能力同比增加2160万吨/年，其中华北石化新增500万吨/年，中海东营石化增加350万吨/年，增幅2.7%。

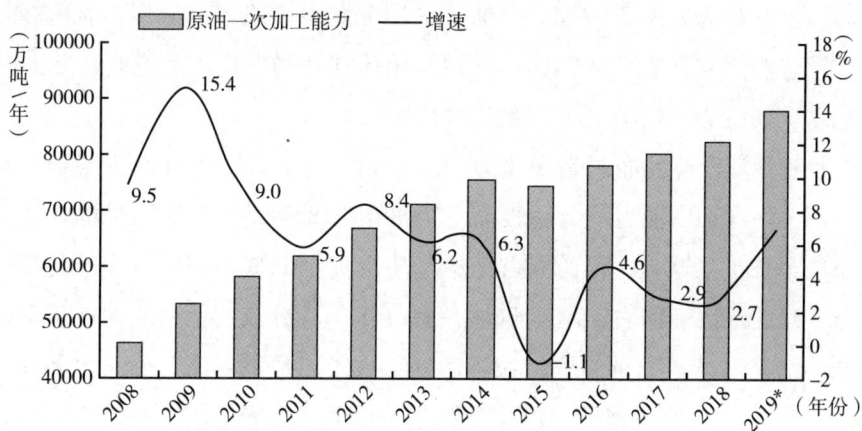

图1 我国炼油能力（一次加工能力）变化情况

* 为预测值。

数据来源：国家统计局，UNIPEC Research & Strategy（URS）。

从单厂规模来看，随着我国炼能的快速扩张，炼厂平均规模稳步增长。结合国家统计局、各石油公司数据测算，我国炼厂平均规模从2008年的274万吨/年增至2018年的353万吨/年，年均增幅为2.5%。具体而言，一方面，国内炼油主体进一步发展深加工、一体化炼油产业，2018年中石化和中石油单厂平均规模分别达到831万吨/年和748万吨/年，较2008年增幅超过30%；另一方面，地方炼厂扩能转型，特别是2015年进口原油使用

权和非国营贸易原油进口权放开后，民营炼化加大资金投入力度，不断进行装置升级改造。

（二）炼油业呈现多元化、基地化格局

从行业参与者角度来看，目前，我国炼油行业多元化竞争格局趋势明显，地方炼厂和民营炼厂在我国炼油业发展中扮演越来越重要的角色。2018年，中石化原油一次加工能力为2.9亿吨/年，占全国炼能的比重从2008年的46%降至35%（见图2）；中石油原油一次加工能力2.0亿吨/年，占比从2008年的32%降至24%；其他国企如中海油、中国兵器、中化、延长集团等原油一次加工能力约1.3亿吨，占比从2008年的22%降至15%。与此同时，民营和地方炼厂崛起，原油一次加工能力快速攀升至2.3亿吨/年，占全国炼能比重迅速增至27%，使得国内炼油格局发生重大变化，从"三足鼎立"转变为"四分天下"的竞争格局。

从炼油业的空间布局情况来看，华东和华南地区作为油品主要消费市场，原油一次加工能力均有所提高；2008～2018年，华东地区炼能占比从20%增至23%，华南地区炼能占比从10%提高至15%；而随着山东地炼的崛起，华北地区炼能占比增至36%，提高6个百分点；但东北地区炼能进一步萎缩至16%。目前来看，我国已经形成了以环渤海湾、长三角和珠三角为中心的三大产业集群，炼化布局进一步优化。根据"十三五"规划，我国将有序推进大连长兴岛、河北曹妃甸、江苏连云港、上海漕泾、浙江宁波镇海（舟山）、福建古雷和广东惠州等七大石化产业基地建设，推动中国炼油行业向着装置大型化、炼化一体化、产业集群化方向发展。

（三）炼油装置复杂化、一体化程度提升

近年来我国大力淘汰落后产能，扩大和提高装置规模与工艺水平，炼油装置复杂化与一体化程度显著提升。中石油新建的云南炼厂、扩建的华北炼厂，中海油惠州石化二期等，都具备了千万吨级的加工能力，也具备了较高的装置复杂程度。除国营炼厂外，处于建设中的大型民营炼化一体化项目，

2008年

2018年

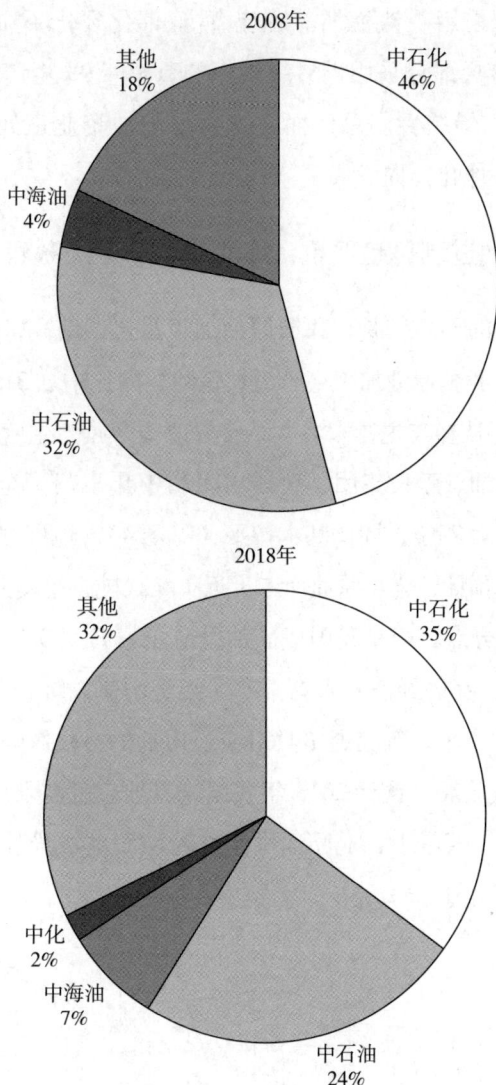

图2 我国炼油能力分布情况

数据来源：国家统计局，UNIPEC Research &
Strategy（URS）。

如恒力石化和浙江石化，装置复杂程度高，产业链条长，其中恒力石化采用
沸腾床渣油加氢裂化技术，其450万吨/年芳烃项目是国内最大的芳烃联合
装置之一，150万吨/年乙烯项目也是国内最大的乙烯裂解装置之一。浙江

石化一期炼油部分采用"渣油加氢脱硫/重油催化裂化＋加氢裂化＋焦化"核心加工流程，芳烃部分采用世界级规模的重整＋PX生产装置，配套建设140万吨/年大型乙烯装置。总体而言，我国炼油企业正处于升级转型期，向装置复杂化、一体化方向发展。

（四）成品油过剩日趋严重，炼油业竞争更加激烈

随着炼油能力的不断增长，我国原油加工量再创新高，产能过剩形势日益严峻。2018年，我国原油加工量约为6亿吨，同比增加3150万吨，增幅为5.71%（见图3）。从参与主体来看，结合发改委数据，主营炼厂（包括中石化、中石油、中海油、延长集团、兵器集团和中化泉州）全年加工量约4.5亿吨，平均开工率为73%，同比基本持平（见图4）。地炼方面，根据咨询机构金联创数据初步预计，全年原油加工量近1.5亿吨，平均开工率为64.5%，同比增加3.7个百分点。全年我国成品油供应量攀升至3.7亿吨，同比增长3.4%。与此同时，我国经济步入新常态，经济增速放缓，同时新能源汽车、电动车、高铁、共享单车等交通工具对交通用油的替代影响越来越明显，成品油需求增速显著放缓，预计2018年我国成品油表观需求3.25亿吨，同比增长0.5%。在这一背景下，成品油供应过剩局面更加严重。在资源过剩的

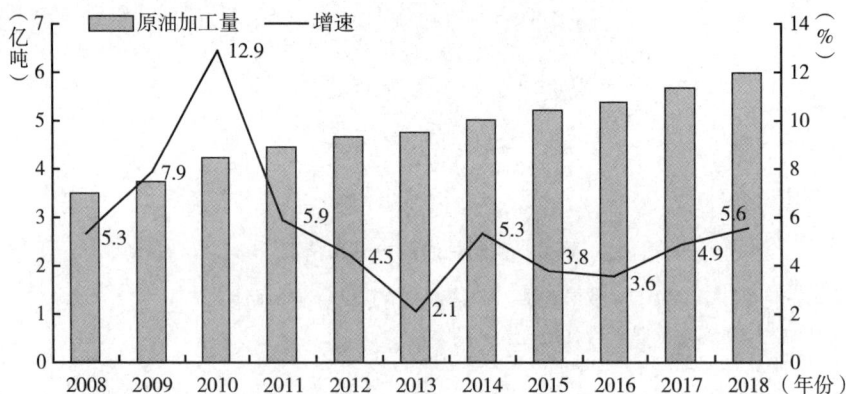

图3　我国原油加工量变化趋势

数据来源：国家统计局，UNIPEC Research & Strategy（URS）。

情况下，加油站纷纷通过降价促销等手段争夺市场份额，市场竞争趋于白热化。

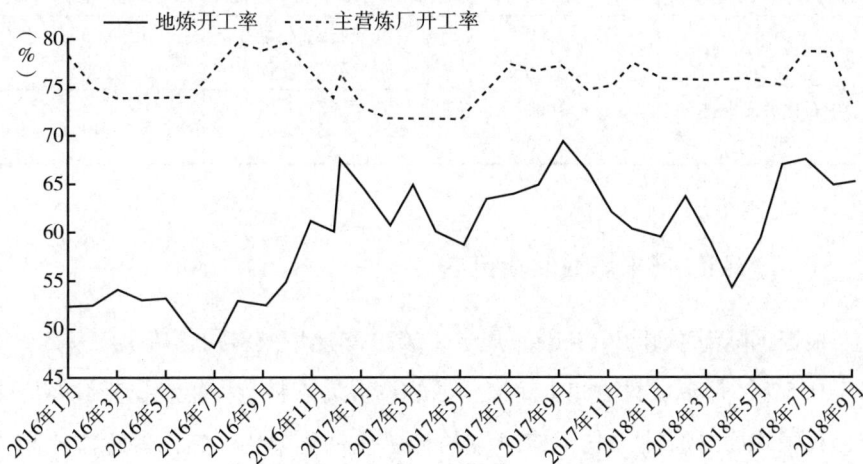

图4 主营炼厂和地方炼厂开工率变化情况

数据来源：发改委，金联创，UNIPEC Research & Strategy（URS）。

二 2019年中国炼油业展望

（一）炼油能力呈现快速增长态势，增量主要来自民营炼化

2019年，我国炼油能力预计将增至8.8亿吨/年，增量主要来自恒力石化2000万吨/年的炼化项目，以及浙江石化一期2000万吨/年炼化项目（见表1）。此外，中石化湛江中科1000万吨/年项目预计年底完工，广悦化工新建360万吨/年常减压装置，尚能石化扩能150万吨/年，胜星石化扩建200万吨/年，民营和地方炼厂原油一次加工能力同比将增加4710万吨/年至2.8亿吨/年，占全国炼能比重攀升5个百分点至32%。炼油业进一步呈现主体多元化趋势，炼能过剩局面加剧，市场竞争将会更加激烈。

265

表 1 2019 年我国新建和扩建炼油项目

单位：万吨/年

2019 年新建和扩建项目	炼油能力	2019 年新建和扩建项目	炼油能力
恒力石化	2000	尚能石化（扩能）	150
浙江石化	2000	胜星石化（扩能）	200
中石化湛江中科	1000	总计	5710
广悦化工	360		

（二）IMO 带来炼油业新机遇

根据国际海事组织（IMO）规定，2020 年船用燃料油含硫量将从 3.5% 降至 0.5%，低硫燃料油和中间馏分油的调混需求将有大幅度提升。在历史上，我国炼厂对原油"吃干榨净"的传统使催化裂化、焦化装置占比高于世界其他地区，调整生产路线、增加中间馏分油产量和柴油收率的可塑性高。目前中国有大量富余或已面临淘汰的常压装置，也可用于生产低硫燃料油，是全球为数不多具备柴汽比调节能力的炼油中心。

IMO 2020 新规实施将创造大量的油品调混空间，中国船用燃料油贸易市场将迎来新的发展机遇。舟山自贸试验区大力推进燃料油保税业务，做大低硫船用燃料油业务，打造并建设舟山国际石油储运基地。国家商务部已正式批准同意在浙江自贸试验区开展保税燃料油混兑调和加工贸易业务，有助于提升舟山保税油加注市场的国际竞争力。此外，2018 年 6 月份上海期货交易所推出全新的 380 燃料油期货合约，也给燃料油交易创造了新平台。IMO 要求从 2020 年 1 月 1 日开始实施低硫船燃标准，我国计划从 2019 年 1 月 1 日在中国沿海海域提早执行，有助于推动低硫燃料油需求和船用柴油需求快速增长。

（三）产品质量升级加快，油品清洁化程度提升

在环保法规要求日趋严格的推动下，中国炼油工业将继续加快油品质量升级速度。2019 年，我国将全面实施国Ⅵ汽柴油标准，将更加严格控制污

染物的排放，中石油、中石化等主营炼厂将继续加大投入，继续实施油品质量升级改造工程，以确保按时保质供应。具有实力的地方炼油企业（如京博、金诚、海科、神驰等）多数已能够生产国Ⅵ标准的汽油、柴油，促进油品质量的整体提升。对于产能低于 200 万吨/年的小炼厂，工艺简单，生产技术落后，多数无法生产合格的标准油品，市场将加速其淘汰。

三　中国炼油业中长期展望

（一）2025年之前我国炼油业仍保持扩张态势

"十三五"期间我国炼油行业产能将进一步增长，随着恒力石化、舟山石化、盛虹石化 3 个千万吨级民营炼化一体化大项目陆续建成，国内炼油业新格局形成。到 2020 年，我国原油一次加工能力预计突破 9 亿吨/年。中石油将与中俄、中缅、中哈及海上四大能源战略通道建设进度相协调，适度有效地建设昆明、天津东方等一些炼油项目。中石化将继续推进中科大炼油、曹妃甸石化等重点项目，做强做优。中海油、中化工、中化等大型国企也有计划扩能，到 2025 年，我国原油一次加工能力预计突破 9.5 亿吨/年。2025年之后，随着石油需求峰值逐渐到来，预计我国炼能增速将放缓。

（二）炼油业重组整合步伐加快

在我国石油需求增速放缓、原油加工产能过剩的情况下，炼油行业重组整合成为必然，传统地炼也面临更加严峻的竞争，尤其是规模小、装置简单、效益差的中小地炼将成为重组整合对象。2018 年末，山东省政府发布《关于加快七大高耗能行业高质量发展的实施方案》，力争到 2022 年，将位于城市人口密集区和炼油能力在 300 万吨及以下的地炼企业炼油产能进行整合转移；到 2025 年，按照转型升级目标确定的产能压减比例，基本完成炼油能力在 500 万吨及以下地炼企业的优化整合，规划建设 2000 万吨国际领先水平的炼化一体化项目。预计未来 3～6 年将有近 80% 的山东地炼产能被整合转移，地炼现有产能或压减 30% 左右。随着地炼并购整合步伐加快，山东地炼的竞争力将进一步提高。与此同时，我国民营炼化也迎来大发展时期，将于 2019 年投产的恒力石化和浙江石化均具备 2000 万吨加工能力，大量技术水平先进、加工量大的炼油装置正在不断建设，使得炼油行业整体水平得以提升，综合实力得以加强，我国炼化行业面临更加激烈的市场竞争。

（三）炼油业开放程度提升

随着我国原油进口量不断攀升，原油非国营贸易允许量不断提高，国外石油公司也更加积极地布局中国区业务。2018 年，科威特国家石油公司与弘润石化达成原油供应长期合约，BP 与东明石化达成战略协议，沙特阿美与北方华锦签署了原油供应合同，维多、托克、摩科瑞和贡沃等国际贸易商一直活跃在地炼的原油供应市场中。此外，中国政府放开了对外资连锁加油站的控股限制，BP 表示未来要在中国开设 1000 座加油站，海湾石油国内首家加油站已落户广州，作为炼油行业终端的油品销售环节的开放程度也在不断提升。

展望未来，我国炼化企业不仅将在成品油出口方面"走出去"，炼能转移方面也将加快"走出去"步伐。在国家"一带一路"倡议的指引下，中石油、中石化等中国炼化企业将继续大力开展国际合作，积极开拓海外市场，加快炼化业务在中东、东南亚、中亚、非洲等地区的布局，参与海外炼厂的新建、改扩建和合资合作等。

（四）成品油出口规模有望进一步扩大

随着国内炼能的快速扩张，成品油过剩的局面日益严峻，扩大成品油出口规模成为必然，预计未来国家将逐步建立更加灵活高效的成品油出口贸易体系，成品油出口竞争力有望进一步提升。

从出口目的地来看，我国成品油跨区贸易规模仍有望继续扩大。目前，我国成品油出口目标市场依然主要集中在东南亚地区，但随着东南亚的成品油市场竞争日趋激烈，在"一带一路"倡议指引下，我国将可能提高对南亚、澳大利亚、非洲、拉美等区外市场的出口。此外,我国成品油大船跨区贸易也呈现快速增长态势。通过大船拼装和仓储运作等方式,将出口拓展至西北欧、地中海、非洲、美洲等地区。

参考文献

[1] 白雪松、石宝明:《2014 年中国炼油市场情况回顾及 2015 年展望》,《化学工业》2015 年第 2 期。

[2] 费华伟、陈蕊:《2017 年中国炼油工业发展状况与趋势》,《国际石油经济》2018 年第 5 期。

[3] 王建:《炼油行业发展现状及发展对中海油炼油板块的启示》,《石化技术》2018 年第 5 期。

[4] 刘初春、郎岩松:《对我国石油外贸政策的思考及建议》,《国际石油经济》2018 年第 3 期。

B.18
2018年中国石化化工行业发展现状及发展趋势分析

白雪松*

摘　要： 2018年我国石化化工行业整体效益显著改善，行业发展呈现良性态势，炼油产业不断结构优化并进入规模化发展阶段，乙烯行业向原料多元化和产品结构高端化迈进，民营企业进入芳烃行业并全力打造炼油—芳烃—化纤全产业链发展模式，新材料和精细化学品成为今后化工产业增长热点，内外资积极投资大型石化项目和园区，总体上我国石化化工产业将向着规模化、一体化、高端化、基地化、绿色化方向高质量发展。

关键词： 石化化工　炼油　乙烯　芳烃　精细化工

一　石化化工行业整体效益显著改善

石化化工行业是我国国民经济的支柱产业，营业收入、利润、增加值等方面均占全国规模以上工业企业的十分之一强。尽管存在部分产品产能过剩压力较大、高端产能不足、环保约束加强、市场竞争激烈、国际贸易争端加剧等多方面的挑战，但是随着石化化工行业供给侧结构性改革的不断推进，产业结构不断优化，发展质量不断提升，"十三五"以来行业整体效益显著改善。

---

* 白雪松，现任石油和化学工业规划院石化处处长，研究方向为石油石化、能源等。

2017 年，我国石化化工产业（石油加工业＋化学工业）收入总额 12.52 万亿元，同比增长 15.8%，石化化工产业占全国规模以上企业主营业务收入总额的 10.6% 左右。同时，石油和化工行业利润增长显著分化。2017 年，化学工业利润增幅为 40.2%，占全行业的 70.5%；炼油业利润增长 14.4%，占全行业的 22.6%；油气开采业由亏转盈，利润占全行业的 3.9%；合成材料、基础化学原料、农药、化学矿采选和专用化学品等行业引领增长，利润增幅分别为 77.5%、54.3%、25%、20% 和 20%，明显高于其他领域。

2018 年我国石油和化工行业延续了良好的增长趋势，1~8 月，石油和化工行业实现利润总额 6362.46 亿元，同比上升 46.23%（见图 1），占同期全国规模工业利润总额的 14.38%；主营业务收入 85316.47 亿元，上升 14.52%，占全国规模工业主营业务收入的 12.40%；资产总计 126515.25 亿元，增长 6.97%，占全国规模工业总资产的 11.41%。其中，油气行业收入和利润水平大幅上升，1~8 月，石油和天然气开采业利润总额 1237.87 亿元，同比上升 456.75%，占石油和化工行业利润总额的 19.46%，这主要得益于国际油价大幅提升；主营业务收入 6274.92 亿元，上升 19.02%，占全行业主营业务收入的 7.35%。1~8 月，石油和生物质燃料加工业（石油加工业）利润总额 1449.31 亿元，同比上升 24.4%，较上年提高了 10 个百分点，占石油和化工行业利润总额的 22.78%；主营业务收入 25603.25 亿元，上升 22.19%，占全行业主营业务收入的 30.01%。1~8 月，化学工业利润总额 3592.26 亿元，同比上升 23.79%，占石油和化工行业利润总额的 56.46%；主营业务收入 51724.26 亿元，上升 10.77%，占全行业主营业务收入的 60.63%。其中，煤化工产品制造业利润总额同比增长 2172.63%，增速排名第 1；基础化学原料制造业利润总额同比增长 43.88%，增速排名第 2；化学矿开采业利润总额同比增长 43.10%，增速排名第 3；此外，农药制造业利润总额同比增长 32.15%，合成材料制造业利润总额同比增长 23.51%，肥料制造业利润总额同比增长 18.02%，涂料、油墨、颜料及类似产品制造业利润总额同比增长 14.13%，专用化学产品制造业利润总额同比增长 9.94%，橡胶制品业利润总额同比增长 3.78%。考虑到 10 月份以来国际油价大幅下挫，预计全年石油化工利润增幅或有所收窄。2012～2018年石油和化工行业利润率情况见图2。

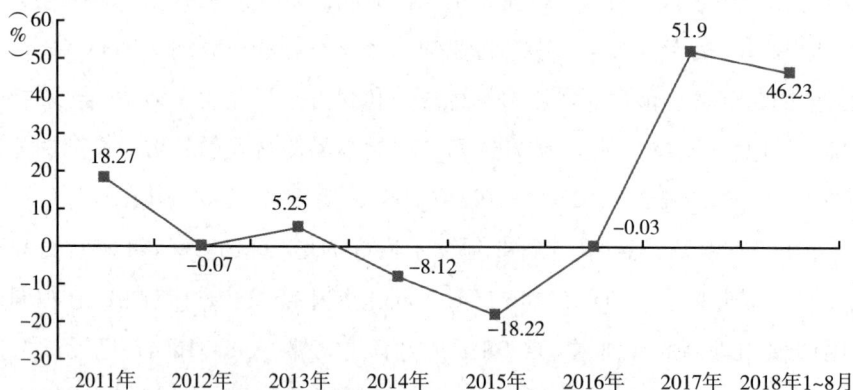

图1　2012～2018年石油和化工行业利润增长率

数据来源：2018年8月中国石油和化工经济分析月度报告。

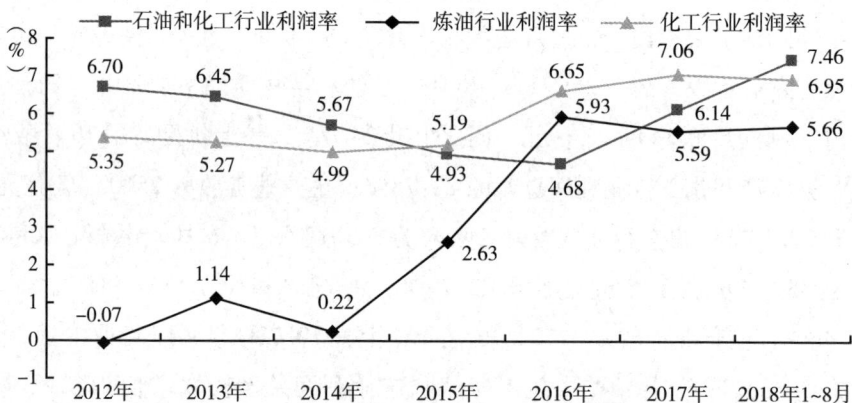

图2　2012～2018年石油和化工行业利润率情况

二　炼油行业进入加速调整和规模化发展阶段

2018年以来，我国炼油行业进入加速调整阶段。一方面，我国成品油质量升级加速，促进炼油企业提高二次加工装置能力，包括地方炼油企业在内的多数中等规模炼厂都配套了加氢裂化、加氢精制、连续重整等装置；另一方面，成品油市场需求增长速度放缓，而且终端市场开拓难度较高，竞争更加激烈，抑制了盲目建设一次加工装置的冲动。2018年新增炼油能力较少，炼油总能力（原油加工能力）保持了8.0亿吨/年水平，预计2018年我国原油加工量约6亿吨，全行业开工率73%，开工率有所提高。2017年成品油消费约3.2亿吨，同比增长2.2%，2017年出口4100万吨；预计2018年成品油消费约3.4亿吨，增长趋缓，出口持续增长，预计年出口量达到4500万吨。随着国内淘汰落后产能，预计2020年我国炼油能力为8.3亿吨/年，加工量约6.3亿吨，国内原油产量保持在2亿吨水平，对外依存度约68%，装置开工率76%左右（见图3）。

近年来，国内新建炼油装置大型化发展趋势显著，"十三五"期间有多个千万吨级大炼厂陆续投产，已投产的企业包括四川石化、云南石化、惠州炼化二期等企业，在建的有浙江石化一期2000万吨/年炼油—400万吨/年PX—140万吨/年乙烯、恒力石化2000万吨/年炼油—450万吨/年PX—150万吨/年乙烯一体化项目，炼油装置将于2018年底到2019年上半年建成投产，中石化湛江1000万吨/年炼油—80万吨/年乙烯一体化项目将于2019年底建成，中国石油揭阳2000万吨/年炼化一体化项目也恢复建设，江苏连云港盛虹石化1600万吨/年炼油—110万吨/年乙烯—280万吨/年芳烃项目也已启动。可见，我国炼油装置大型化的步伐在不断加快，行业结构将面临重大调整。随着大型民营炼化企业建成投产，炼油产业经营主体多元化发展趋势基本形成，将加速炼油行业市场化进程，进一步加剧市场竞争，这将促使企业提质增效和提升资源利用效率，加快落后产能的退出。千万吨级优质产能比例逐年提高，规模化发展带动行业竞争力的不断提升。炼油技术水平稳步提升，我国炼油单系列装置走向大型化，常压蒸馏单系列能力已达1200万吨/年，最大的单套催化裂化、加氢裂化和延迟焦化装置的规模分别达到350万吨/年、400万吨/年和420万吨/年，在建项目中包括320万吨/年连续重整、225万吨/年PX等单套装置，均已达到世界先进水平。炼油行业不断提升产业集中度，以规模化、基地化为基础的炼化一体化发展趋势将进一步增强，行业进入规模化发展阶段。

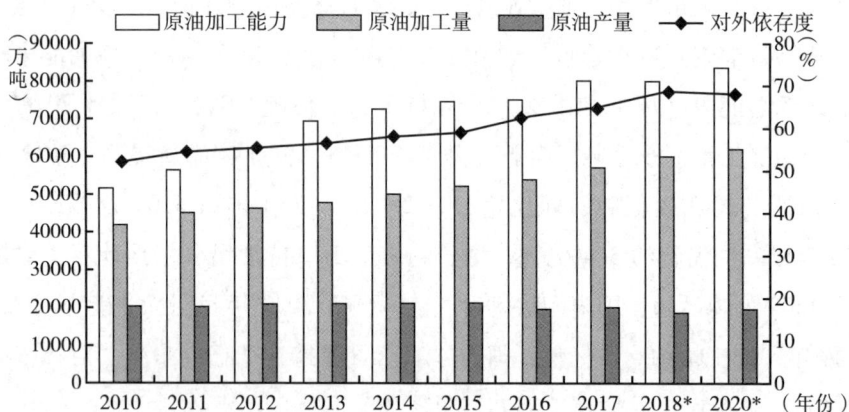

图3 我国炼油产能、原油产量、原油加工量和对外依存度

* 为预测值。

数据来源：国家统计局、中国海关。

三 乙烯行业向原料来源多元化、

产品结构高端化方向迈进

一个国家乙烯工业的发展水平，已成为衡量这个国家石油化学工业水平的重要标志，在国民经济发展中有着重要战略地位。多年来，我国乙烯工业保持了快速发展的势头，"十三五"时期增速将快于"十二五"时期，一体化发展将再次引领国内乙烯工业，烯烃工业原料结构将进一步多元化。截至2018年底，国内共有乙烯生产企业44家，生产装置56套，合计乙烯产能达到2546万吨/年（见表1），其中，蒸汽裂解制乙烯装置35套，乙烯产能为1974万吨/年；重油催化裂解装置2套，乙烯产能为45万吨/年；煤制烯烃装置/甲醇原料MTO装置20套，乙烯产能为527万吨/年。估计全年乙烯产量达到约2360万吨。目前我国乙烯原料来源多元化趋势发展较快，煤/甲醇制烯烃等多元化原料乙烯产能及产量占比达到了20%。

近年供需数据表明，我国乙烯下游产品总体供应不足，多数仍需大量进口，当量自给率仍维持在50%左右，仍有较大的市场增长空间。

表1　乙烯供需预测

单位：万吨/年

项目	实际	预测			对应年段的年均增长率（%）	
	2017 年	2018 年	2020 年	2025 年	2017～2020 年	2020～2025 年
产能	2381	2546	3400	4500	12.61	5.77
产量	2303	2360	3298	4275	12.72	5.33
需求	4593	4750	5070	5910	3.35	3.11
平衡	-2290	-2390	-1772	-1635	/	/
开工率（%）	96.70	92.70	97.00	95.00	/	/
自给率（%）	50	50	65	72	/	/

数据来源：国家统计局、中国海关。

2018 年，中海油惠州 120 万吨/年乙烯装置、延长集团延能化富县煤油气综合利用项目 45 万吨/年乙烯项目建成投产，另外，鄂尔多斯久泰 MTO 项目、吉林康奈尔 MTO 项目两套在建，预计 2019 年初投产。预计浙江石化 140 万吨/年乙烯项目、中科湛江 80 万吨/年乙烯项目等将在 2019 年建成投产，还有古雷石化、中化泉州石化、恒力石化等乙烯项目将在 2020 年建成投产。

从行业发展趋势来看，今后乙烯行业仍需拓展原料来源、提高竞争力、提高高端产品供应能力。近年来我国乙烯裂解原料轻质化水平显著提升，多元化快速发展，仍有多项煤/甲醇制烯烃项目正在建设，部分拥有资源的乙烯裂解制乙烯项目也在加快推进，而现有乙烯企业通过与炼油装置的优化组合，增加轻质裂解料的供应量。我国煤制烯烃技术已进入国际先进水平行列，但煤制烯烃项目建设需要重点考虑以下几点：靠近煤炭资源，拥有足够的水资源，并落实环保治理要求，实现废水近零排放等。

我国乙烯下游产业需求仍将持续增长，但国内保障能力偏低，随着新规划的乙烯项目建设，预计到 2020 年我国乙烯当量消费量自给率将提高到

65%，2025 年乙烯当量自给率达到 72% 左右，但依然存在约 1600 万吨左右当量缺口。因此，未来十年中国乙烯工业的一个重要任务依然是适度扩大产业规模，保障国内自给率提升至合理水平。面对美国乙烷裂解制乙烯项目、中东乙烯项目等拥有低成本乙烯的竞争，我国乙烯行业仍需进一步提高竞争力。从下游产业来看，产品向高端化、差异化方向发展，要重视发展各种聚烯烃专用料及特种用途的烯烃聚合物，同时拉长产业链，生产高端石化产品和化工新材料，满足国内消费升级需求。

四　芳烃行业新产能建设进入高峰，民营企业全力打造炼油—芳烃—化纤全产业链模式

前几年受公共舆论影响，国内石化路线的 PX 产能增速较为缓慢，近年国内只有中金石化 160 万吨 PX 装置投产，2018 年 PX 产能维持在 1360 万吨/年的水平。"十三五"以来，我国芳烃下游产业保持了较快发展，随着下游 PTA 和 PET 行业的快速增长，我国 PX 表观消费量大幅提高，自给率呈现下降趋势。2018 年，估计全年 PX 产量为 1100 万吨，进口量约为 1550 万吨，表观消费量约为 2650 万吨，自给率为 41.5%。与 2017 年相比，产量、进口量、表观消费量增长约 8%，自给率基本持平，PX 供应不足仍是芳烃产业链最大的短板。

"十三五"期间，我国《石化产业规划布局方案（修订版）》规划建设一批具有世界先进水平的大型芳烃联合装置，截至 2018 年 10 月底，有数套大型芳烃项目在建，包括海南炼化 100 万吨/年、恒力石化 450 万吨/年、浙江石化 400 万吨/年，能力合计 950 万吨/年，预计将于 2018 年底到 2019 年上半年建成投产；此外，中化泉州 80 万吨/年 PX 装置、中海油惠州 150 万吨/年 PX 装置、连云港盛虹石化 280 万吨/年 PX 装置等计划 2018 年底开工。此外，还有其他项目正在推进前期工作。预计 2020 年，新增 PX 能力 1260 万吨/年，PX 产能达到 2600 万吨/年，"十三五"末，自给率达 70% 以上。2022 ~ 2023 年，随着大部分规划项目建成投产，产能、产量将达到

3000万吨/年，自给率将达到90%左右。

目前在建和规划的大型PX项目中，有诸多民营资本的身影，多为合成纤维企业转型，它们具有一体化市场优势。随着恒力石化、浙江石化、盛虹石化等项目的建设投产，我国PX供应的短板将加快弥补，形成具有竞争力的炼油—PX—PTA—聚酯全产业链发展模式，预示着未来民营资本将成为我国芳烃行业的重要力量。今后芳烃行业要注意全产业链发展，提升竞争力。一方面，上游原料要通过大型化等手段降低生产成本；另一方面，下游要大力发展高端纤维产品，特别是要注意发展产业纤维和多功能面料，发展高端纤维产品，满足经济发展和消费者不断提高的消费要求。同乙烯行业相比，芳烃用途相对单一，市场容量也较小、进入门槛相对较低。我国目前虽然还有较大缺口，但随着《石化产业规划布局方案（修订版）》的贯彻落实和众多地炼企业转型升级，预计PX缺口将会很快被填补，因此，面对迅速变化的芳烃市场逆转趋势，新的芳烃产业投资者，特别是不具备自有下游市场的企业要慎重决策，以避免出现投资失误。

五　新材料和精细与专用化学品产业迅速发展，是今后一段时期的增长热点

化工新材料是新材料产业的重要组成部分，既涵盖通用材料中的高端品种，还包括全新结构的新材料。化工新材料主要包括功能膜材料、工程塑料、特种纤维、生物降解塑料、热塑性弹性体、无机化工新材料以及合成树脂、合成橡胶、高分子复合材料中的新型高端材料。精细与专用化学品是指生产规模小、经过改性或复配加工、具有多功能或专用功能的高附加值产品，主要包括电子化学品、水处理化学品、高性能催化剂、特种添加剂、胶黏剂、表面活性剂、溶剂，高性能涂料、染料和绿色高效农药等。化工新材料和精细与专用化学品特殊的功能和特点使其在现代社会中得到了越来越广泛的应用，其生产能力成为衡量一个国家及地区石油和化学工业综合实力、现代化水平的重要标志。

目前，我国在化工新材料方面仍存在明显短板，高端产品自给率低，缺口较大。我国高性能树脂年消费量约为 2000 万吨，自给率仅为 60%。其中，高端聚烯烃消费占一半以上，缺口达 600 万吨，自给率约为 40%，如辛烯共聚聚乙烯、茂金属聚烯烃等产品仍有大部分依赖进口。我国石化产业正全方位由粗放型向专业化和精细化方向发展，化工新材料和精细与专用化学品是我国化工产业利润增长最快的领域，将成为驱动行业快速发展和向高端转型的中坚力量，这是一个国家石化产业发展到一定阶段的必然结果。同时，资源要素短缺对我国石化产业发展产生制约，原油、天然气等资源的对外依存度大幅升高，水、电、煤等资源条件的约束不断增加，将成为今后石化产业发展的制约要素。因此。今后一段时期内，我国将大力支持自主技术创新，培育新增长点，加大高附加值合成树脂新产品技术研发和应用，解决结构性短缺矛盾，促进产品结构高端化发展。

六 国内产业政策门槛放宽，跨国企业看好中国市场长期发展机遇

自 2018 年 3 月以来，中美贸易摩擦不断升级，贸易环境的不确定性增加。面对日趋复杂的国际竞争环境，中国依然坚持自主创新的发展道路，同时国家政策方面加大改革力度，推进高水平对外开放；完善外商再投资鼓励政策，加快项目签约落地；建设多方互利贸易机制。大型跨国化工公司一直看好中国市场中长期发展前景，受政策利好的吸引，2018 年外国企业纷纷大举进入中国市场布局。据报道，2018 年 4 月，北欧化工计划在广东惠州生产全球领先的高品质化工终端产品；7 月，巴斯夫宣布将投资 100 亿美元在广东湛江独资建设和运营精细化工一体化基地；9 月，埃克森美孚宣布在广东惠州的 100 亿美元独资石化项目；随后，沙特基础工业公司（SABIC）与福建省政府就投资"世界规模"千万吨级石化项目签署了谅解备忘录；壳牌计划扩大与中国海油合作，建设惠州炼化三期项目。按照当前的报道，预计以上项目"十四五"中期投产运行。此外，还有周边地区大型化工企

业积极寻求进入中国市场的机会。

外资的不断进入，将为国内带来包括埃克森美孚原油直接裂解制烯烃技术、巴斯夫先进化学品生产技术等先进石化技术。未来，随着外资、独资企业本土化，国内行业将有更多的机会接触到外资企业贴近市场和以客户为中心的产品策略，如巴斯夫凭借其差异化的产品和技术，为客户提供完整的系列化产品，同时，巴斯夫针对汽车、建筑、包装、医药、油漆与涂料、食品与农业、电子与电气等不同行业领域，设立了专门的服务团队，提供包括服务和技术支持的，定制化、系统化、全方位的专业"解决方案"，在发展战略及其技术服务方面，将为我国石化企业长期投资起到示范作用。但是，伴随着跨国化工公司大举进入国内市场，我国石化行业竞争将更加激烈，且行业发展逻辑将发生转变，石化行业进入后项目时代，同时呈现资本、技术、品牌和服务等重要时代特征。

七 环保约束日益加强，园区化、绿色化发展已经形成趋势

近年来我国环保政策的约束不断加强。2015年，我国继"大气十条"后发布"水十条"；2016年，"土十条"发布，同年"工业污染源全面达标排放计划"实施；2017年，全国碳交易市场启动；2018年，新《环境保护法》实施，环保税开始启动征收。其间，生态环境部实施了多次环保督察，开展了"蓝天保卫战"和"秋冬限产"行动。2017年9月，发布了《国务院办公厅关于推进城镇人口密集区危险化学品生产企业搬迁改造的指导意见》（国办发〔2017〕77号），2018年5~6月进行了专项督导工作，积极推进危化企业搬迁改造工作。山东、江苏等省市进行化工企业评级评价、化工园区评价认定等工作，进一步清理了不合格的企业和园区，提高了园区的准入标准。散乱污、生态环境影响大、群众意见大、不能稳定达标的企业是政策调控的重点，各地通过退城入园，企业搬迁，调控项目投资、总量指标，落实环保政策等系统推进改革。此外，七大炼化基地的设立及化工园区

的清理整顿也提高了国内新建石化项目的准入门槛，而随着未来碳交易扩展至石化行业，以及未来可能征收的碳税，煤化工等生产路线的竞争力将明显受到影响，削弱了其进一步扩大产能的动力。"绿水青山就是金山银山"，当前化工行业在节能减排、环境保护、安全管理、科技创新等方面取得了显著成效，而重要的一点是，化工园区对绿色发展的支撑作用逐渐显现。园区化发展使国内产业集聚度进一步提高，绿色化发展将是化工园区高质量发展的重要路径。

八 中国石化化工行业将进入高质量发展时期

"十三五"是我国基础化工产业向高端化迈进的关键时期。从产能规模来看，我国炼油、乙烯、丙烯居世界第二位，烧碱、合成氨、尿素、合成树脂、合成纤维、合成橡胶居世界首位，总体产业规模在世界上居于前列。中国石化、中国石油等企业产能规模已位居世界炼油化工行业前列。从行业发展来看，我国已经完成从落后追赶者向跟跑者的角色转变，崛起为基础化工大国，但是，总体而言，我国石化产业仍处在由"做大"向"做强"转化的关键时期，需进一步向高质量发展迈进。

我国已经形成了完备的基本化工产业体系，产业竞争力将在产业结构调整和行业转型升级过程中进一步提升。按照高质量发展的要求，"十三五"期间，我国石化产业发展的重点在于推进产业布局的长远优化和调整，大幅度提高我国石化产业集中度，实现规模化、基地化布局，带动下游石化化工产业集群式发展，提升高端化工新材料和精细与专用化学品的发展水平，增强企业和产业的国际竞争力与市场抗风险能力，推动石化化工产业由大到强，从根本上推进产业实现提质增效、转型升级和高质量发展。

专 题 篇

Special Topics

B.19
我国"一带一路"石油产业合作现状与展望

张红梅 王晓涛 任 娜*

摘 要: 五年来,在"一带一路"倡议下,中国石油企业与沿线国家的合作广度和深度都在不断深化。上游领域,不断加大和油气生产国在勘探开发上的合作,获取权益油气资源不断增加;中游领域,不断加大贸易与仓储物流合作,提升资源优化配置能力,2018 年我国从"一带一路"沿线原油进口量占我国原油进口总量的 63%,我国向"一带一路"沿线成品油出口量占我国成品油出口总量的 56%;下游领域,积极参与投资

* 张红梅,中国国际石油化工联合有限责任公司市场战略部副级调研员,主要研究方向为国际石油市场趋势和"一带一路";王晓涛,中国国际石油化工联合有限责任公司市场战略部业务员,主要研究方向为国际石油市场趋势和"一带一路";任娜,中国国际石油化工联合有限责任公司市场战略部业务员,经济学硕士,主要研究方向为国际石油市场趋势和"一带一路"。

多个大型炼化项目。展望未来，中国与"一带一路"沿线国家通过加强能源政策沟通协调，促进投融资条件便利化，加快基础设施互联互通步伐，不断深化能源贸易合作，不断加大石油产业合作，实现互利共赢。

关键词：　石油产业　"一带一路"　勘探开发　仓储物流　炼油化工

一　"一带一路"沿线国家宏观经济概述

2013 年，习近平总书记提出共建"丝绸之路经济带"和"21 世纪海上丝绸之路"倡议（简称"一带一路"倡议）。"一带一路"横贯欧亚非大陆，重点区域涵盖亚洲、欧洲、中东、非洲等沿线 65 个国家[①]，覆盖全球主要能源生产国、能源消费国和能源通道国。2017 年 5 月，我国举办首届"一带一路"国际合作高峰论坛，成为"一带一路"建设进程中的里程碑；2018 年是"一带一路"倡议提出五周年；2019 年我国将举办第二届"一带一路"国际合作高峰论坛。

"一带一路"沿线国家人口众多，占全球总人数的 63%。目前，从经济总量来看，"一带一路"沿线国家经济总量占全球的 33%，但是多数国家经济发展水平较低，有 41 个国家每年的人均收入不足 1 万美元，占全球总人数的 58%。从经济发

---

① "一带一路"沿线 65 个国家具体是指：中东和西亚 18 国，包括伊朗、伊拉克、土耳其、叙利亚、约旦、黎巴嫩、以色列、巴勒斯坦、沙特阿拉伯、也门、阿曼、阿联酋、卡塔尔、科威特、巴林、希腊、塞浦路斯、埃及；亚太 18 国，包括新加坡、马来西亚、印尼、缅甸、泰国、老挝、柬埔寨、越南、文莱、菲律宾、印度、巴基斯坦、孟加拉国、阿富汗、斯里兰卡、马尔代夫、尼泊尔、不丹；中东欧 16 国，包括波兰、立陶宛、爱沙尼亚、拉脱维亚、捷克、斯洛伐克、匈牙利、斯洛文尼亚、克罗地亚、波黑、黑山、塞尔维亚、阿尔巴尼亚、罗马尼亚、保加利亚、马其顿；独联体 7 国，包括俄罗斯、乌克兰、白俄罗斯、格鲁吉亚、阿塞拜疆、亚美尼亚、摩尔多瓦；中亚 5 国和蒙古，包括哈萨克斯坦、乌兹别克斯坦、土库曼斯坦、塔吉克斯坦、吉尔吉斯斯坦、蒙古。

展需求来看,"一带一路"沿线多数国家处在推动经济转型发展的重要阶段,资金和要素缺口较大。"一带一路"倡议坚持共商、共建、共享,通过互利互惠深化区域合作,既符合我国经济发展内在要求,也给沿线各国带来了发展机遇。

五年来,我国同沿线各国共建"一带一路"取得了丰硕成果。政策沟通方面,我国已经与100多个国家和国际组织签署了近120份共建"一带一路"合作协议;设施联通方面,我国在沿线国家港口、管道、交通、电力等基础设施领域参与了大量投资合作;贸易畅通方面,2013~2017年,我国与"一带一路"沿线国家贸易总额达近7万亿美元,占我国贸易总额的35%;资金融通方面,2013~2017年,我国对"一带一路"沿线国家直接投资超过700亿美元;民心相通方面,我国与"一带一路"沿线国家共建立了1023对友好城市。

二 "一带一路"沿线国家石油市场现状分析

(一)石油供应保持增长,增速一波三折

"一带一路"沿线多数国家石油资源丰富。结合BP能源统计年鉴,截至2017年底,"一带一路"沿线国家石油储量约为1.00亿桶,占世界总储量的59%,其中,中东和西亚地区占比为47.8%,独联体国家占比为8.5%,亚太地区占比仅为2.6%。结合咨询机构Energy Aspects统计,2018年"一带一路"沿线国家原油产量为6450万桶/日,占世界原油总产量的60.2%,其中,中东和西亚地区原油产量为2732万桶/日,占比为30.6%;独联体地区产量为1438万桶/日,占比为16.1%;亚太地区产量为738万桶/日,占比为8.6%;中东欧地区产量为242万桶/日,占比为2.7%;中亚和蒙古产量为225万桶/日,占比为2.5%。无论是从储量还是从产量来说,"一带一路"沿线国家占比都超过了全球总量的一半,因此"一带一路"是一条能源之路,而在"一带一路"沿线国家中,以沙特为首的欧佩克成员国,在世界石油市场供应中发挥着举足轻重的作用。

2013年以来,"一带一路"沿线国家原油产量保持增长态势,产量从5081万桶/日增加到5375万桶/日,增幅达5.8%(见图1)。但由于2014

年以来国际油价大跌，上游投资锐减，产量增速一波三折。2014～2015 年，由于 OPEC 采取增产维护市场份额的政策，产量增速较快；2016 年底，OPEC 和非 OPEC 达成全球减产协议，沿线国家产量增速开始回落，特别是常规石油产量增幅快速回落。2018 年 6 月，在美国退出伊核协议以及特朗普一再敦促下，OPEC 决定增产，沙特和俄罗斯石油产量屡次创下历史最高水平，推动 2018 年"一带一路"沿线国家石油产量增速回升。

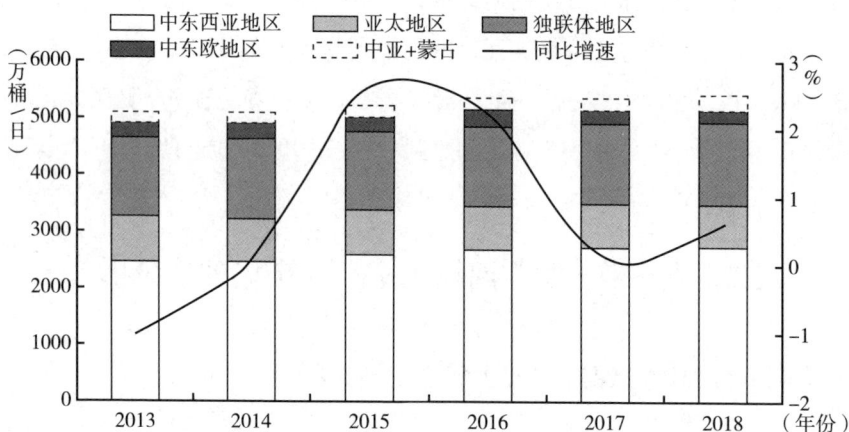

图 1 "一带一路"沿线原油产量变化情况

数据来源：Energy Aspects，Unipec Research & Strategy（URS）。

（二）"一带一路"沿线成为拉动全球石油需求增长的主要力量

"一带一路"沿线国家不仅是重要的石油生产国，也是重要的石油消费国。随着"一带一路"沿线国家经济快速发展和人民生活水平的日益提高，过去五年来，"一带一路"沿线国家的石油消费量呈现平稳增长的态势。2013～2018 年，"一带一路"沿线国家的石油消费量从 3672 万桶/日提高至 4255 万桶/日，年均增长率为 3%，占全球石油需求总量的比重从 40% 攀升至 43%，对全球石油需求增量的贡献率为 68%，成为拉动世界石油需求增长的主要力量。

分地区来看，2013～2018 年，"一带一路"沿线亚太地区的 19 个成员国石油消费量从 2015 万桶/日攀升至 2510 万桶/日，占"一带一路"沿线石油消费总量的比重从55%攀升至59%（见图2），保持沿线最大的石油消费地区地位；中东和西亚18个成员国的石油消费量从1081万桶/日增加至1149万桶/日，占沿线石油消费总量的比重从29%降至27%，仍为沿线第二大石油消费地区；独联体7个成员国的石油消费量缓慢增加至382万桶/

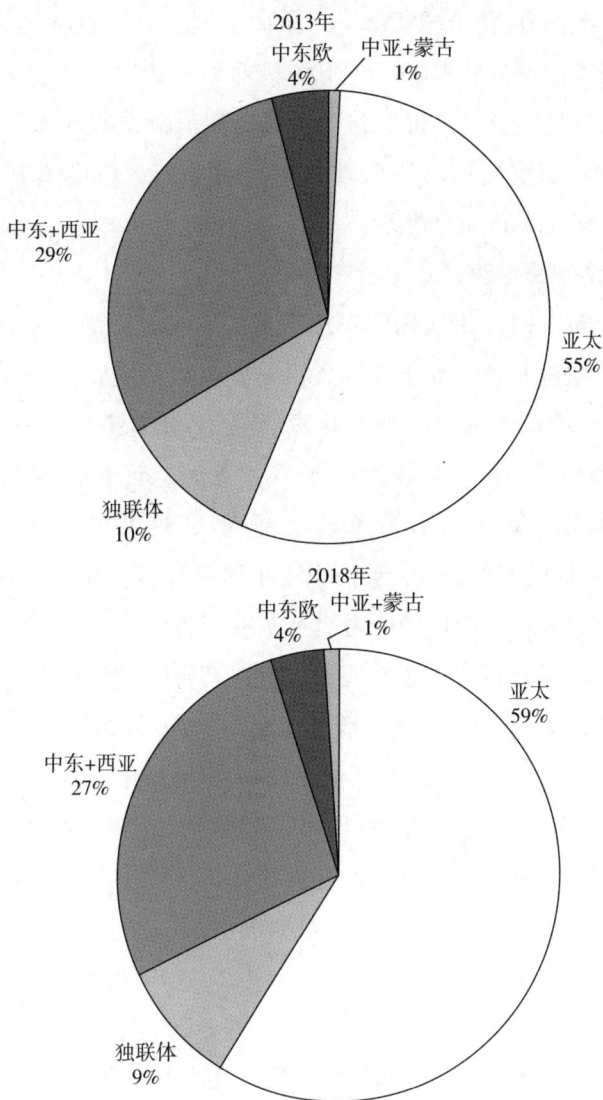

2013年

中东欧
4%

中亚+蒙古
1%

中东+西亚
29%

亚太
55%

独联体
10%

2018年

中东欧
4%

中亚+蒙古
1%

中东+西亚
27%

亚太
59%

独联体
9%

图2　"一带一路"沿线主要地区石油消费量占比

数据来源：BP，NBS，PPAC，Unipec Research & Strategy（URS）。

日，占比维持在9%；中东欧16个成员国石油消费量从155万桶/日进一步上涨至170万桶/日，占比持稳于4%；中亚5国和蒙古的石油消费量约为43万桶/日，仅占1%。

分国家来看，除中印两国之外，"一带一路"沿线大部分国家石油消费量规模偏小。大约有40个国家每年的石油消费量不足20万桶/日，有16个国家每年的石油消费量处于20万~100万桶/日。2018年，中国石油消费总量为1277万桶/日，占"一带一路"沿线石油消费量的30%，是沿线最大的石油消费国；印度石油消费总量为453万桶/日，占沿线石油消费量的11%，是沿线第二大石油消费国。

3. 炼油能力扩张迅速

随着"一带一路"沿线国家石油需求的迅速增长，"一带一路"沿线国家炼油能力快速扩张。结合BP及相关咨询机构统计，2013~2018年，"一带一路"沿线国家炼油能力从4459万桶/日快速扩张至4916万桶/日，增幅达10.3%（见图3）。分地区来看，亚太地区炼能保持快速增长，2018年，亚太地区炼油能力为2682万桶/日，较2013年增加230万桶/日。亚太地区炼油新增能力主要集中于中国和印度，由于两国人口众多，石油消费需求强劲，刺激炼油能力迅速扩张。近年来，中国政府加大石油市场改革，支持民营石油企业发展，促进民营炼厂加快扩能。2013~2018年，中国炼油能力从1359万桶/日增加至1499万桶/日，增幅达到10%，其中，中国石油云南炼厂（26万桶/日）、华北石化扩能项目（10万桶/日）、中海油惠州二期（20万桶/日）等项目于2017年投产，2018年底大连恒力石化炼厂（40万桶/日）也将投料试车。除中国外，印度炼油能力也呈现快速增长，2013~2018年，印度炼油能力从432万桶/日增至518万桶/日，增幅达19.9%，其中，Paradip炼厂（30万桶/日）于2016年投产。

此外，中东地区产油国不断延伸石油产业链，炼油能力呈现大幅增长态势，推动中东地区日益成为重要的石油产品出口地。2018年，中东西亚地区炼油能力达到1096万桶/日，较2013年增长175万桶/日。以沙特为例，

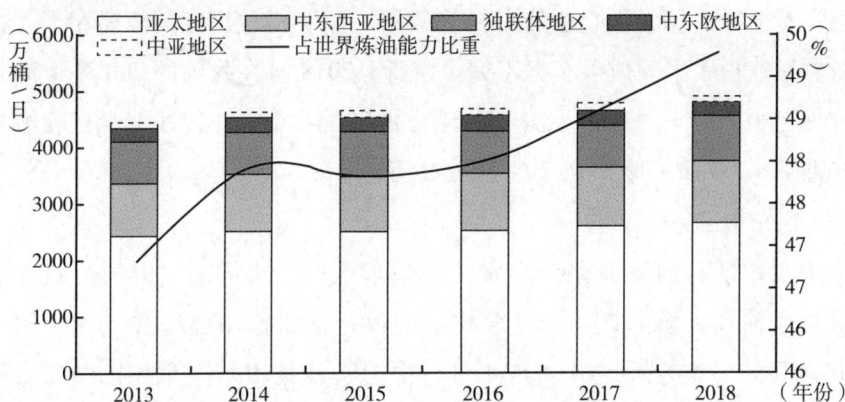

图3 "一带一路"沿线炼油能力变化情况

数据来源：BP，NBS，PPAC，Unipec Research & Strategy（URS）。

2013～2018年，沙特总炼能从250万桶/日增长到290万桶/日，其中，2014年6月，沙特阿美与道达尔合资的Jubail炼厂（40万桶/日）投产；2016年1月，沙特阿美与中国石化合资的延布炼厂（40万桶/日）投产。

2013～2018年，独联体地区炼油能力也有所增加，尤其俄罗斯进行了大规模的装置升级改造，轻质油品生产能力大幅提升，炼油能力从628万桶/日提升至673万桶/日。中亚和中东欧地区则由于经济增长乏力，加之投资不足，新扩建炼油能力较少，炼油能力增长缓慢。

三 我国"一带一路"石油产业合作不断深化

（一）上游合作不断加强

"一带一路"沿线石油资源丰富，中国则是石油需求大国，双方在能源领域存在较强的互补性。中国石油企业在"一带一路"沿线国家的上游业务布局起步较早，尤其近年来在"一带一路"倡议下，中国与"一带一路"沿线重要产油国高层不断加强能源对话，能源合作不断深化发展，以"三桶油"为主的中国石油企业加大在"一带一路"沿线国家的战略布局，在上游领域取得了丰硕成果。据不完全统计，2018 年在我国的 200 多个海外油气项目中，属于"一带一路"的项目占了 116 个；在我国 1.5 亿吨海外份额油里，"一带一路"地区占了 9000 万吨[①]。

1. 中东地区

中东地区石油资源尤为丰富。在中东地区，一方面，中国的石油企业聚焦于油气资源的投资，获取相应的权益油份额不断增加。以中国石油和阿联酋合作为例，2014 年 4 月，中国石油集团与阿布扎比国家石油公司（ADNOC）签订协议，合作开发阿尔亚萨特项目（Al Yasat）并占 40% 的权益；2017 年 2 月，中国石油获得阿布扎比陆上项目 8% 的权益；2018 年 3 月，中国石油集团与 ADNOC 签署 Umm Shaif & Nasr 油田和 Lower Zakum 油田开发项目合作协议，获得这两个海上油田区块各 10% 的权益，合作期为 40 年。此外，2018 年 11 月在上海举行的首届中国国际进口博览会上，中国石油所属企业先后与 23 家供应商签署了油气采购协议。其中，中国石油国际事业有限公司与沙特阿拉伯石油公司、科威特国家石油公司、卡塔尔天然气运营有限公司等主要油气生产公司进行了签约，合作成果丰硕。2018 年 12 月，振华石油接手了阿布扎比陆上石油区块 4% 的权益。

另一方面，中国石油企业与中东国家产油国的合作进一步延伸至技术研发、工程技术服务、工程建设和装备制造等方面，打出了中国石油企业闪亮的名片。2016 年，中国石化在沙特成立中东研发中心，以基础性、前瞻性和应用技术研究为主，成为中国石化在中东地区的应用技术研究中心、技术推广支持中心、高级人才培训中心。同时，中国石化也是沙特最大的钻井承包商。2017 年 11 月，中国石油工程建设公司与 ADNOC 陆上公司签订了 EPC 总承包合同，金额为 15.2 亿美元，涉及 Bab 综合设施油田开发项目，成为该地区 2017 年最大的陆上合同之一。

---

① 曾兴球：《"一带一路"能源合作机遇与挑战》，《中国石油报》2018 年 8 月 7 日。

2. 俄罗斯和中亚地区

在独联体和中亚地区，俄罗斯和哈萨克斯坦是中国石油产业最主要的合作伙伴。俄罗斯是金砖五国的成员国之一，是世界有影响力的能源大国，是中国最重要的战略协作伙伴。俄罗斯政府重新修订并颁布的《2030年前俄罗斯能源战略》提出，将能源战略向亚太地区倾斜，推动中俄石油产业合作不断加强。2017年12月，亚马尔天然气项目的投产，标志着中俄两国在油气领域上游重大项目的合作上取得突破。2013年9月，中国石油集团与诺瓦泰克正式签署了入股亚马尔项目的最终协议，参股20%；2016年3月，中国丝路基金斥资10.87亿欧元，获得该项目9.9%的股份，此外，诺瓦泰克公司控股50.1%，法国道达尔参股20%。2018年11月，亚马尔项目启动第三条LNG生产线，提前实现了年产量1650万吨的计划产能。亚马尔项目是全球最大的北极LNG项目，不仅带动了俄罗斯能源产业和边疆地区的发展，也促进了中俄能源合作，为"一带一路"建设尤其是"冰上丝绸之路"做出了积极贡献。

中国与以哈萨克斯坦为首的中亚国家的合作更为顺利，也更符合双方利益。中哈两国合作主要集中在油气资产并购、合作勘探开发获取份额油等方面。除中国石油签订购买阿克纠宾斯克项目60.3%的股权协议和曼格什套油气公司100%的股权以外，2013年9月，中国石油以50亿美元收购卡沙甘油田8.33%的股份，标志着中哈石油产业合作不断深化。此外，哈萨克斯坦、乌兹别克斯坦以及土库曼斯坦等中亚国家都将能源合作作为与中国合作的优先方向。可以预见，未来中国和中亚国家将建立起稳定的合作关系，油气资源合作将持续深化。

3. 东南亚地区

在东南亚地区，中国石油企业进入较早，积累了一定的上游投资、勘探开发和技术服务等经验。在油田权益方面，目前，中国石油在印尼、泰国、缅甸等拥有多个油田区块份额油权益，中国石化则投资了印尼东加里曼丹省的 Gendalo – Gehem 深水天然气项目，获得 Rapak、Ganal 和 Makassar Strait 深水天然气区块的18%股份，并在缅甸D区块拥有相关油气权益。在油气勘探和技术服务方面，以中国石油为例，其在印尼拥有61支队伍，为当地

众多石油公司提供物探、钻修井、测录式等一体化服务，主要公司包括东方
地球物理公司，大庆、渤海、长城钻探公司等。

（二）中游聚焦贸易和仓储物流合作

中国石油企业与"一带一路"国家石油产业的中游合作主要集中在石
油贸易和仓储物流方面。

从石油贸易合作来看，原油贸易方面，过去五年，我国从"一带一路"
沿线国家的原油进口量逐步攀升，但比重略有下滑。2013～2018 年，我国
从"一带一路"沿线国家的原油进口量从 1.88 亿吨提高至 2.91 亿吨，占我
国原油进口总量的比重从 67% 降至 63%（见表 1）。分地区来看，2018 年，
在"一带一路"沿线 65 个国家中，我国从中东和西亚地区 18 个成员国进
口原油 2.04 亿吨，占我国在"一带一路"沿线原油贸易总量的 70%，为沿
线最大原油贸易地区；从独联体 7 个成员国进口原油 0.72 亿吨，占我国在
一带一路"沿线原油贸易总量的 25%，为我国在沿线第二大原油贸易地区；
从亚太地区 18 个成员国进口原油 0.11 亿吨，占比约为 4%。

表 1 我国从"一带一路"沿线原油进口量

单位：万吨，%

地区	2013 年	2014 年	2015 年	2016 年	2017 年	2018 年
中东 + 西亚	14779	16153	17158	18365	18428	20406
独联体	2464	3333	4272	5343	6108	7214
亚太	267	217	416	1077	1184	1123
中亚 + 蒙古	1259	672	610	432	353	311
中东欧	0	0	0	0	0	0
小计	18769	20375	22455	25217	26073	29054
我国原油总贸易	28214	30836	33549	38104	41997	46201
占我国原油贸易比重	66.5	66.1	66.9	66.2	62.1	62.8

数据来源：中国海关，Unipec Research & Strategy（URS）。

成品油贸易方面，过去五年来，我国逐步加强与"一带一路"沿线国
家的成品油进出口贸易。2013～2018 年，我国向"一带一路"沿线国家的

成品油出口量从 923 万吨提高至 2578 万吨，占我国成品油出口的比重为 56% 左右，其中东南亚占我国在"一带一路"沿线成品油出口总量的 50% 左右（见图 4）。

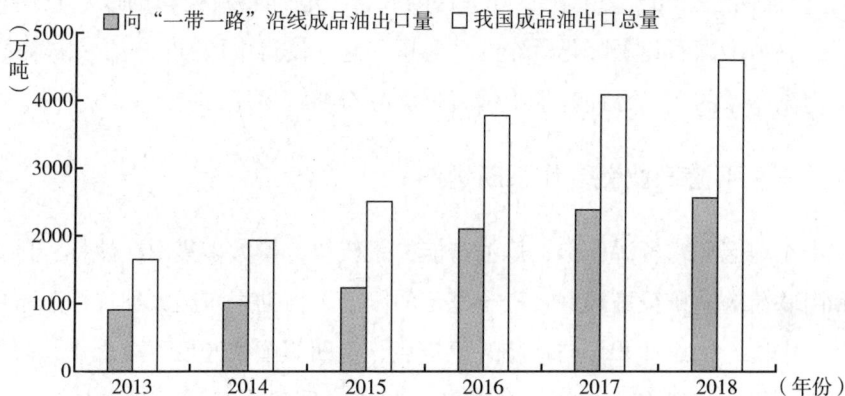

图 4　我国成品油出口

数据来源：中国海关，Unipec Research & Strategy（URS）。

在仓储物流合作方面，中国石油和中国石化两家国有石油公司走出了富有各自特色的道路。中国石油通过多年的努力，至今为止已建成三大陆上输油管道，包括中俄、中亚、中缅管道，管道运营公里总数已超过 1.5 万公里，输送原油能力达 1.5 亿吨/年，成为保障中国能源安全的重要基础设施[①]。2013 年以来建成投产的两条输油管道包括中缅原油管道和中俄原油管道二期。2015 年 1 月底，中缅原油管道建成启用，输油能力为 2200 万吨/年，并于 2017 年 5 月通过该管道向中国输送原油。2018 年 1 月 1 日，中俄原油管道二期投产，中俄原油管道（大庆支线）对中国原油输送能力增至 3000 万吨/年。中国石化则积极拓展海外仓储业务，中国石化下属冠德公司分别于 2013 年 1 月和 4 月完成收购阿联酋富查伊拉油品仓储公司（Fujairah Oil Terminal，FOT）和摩科瑞（Mercuria）全资子公司 VESTA 仓储公司

---

① 曾兴球：《"一带一路"能源合作机遇与挑战》，《中国石油报》2018 年 8 月 7 日。

（Vesta Terminals B. V. ，VESTA）各 50% 股权。富查伊拉油品仓储项目于 2015 年 2 月投入运营，是中国石化在中东地区投资建成的第一个石油仓储项目；Vesta Terminals 位于欧洲 ARA 地区（阿姆斯特丹—鹿特丹—安特卫普），目前两家公司运营状况良好。这两家合资仓储物流公司的成功收购和运营，成为中国石化国际化运作的重要里程碑，使得中国石化初步完成海外仓储物流体系的布局，提升了中国石化国际石油贸易能力。

（三）下游产业链合作不断延伸

中东地区凭借资源优势，炼油产能扩张较快，但大多集中在沙特、科威特和阿联酋等基础设施较好、资金充足的国家。借助中东国家加快炼油布局之际，中国石油企业积极与沙特、伊拉克、伊朗等国家开展下游合作，取得了积极成果。2016 年，中国石化与沙特阿美共同投资建设的延布炼厂正式投产，原油加工能力为 40 万桶/日，成为我国"一带一路"建设的标志性项目。此外，伊拉克与中国电力建设集团和北方国际合作股份有限公司将在海湾地区的法奥港新建一座炼厂，预计原油加工能力为 30 万桶/日。炼化工程方面，近几年，中国石化在"一带一路"沿线共执行境外炼化工程项目合同 107 个，其中，中大型 EPC 项目包括伊朗 Abadan 炼厂产品升级项目，中小型 EPC 总承包项目包括沙特 SABIC 碳 4 产品输送管线项目等，在中东海湾国家市场地位不断得到巩固。

近年来，在"一带一路"倡议框架下，中国与俄罗斯中亚地区石油产业链下游业务合作也取得了重大突破和进展。中俄合作方面，俄罗斯与中国在寻求上游合作的同时，还不断努力拓展下游的合作，实现中俄能源合作的"上下游一体化"。俄罗斯东部地区自然环境恶劣，经济发展滞后，而这一地区能源开发与我国在地缘区位、资金技术和市场空间等方面具有较强的互补优势。2013 年，中国石化认购俄罗斯西布尔集团位于俄罗斯克拉斯诺亚尔斯克市的合成橡胶厂股份公司"25% +1"的股份，大大提高了该合成橡胶厂的生产能力；2015 年，中国石化收购俄罗斯西布尔集团 10% 股权顺利交割，此次顺利交割实现了双方互利共赢。中哈合作方面，哈萨克斯坦是中国重要的能源供给国和油气管道过境国，是我国在"丝绸之路经济带"上最重要的能源合作伙伴之一。近年来，中哈两国除了在上游和中游加强合作外，下游合作也在不断加强。2015 年，由中国石化洛阳工程公司承担 EPCC 总承包、十建公司参建的哈萨克斯坦阿特劳炼油厂100 万吨/年连续催化重整装置以及芳烃装置项目、丙烷脱氢—聚丙烯装置项目成功实施。

在东南亚地区，我国石油企业在下游炼化板块的合作集中在炼化工程、工程承包以及投资合作方面。2014 年 8 月，中国石化炼化工程公司（SEG）宣布与马来西亚国家石油公司（PETRONAS）旗下 PRPC 炼油公司就 RAPID 项目的一个合同包正式签署 EPCC 总承包合同，合同总额约为 13.29 亿美元（约合 81.92 亿元人民币），成为中国石化在东南亚地区最大的炼化工程项目，该项目预计于 2019 年一季度投产。此外，民营企业也大举开拓海外市场，一方面积极采取收并购措施扩张其产业版图，另一方面则积极在当地合资投建新炼厂。2016 年 2 月，山东恒源石化以 4.23 亿元人民币收购壳牌马来西亚炼油有限公司 51% 股权，使其拥有了海外销售平台，拓展其石油化工链条，扩大资产规模，提升企业综合竞争力。浙江恒逸石化与文莱政府合资建设文莱大摩拉岛（PMB）综合炼化项目，项目总投资 150 亿美元，分两期实施，一期原油加工能力 800 万吨/年，预计 2018 年底完工，2019 年一季度投产；二期投资近 120 亿美元，新增原油加工能力 1400 万吨/年，预计于 2022 年投产。项目建成投产后，恒逸石化将在文莱 PMB 形成 2200 万吨/年的炼油化工一体化基地。

经过多年来的经营，我国石油企业与"一带一路"沿线国家在石油产业的下游合作方面不断加深，炼化技术和工程队伍不断成熟壮大，在"一带一路"沿线各国积累了良好的声誉，国际影响力不断提升，企业通过参与当地炼油化工项目的投资合作，进一步推动"一带一路"沿线各国石油板块下游产业发展，为带动当地就业和经济发展、改善民生起到了积极作用。

四 我国"一带一路"石油产业合作存在问题及建议

我国与"一带一路"多数沿线国家有着长期友好关系和良好的合作基础。近年来,在"一带一路"倡议的推动下,沿线国家能源合作取得丰硕成果,但我国在与这些国家进行能源合作的过程中还存在诸多的困难和问题。

一是地缘政治风险加大。"一带一路"地区涵盖世界油气资源最为丰富的中东、中亚和俄罗斯以及非洲三大富集区和主要供给区,历来是全球能源地缘政治博弈最为激烈的地区,从当前的全球和大国能源供给形势看,这些区域依然面临着严峻复杂的能源地缘政治博弈,地区政治局势趋于动荡。二是经济环境更为复杂。美国在全球范围内挑起贸易争端,贸易保护主义势力抬头,加之美元加息,全球流动性收缩,使得新兴经济体面临压力,打乱全球经济复苏进程。此外,"一带一路"沿线国家多数为发展中国家,法律税务政策不透明,存在一定的贪腐问题,投资环境较差,导致石油产业合作难度加大。三是国际石油市场格局发生重大调整,石油供求基本面波动加大,美国重启对伊朗、委内瑞拉、俄罗斯的制裁等因素导致国际原油价格震荡加剧,对我国与"一带一路"沿线国家的石油产业合作造成冲击。

"一带一路"能源合作一方面要加强与能源生产国合作,另一方面要促进与能源消费国合作,同时还肩负着通过能源产业合作带动各方经济产业全面发展的重任。为此,相关建议如下。

(1)在政策沟通方面,进一步加强能源对话,为能源企业"走出去"创造良好合作环境。政府进一步加强与重要能源消费国、石油输出国组织(OPEC)、国际能源署等国际能源组织沟通合作,带领企业积极参与国际能源治理,增强在国际石油市场上的话语权和影响力。

(2)在资金融通方面,搭建银行与企业协调机制,推动银企深度合作。建议逐步构建政府、企业与金融机构多层次协调机制,促进石油企业与投资基金、银行等深度合作,组建油气国际化经营利益共同体,促进投融资便利化，拓宽融资渠道。此外，面对国际油价剧烈波动的局面，充分利用金融保值工具为我国的石油企业提供防控风险保障。

（3）在风险管理和公共安全方面，进一步加强境外经营风险管控，法律先行，提高政治风险关注度。同时，加大公共安全信息预警，进一步完善境外公共安全教育培训体系，切实保障企业驻外人员生命财产安全，为项目安全稳定运营提供有力支撑。

参考文献

［1］曾兴球：《"一带一路"能源合作机遇与挑战》，《中国石油报》2018 年 8 月 7日。

［2］BP，"Statistical Review of World Energy"，June 2018。

B.20
2020年船用燃料规格升级的影响分析

石宝明 王 佩*

摘 要: 2016年10月28日，国际海事组织（IMO）海洋环境委员会第70次会议通过决议，规定自2020年1月1日起，全球范围内的船用燃料硫含量规格将从目前的3.5%降至0.5%。决议通过以来，船用燃料规格调整成为石油市场高度关注和广泛讨论的议题。随着时间临近，市场对这一问题的认识也越来越深刻。从根本上讲，2020年船用燃料规格调整是近十年来影响全球炼油业和船运业发展的最重要事件之一，有机构甚至称其影响程度不亚于页岩油革命的冲击。对于中国石油行业而言，船用燃料规格调整对于炼油、运输和贸易等业务有着深刻影响。建议深入研究、提前布局、积极应对，通过调整炼油装置结构、推进柴油与燃料油调混、锁定远期收益等手段，切实把握好规格调整所带来的行业机遇。

关键词: IMO 船用燃料 硫含量 低硫燃料油 船用柴油

一 2020年船用燃料规格调整的相关背景

（一）船用燃料规格调整的背景与初衷

1973年，在国际海事组织（International Marine Organization，IMO）的

---

* 石宝明，教授级高级经济师，现任中石化冠德控股有限公司控股的富查伊拉石油仓储公司总经理；王佩，经济学博士，高级经济师，现任中国国际石油化工联合有限责任公司市场战略部副总经理（主持工作）。

主导下，全球主要国家签署了《国际船舶防污公约》（MARPOL），对缔约国船用燃料标准做出了限定。此后，该公约经历多次修订，缔约国范围不断扩大。截至2018年1月，该公约已有156个缔约国，基本覆盖全球，缔约国海运吨位占全球海运吨位总量的99.4%。根据现行公约规定，全球船舶在公海使用的燃料油硫含量上限为3.5%；同时，在西北欧和美国沿海地区设置了排放控制区（Emission Control Area，ECA），ECA内船舶使用的燃料油硫含量上限为0.1%，自2015年1月1日起实施。

我国设置了中国版的排放控制区（ECA），规定自2016年4月1日起，上海、宁波等长三角港口率先实施船用燃料硫含量0.5%的标准；2019年，这一标准将会延伸至离ECA港口12海里的水域；2020年以后，规格有望进一步调至0.1%。

从环境保护的角度来看，当前全球约有9万条船舶（含干散货船、油轮、集装箱等），年度船用燃料消费量占到全球交通运输需求总量的7%，但其所排放的二氧化硫则占到全部的90%以上；其中15条吨位最大的船舶所排放的二氧化硫和氮氧化物比全世界所有汽车加起来所排放的还要多，一艘普通的巡航船所排放的二氧化硫等于100万辆小汽车所排放的总量。

基于此，20世纪90年代以来，国际海事组织逐步下调船用燃料硫含量规格。2005年，船用燃料硫含量由4.5%下调至3.5%。2016年10月28日，国际海事组织海洋环境委员会第70次会议通过决议，规定自2020年1月1日起，全球范围内将实施船用燃料硫含量不得高于0.5%的标准，其中排放控制区（ECA）内硫含量标准仍维持当前的0.1%，其他地区从现行规格的3.5%降至0.5%。

（二）关于船用燃料新规的不确定性讨论

关于新规执行时间：根据规定，船用燃料硫含量0.5%的新规格将从2020年1月1日起实施。市场曾有人猜测这一时间窗口是否会推迟，但根据目前IMO的各种表态，以及全世界范围内对环保重视程度的提高，新规实施基本是"板上钉钉"。

船用燃料的具体规格：目前 IMO 仅仅给出了硫含量的标准，而对其他相关的规格指标如黏度、倾点、闪点等并无明确规定。一些大公司如埃克森美孚、壳牌等公司积极地进行规格测试，埃克森美孚已宣布可以在新加坡、鹿特丹等主要港口供应低硫燃油。

关于船舶履约情况：当前全球 28% 的大型船舶消耗了近 85% 的船用燃料，消费相对集中，这些大型船舶的船东往往与大的投资机构捆绑在一起，一般情况下不愿冒作弊的风险，因此 2020 年基本会正常选择低硫规格的燃料油。此外，港务部门和船上安装的黑匣子等也会发挥监管的作用。咨询机构 PIRA 预计，最后能够豁免以及作弊的比例仅为 4%。

二 全球船用燃料消费现状

船用燃料需求与全球经济增长、贸易活动和船舶运力密切相关。2017年全球船用燃料需求约为 550 万桶/日，占到全球石油需求总量的 5.6%。从近年来的需求情况看，2005～2010 年，全球经济稳定增长，船用燃料需求保持了 3.1% 的年均增速；2010～2015 年，受船舶供应增加、航速下降的影响，全球船用燃料需求增速回落至 1.3%。从未来发展前景看，世界经济和贸易有望继续维持较好的增长态势，预计 2025 年之前全球船用燃料总体维持 2.5% 以上的中高增速。预计到 2020 年，船用燃料需求总量将增至 600万桶/日左右，到 2025 年和 2030 年将分别增至 660 万桶/日和 680 万桶/日。

结合机构统计，目前分品种、分船型、分地区的船用燃料需求情况如下（见图 1）。

分品种：当前全球船用燃料构成中包含高硫燃料油（HSFO）、低硫燃料油（LSFO）、船用柴油（MGO）和 LNG 四大类（见图 1）。2017 年，高硫燃料油需求量为 350 万桶/日，占比 61%，接近三分之二；船用柴油 180 万桶/日，占比 31%；低硫燃料油 20 万桶/日，占比 4%；LNG 24 万桶油当量/日，占比 4%。

分船型：大型船舶是船用燃料的主要使用方（见图 1），如集装箱、油轮和干散货船合计占到船用燃料需求的 60% 左右，其他如轮渡、巡航船等尽管数量众多，但需求占比不足 10%；此外，LNG 船舶约占到当前船用燃料需求的5%。

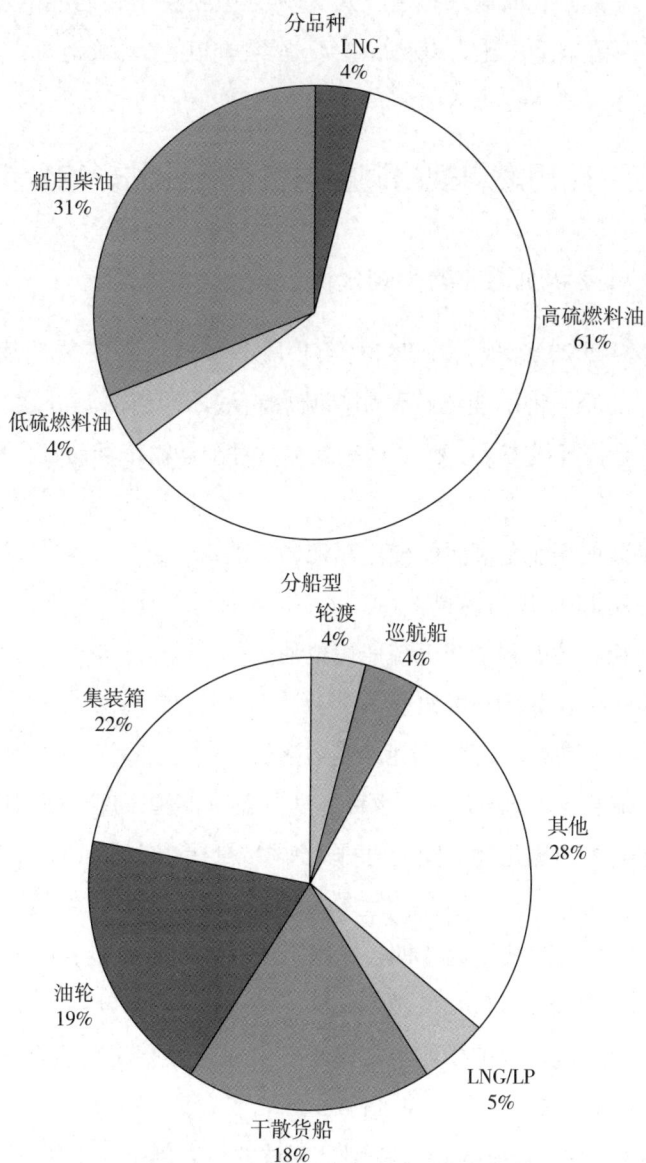

分品种

LNG
4%

船用柴油
31%

高硫燃料油
61%

低硫燃料油
4%

分船型

轮渡
4%

巡航船
4%

集装箱
22%

其他
28%

油轮
19%

LNG/LP
5%

干散货船
18%

图1　船用燃料需求分布（分品种与分船型情况）

数据来源：Platts，Unipec Research& Strategy（URS）。

分区域：当前全球船用燃料消费主要集中在亚太、欧洲和美洲。其中，亚太地区需求量占比高达44%，以新加坡为代表，我国船用燃料需求也呈现快速增长势头；欧洲需求量占比为22%，主要集中在西北欧、地中海和俄罗斯；美洲需求量占比为10%，主要是美国和巴拿马等地。

三 船用燃料规格调整对各个行业的影响分析

（一）对全球航运业的影响分析

根据 IMO 2020 新规，在 2020 年 1 月 1 日后，未安装船用脱硫装置（Scrubber）的船舶将不能继续使用高硫燃料油，即当前三分之二左右的船用燃料需要寻找替代方案。针对这一规定，对于运输市场而言，船东有三种选择方案：

（1）安装船用脱硫装置，使用高硫燃料油；

（2）使用 LNG 作为燃料；

（3）使用低硫燃料油或低低船用柴油。

针对这三种方案，分析如下。

1. 船用脱硫装置：投资大、污染变相存在

船用脱硫装置即 Scrubber，也称为洗涤器，工作原理是通过吸入海水来清洗船舶尾气中的硫化物，随后再排入海中。目前安装 Scrubber 的问题主要有二。

一是成本较高，投资回收期长。据悉，成品油船安装 Scrubber 的成本为160 万～350 万美元，VLCC 安装 Scrubber 的成本为 350 万～570 万美元。此外，安装船用脱硫装置需要船上具备相应空间，只有新造船具备这个条件，老船基本上很难安装。

二是变相污染。Scrubber（特别是开放式 Scrubber）工作的原理等于将污染物由空中变相转移到了海里，所洗出的废水中含有大量酸性物质以及一些重金属等，同样会对海洋环境造成威胁。在这样的情况下，以后某些特定

区域或将被禁止排放废水入海。

从船东的反应来看，2017年，多数船东仍在观望期；2017年初，仅有400条船舶安装了船用脱硫装置，仅为全球船舶总量的0.5%；但2018年以来，船东加装Scrubber数量较之前显著增加，尤其船东新造船基本确定安装Scrubber，目前DHT、Frontline、Maran、Torm等船东已明确表示将为旗下绝大多数新船加装Scrubber。根据最新统计，全球VLCC安装Scrubber的数量有望达到15%，即2020年超过100条VLCC将安装Scrubber，将会消耗80万桶/日左右的高硫燃料油，较此前预期增长30万~50万桶/日，从而对高硫燃料油价格形成一定支撑。从长期来看，随着Scrubber大规模安装，预计到2030年，全球高硫燃料油需求将回升至200万桶/日，占需求总量的30%。

2. LNG燃料：不具备大规模推广条件

船舶用LNG作为燃料是最为清洁环保的方案，能够从根本上解决硫化物污染问题，但受制于各种约束，目前LNG在全部船用燃料中的需求仅占到5%左右。LNG作为船用燃料的主要局限在于以下几点。

一是投资成本高。除专门的LNG船之外，在其他普通船舶上使用LNG燃料必须加装额外的LNG燃料系统，其投资成本高达800万~1200万美元，远高于Scrubber成本，投资回收期长达3年。新造船方面，尽管LNG新船订单数量已经开始增加，但由于LNG船舶投资周期长、投资成本高，目前还无法成为运输市场主流。

二是基础设施不配套。目前全球范围内能够加注LNG的港口码头非常少，仅仅局限于一些大型的港口。物流供给系统的不匹配、不完善，从根本上限制了LNG船舶的增长。

3. 较为现实的选择：低硫燃料油与低硫船用柴油

对比上述两种方案，船东比较现实、简单易行的选择是低硫燃料油与低硫船用柴油（Marine Gasoil，MGO）。当前符合IMO 2020新规的低硫燃料油包括含硫量不超过0.5%的低硫燃料油（LFSO），以及由中间馏分油和燃料油调和而成的低硫调和燃料油。2020年新规实施之时，传统的船用燃料需求结构将发生大规模调整（见图2），相当一部分高硫燃料油将退出市场，与此同时，低硫燃料需求将出现大幅增加：其中，低硫船用燃料（LSFO）需求量或从2017年的20万桶/日大幅增长至180万桶/日，占总需求量的30%左右；船用柴油等直燃馏分油需求有望从2017年的180万桶/日提高至220万桶/日，占总需求量的比重为35%左右；此外，由于炼厂对低硫燃料油的生产能力有限，有相当一部分低硫燃料油需求将依赖于燃料油与中间馏分油调混，调混用中间馏分油需求量将从零增至120万桶/日，占总量的20%左右，但这一方案需考虑调和燃料油的质量差异、与船舶发动机系统硬件的兼容性以及船舶转换燃料的稳定性等问题；LNG需求总量仍然较小，预计为30万桶油当量/日，占总需求的比例为5%。2025年以后，低硫燃料油、船用柴油、调混用馏分油需求都将呈现不同程度的下降，LNG需求或出现一定上升。

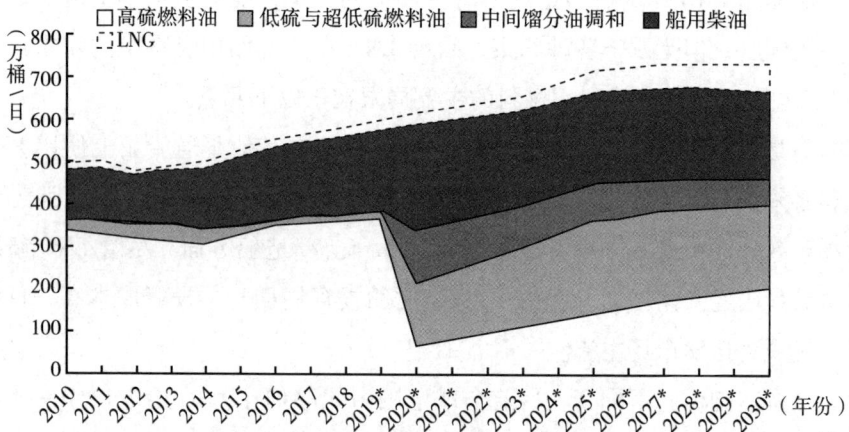

图2 全球船用燃料的需求结构变化

* 为预测值。
数据来源：Platts，Unipec Research& Strategy（URS）。

对于运输市场而言，随着2020年之后船用燃料成本增加，油轮运费水平将大幅提高。高盛认为，新规实施后，油轮运费将提高40%左右，普氏则认为提高50%~100%。根据相关数据测算，以2020年高低硫船用燃料价差 400 美元/吨计算, VLCC 由高硫燃料油切换为低硫燃料油后, 每日运输成本将增加 1.7 万 ~ 2.5 万美元, 中东—远东航线单桶运费将增加约 0.4 ~ 0.6 美元/桶, 增幅为 50% ~ 75%。

(二)对全球炼油业的影响分析

2020 年 IMO 新规将是近十年来全球炼油业面临的最大挑战, 对于部分炼厂也是前所未有的大机遇。具体而言, 为了满足大量新增低硫燃料油和中间馏分油需求, 全球炼厂需要做出提高加工量、新增二次装置、调整产品收率、调整原油结构等多重举措。全球炼油业可能的调整如下。

1. 调整产品结构, 增加中间馏分油收率

就全球而言, 欧美中间馏分油的收率几乎已经触顶, 调整余地有限, 亚太尤其是中国则具备较大的调节空间 (见图 3)。中国近年来大规模调降柴汽比, 当前随着船用燃料规格调整, 可以适时调升柴汽比, 尤其是高硫原油加工能力强、拥有完备加氢和重整装置的炼厂适时增加中间馏分油收率, 生产出满足需要的船用柴油或者用于调混的中间馏分油。高盛预计, 2020 年新规将带来 130 万桶/日的额外中间馏分油需求。与此同时, 高硫燃料油需求大减也会促使炼厂削减燃料油产出比例, 部分转化能力较弱的炼厂可能放弃燃料油生产, 转而生产沥青或焦化料。

美国

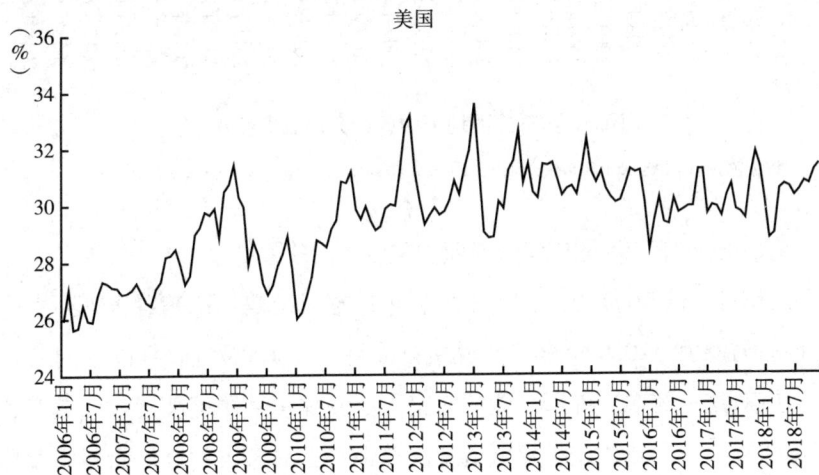

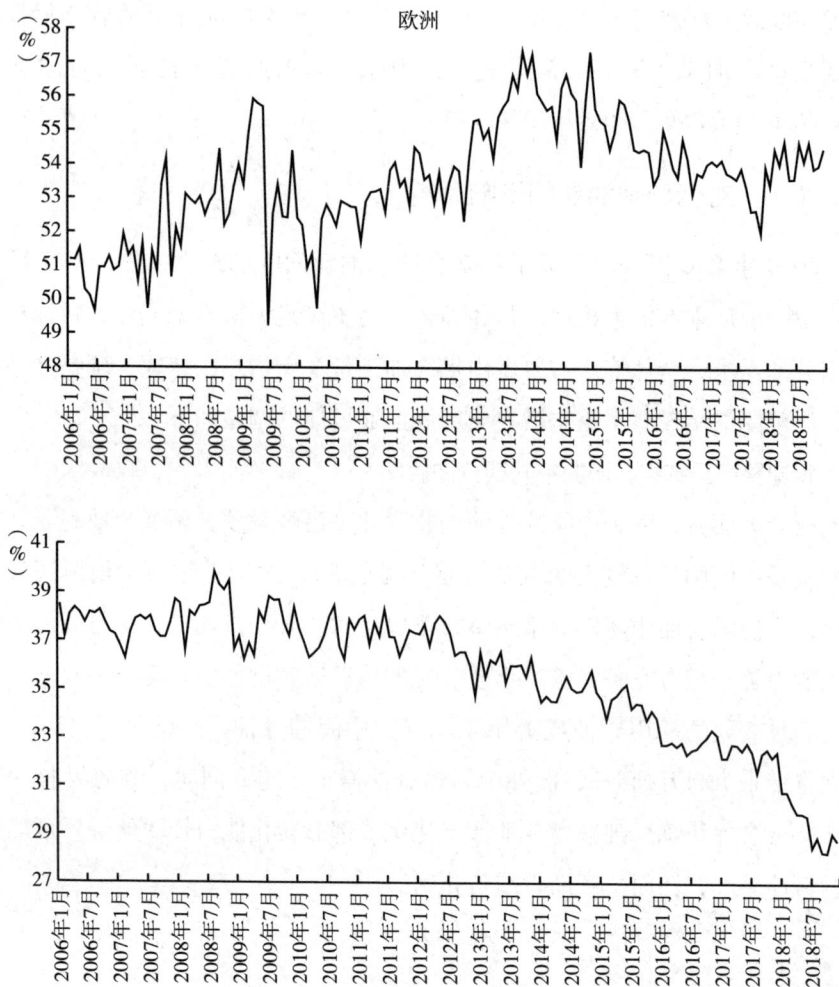

图3　全球主要地区中间馏分油收率变化

数据来源：EIA，Euroilstock，NBS，Unipec Research& Strategy（URS）。

2. 新建脱硫/焦化装置或者低硫原油常压蒸馏装置

对于不具备调节能力的炼厂来说，可以通过新建二次装置来提升生产低硫燃料油的能力。2020 年全球低硫燃料油将出现 100 万桶/日以上的需求缺口，为应对这一需求，炼厂可能的方案一是新建重油脱硫装置，二是安装新的焦化装置，三是新建或扩建低硫常压蒸馏装置。考虑到炼厂新建装置耗时较长、成本较高，目前全球仅有少部分炼厂宣布新建装置，如埃克森美孚公司位于英国南部的 Fawley 炼厂计划新上加氢装置，Gunvor 公司位于荷兰的 Europoort 炼厂计划新建焦化装置，BP 位于西班牙的 Castellon 炼厂考虑安装减压蒸馏装置；其他多数炼厂将通过调整产品结构或原料结构的方式，来应对船燃规格调整的变化。壳牌、埃克森美孚、道达尔等多家公司宣布，将从 2019 年下半年开始生产符合规格的低硫燃料。

3. 对亚太炼油毛利支撑强于欧美

全球炼油毛利的变化受多重因素影响，如石油需求、新增炼油产能、炼厂开工率等。单就 IMO 新规影响而言，美国墨西哥湾地区的炼厂靠近低硫原油产地，扩建常压蒸馏装置相对容易，加上这些地区的炼厂处理高硫油能力较强，以及加氢成本最低，预计 IMO 新规对其冲击较为有限。欧洲炼厂所受冲击较大，尽管靠近低硫油产地，但欧洲炼厂普遍老化，加氢能力严重不足，难以和亚洲炼厂竞争低硫原料，被迫关停部分老旧催化裂化装置的可能性较高。亚太地区的炼厂则有望成为 IMO 新规之下的最大受益者，近年来亚太地区新建炼厂的复杂程度较高，生产低硫燃料油或者中间馏分油的能力较欧美炼厂更为突出；此外，全球过剩的高硫燃料油将流入亚太寻找调混和发电出路，全球东西方高硫燃料油价差扩大，亚洲高硫燃料油价格优势更加明显，也对亚太炼油毛利形成支撑。具体来看，韩国炼厂将依靠其拥有较高数量的 Scrubber 船队，以及充足的渣油加氢能力，继续采购高硫原油，生产高硫燃油或者低硫燃料油，成为 IMO 的价格受益者；印度炼厂也表示，由于印度基本不产燃料油，预计将会采购更加便宜的高硫原油作为原料，通过焦化装置，产生本地需求更好的汽柴油产品，成为 IMO 的间接受益者。

4. 对其他炼油产品也将产生重要影响

IMO 新规实施后，因催化裂化进料减少以及柴油产率提高，汽油供应一定程度上将收紧，重整装置（产汽油）收益将增加，对石脑油需求构成支撑，这种情况下，石脑油价格可能上行，进一步使乙烯裂解装置进料向更轻的 LPG/乙烷倾斜。与此同时，烯烃裂解装置进料变轻将会使丙烯产率下降，从而刺激 PDH 装置提高开工率。

此外，因低硫燃料油需求增加，低硫石油焦的产率将下降，价格上行；高硫燃料油需求大减也会促使炼厂削减燃料油出率，转而生产沥青，届时沥青供应将增加，价格将承压。

（三）对全球石油贸易的影响分析

1. 原油端：高低硫价差拉宽

从全球原油资源近年来的变化看，随着北美页岩油产量的大幅增长，全球原油由过去的重质化、劣质化逐渐变得轻质化、低硫化。IMO 规格的变化正好迎合了这一资源变化。从原料结构来看，硫含量较低、能够产出更多中间馏分油或燃料油的原油将受到炼厂青睐，硫含量较高的重质原油价格将大幅走低，高低硫价差进一步拉宽。2017 年下半年以来，随着 IMO 实施日期趋近，DTD/Dubai 远期 EFS 开始拉宽。

原油贸易方面，远距离航线油轮运费上涨将抬高跨区原油贸易套利成本，对 WTI/Brent 价差和 DTD/Dubai 价差进一步构成支撑。

从我国实际情况来看，由于石脑油需求存在缺口，汽油消费增速要高于柴油，燃料油消费增速放缓，同时新增炼能投用将提高整体原油加工量，我国轻质低硫原油进口量将进一步增加，或推动亚太区内轻质低硫原油贴水上涨。

2. 成品油端：中质馏分油和低硫燃料油裂解价差走强

从油品价差来看，由于大量中间馏分油资源将用于满足低硫燃料油生产和调混需求，柴油和航煤等中间馏分油裂解价差将大幅走高，这一影响当前已开始显现，预计到 2019 年下半年将更加显著。结合机构预计，到 2020 年新规实施后，柴油裂解价差将从目前的 15 美元/桶左右大幅提高至 30~40 美元/桶，2022 年炼厂装置结构和油品收率完成调整后将回落至 20 美元/桶左右。柴油裂解价差上涨一定程度上也会带动汽油裂解价差走高，但上涨幅度远不及柴油。

此外，高硫燃料油需求的断崖式下跌和低硫燃料油需求的大幅增长还将推动高低硫燃料油价差大幅拉宽。其中，低硫燃料油价格将上涨至与船用柴油相当的水平，高硫燃料油价格将大幅下降，从而与煤等直烧燃料竞争市场份额。普氏预计，到2020年，高低硫燃料油价差（HSFO/LFSO）将从目前的 – 150 美元/吨拉宽至 – 400 美元/吨。

3. 跨区贸易影响：亚太贸易地位有望进一步提升

IMO 2020 新规将对全球成品油贸易格局产生深远影响。目前，新加坡是亚太地区成品油贸易中心，伴随着船用燃料供应和需求增长，今后其交易中心的地位将更加显著。新加坡也是全球最主要的船用油消费中心，由于新加坡本地炼厂缺少焦化装置，低硫燃料油生产能力不足，届时新加坡将从中国、日本、印度等地进口大量低硫燃料油、柴油以满足船加油业务需要。此外，全球过剩的高硫燃料油将大量流入亚洲寻求调和和发电出路，中东、南亚由于较松的环保要求，随着高硫燃料油价格大跌，有望成为最大的高硫燃料油发电消费增长区。

（四）对国际油价的影响分析

国际油价具备商品属性、政治属性和金融属性三大属性，需要全面进行分析。就 IMO 新规的影响而言，其对国际油价的支撑作用较为显著，主要是源于需求的大量增加。2020 年，过剩的高硫燃料油从船运市场退出，而替代的船用柴油由于密度偏低，需要额外消耗 15% 左右才能完成等量运输里程。规格调整后，全球将大量新增低硫燃料油和中间馏分油需求。据高盛预计，2020 年石油整体需求将在往年正常增长之外，额外增加 250 万桶/日，这很大程度上会引起石油市场供需失衡，从而对国际油价形成支持。PIRA 预计，2020 年的船用燃料新规将产生 7～10 美元/桶的国际油价溢价。

四 相关对策与建议

对于中国石油行业而言，船用燃料规格调整对于我们的炼油、运输和贸易等业务有着深刻影响。建议深入研究、提前布局、积极应对，通过调整炼油装置结构、推进柴油与燃料油调混、锁定远期超额收益等手段，切实把握好规格调整所带来的行业机遇。

（一）炼油侧：积极调整装置结构与产品收率

经过近年来的扩能与装置升级改造，我国炼油系统具备了非常强的竞争实力与深加工能力，也是为数不多的具备柴汽比调节能力的炼厂。2010 年以来，我国柴汽比由此前的 2∶1 逐步调节至 1.1∶1。为应对 IMO 要求，国内相关炼厂可适当提高柴油产率，增加中间馏分油产量。部分效益欠佳的炼厂也可专门进行装置改造，生产低硫燃料油。此外，目前中国有大量富余或已面临淘汰的常压装置，可伺机以较低的成本收购部分装置，专门用于生产低硫燃料油。从技术层面来看，可以把一些 FCC 等深加工装置的原料转作船用燃料油的调和料。

（二）贸易侧：利用仓储优势开展调混及贸易操作

伴随着新规实施，低硫中重质原油需求、高硫燃料油与中间馏分油的调混需求将大幅提升，有望创造大量的原油和油品调混空间。建议利用国内仓储设施，开展调混业务与贸易操作，如尝试开展硫含量 0.8% ~ 1.5% 的燃料油与轻质低硫原油调混业务，获取更多的低硫中重质原油资源；或者择机预先储存低硫燃料油或者中间馏分油，实现低买高卖，适时开展库存运作；以及抓住舟山自贸区大力推进燃料油保税业务机会，加快与地方政府及仓储企业合资合作，做大在舟山地区的低硫燃料油调混业务。

（三）金融侧：充分发挥套期保值功能，锁定远期收益

新规实施为低硫燃料油和中间馏分油价格提供了非常强的支持，远期结构和价差已提前表现出来。建议配合实货操作，提前锁定低硫燃料油、柴油等远期裂解价差，实现收益。此外，因 IMO 的实施，高低硫价差也将大幅拉宽，可利用前低后高结构的 Brent/Dubai EFS 价差，配合实货，锁定远期收益。据悉，市场已经有部分参与者开始进行 2020 年远期运费的保值工作。

目前高硫燃料油和低硫燃料油的价差保值主要由基金和投行参与，运输实体尚未有大规模介入。

参考文献

［1］International Marine Organization （IMO），"Sulphur 2020—Cutting Sulphur Oxide Emissions"，http：//www. imo. org/en/MediaCentre/HotTopics/Pages/Sulphur – 2020. aspx。

［2］Rick Joswick，Gary Greenstein，Ken Bogden and Chris Midgley，"Making Waves—The Final Countdown to IMO 2020"，April 2018，Platts.

［3］Nikhil Bhandari，Neil Mehta，Vinit Joshi，Patrick Creuset and Trina Chen，"The IMO 2020：Global Shipping's Blue Sky Moment"，May 2018，Goldman Sachs.

B.21
上海原油期货上市运行情况回顾及展望

雷嘉雯　宋磊*

摘　要： 上海原油期货上市具有多重重要意义，在国家层面，有利于提
　　　　 升我国在国际石油市场上的影响力，深化"一带一路"能源合
　　　　 作，助推人民币国际化；在产业层面，有利于促进现货与期货
　　　　 市场深度融合，倒逼能源领域市场化改革；在企业层面，能够
　　　　 丰富避险工具与手段选择，平滑企业经营绩效。上市以来，上
　　　　 海原油期货市场整体运行平稳，与国际油价互动良好，各方交易
　　　　 主体交投活跃，价格发现功能初步显现，受到了国内外市场的高
　　　　 度关注与积极评价。原油期货市场建设是一个循序渐进的培育过
　　　　 程，展望后市，我们有望看到上海原油期货的流通性进一步改
　　　　 善，产业客户参与度进一步提升，市场影响力进一步扩大。

关键词： 上海原油期货　石油企业　定价权　基准原油

一　中国版原油期货意义重大

（一）我国开展原油期货交易的历程

中国是最早推出石油期货市场的亚洲国家。早在 1992 年底，原南京石油交易所率先推出了石油期货交易，随后 1993 年初，原上海石油交易所也

---

* 雷嘉雯，现任中国国际石油化工联合有限责任公司上海分公司分析师，主要研究方向为上海原
　油期货及化工品期货；宋磊，现任中国国际石油化工联合有限责任公司上海分公司副总经理
　（主持工作），具有多年国际石油市场分析经验，主要负责化工品贸易及上海原油期货交易。

推出了石油期货交易，具体包括大庆原油、90 号汽油、0 号柴油和 250 号燃料油四种标准期货合约。1993 年的石油期货交易运作相对成功，成交量一度占到全国石油期货市场成交总量的 70% 左右，在其挂牌交易的一年半时间里，日均交易量超越新加坡国际金融交易所（SIMEX），排名世界第三，仅次于纽约商品交易所（NYMEX）和伦敦国际石油交易所（IPE）。尽管交易活跃，市场表现繁荣，但由于缺乏国家层面的统一监管和期货市场法律制度安排，市场混乱、风险失控等不良势头涌现。1995 年 1 月，证监会下发《关于暂停原油、成品油期货交易的通知》（证监发字〔1995〕7 号），国内原油期货全面停止交易。

自 1993 年国务院开始整顿期货市场以来，国内期货市场的法制化建设步伐不断加快。1999 年 6 月 2 日，国务院颁布的《期货交易管理暂行条例》标志着中国期货市场正式走向法制化的轨道；此后，证监会通过颁布《期货经纪公司管理办法》《期货经纪公司从业人员资格管理办法》等一系列政策文件，进一步对期货市场进行规范。在此期间，国内商品期货交易所获得了长足的发展，期货交易品种逐渐扩大，稳步完善了各项期货交易制度，风险管理能力不断强化。与此同时，国内原油与成品油市场环境也发生了深刻的变化，随着市场化定价机制的不断完善，油气生产运营向民营等社会资本开放，原油进口配额也逐步放开，市场整体呈现市场化、多元化与开放化趋势。这些均成为助推原油期货重新上市所不可或缺的重要条件。

2018 年 3 月 26 日，作为中国第一个对外开放的期货品种，上海原油期货正式于上海国际能源交易中心（以下简称 INE）挂牌交易。回望上海原油期货上市之路，从酝酿、筹备到上市，走过了 17 年的历程。2001 年，上海期货交易所（以下简称上期所）重启研究论证国内石油期货交易，对原油期货上市路径做了顶层设计，决定先从石油产品中市场化程度最高的燃料油起步。2004 年，燃料油期货在上期所重新挂牌，成为中国期货市场整顿以来第一个被批准上市的石油期货交易品种。2013 年，上期所推出了全球首个沥青期货品种——石油沥青期货。同年 11 月，INE 正式揭牌成立，标志着原油期货的上市迈出了关键一步。党的十八大以来，中国期货市场发展进入快车道，证监会加快了推进原油期货市场国际化建设的步伐，中央各相关部委和机构、上海市政府与上期所从合约设计、标的油种确定、交易结算、交割安排、风险控制、境内外参与者制度、海关申报、税收制度、监管规则、跨境监管安排等方面开展了全方位组织协调和筹备工作，最终推动上海原油期货于2018年3月26日正式上市。

（二）推出上海原油期货的重要意义

1. 国家层面：提升国际石油市场影响力，深化"一带一路"能源合作，助推人民币国际化

（1）提升我国在国际石油贸易定价体系中的话语权，维护国家能源安全

近年来，随着我国经济规模与石油需求的快速扩大和增长，我国原油消费量与进口量持续攀升，2018年我国原油消费量达6.4亿吨，仅次于美国，原油进口量达4.6亿吨，维持全球第一大原油进口国地位，原油对外依存度达71%，创历史新高。根据国际能源署（IEA）的预测，至2023年，中国的原油净进口量将上升至1000万桶/日，为美国净进口量的两倍。

国际原油市场经过多年发展，形成了以国际主要原油期货价格为核心的原油定价体系，包括基于英国布伦特（Brent）系统的欧洲及非洲定价体系和基于美国西得克萨斯轻质原油（WTI）系统的北美原油定价体系，分别反映欧洲和北美地区的原油市场供需关系。长期以来，我国进口原油价格主要参照国际原油期货基准价格，始终未能主动参与到全球原油定价体系之中，仅为价格的被动接受者。据统计，由于"亚洲溢价"（Asian Premium），我国每年额外增加的原油进口支出高达数十亿美元。

此次上海原油期货落地，有利于形成基于国内石油基本面的期货价格，能够更好地反映我国及亚太地区原油供求状况，进而提升我国在国际石油贸易定价体系中的话语权，削弱价格劣势，节约进口原油支出，丰富和完善国际石油贸易定价机制，从而进一步维护国家能源安全，实现石油安全、经济、稳定的供应。

（2）顺应"一带一路"倡议，推动与沿线国家深度能源合作

"一带一路"横贯欧亚大陆，沿线60多个国家多与能源密切相关，开

启了一条新的能源之路。其中，既有沙特、俄罗斯等资源丰富的能源生产国，也有印度、印尼等能源需求快速增长的消费国，以及新加坡、埃及等能源通道国。"一带一路"沿线国家大都与我国经济发展具有很强的互补性，这为双方的能源合作，尤其是在能源贸易领域的合作提供了广阔的发展空间，有利于建成开放包容、普惠共享的能源利益共同体。近年来，我国与"一带一路"沿线国家原油贸易水平不断提升，有力保障了国家石油供应安全。"一带一路"沿线诸多国家（如俄罗斯和沙特等）是我国重要的原油供应来源国，而且我国的进口量持续增加。2018 年，我国从"一带一路"沿线国家进口原油 2.91 亿吨，为 2013 年的 1.5 倍，占我国原油总进口量的比重达 63%。

上海原油期货的六种可交割进口原油均来自中东产油国（见图 1）。其中，阿曼原油、巴士拉轻油等均为我国进口的主要油种，这为促进我国与沿线国家建立互惠双赢的新型石油贸易关系、完善"一带一路"能源合作机制提供了更为有效的工具。通过参与上海原油期货交易，中东产油商可以进一步扩大其在亚太地区的销售市场及销售份额，也有助于加快上海原油期货向国际基准原油发展的步伐，使得产油国与消费国的能源贸易合作更加紧密相连、有血有肉，进而推动"一带一路"能源合作向更深层次发展。

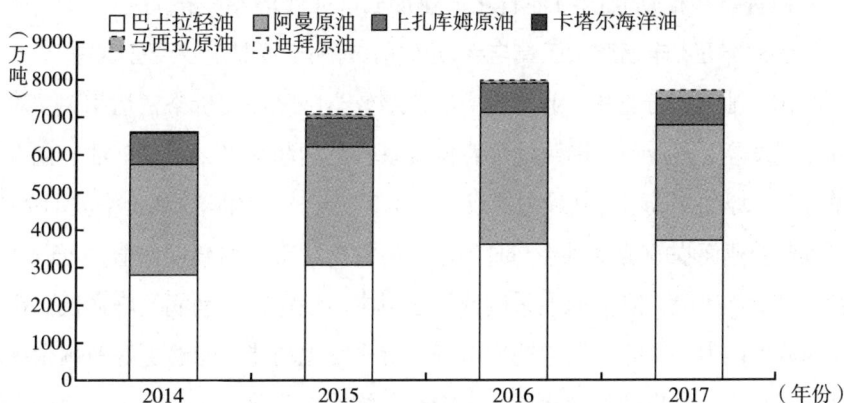

图 1　我国进口六种 INE 交割原油情况

数据来源：中国海关、国家统计局。

（3）增强人民币在国际市场上的流通性，助力人民币国际化进程

上海原油期货以人民币为计价和结算货币，且面向境外参与者开放，为人民币国际化提供了较好的载体，有利于减少对美元的依赖，规避与美元相关的汇率风险，提高人民币在国际原油贸易中的使用率，扩大和提高人民币的适用范围及影响力，这对于推动人民币成为能源的定价货币以及国际储备货币具有重要意义。同时，结合人民币汇率与利率的市场化改革，有望提升国际金融市场对人民币的持有意愿，提升人民币在国际市场上的流动性，进而推动人民币国际化发展和中国金融的改革开放。

2. 产业层面：促进现货与期货市场深度融合，倒逼能源领域市场化改革

高效的现代石油石化产业离不开成熟的现货市场和稳健的期货市场，通过充分发挥期货市场的风险规避和价格发现功能，有利于促进现货与期货市场的深度联动，具有前瞻性地调节石油市场供需矛盾，有效地平衡资源和市场，从而完善我国的石油市场体系，促进资源有效配置，推动产业长期健康发展。

与此同时，原油期货市场的建立，将加速我国石油市场与国际市场接轨，进而对国内能源领域的市场化改革形成倒逼机制，推动和完善我国能源流通体制和价格形成机制的市场化进程。随着我国原油进口权和原油进口使用权的进一步放开，国内原油市场的参与者将更加多元化，竞争也会愈发激烈，从而进一步推动我国石油石化产业形成多元化的竞争格局。

3. 企业层面：丰富避险工具与手段选择，有利于平滑企业经营绩效

我国石油相关行业和企业的生产经营绩效与国际原油价格密切相关，对于勘探、开发等上游业务，国际油价直接关系着其利润水平，对于炼油、化工等下游业务，原油端成本是其最大的成本，尤其近年来，国际原油价格波动加剧，我国油气企业面临的价格风险与日俱增。通过期货市场的套期保值，可以帮助企业对冲价格风险，降低原油采购或销售成本，锁定预期利润，增强抵御市场价格风险的能力；同时，利用期货市场的价格发现功能，能够更好地洞察市场变化，优化企业的生产经营决策，平滑经营绩效。此前，在缺乏国内原油期货工具的情况下，企业只能利用境外原油期货或其他金融衍生工具开展套期保值，上海原油期货的推出进一步丰富了企业的风险规避工具和手段的选择。

二 上市回顾：成功开局，平稳运行

（一）上海原油期货上市运行情况

1. 价格走势与国际主要原油期货联动紧密

上市以来，SC 与 Brent、WTI、DME Oman 等国际主要原油期货形成了良好的互动关系，价格走势上保持了高度联动性（见图 2）。从相关系数来看，截至 2018 年最后一个交易日，SC 与 DME Oman 联动性最强（相关系数 0.83），与 Brent 次之（相关系数 0.76），与 WTI 相关性较弱（相关系数 0.67）。从走势联动的连贯性上看，SC 并不是始终完全跟随外盘行情，尤其是 2018 年 7 月至 9 月期间，由于首行合约 SC1809 进入临近交割月份，受人民币贬值、交割仓单较少、多头"软逼仓"以及多 SC 空 Brent 的套利资金等因素影响，SC 价格维持相对强势，价格走势略有分离，随着 SC1809 合约的退出，主力合约轮换至 SC1812 合约，与外盘价格的联动性逐渐修复（见图 2）。

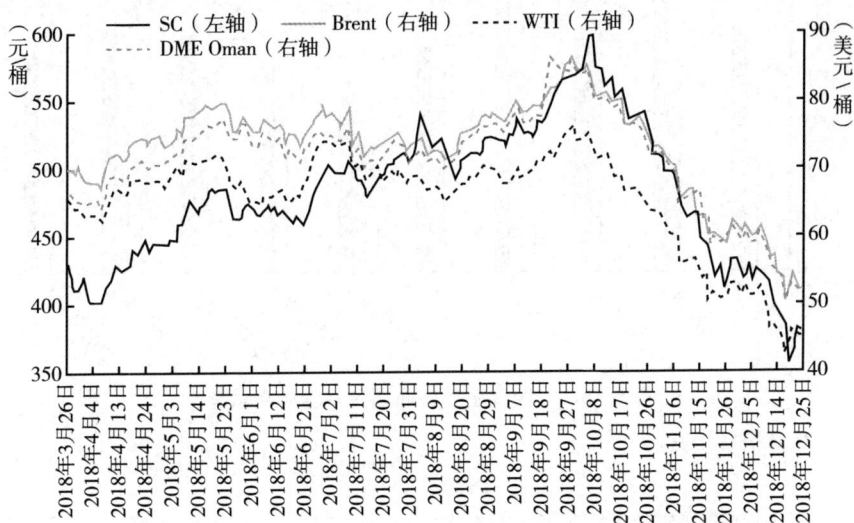

图 2　SC 主力合约与国际主要原油期货首行合约价格走势

数据来源：路透社。

从涨跌方向和幅度上来看，SC 整体价格涨跌方向和幅度与国际主要原油期货体现了较强一致性。上市之初，SC 涨跌幅度略高于其他国际原油期货，后期略有收窄。上市至今，SC 出现极端行情的次数较少，以首个主力合约 SC1809 为例，自挂牌至退出期间，出现两次极端行情：2018 年 8 月 7 日，受人民币贬值及美国准备对伊朗重启制裁影响，SC 首现涨停；2018 年 8 月 20 日，因合约即将进入交割阶段，自然人客户需要平仓，叠加美国原油库存增加和原油产量反弹，SC 承压封于跌停。

2. 流动性逐渐增强，成交量和持仓量稳步增长

上市以来，上海原油期货成交量持续放大，持仓量稳步增长，流动性显著改善。截至 2018 年最后一个交易日，按单边统计，SC 所有合约累计成交量 2650 万手，日均成交量 14 万手，日均持仓量 2 万手。SC 现已成为亚洲交易量最大的原油期货合约，仅次于美国纽约 WTI 原油期货与英国 Brent 原油期货，跻身全球交易量前三（见图 3）。

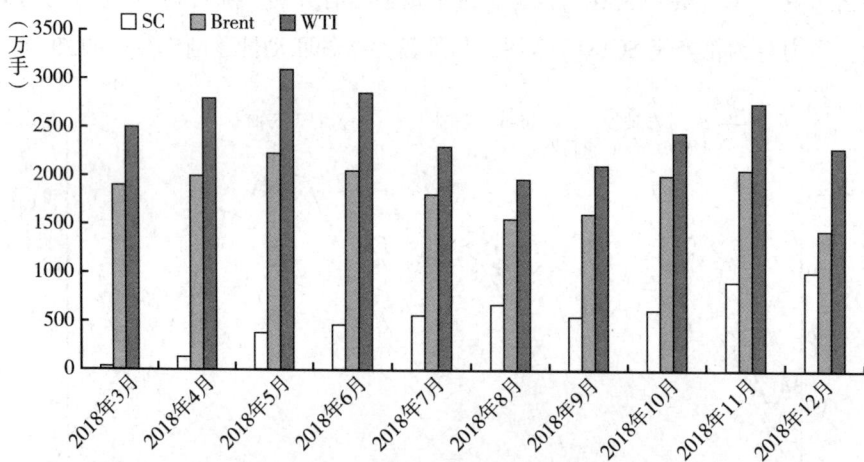

图 3　SC 与国际主要原油期货月度成交总量

数据来源：路透社。

运行至今，随着交易规模的稳健扩大，SC 所有挂牌合约的日成交量已由上市之初的 4 万手增长至 50 万~70 万手，总持仓已由上市之初的 3000 手增长至 6 万~8 万手，主要原因是做市商制度的引入扩大了远月合约的成交量

与持仓量，吸引了更多的产业客户参与交易。然而，单边成交量达到20万手后，增速明显放缓，市场规模上升遭遇平台期，成交量和持仓量停滞不前（见图4）。

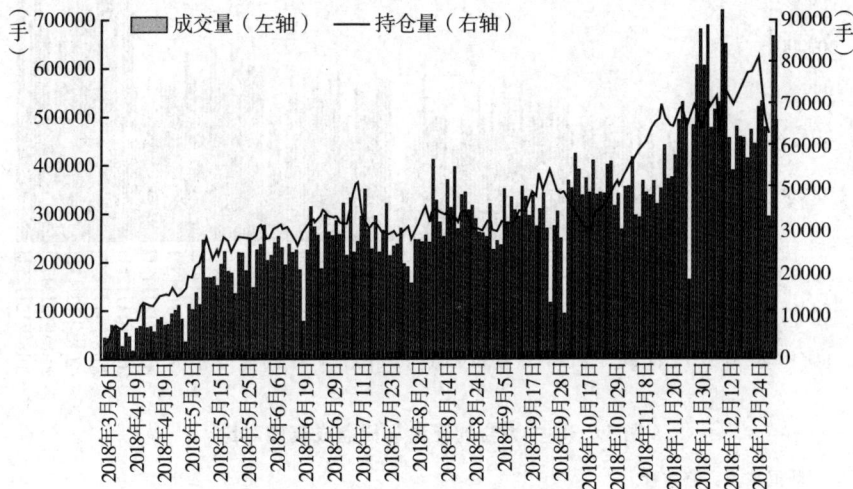

图4　SC总成交量与持仓量变化

数据来源：路透社。

3. 成交量集中于夜盘，夜盘交投活跃

从交易时段看，SC呈现夜盘交易活跃的特点，夜盘成交量约占总交易量的70%以上（见图5）。夜盘交易时间为21：00～02：30，与Brent和WTI交易活跃时段重合，SC价格与国际油价高度联动，反映出SC一定程度上为外盘的"影子价格"。

4. 实货交割顺利完成，业务环节衔接顺畅

作为一个全新的原油期货品种，上海原油期货的现货交割曾是市场观望的难题。2018年9月7日，上海原油期货SC1809合约顺利完成交割，交割量共计60.1万桶原油，交割金额为2.93亿元（单边），交割结算价为488.2元/桶（约合71.5美元/桶），较3月26日开盘价440元/桶上涨10.95%，较同期国际现货市场迪拜油价低4.67美元/桶。首批用于交割的期货原油分布于三家指定交割仓库，分别为大连中石油保税库、中石化商储公司舟山分公司册子岛油库和中石油燃料油有限责任公司湛江分公司保税库，仓单情况如表1所示。

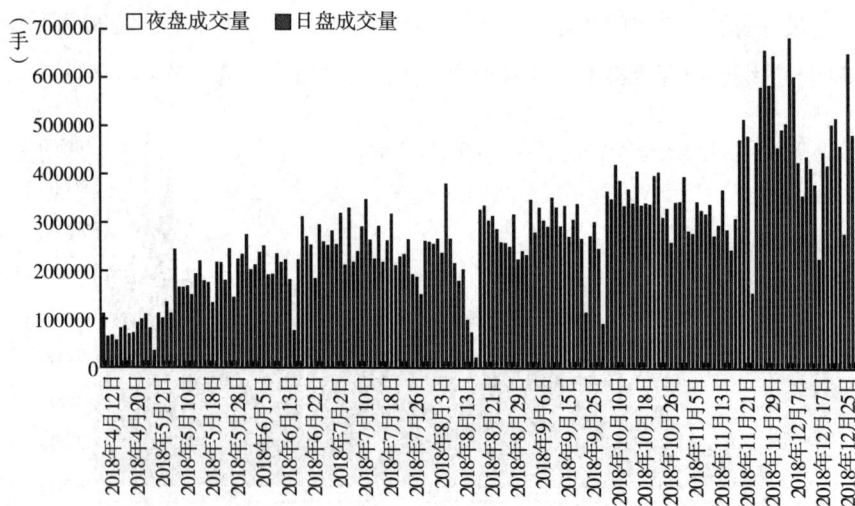

图5　SC主力合约夜盘与日盘成交量对比

数据来源：路透社。

表1　上海原油期货 SC1809 合约交割情况

单位：桶

地区	交割仓库	入库数量
上海	洋山石油	0
	合计	0
浙江	中国石化册子岛	201000
	中油大榭	0
	中化兴中	0
	合计	201000
山东	中国石化日照	0
	青岛港董家口	0
	合计	0
广东	中油湛江	300000
	合计	300000
辽宁	中油大连	100000
	合计	100000
全部	总计	601000

数据来源：上海国际能源交易中心（INE）。

首次交割的顺利完成标志着上海原油期货实现了全流程闭环，意味着该合约能够在挂牌、交易、交割全流程中通过市场的检验，为境内外能源企业的深度参与打下坚实基础。

（二）上海原油期货面临的挑战

1. 主力合约连续换月缺乏稳定性，成交持仓分布不均

目前，在国际主要原油期货市场中，主力合约均为首行合约，并且逐月连续更换主力。合约的连续换月，是产业客户能够长期稳健地开展套期保值业务的重要条件。此前，受制于产业客户参与度较低、投机力量较强的现状，上海原油期货首次移仓换月未能实现连续换月，延续了国内投资者倾向于做大季月合约的交易习惯，2018 年 8 月 15 日，SC 主力合约由首行合约 SC1809 转移至季月合约 SC1812。在做市商制度的引导下，SC 主力合约于 2018 年 11 月 20 日由 SC1812 合约转移至 SC1901 合约，合约的连续活跃性有所改善；然而，随着 SC1903 合约于 12 月 18 日成为新的主力合约，合约连续活跃性再次被打破。SC 成交量与持仓量的分布也不尽合理，在上海原油期货挂牌合约中，95% 以上的成交量和 90% 以上的持仓量集中于主力合约，远月合约成交流动稀缺，不利于产业客户开展套期保值，流动性结构有待完善。

2. 产业客户参与度仍有待提高，市场仍需理性引导

目前，上海原油期货开户已超 3 万户，据 INE 统计，90% 以上的市场参与者为金融机构和自然人（多带有一定金融背景），产业客户参与度仍有待提高。受此影响，上海原油期货市场交易多以日内交易为主，高频交易量较大，成交持仓比较高，投机度远高于 PTA、PP、沥青、燃料油等其他能化类期货品种（见图 6），参与者结构有待优化，市场仍需理性引导。

3. 可供交割量不稳定，交割油种有待丰富

巴士拉轻质原油较其他可交割油种具有明显的价格优势，且可供量较高，已成为上海原油期货的主力交割油种。然而，巴士拉轻质原油含硫量较高，受装置限制，多数山东地方炼厂不适宜加工巴士拉原油，进而限制了上海原油期货潜在的实物交割买方。同时，现有主力交割油种的现货交易窗口

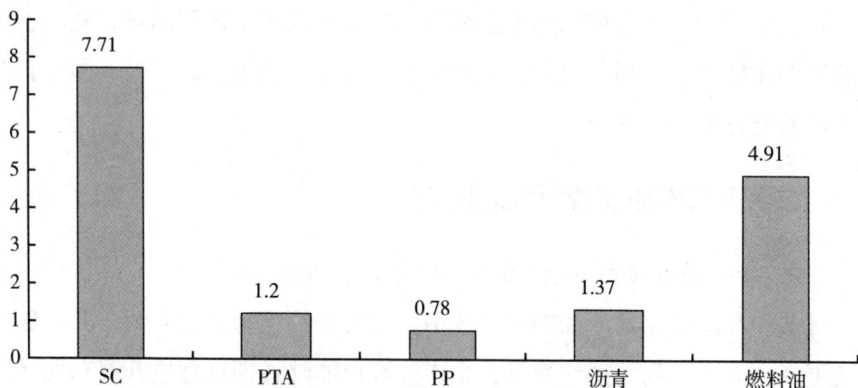

图 6　SC 与主要能化品种平均投机度比较

数据来源：路透社。

集中，且炼厂加工计划较为固定，产业客户开展期现套利的窗口机会大为受限，能够参与实货交割的现货数量不稳定。择机引入更多中国炼厂的适炼油种，合理设置油种升贴水，能够扩大产业客户套期保值的操作空间，有利于进一步促进期现两个市场深度融合。

4. 交割流程仍有优化空间，交割便利性有待提高

根据目前的交割规则设定，仓储费高达每天 0.2 元人民币/桶，显著高于市场水平，交割成本较高；卖方须提前 30 天提交入库申请，且不允许中途减载、过驳，要求较为严苛，生成仓单流程较长，仍有较大优化空间。同时，与 WTI 的交割仓库集中在库欣地区不同，上海原油期货交割仓库布局分散，连接的炼厂有限，若无法匹配理想的交割仓库地点，将增加买方的提货成本，压缩套利测算的价格空间。此外，上海原油期货一期启用库容仅为315 万立方米，库容相对有限，对比美国库欣原油库库容设置，上海原油期货交割库容有待进一步提升。

三　后市展望：持续探寻上海原油期货稳健发展之路

2018 年是上海原油期货的开局之年，上市以来，市场整体运行平稳，

与国际油价互动良好，参与主体逐渐多元化，市场流动性日趋增强。在取得阶段性成果的同时，也要清楚地认识到全球经济形势不确定性上升，市场环境更加错综复杂，宏观经济下行压力依然较大，与此同时，我国能源化工市场日趋开放，竞争日益激烈，内外部挑战严峻。中国的原油期货市场建设是一个复杂而长期的系统工程，市场的成熟和功能的发挥需要一个循序渐进的培育过程。展望未来，在国家有力的政策支持下，在交易所与全市场参与者的共同努力下，我们有望看到上海原油期货的流通性进一步改善，产业客户参与度进一步提升，市场影响力进一步扩大。

（一）流动性稳步提升，远期曲线结构逐渐改善

为了增强市场流动性，INE 于 2018 年 10 月下旬引入 15 家机构作为原油期货做市商，包括中信证券、国泰君安证券等。做市商作为交易中间商，连接不同时间进行交易的客户，使投资者有意愿交易时能够找到对手方，有效促进了期货合约的连续活跃，为产业客户开展套期保值提供便利，同时也有利于与国际原油期货市场接轨。做市商制度推出以来，已初现成效，如图7 所示，自 2018 年 10 月下旬以来，SC1812 之后的近月合约如 SC1901、SC1903 成交量与持仓量均大幅上升，盘口报价流畅连续，交投活跃，流动性持续改善。

从远期曲线上看，上市之初，上海原油期货锚定外盘基本形成前高后低的 Backwardation 结构，但由于远期合约缺乏流动性，结构连续性较差。做市商制度的引入使得 SC 月间差与外盘原油期货逐渐趋近，均呈现近月贴水的 Contango 结构。如图8 所示，以 2018 年 11 月 13 日为例，虽然在远端合约上，结构形态仍有所偏离，但在近端月份合约上，SC 与 Brent、WTI 的结构趋势相近，远期曲线的清晰度和连续性已较上市之初显著改善。

2.产业客户参与度提升，深度服务实体经济

上海原油期货上市之初，多数产业客户态度谨慎，保持观望，参与度有限，仅占市场参与者的10%，绝大部分流动性由投机性散户和机构投资者提供。交易所方面，通过引入做市商交易制度、开放非标准仓单期转现业

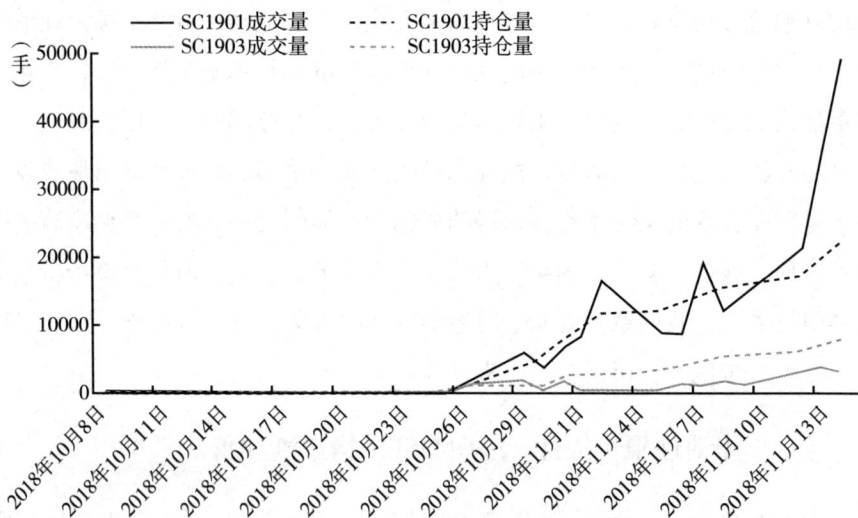

图7 SC1901 和 SC1903 成交量与持仓量变化

数据来源：路透社。

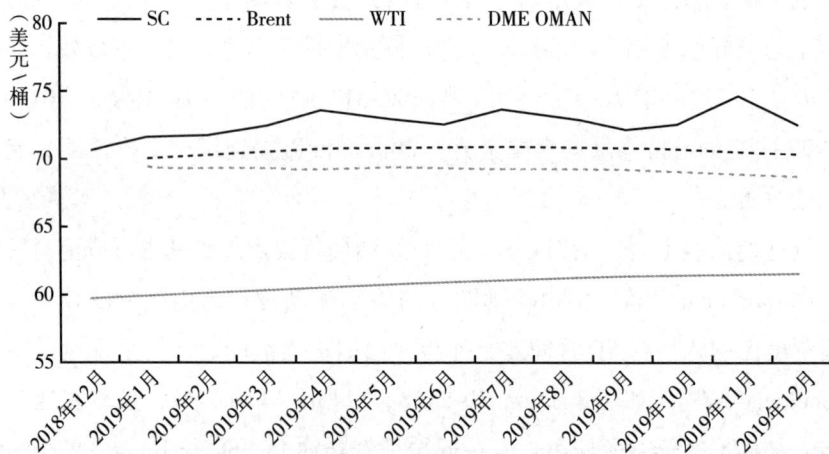

图8 SC 与国际主要原油期货远期曲线比较（2018 年 11 月 13 日）

数据来源：路透社。

务、加强市场推广等举措，正在积极引导国内外石油产业链相关企业参与上海原油期货市场。随着合约流动性的提升和远期曲线的优化，上海原油期货将实现连续换月，合约月间差也将得以改善，进一步与国际原油期货市场接轨，为有效发挥价格发现和避险功能创造了条件，进而提升对产业客户的吸引力度，我们有望见到越来越多的产业客户参与上海原油期货市场。

从本质上看，原油期货是金融服务实体经济的重要载体，上市以来，上海原油期货市场服务实体经济能力逐渐凸显。国有骨干石油公司积极参与，在期货交易、现货交割、合约计价等各个方面做出了应有的贡献，体现了"国家队"应有的责任与担当。在上海原油期货上市首日，中石化联合石化公司与壳牌公司签署了以 SC 为计价基准的一年期原油供应长约，自 2018 年 9 月至 2019 年 8 月执行。2018 年 10 月，中石化联合石化公司与京博石化完成了国内首单以上海原油期货合约为计价基准的原油实货交易，35 万桶中东中重质高硫原油，以 SC1812 期货合约为定价基准。实货计价的落地将继续推动上海原油期货在国际石油市场上迈出坚实步伐，随着市场规模和影响力的提升，上海原油期货也将进一步切实发挥服务实体经济的功能。

3. 境外客户参与度提高，国际影响力进一步扩大

上海原油期货的定位是我国首个国际化的期货品种，境外投资者的广泛参与对于推动上海原油期货成为亚太地区乃至全球市场的基准原油至关重要。就参与者构成而言，目前上海原油期货的参与者仍以境内机构和个人为主，较多国际大型产业客户和金融机构尚未参与其中。据 INE 统计，截至 2018 年 10 月 31 日，共有 41 家境外中介完成备案，广泛分布在中国香港、新加坡、英国等地，境外参与者持仓量占全市场的比重约 13%，说明上海原油期货在国际化制度、跨境监管的设计和技术系统对接等方面已经经受住了市场的初步检验。上海原油期货要引入更多境外投资者参与交易和交割，仍需要进一步调整境外客户的跨境监管准入门槛，推出更加灵活的结售汇业务，降低境外客户结售汇成本，促进境外客户结算便利化，同时加大境外市场推广力度。

上海原油期货的推出受到了国内外市场的高度关注，随着交易规模逐步扩大，参与者稳步增加，国际影响力逐步显现。早在上市之初，普氏、阿格斯等报价机构已取得上期所网页信息授权，在其所发信息产品中增列上期能

源原油期货价格数据，同时增加了对上期能源可交割油种亚洲到岸价的评估。石油输出国组织（OPEC）和国际能源署（IEA）先后在其月报中对上海原油期货进行专题分析，均肯定了上海原油期货于上市初期取得的亮眼开局，同时也指出，上海原油期货仍需着力提高流动性和持仓量，加强引入境外投资者，只有经过长时间的积累才能成为与 Brent 和 WTI 相提并论的定价基准。新生的原油期货走向国际市场需要一个渐进过程，中国的石油产业正迎来重要战略机遇期，随着中国原油期货市场的不断成长，上海原油期货的未来是充满希望的。

参考文献

［1］冯保国：《关于促进中国原油期货发展的思考》，《国际石油经济》2018 年第 4 期。

［2］况龙、佘建跃：《上海原油期货合约定价逻辑和初步实证分析》，《国际石油经济》2018 年第 5 期。

［3］况龙、佘建跃：《上海原油期货的地缘意义和展望》，《中国能源报》2018 年 4 月 2 日第 004 版。

［4］李伟、王宇纯：《浅析开启中国原油期货对中国经济的影响》，《全国流通经济》2018 年第 6 期。

［5］周敬成、万宏、王一、庞恩莉：《上海原油期货上市对石油石化企业的影响》，《国际石油经济》2015 年第 3 期。

［6］International Energy Agency（IEA），"*Oil 2018 – Analysis and Forecasts to* 2023"，March 2018.

［7］International Energy Agency（IEA），"China's Crude Futures Off to A Strong Start"，Monthly Oil Market Report，April 2018.

［8］Organization of the Petroleum Exporting Countries（OPEC），"China's New Crude Oil Futures：A New Regional Crude Benchmark？"，Monthly Oil Market Report，April 2018.

❖ 皮书起源 ❖

"皮书"起源于十七、十八世纪的英国，主要指官方或社会组织正式发表的重要文件或报告，多以"白皮书"命名。在中国，"皮书"这一概念被社会广泛接受，并被成功运作、发展成为一种全新的出版形态，则源于中国社会科学院社会科学文献出版社。

❖ 皮书定义 ❖

皮书是对中国与世界发展状况和热点问题进行年度监测，以专业的角度、专家的视野和实证研究方法，针对某一领域或区域现状与发展态势展开分析和预测，具备原创性、实证性、专业性、连续性、前沿性、时效性等特点的公开出版物，由一系列权威研究报告组成。

❖ 皮书作者 ❖

皮书系列的作者以中国社会科学院、著名高校、地方社会科学院的研究人员为主，多为国内一流研究机构的权威专家学者，他们的看法和观点代表了学界对中国与世界的现实和未来最高水平的解读与分析。

❖ 皮书荣誉 ❖

皮书系列已成为社会科学文献出版社的著名图书品牌和中国社会科学院的知名学术品牌。2016年，皮书系列正式列入"十三五"国家重点出版规划项目；2013~2019年，重点皮书列入中国社会科学院承担的国家哲学社会科学创新工程项目；2019年，64种院外皮书使用"中国社会科学院创新工程学术出版项目"标识。

中国皮书网

（网址：www.pishu.cn）

发布皮书研创资讯，传播皮书精彩内容
引领皮书出版潮流，打造皮书服务平台

栏目设置

关于皮书：何谓皮书、皮书分类、皮书大事记、皮书荣誉、

　　　　　皮书出版第一人、皮书编辑部

最新资讯：通知公告、新闻动态、媒体聚焦、网站专题、视频直播、下载专区

皮书研创：皮书规范、皮书选题、皮书出版、皮书研究、研创团队

皮书评奖评价：指标体系、皮书评价、皮书评奖

互动专区：皮书说、社科数托邦、皮书微博、留言板

所获荣誉

2008 年、2011 年，中国皮书网均在全
国新闻出版业网站荣誉评选中获得"最具
商业价值网站"称号；

2012 年，获得"出版业网站百强"称号。

网库合一

2014 年，中国皮书网与皮书数据库端
口合一，实现资源共享。

权威报告·一手数据·特色资源

皮书数据库
ANNUAL REPORT(YEARBOOK)
DATABASE

当代中国经济与社会发展高端智库平台

所获荣誉

- 2016年，入选"'十三五'国家重点电子出版物出版规划骨干工程"
- 2015年，荣获"搜索中国正能量 点赞2015""创新中国科技创新奖"
- 2013年，荣获"中国出版政府奖·网络出版物奖"提名奖
- 连续多年荣获中国数字出版博览会"数字出版·优秀品牌"奖

成为会员

通过网址www.pishu.com.cn访问皮书数据库网站或下载皮书数据库APP，进行手机号码验证或邮箱验证即可成为皮书数据库会员。

会员福利

- 已注册用户购书后可免费获赠100元皮书数据库充值卡。刮开充值卡涂层获取充值密码，登录并进入"会员中心"—"在线充值"—"充值卡充值"，充值成功即可购买和查看数据库内容。
- 会员福利最终解释权归社会科学文献出版社所有。

数据库服务热线：400-008-6695
数据库服务QQ：2475522410
数据库服务邮箱：database@ssap.cn
图书销售热线：010-59367070/7028
图书服务QQ：1265056568
图书服务邮箱：duzhe@ssap.cn

社会科学文献出版社 皮书系列
SOCIAL SCIENCES ACADEMIC PRESS (CHINA)

卡号：596891533569
密码：

S 基本子库
UB DATABASE

中国社会发展数据库（下设 12 个子库）

全面整合国内外中国社会发展研究成果，汇聚独家统计数据、深度分析报告，涉及社会、人口、政治、教育、法律等 12 个领域，为了解中国社会发展动态、跟踪社会核心热点、分析社会发展趋势提供一站式资源搜索和数据分析与挖掘服务。

中国经济发展数据库（下设 12 个子库）

基于"皮书系列"中涉及中国经济发展的研究资料构建，内容涵盖宏观经济、农业经济、工业经济、产业经济等 12 个重点经济领域，为实时掌控经济运行态势、把握经济发展规律、洞察经济形势、进行经济决策提供参考和依据。

中国行业发展数据库（下设 17 个子库）

以中国国民经济行业分类为依据，覆盖金融业、旅游、医疗卫生、交通运输、能源矿产等 100 多个行业，跟踪分析国民经济相关行业市场运行状况和政策导向，汇集行业发展前沿资讯，为投资、从业及各种经济决策提供理论基础和实践指导。

中国区域发展数据库（下设 6 个子库）

对中国特定区域内的经济、社会、文化等领域现状与发展情况进行深度分析和预测，研究层级至县及县以下行政区，涉及地区、区域经济体、城市、农村等不同维度。为地方经济社会宏观态势研究、发展经验研究、案例分析提供数据服务。

中国文化传媒数据库（下设 18 个子库）

汇聚文化传媒领域专家观点、热点资讯，梳理国内外中国文化发展相关学术研究成果、一手统计数据，涵盖文化产业、新闻传播、电影娱乐、文学艺术、群众文化等 18 个重点研究领域。为文化传媒研究提供相关数据、研究报告和综合分析服务。

世界经济与国际关系数据库（下设 6 个子库）

立足"皮书系列"世界经济、国际关系相关学术资源，整合世界经济、国际政治、世界文化与科技、全球性问题、国际组织与国际法、区域研究 6 大领域研究成果，为世界经济与国际关系研究提供全方位数据分析，为决策和形势研判提供参考。

法律声明

"皮书系列"（含蓝皮书、绿皮书、黄皮书）之品牌由社会科学文献出版社最早使用并持续至今，现已被中国图书市场所熟知。"皮书系列"的相关商标已在中华人民共和国国家工商行政管理总局商标局注册，如LOGO（🔖）、皮书、Pishu、经济蓝皮书、社会蓝皮书等。"皮书系列"图书的注册商标专用权及封面设计、版式设计的著作权均为社会科学文献出版社所有。未经社会科学文献出版社书面授权许可，任何使用与"皮书系列"图书注册商标、封面设计、版式设计相同或者近似的文字、图形或其组合的行为均系侵权行为。

经作者授权，本书的专有出版权及信息网络传播权等为社会科学文献出版社享有。未经社会科学文献出版社书面授权许可，任何就本书内容的复制、发行或以数字形式进行网络传播的行为均系侵权行为。

社会科学文献出版社将通过法律途径追究上述侵权行为的法律责任，维护自身合法权益。

欢迎社会各界人士对侵犯社会科学文献出版社上述权利的侵权行为进行举报。电话：010-59367121，电子邮箱：fawubu@ssap.cn。

社会科学文献出版社